Burgen in Italien

Burgen in Italien

Texte von Clemente Manenti
Fotografien von Markus Bollen

Mit Beiträgen von
Margit Bachfischer, Katrin Boskamp-Priever,
Hartmut Diekmann, Chiara Frugoni, Astrid B. Koberstein-Pes,
Eberhard König und Jochen Staebel

KÖNEMANN

Inhalt

Rom und die Kirche im Mittelalter

Das Binnenland und die großen Familien

Das Küstengebiet und die Inseln

Anhang

Rom und die Kirche im Mittelalter

Die Engelsburg
Autobiografie des Papsttums

Pietro Bonaccorsi,
genannt Perin del Vaga
Kaiser Hadrian, 1546/1548
Fresko (Detail)
Sala Paolina,
Castel Sant'Angelo, Rom

Nach eigenen Plänen entwarf
der römische Kaiser Hadrian
(117–138 n. Chr.) ein Mausoleum, aus dem später die
Engelsburg entstand, die
über viele Jahrhunderte
Schauplatz der Geschichte
Roms werden sollte.

Rechts: Ansicht der
Engelsburg und der Brücke
Sant'Angelo

Die Brücke wird von zehn
Engelsfiguren des Bildhauers
Gian Lorenzo Bernini
(1598–1680) geschmückt.

Vorhergehende Seite:
Ansicht der Engelsburg vom
Tiber aus sowie die Brücke
Sant'Angelo mit den barocken
Engelskulpturen Berninis.

Das Grabmal des Kaisers

Das gewaltige runde Bauwerk, das sich an der schmalsten Stelle des Tibers erhebt, ist allgemein als Engelsburg bekannt. Dabei handelte es sich ursprünglich nicht um eine Burg, sondern um das Grabmal des römischen Kaisers Hadrian, der die Idee zu diesem Monument hatte und es selbst entwarf. Als Vorbild diente das Grabmal Kaiser Augustus', das eineinhalb Jahrhunderte zuvor in einer Entfernung von knapp 200 Metern auf der anderen Flussseite errichtet worden war. Das um 123 n. Chr. begonnene Mausoleum für Hadrian wurde 139, ein Jahr nach dem Tode des Kaisers, vollendet. Nach seinem Willen fanden dort alle kaiserlichen Nachfolger bis hin zu dem 217 verstorbenen Caracalla wie auch die Mitglieder der kaiserlichen Familien ihre letzte Ruhe. Um das Grabmal mit dem auf der anderen Tiberseite gelegenen Marsfeld zu verbinden, ließ der Kaiser eine neue Brücke, den ›Pons Aelius‹ errichten. Da auf ihr heute zehn barocke Engelstatuen von Gian Lorenzo Bernini aus dem 17. Jahrhundert stehen, wird die Brücke ›Ponte degli Angeli‹ (Brücke der Engel) oder ›Ponte Sant'Angelo‹ (Brücke des Heiligen Engels) genannt.

Publius Aelius Hadrianus war der gebildetste Kaiser in der Geschichte des alten Rom. Er beherrschte mehrere Sprachen, hatte in Athen studiert und verbrachte sein Leben mit ausgedehnten Reisen in alle Gebiete des Kaiserreiches. Jede seiner Fahrten begann und beschloss er mit einem langen Aufenthalt in seiner Wahlheimat Athen.

Quadrat und Kreis

Das Mausoleum bestand ursprünglich aus einem quadratischen Sockel mit einer Seitenlänge von 86,3 Metern. Darauf ruhte ein zylinderförmiger Bau von 64 Metern Durchmesser. Ihn bedeckte ein mit Zypressen bepflanzter Erdhügel, in dessen Mitte sich wiederum ein kleineres Gebäude mit

Über einem quadratischen Sockel erhob sich ein zylindrischer Aufbau, auf dem ein mit Zypressen bepflanzter Erdhügel ruhte. In der Mitte ragte ein kleines Gebäude mit entweder rundem oder quadratischem Grundriss hervor.

Gegenüber:
Die antiken römischen Mauerreste im unteren Teil der Engelsburg weisen noch etliche Steine der originalen Verkleidung auf. Der obere Teil wurde in der Renaissance umgestaltet.

Rechts: Von der Krypta des Kaisers Hadrian führen zwei gegenläufige Rampen zu den darüber liegenden Räumen, die einst als Grablege für die nachfolgenden Kaiser vorgesehen waren. Alle Seiten waren ursprünglich aufwändig mit Marmorplatten verkleidet.

rundem oder quadratischem Grundriss befand. Das gesamte Bauwerk war mit elfenbeinfarbenem Marmor verkleidet. An den vier Ecken des Sockels befanden sich Statuengruppen, weitere Figuren bekrönten den Rundbau. An höchster Stelle erhob sich eine Quadriga aus Bronze. Die eigentliche Krypta Hadrians lag im Zentrum des Mausoleums. Sie war durch eine Galerie mit dem an der Tiberseite gelegenen Eingang verbunden. Oberhalb der Krypta befanden sich drei große, übereinander gestaffelte Säle, zu denen ein doppelläufiger, spiralförmiger Aufgang führte. Diese Säle dienten als Grabstätte der kaiserlichen Nachfolger. Die Innenräume und das Gewölbe der Aufgänge waren mit Marmor verkleidet. Ein perfektes Belüftungssystem sowie die Möglichkeit, Regenwasser zu sammeln, sorgten für eine nahezu konstante Luftfeuchtigkeit und Temperatur in den Innenräumen. Der gesamte obere Aufbau des Gebäudes ging im Verlauf des Mittelalters verloren, weshalb nur noch Vermutungen über seine ursprüngliche Gestalt angestellt werden können. Auch sind von den Friesen, Verzierungen und Skulpturen, die das antike Mausoleum einst schmückten, sowie von der Statue des Kaisers nur wenige Fragmente erhalten.

Das verhinderte Denkmal

Hadrians Grabmal, das unter den großen Bauwerken des antiken Rom einzigartig ist, stand 1500 Jahre lang im Mittelpunkt der Stadtgeschichte. Nach-

dem es für einige Jahrhunderte von seinem stillen Amt als Wächter der sterblichen Überreste der Kaiser entbunden worden war, wurde es von den heftigen Wogen, die nacheinander über der ehemaligen Hauptstadt der Welt zusammenschlugen, erfasst. Andere Monumente stürzten zusammen, wurden weggefegt oder in Ruinen verwandelt, ihre Steine wurden für andere Zwecke weiterverwendet. Hadrians Grabmal hingegen wandelte sich im Laufe seiner weiteren Geschichte zur einzigen wahren Festung Roms. Prädestiniert für diese Aufgabe war es durch seine zentrale Lage zwischen der Stadt und dem Vatikan, durch die außerordentliche Robustheit seines Mauerwerkes wie auch durch seine bauliche Gestalt. Denn während die mittelalterlichen Festungen und Burgen im 15. Jahrhundert durch den Einsatz von Feuerwaffen schlagartig veraltet und in ihrer Fragilität nahezu Papierburgen vergleichbar geworden waren, trotzte die Engelsburg, die zum Bestand der Befestigungsanlagen gehörte, mit ihrem zylindrischen Baukörper den Kanonenkugeln. Neben diesen fortifikatorischen Eigenschaften bestimmte noch ein ganz anderer Umstand das Schicksal des Mausoleums. Wie zu seinem natürlichen Schutz stand es in unmittelbarer Nähe zu Sankt Peter, dessen Ursprungsbau zur Zeit Konstantins erfolgt war. Diese räumlich enge Bindung ist der eigentliche Grund, weshalb sich das heidnische Grabmal im Laufe der Zeit zum Symbol des imperialen Erbes der katholischen Kirche und der Macht der Päpste wandelte.

Das letzte Bollwerk

Zwischen 272 und 275 n. Chr. begann Kaiser Aurelian mit dem letzten großen Bauwerk des Römischen Reiches. Er ließ einen neuen Mauerring, der 19 Kilometer lang war und fast 400 Wachtürme mit einbezog, rund um die Stadt ziehen. Die Mauer folgte in ihrem nordwestlichen Abschnitt dem linken Tiberufer, brach vor dem ›Pons Aelius‹ ab und setzte sich entlang des Flusses bis zur Tiberinsel fort. Vor der Brücke wurde die ›Porta Aurelia‹ erbaut und das auf dem gegenüber liegenden Ufer gelegene Mausoleum ebenfalls durch Mauern umfasst. Somit wurde das Hadrian-Grabmal zu einer Art Vorposten des neu befestigten Mauerringes. Dennoch reichte die imposante Gestaltung der Aurelianischen Mauer nicht aus, die Stadt vor den Invasionen und Plün-

derungen der folgenden Jahrhunderte zu bewahren. Im Verlauf des 5. Jahrhunderts, als Rom formell noch an der Spitze eines Imperiums stand, wurde es dreimal belagert, dreimal erobert und dreimal geplündert: 410 durch die Westgoten Alarichs, 455 durch die Vandalen Genserichs und 472 durch das Heer, das Ricimer anführte. König Attila wiederum, der 452 mit seinen Hunnen gegen Rom zog, wurde durch eine vom Papst Leo I. angeführte Delegation römischer Senatoren angefleht, die Stadt zu verschonen. Es heißt, dass der hunnische Feldherr beim Anblick des Kreuzes einen Schwindelanfall erlitten habe. Sicher ist, dass er sein Vorhaben aufgab. Welche Funktion das Hadrian-Mausoleum in der Zeit der ersten Belagerungen und Plünderungen Roms innehatte, ist nicht überliefert.

Völkerwanderungen im europäischen Raum, Mitte des 4. Jh.s bis zum Ende des 5. Jh.s n. Chr.

In der Zeit der Völkerwanderungen drangen viele Stämme, meist als Barbaren bezeichnet, in das Römische Reich ein. Es dauerte jedoch viele Jahrzehnte, bis sie die kaiserliche Regierung Roms erschüttern konnten.

Der Sturz der Statuen

Nach dem Ende des Römischen Reiches (476) durchlebte die Stadt einige Jahrzehnte relativer Ruhe. Während des ostgotischen Königreiches Theoderichs (491–526) wurde das Mausoleum zum ersten Mal als Gefängnis benutzt. Die Römer nannten es fortan »Theoderichs Kerker«. Auch in dieser Zeit muss seine äußere Gestalt unversehrt geblieben sein. Dies lässt zumindest die Beschreibung des byzantinischen Historikers Prokopios von Caesarea vermuten, der während des Krieges zwischen Griechen und Goten (536–553) als Sekretär des großen, über das kaiserliche Heer Konstantinopels befehlenden Belisar in Italien weilte. Prokopios berichtet: »Kaiser Hadrians Grabmal liegt außerhalb der ›Porta Aurelia‹, einen Steinwurf von den Mauern entfernt. Es handelt sich um einen großartigen Bau, der aus elfenbeinfarbigen, mörtellos aufeinander gesetzten Marmorblöcken gefügt ist. Die vier Seiten sind gleich lang, und ihre Länge entspricht ebenfalls einem Steinwurf. Die Höhe des Baus überragt die Mauern, die ihn umgeben. Obenauf schweben wundervolle Statuen, die Männer und Pferde darstellen. Sie sind aus demselben parischen Marmor gemeißelt.«

Ein Jahr später, Ende März 537, existierten die Statuen, die Prokopios noch gesehen hatte, nicht mehr. Tatsächlich hatten die Ostgoten die Stadt belagert und die Mauern am 20. Tag gestürmt. Während des Angriffes suchten die griechischen Verteidiger rund um das Mausoleum und auf der Hadrianbrücke Schutz. Als die Goten kamen und ihre dünnen Leitern gegen die Wände des Mausoleums lehnten, zertrümmerten die Griechen die Statuen und schleuderten die aus Marmor gefertigten Beine, Arme und Köpfe auf die Angreifer hinab. Dabei töteten sie einige und schlugen die anderen in die Flucht. Es war der letzte Beitrag des griechischen Geistes zu der althergebrachten Debatte über den Nutzen von Kunst.

Der Wassersturz

Noch während des gotischen Krieges, der Rom wiederholt zum Schauplatz blutiger Auseinandersetzungen machte, zerstörte man die großen Aquädukte, die die Thermen und Wohnhäuser mit Wasser versorgten. Belisar ließ zu dieser Maßnahme greifen, um zu verhindern, dass die Goten ihre

ROMA
PER SACRAM B.PETRI SEDEM CAPVT ORBIS EFFECTA

Egnazio Danti
Stadtplan von Rom,
1580–1583
Fresko
Musei Vaticani, Galleria delle Carte Geografiche, Rom

Das Rom der Renaissance umfasste 1000 Jahre nach dem Zusammenbruch des Römischen Reiches nur noch einen kleinen Teil des Stadtraumes innerhalb der Aurelianischen Mauer.

Männer über die Wasserleitungen in die Mauern der Stadt einschleusten. Indem man die Aquädukte unterbrach, strömte das Wasser ungehindert in die römische Campagna, wo sich ausgedehnte Sümpfe bildeten. Auch später dachte niemand daran, die Risse und Sprünge zu schließen. Demzufolge schrumpfte die Hauptstadt, die einst mehr als eine Million Bürger mit klarem, reinem Wasser versorgt hatte, zu einer Anhäufung von Ortschaften, die zusammen nicht mehr als 30 000 bis 40 000 Einwohner zählten. Auch begannen sich in den zwischen den Hügeln gelegenen Tälern innerhalb der Mauer Teiche und Sümpfe zu bilden. Gegen Ende des 6. Jahrhunderts erreichte die Pest die Stadt, die durch zwei lange Belagerungen der Langobarden, eine Hungersnot und eine katastrophale Überschwemmung des Tibers bereits geschwächt war. Im Februar 590 starb selbst Papst Pelagius II. an der Seuche.

Gregor und der Regenbogen

Der neue Papst Gregor I., der einer alten Patrizierfamilie entstammte, setzte sechs Monate nach dem
Tode Pelagius' II. eine drei Tage währende Prozession an. Sie sollte ein Zeichen Gottes herabflehen
und der Pestepidemie ein Ende setzen. Die gesamte
Stadt, einschließlich der Pestkranken, von denen
viele auf dem Weg zu den Kirchen starben, nahm
daran teil. Sobald die Prozession in Sichtweite des
›Pons Aelius‹ gelangte, verfinsterte sich der Himmel. Wie ein Regenbogen zeichnete sich über dem
Hadrian-Mausoleum die leuchtende Gestalt eines
Engels ab, der ein Flammenschwert in die Scheide
zurücksteckte. Die Büßer, die dem Geschehen am
nächsten standen, erkannten in der himmlischen
Erscheinung den Erzengel Michael. Dies geschah
am 29. August 590. Noch am selben Abend wurde
die Stadt von der Pest befreit und das Hadrian-
Mausoleum fortan Engelsburg genannt.

Das Pontifikat Gregors des Großen (590–604), das
mit der wunderbaren Erscheinung des Erzengels
Michael begonnen hatte, bedeutete eine Wende in
der Geschichte der Stadt Rom und des Papsttums.
Dies lag vor allem an zwei Fähigkeiten, die dem
Papst zu Eigen waren. Wie allen Angehörigen der
›Gens Anicia‹, aus der Gregor der Große stammte,
war ihm die Ausübung ziviler Macht eine selbst-
verständliche Obliegenheit, die vom Vater auf den
Sohn weitergegeben wurde. So war Gregor, noch
bevor er sich dazu entschloss, sein Leben der Kirche zu widmen, Präfekt von Rom gewesen. Später
verbrachte er sechs Jahre als Gesandter Papst Pelagius' II. am Kaiserhof von Konstantinopel. Mit seiner Rückkehr nach Rom im Jahr 585/86 als Berater des Papstes hatte er den Wunsch verbunden,
sich stärker dem kontemplativen Leben zuzuwen-
den. Deshalb war die Wahl zum Papst für ihn ein
großer Schock. »Ich bin in ein tiefes Meer gefallen,
und der Strom zieht mich mit sich«, war sein
Kommentar. Der Legende nach versuchte er zu
fliehen und verbarg sich in einer Höhle. Letztlich
fügte er sich in sein Schicksal und nahm die Wahl
an. Damit wurde Gregor erneut römischer Präfekt,
wenngleich er diesmal das Amt im Gewand des
Papstes ausübte. Die wenigen Römer, die noch in
der Stadt lebten, vertrauten sich seiner Führung
blindlings an. In der Tat verschmolzen in seinen
Händen politische und religiöse Macht zu einem
großen Ganzen.

Unterschiedliche Tragödien hatten eine erschre-
ckende Entvölkerung der Stadt zur Folge gehabt.
Dennoch vermehrten sie den Kirchenbesitz über
alle Maßen. So zogen die reichsten römischen Familien nach Konstantinopel und überließen ihre
unbeweglichen Besitztümer der Kirche. Diese kirchlichen Latifundien erstreckten sich von Sizilien bis
zu den Alpen, von Korsika bis nach Dalmatien. Gregor war ein umsichtiger Verwalter dieses Vermögens. Zugleich sammelte er gewissenhaft Reliquien
der Apostel und sorgte für ihre Wertsteigerung.
Auch fand durch ihn die bürokratische Tradition
aus der Zeit des Römischen Reiches Einzug in die
Kirchenverwaltung. Den Kirchenbesitz nutzte der
Papst zur Gründung des neu entstandenen Kirchenstaates. Dieses gewaltige Erbe, das Gregor der
Große hinterließ, sollte sich für seine Nachfolger
als zu schwer erweisen.

Die Città Leonina

Zu Beginn des 9. Jahrhunderts entwarf Papst Leo III. (795–816) das Projekt eines Mauergürtels rund um die Peterskirche. Grundpfeiler dieses Mauerringes bildeten die Engelsburg und ihre Brücke. Die Errichtung einer neuen Mauer schien notwendig, lag doch der gesamte vatikanische Hügel, der zu Zeiten Kaiser Aurelians noch unbewohnt gewesen war, außerhalb der Aurelianischen Umgrenzung. Im Römischen Reich befanden sich an der Stelle der Kirche noch Gemüse- und Ziergärten sowie der Zirkus Kaiser Caligulas, wo man den wilden Bestien die ersten Christen zum Fraß vorgeworfen hatte. Später wurden die Steine des Zirkus für den Bau der ersten Peterskirche verwendet.

Die Arbeiten zu der von Leo III. geplanten neuen Mauer wurden unverzüglich begonnen, mussten sogleich aber wieder unterbrochen werden. Sowohl in der Stadt als auch in der Kirche waren Streitigkeiten ausgebrochen, da man die Notwendigkeit dieses kostspieligen Vorhabens nicht einsah. Man argumentierte, dass der Papst im Lateran und damit auf der entgegengesetzten Seite der Stadt, die innerhalb der Aurelianischen Mauer lag, residierte. Warum also den Vatikan befestigen? Um die Gebeine des Hl. Petrus zu verteidigen?

Letztendlich wurden die für den Bau der vatikanischen Mauer zusammengetragenen Steine entwendet und für private Zwecke eingesetzt.

40 Jahre später (846) bedrohten Sarazenen die Stadt. Es handelte sich um Piraten, die von Ostia den Tiber heraufgesegelt sowie über Land aus Civitavecchia, dem damaligen ›Centumcellae‹, gekommen waren. Da man befürchtete, sie würden Rom plündern, stellte man sich auf Verteidigung ein. Doch die Sarazenen hielten direkt auf den Vatikan zu. Dort gelangten sie sowohl in die Peterskirche als auch in die weiter südlich, aber gleichfalls außerhalb der Mauer gelegene Paulskirche. Beide Gotteshäuser wurden geplündert, die Schätze und heiligen Reliquien gestohlen oder zerstört. Nachdem sie die Kirchen entweiht hatten, zogen sich die moslemischen Piraten zurück, ohne der Stadt Beachtung zu schenken. Vergleichbares war noch nie zuvor geschehen. Zwar waren Goten, Vandalen und Langobarden auch Barbaren, aber als Christen fürchteten sie das Kreuz. Infolge der sarazenischen Schandtat starb der alte Papst Sergius II. an Kummer. Seine Gebeine wurden selbst zur Reliquie.

Sein Nachfolger, Leo IV., nahm nach seiner Wahl im Jahre 847 das alte Vorhaben Leos III. wieder

Vedute von Rom,
um 1490
Saletta delle città,
Palazzo Ducale, Mantua

Auf dieser Stadtansicht des ausgehenden 15. Jahrhunderts lassen sich die einzelnen Baudenkmäler und Häuser Roms identifizieren, auch wenn ihre Platzierung im Stadtraum der Vedute nicht ihrem realen Standort entspricht. Rechts ist die Engelsburg mit der Brücke ›Pons Aelius‹ gut erkennbar dargestellt. Auf der linken Seite läuft in großem Bogen die Aurelianische Mauer um die mittelalterliche Stadt.

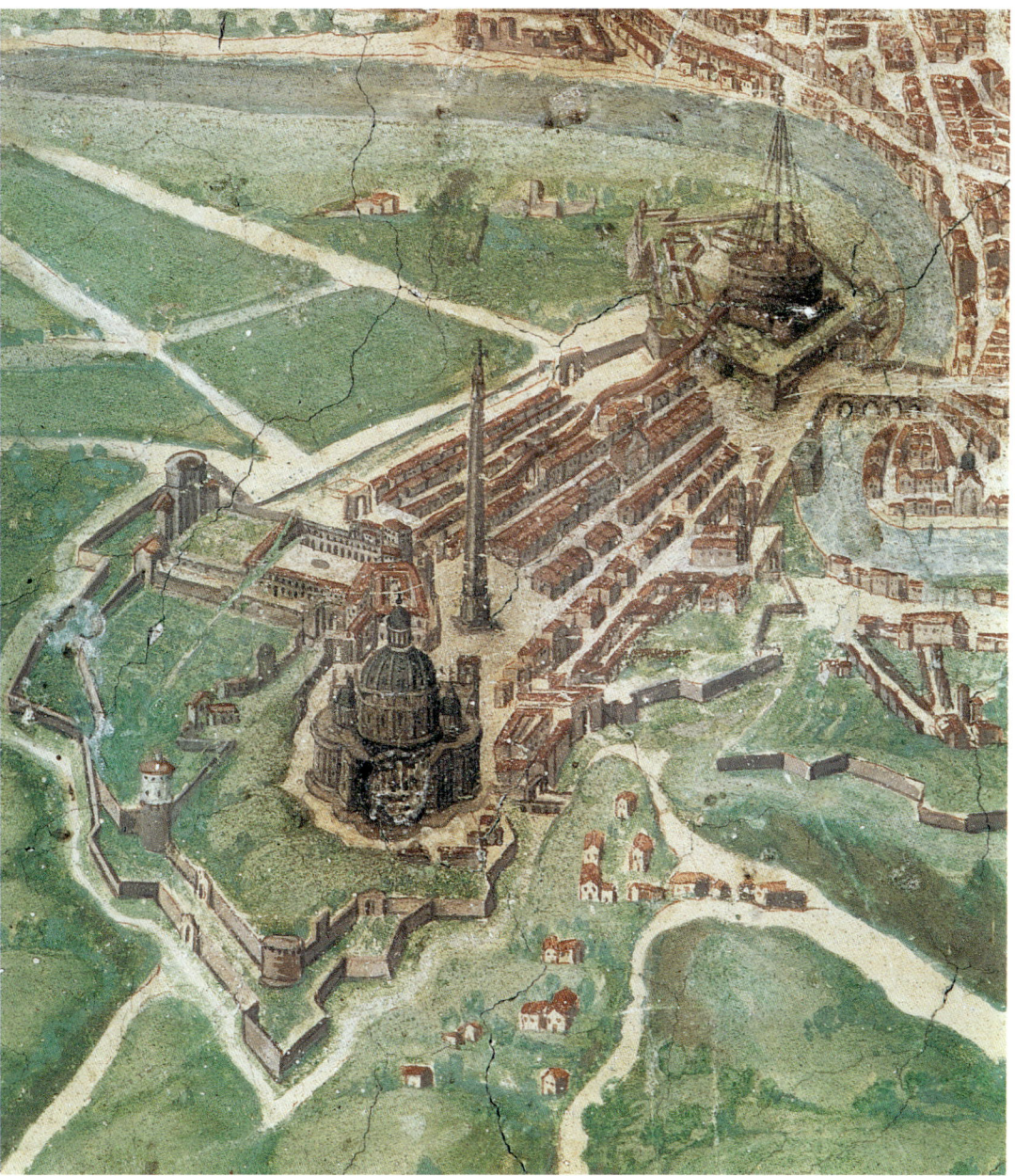

auf. Diesmal wurde die Mauer errichtet und ohne Unterbrechung von 848 bis 852 fertiggestellt. Als Arbeitssklaven setzte man Sarazenen ein, die von den Verbündeten des Papstes auf den Inseln des Thyrrhenischen Meeres gefangen genommen worden waren.

Die Leoninische Mauer, die vom Tiber ausging und dort wieder auf den Fluss stieß, wo die Engelsburg den Zug der Aurelianischen Mauer fortsetzte, umgab den gesamten vatikanischen Hügel. Gut 44 Wachtürme waren in den neuen Mauerring integriert.

Dieser wurde aus großen Tuffsteinquadern gebildet und hatte die Form eines Hufeisens. Drei dicht neben der Brücke angeordnete Tore, die sich zum Mausoleum, zur Peterskirche und zur Kirche Santo Spirito öffneten, unterbrachen den Mauerverlauf. In seiner Funktion als Stadtriegel kam dem alten Hadrian-Mausoleum eine neue, besondere Rolle zu. Es war die Nahtstelle, an der die durch die Brücke verbundenen befestigten Linien beiderseits des Tibers, die Aurelianische und die Leoninische Mauer, aufeinander trafen.

Rom in Aufruhr

Gaspare Vanvitelli
Ansicht der Engelsburg
(Detail)
Öl auf Leinwand
Musei Capitolini, Rom

Diese berühmte Vedute von Vanvitelli (1655–1736) gibt ein wirklichkeitsgetreues Abbild des antiken Mausoleums nach den Umbau- und Befestigungsmaßnahmen der Renaissancezeit.

Die Mauern, die Papst Leo IV. nach dem Überfall der Sarazenen im Jahre 846 rund um den Vatikan errichten ließ, boten nicht genug Schutz gegen die wiederholten Heimsuchungen, die Ende des Jahrtausends über das Papsttum, die Kirche und Rom hereinbrachen und der allgemeinen Überzeugung vom nahenden Ende der Welt Nahrung boten. Hier eine knappe Zusammenfassung der Ereignisse:

Marozia

Eine mächtige römische Adelige namens Marozia, Witwe des Stadtherrn Alberich, lässt sich zur Senatorin ernennen, verhaftet Papst Johannes X., setzt ihn in der Engelsburg fest und veranlasst, dass man ihn dort zwischen zwei Kissen erstickt. Danach lässt sie an seiner Stelle einen ihrer Söhne zum Papst ernennen, der den Namen Johannes XI. annimmt. Er traut seine Mutter in der Engelsburg, die sich in dritter Ehe mit einem gewissen Hugo von Provence, König von Italien, verheiratet. Marozias Ziel ist es, den neuen Gatten durch ihren päpstlichen Sohn zum Kaiser krönen zu lassen, um auf diesem Wege Kaiserin zu werden. Doch noch während in der Engelsburg die

Hochzeitszeremonie gefeiert wird, attackiert Alberich der Jüngere, ein weiterer Sohn Marozias, mit einer bewaffneten Schar die Burg. Alberich verhaftet den Bruder und die Mutter. Hugo gelingt es zu entkommen, indem er sich mit einem Strick aus der Burg abseilt. Marozia wird als Gefangene in der Engelsburg sterben. Papst Johannes, ihr Sohn, stirbt als Häftling im Lateran. Dies geschah in den Jahren zwischen 928 und 935.

Dreimal Otto, dreimal Crescenzio

Erster Akt: Der Spross einer alten römischen Familie namens Crescenzio, auch ›a caballo marmoreo‹ (vom Marmorpferd) genannt, nutzt das durch den Tod Kaiser Otto I. im Mai 973 entstandene Machtvakuum, lässt Papst Benedikt VI. verhaften und in der Engelsburg festsetzen, wo er ihn eigenhändig erwürgt. Crescenzio ermöglicht es, dass einer seiner Getreuen, der sich Bonifaz VII. nennt, zum Papst gewählt wird. Kaum kommen diese Ereignisse dem Erben Ottos I., dem jungen Otto II. von Sachsen, zu Ohren, bewaffnet dieser ein Heer und marschiert gegen Rom, um dort die kaiserliche Ordnung wieder herzustellen. Noch bevor Ottos Truppen die Alpen überschreiten, lässt Papst

Bonifaz VII. Crescenzio im Stich und flieht mit dem Kirchenschatz nach Konstantinopel. Crescenzio seinerseits verlässt schnellstens Rom, sucht in einem Kloster Zuflucht und wird Mönch.

Zweiter Akt: Zehn Jahre später erkrankt Kaiser Otto II. und stirbt im Alter von 28 Jahren in Rom. Nun kehrt der Gegenpapst Bonifaz VII. aus Konstantinopel zurück, lässt den prokaiserlichen Papst Johannes XIV. verhaften, in der Engelsburg einkerkern und verhungern. Der Sohn Crescenzios ›a caballo marmoreo‹ verhaftet seinerseits den Gegenpapst Bonifaz VII. Man verstümmelt den einstigen Günstling seines Vaters, und der Pöbel treibt ihn durch die Stadt. Schließlich wird sein Leichnam dem Reiterstandbild des Kaisers Marc Aurel vor die Füße geworfen.

Dritter Akt: Kaum ist Otto III. von Sachsen 15 Jahre alt, sammelt er ein großes Heer um sich und bricht nach Italien auf, um sich zum Kaiser krönen zu lassen. Otto ist ein blonder Jüngling von griechisch-germanischer Abstammung. Seine Mutter ist die byzantinische Prinzessin Theophano. Es ist Ottos Ehrgeiz, Orient und Okzident unter seinem Zepter zu vereinen. Im Frühjahr 996 in Pavia eingetroffen, erreicht ihn die Nachricht vom Tode Papst Johannes' XV., der ihn zur Krönung in Rom erwartete.

Rom ist in den Händen Giovanni Crescenzios, der dort die absolute Macht ausübt. Otto lässt in Pavia einen neuen Papst ernennen. Es ist sein 23-jähriger Vetter Bruno, der den Namen Gregor V. annimmt. Er wird der jüngste Papst in der Geschichte und der erste deutscher Nationalität. Als die beiden Vettern in Rom eintreffen, ist die Stadt ruhig. Sie scheint die neue Situation hinzunehmen. Nachdem Otto aus Brunos Händen die Kaiserkrone empfangen hat, macht er sich wieder auf den Weg über die Alpen. Doch kaum ist er fort, bricht der Aufstand los. Crescenzios Soldaten besetzen die Engelsburg. Gregor V. ist gezwungen zu fliehen und rettet sich nach Pavia. Im Frühjahr 997 ernennt Crescenzio einen Gegenpapst. Es handelt sich hierbei um Philagatus, einen Griechen aus Kalabrien, der zuvor bereits Bischof in Piacenza war und von Konstantinopel unterstützt wird. Er tritt sein Amt unter dem Namen Johannes XVI. an. Die beiden Päpste exkommunizieren einander gegenseitig.

Ende des Jahres 997 ist Otto III. schon wieder in Italien, um Ordnung herzustellen. Er holt seinen Vetter in Pavia ab und gemeinsam ziehen sie gegen Rom, wo sie im Februar 998 an der Spitze eines starken Heeres

eintreffen. Während sich Crescenzio in der Engelsburg verbarrikadiert, entflieht Papst Johannes XVI. zu Pferd, in der Hoffnung, sich nach Griechenland einschiffen zu können. Doch wird er von Ottos Rittern eingeholt und festgenommen. Sie schneiden ihm die Nase und die Zunge ab und stechen ihm die Augen aus. Anschließend ziehen sie ihm wieder die päpstlichen Gewänder über und bringen ihn in den Lateran. Nach einem Prozess erklärt man ihn dort für abgesetzt und verurteilt ihn zu lebenslänglichem Kerker. Er wird erneut entkleidet, mit dem Gesicht nach unten auf einem Eselsrücken festgebunden und in der ganzen Stadt herumgeführt. Unterdessen beginnt die Belagerung der Engelsburg. Sie wird im April 998 erstürmt. Crescenzio wird enthauptet und sein Körper über die Burgmauern hinabgestürzt.

Der furchtbar verstümmelte Gegenpapst Johannes wird nach Fulda in ein deutsches Kloster gebracht. Dort stirbt er 15 Jahre später. In diesem Drama war er der Akteur, der am längsten überlebte.

Das war der Zustand der Welt, der Kirche und Roms am Vorabend der Jahrtausendwende. Unterdessen hatte man an der höchsten Stelle des antiken Hadrian-Mausoleums die kleine Kirche ›Sancti Angeli usque ad coelos‹ errichtet. In Erinnerung an die alte Vision Papst Gregors I. wurde sie dem Erzengel Michael geweiht.

Giovanni Battista Piranesi
Ansicht der Engelsburg
aus: Vedute di Roma, 1748
Radierung, 4,15 x 5,55 cm

Die Vedute aus dem umfangreichen Architekturzyklus von Piranesi (1720–1778) zeigt eine sehr seltene Rückansicht von der Ruine des Hadrian-Mausoleums.

Der Beginn des zweiten Jahrtausends

Über drei Jahrhunderte des zweiten Jahrtausends verstrichen, ohne dass das alte Hadrian-Mausoleum große Veränderungen erfuhr. Die Patrizierfamilien, die die Herrschaft über die Stadt ausübten und allmählich zu immer größerem Einfluss gelangten, fügten hier und dort mal einen Turm, mal einen Torbogen und mal eine Zinne hinzu. Die Burg selbst wurde im Wechsel von den Päpsten kontrolliert, denen im Übrigen die Verteidigungsfunktion der Engelsburg nicht zwingend erscheinen musste, solange sie ihre Residenz im Lateran nicht aufgaben, um sich hinter die Leoninische Mauer zurück zu ziehen.

Auch während der zwei großen Konflikte zwischen Papsttum und Kaiserreich zwischen 1050 und 1250 spielte die große römische Festung nur eine untergeordnete Rolle. Ein dramatisches Ereignis geschah jedoch im März 1084, als sich der Konflikt zwischen Papst Gregor VII. und dem deutschen Kaiser Heinrich IV. dem Ende zuneigte. Vom kaiserlichen Heer bedroht, musste Gregor VII. Zuflucht in der Engelsburg suchen. Währenddessen besetzte und plünderte der Kaiser die Stadt. Der normannische Abenteurer Robert Guiscard, der aus seinen Gebieten in Süditalien herbeigeeilt war, rettete den obersten Kirchenfürsten, indem er die Stadt in Brand setzte und Tausende von Einwohnern opferte. Schließlich befreite er den Papst aus der Engelsburg und geleitete ihn nach Salerno. Der Konflikt mit Friedrich II., der eineinhalb Jahrhunderte später drei Päpste beschäftigte und mit dem Tod des Kaisers endete, wurde fern von Rom ausgetragen.

Schließlich fasste Papst Nikolaus III., der aus der einflussreichen römischen Familie Orsini stammte, 1278 den Entschluss, die Residenz vom Lateran in den Vatikan zu verlegen. Zu diesem Zweck begann er in der Nähe von Sankt Peter mit dem Bau von Palästen, die die päpstliche Regierung beherbergen sollten. Doch kam das Unternehmen erst ein Jahrhundert später (1367) in vollem Umfang in Gang. Diese zeitliche Verschiebung ergab sich durch die für das Papsttum ab dem Jahre 1305 mit der Wahl eines französischen Kirchenoberhauptes bemerkbare Tendenz, die »Ewige Stadt« aufgrund ihrer Gefahren gänzlich zu verlassen und nach Avignon umzuziehen, wo ein starker Beschützer dem päpstlichen Hof Sicherheit und Ruhe garantierte.

In den 70er-Jahren des 13. Jahrhunderts malte der in Assisi arbeitende Cimabue nach einem Romaufenthalt eine Vedute der römischen Stadtanlage, die die Engelsburg in einer Seitenansicht zeigt. Es ist die einzig erhaltene Darstellung, die das alte Mausoleum in seinem damaligen Zustand wiedergibt. Zu großen Teilen war es immer noch mit antikem Marmor verkleidet.

Paradise now – Geschichte wird gemacht

Im Jahre 1300 verwirklichte Papst Bonifaz VIII. die nach den Kreuzzügen größte kommerzielle Idee des gesamten christlichen Mittelalters. Er proklamierte das erste heilige Jubiläumsjahr. Zwar besaß der Wallfahrtstourismus, der die Gläubigen nach Rom führte, bereits Ende des ersten Jahrtausends beeindruckende Ausmaße, jedoch nahm mit dem Jubiläumsjahr eine völlig neue Synergie zwischen Weltmarkt und Paradies Gestalt an. Abgesehen von einigen Feinden des Papstes, die er exkommunizieren ließ, erhielten die Christen, die in jenem Jahr nach Rom pilgerten, sich dort den vorgeschriebenen Bußen unterzogen und eine festgelegte Strecke abgingen, den generellen Sündenerlass.

Um das Jubiläumsjahr in eine Tradition zu stellen, die es in Wirklichkeit nicht hatte, wurde in Frankreich ein uralter Mann aufgetrieben, der behauptete, über 100 Jahre alt zu sein. Er berichtete, dass er bereits als Kind im Jahre 1200 mit seinem Vater nach Rom gepilgert sei. Nach ihm präsentierten sich noch etliche über 100-Jährige, die sich alle an das gleiche Ereignis erinnerten. Von allen Kanzeln in ganz Europa wurden diese außergewöhnliche Nachrichten verkündet, die entscheidend zum großen Erfolg des Jubiläumsjahres beitrug. Für das Rom des 14. Jahrhunderts bedeutete sie das, was die antiken Aquädukte für die römische Kaiserzeit waren: Mit den Pilgern flossen Geldströme in jeden Winkel der Stadt. 30 000 Menschen kamen täglich und 30 000 gingen wieder, schreibt ein Chronist. Mehr als zwei Millionen drängten sich im Laufe eines Jahres nach Rom, bezeugt ein anderer. Der Florentiner Giovanni Villani, einer der Pilger, spricht gar von 200 000 Personen, die sich dauerhaft der Stadtbevölkerung zugesellten. In seinem Bericht fügt er hinzu, dass die Römer, die für Speise und Beherbergung Sorge trugen,

»alle reich wurden«. Die Menschenmenge schwoll dermaßen an, dass viele erdrückt wurden und starben. Um ein Ventil zu schaffen, galt es, eine Bresche in die Stadtmauer zu schlagen. Zudem berichtet uns Dante Alighieri (1265–1321), der vermutlich ebenfalls zu den Pilgern gehörte, dass auf der Brücke der Engelsburg eine moderne Methode ausgeklügelt wurde, um den steten Menschenstrom zu regulieren. Alle, die in Richtung Sankt Peter unterwegs waren, gingen auf der einen Brückenseite, während diejenigen, die von dort zurückkamen, die andere benutzten: »So wie in Rom im Jubiläumsjahre / Des großen Andrangs wegen auf der Brücke / Die Leute einen Weg gefunden haben, / Daß auf der einen Seite mit den Blicken / Zu dem Kastell sie nach Sankt Peter gehen / Und auf der andern Seite nach dem Berge.« (»Die Göttliche Komödie«, Inferno, XVIII, 28–33).

Dante verbannt Papst Bonifaz VIII. in seiner Komödie ins »Inferno«. Dabei steckt der Dichter den Kirchenfürsten kopfüber in einen Brunnen in die Gesellschaft von denjenigen, die Kirchenämter verkaufen und göttliche Dinge vermarkten. Nichtsdestotrotz waren gerade die römischen Zeitgenossen Bonifaz' für die Einführung des Jubiläumsjahres überaus dankbar. Umso bitterer war die Enttäuschung, als der französische Papst Clemens V. seinen gesamten Hof 1309 nach Avignon verlegte. Nur die Kirchen der Apostel Peter und Paul sowie die heiligen Reliquien ließen sich nicht nach Frankreich schaffen. Somit fehlte hier all das, was Rom zu einer ›Heiligen Stadt‹ und zu einem ›Neuen Jerusalem‹ machte.

Rom ohne Papst

In Abwesenheit der Päpste gab sich Rom eine eigene Gemeindeordnung. Dieser Schritt brachte die obersten Kirchenfürsten zu der Erkenntnis, dass sie die Stadt und ganz Italien für immer verlieren würden, wenn sie in Avignon blieben. Von dieser Gewissheit getrieben, kündigte der Vorletzte aus der Reihe der französischen Päpste, Urban V., 1367 seine Rückkehr nach Italien an. Nach langer Seereise ging er Ende Mai in dem nur wenige Meilen nördlich von Rom gelegenen Corneto, dem heutigen Tarquinia, an Land. Für seinen Einzug in die Stadt machte er zur Bedingung, ihm die Schlüssel der Engelsburg zu übergeben, die ihm von einer

Anonym
*Papst Bonifaz VIII.
proklamiert das heilige Jahr,*
nach 1300
Fresko
San Giovanni in Laterano,
Rom

Im ersten heiligen Jubiläumsjahr, das Bonifaz VIII. für
das Jahr 1300 ausgerufen
hatte, pilgerten mehr als
zwei Millionen Menschen
nach Rom. Neben den
erheblichen Einnahmen für
die Stadt sollte dadurch
auch die Stellung und
Bedeutung von Rom ge-
sichert werden.

Delegation aus Rom feierlich überreicht wurden. Da der alte Papstpalast im Lateran sieben Jahre zuvor durch einen Brand zerstört worden war, richtete Urban V. seine Residenz fortan im Vatikan ein. Dieser war schon damals durch einen Brücken-weg, dem auch heute noch existierenden ›Passetto‹, mit der Engelsburg verbunden. Der überdeckte Gang garantierte einen raschen und sicheren Ortswech-sel aus den Palästen in die Burg. Die Zeit, die Ur-ban V. in Rom verbrachte, blieb jedoch überaus ruhig. Sowohl der Kaiser des Heiligen Römischen Reiches Deutscher Nation als auch der Kaiser von Konstantinopel nutzten diese Gelegenheit, um den Papst zu besuchen. Trotzdem reiste Urban V. eines Tages wieder ab. »Der Heilige Geist, der mich nach Rom geleitet, führt mich jetzt wieder fort«, sagte

er, bevor er aufbrach. Der gedemütigten Stadt be-scheinigte er eine gute Führung und hinterließ der Engelsburg eine starke, bewaffnete Garnison. Am 24. November 1370 kehrte der Papst nach Avignon zurück, wo er am 19. Dezember starb.

Die Rückkehr

Der Letzte in der Reihe der französischen Päpste war Gregor XI. Während seines Pontifikats wurde ganz Italien von einem heftigen antikirchlichen Fieber aufgerüttelt. So entstand unter der Führung von Florenz eine Liga, die sich gegen die Kirche richtete und die Römer explizit dazu aufforderte, das Papsttum seinem Schicksal zu überlassen und sich selbst an die Spitze der Liga zu stellen. In der Tat rebellierten die Gebiete, die sich innerhalb des

Gegenüber:
Ein erhöhter, befestigter
Verbindungsgang zwischen
den Palästen des Vatikan
und der Engelsburg, der so
genannte Passetto, ermög-
lichte dem Papst und den
Kardinälen in Momenten
der Gefahr einen sicheren
Rückzug in die Befestigungsanlage. Papst Nikolaus III.
ließ das Bauwerk 1277
eigens zu diesem Zweck
ausbauen.

Der Brunnenhof befindet sich auf der Rückseite des Cortile dell'Angelo. Von hier gab es einen Zugang zu den Lagerräumen für Lebensmittel.

Kirchenstaates befanden, und jagten die päpstlichen Gouverneure zum Teufel. Als Antwort vollzog der Papst im März 1376 von Avignon aus den Kirchenbann gegen Florenz und exkommunizierte die gesamte Stadt. Zudem beschloss er im September, nach Rom zurückzukehren. Wie sein Vorgänger schiffte er sich in Marseille ein und ging am 5. Dezember in Corneto an Land. 10 000 bretonische und gascognische Söldner, die als die furchtbarsten Soldaten der damaligen Zeit angesehen wurden, waren ihm bereits nach Italien vorangeeilt. Für seine Rückkehr nach Rom stellte Gregor XI. die Bedingung, ihm alle Brücken, Türme, Tore und Festungen wie auch die Kontrolle über Trastevere und die ›Città Leonina‹ zu übergeben. Die Engelsburg, die noch von der französischen Besatzung seines Vorgängers bewacht wurde, befand sich bereits in seiner Hand. Darüber hinaus forderte der Papst einen heiligen Treueschwur von Seiten der zivilen Machthaber der Stadt. Sämtliche Bedingungen wurden erfüllt, woraufhin Gregor Anfang des Jahres 1377 feierlich in Rom einzog. Im Anschluss begann er umgehend mit der bewaffneten Wiedereroberung der nunmehr unabhängigen päpstlichen Gebiete. In diesem Zusammenhang metzelten die bretonischen Soldaten in der Stadt Cesena Tausende von Menschen nieder.

Ein tragischer Irrtum

Ein Jahr später starb Papst Urban V. Das Konklave zur Wahl des Nachfolgers war eines der turbulentesten in der Geschichte der Kirche. Die Volksmenge belagerte den Vatikan und forderte die Wahl eines italienischen Papstes. Die Kardinäle, die größtenteils Franzosen waren, beugten sich dem Druck. Sie wählten einen Mann, der zwar nicht dem Konklave angehörte, von dem sie aber dennoch glaubten, ihn kontrollieren zu können. Es handelte sich um einen Bischof, der aus Neapel und damit aus einer Stadt stammte, in der eine französische Dynastie regierte. Doch in der Eile hatten die Kardinäle auf den Falschen gesetzt. Denn der Mann, der als Marionette fungieren sollte, der spätere Papst Urban VI., war von cholerisch grimmiger Natur. Die unerwartete Wahl erschütterte seinen Geist zutiefst. Bereits auf dem ersten Konsistorium beleidigte er die Kardinäle, die ihn gewählt hatten, auf das heftigste. Zudem

Zu Zeiten des Hadrian-Mausoleums war dieser Raum der oberste von drei übereinander liegenden Sälen, die die Kaisergräber aufnehmen sollten. Im 16. Jahrhundert nutzten die Päpste ihn als Schatzkammer, um dort den Kirchenschatz sicher aufzubewahren.

kündigte er an, die Zusammensetzung des Kollegiums verändern zu wollen. Tatsächlich fanden die Kardinäle in diesem Papst, der niemals den Purpur getragen hatte, den wütendsten Feind ihrer Kaste, an den sich die Geschichte erinnert. So ernannte Urban VI. neue Kardinäle nur, um sie anschließend wieder verfolgen zu können. Um seinem Zorn zu entgehen, flohen die Mitglieder des Konklave aus Rom. Auch suchte man in der Engelsburg oder am Hof der Anjou in Neapel Schutz. Schließlich traten die Kardinäle in Anagni zusammen und erklärten die Wahl Urbans, die unter dem Druck der Menge zustande gekommen war, für null und nichtig. Daraus ergab sich eine Konfliktsituation, die die Wahl eines Gegenpapstes, ein Schisma und ein großes Blutvergießen zur Folge hatte. Letztendlich wandelte sich der Kirchenstaat zum Schauplatz eines erbarmungslosen Krieges, der zwischen den Partisanen des neapolitanischen Papstes und den bretonischen und gascognischen Söldnern geführt wurde.

Der Erzengel als Kanonier

Die Engelsburg in Rom war in den Händen der französischen Militärbesatzung geblieben. Diese hatte die Burg mit der neuesten Erfindung der Kriegstechnik ausgestattet. Es handelte sich hierbei um Kanonen, die 1378 ihre Feuerprobe bestanden, als sie ganze Teile der ›Città Leonina‹ zerstörten. Der Einsatz dieser teuflischen Waffe trieb die Erbitterung der Römer schließlich auf die Spitze. Während ein ›Condottiere‹, der im Dienste des Papstes stand, die im Kirchenstaat stationierten

bretonischen Söldner ausrottete, schlossen sich die Bewohner Roms den Truppen an, die die Engelsburg belagerten. Als der Hunger unerträglich wurde, gab die französische Besatzung am 29. April 1378 auf und verließ die Burg. Doch kaum waren die Franzosen abgezogen, richtete sich die Wut der Römer gegen das altehrwürdige Grabmal von Kaiser Hadrian. Es gelang der Menge zwar nicht, es dem Erdboden gleich zu machen, wie sie es vorhatte, stattdessen verwandelte sie es in einen unförmigen und entstellten Torso. Der Unterbau wurde bis auf die Fundamente geschleift. Von den antiken Friesen und der aus Marmor gefertigten Verkleidung, die bis zu diesem Zeitpunkt immer noch existierte, ging jede Spur verloren.

Die Restaurierung

Das durch die Wut der Römer halb zerstörte Mausoleum wurde gegen Ende des 14. Jahrhunderts während der Regierungszeit Bonifaz' XI. (1389–1404) restauriert. Der neue Papst war ein Vertreter der neapolitanischen Familie Tomacelli. Einst Prälat, hatte ihm Urban VI. die Kardinalswürde verliehen. Im Gegensatz zu vielen anderen war es Bonifaz gelungen, das Pontifikat Urbans lebend zu überstehen.

Bonifaz ließ das zylindrische Hauptstück des Mausoleums ausbessern und aufstocken. Für die Kanonen wurde darauf ein Ring mit Öffnungen errichtet. Ein neuer Turm, den man dicht an die Engelsburg positionierte, wurde baulich ebenso in Angriff genommen wie die Instandsetzung des zu den vatikanischen Palästen hinüberführenden Brückenweges. Spätere Eingriffe machten einige dieser Neuerungen, die der Architekt Niccolò Lamberti (1370–1451) am Äußeren der Burg ausführte, unkenntlich. Dabei nahm man auch in den Innenräumen bedeutende Veränderungen vor. So gewann man aus der Radialstruktur des Grabmals eine Reihe kleiner lichtloser Zellen und große Lager für Lebensmittelvorräte. Zudem entstand die erste in die Engelsburg integrierte päpstliche Wohnung, die dann durch Paul III. (1534–1549) vollständig umgestaltet werden sollte. Seit Bonifaz zogen es die Päpste in unruhigen Zeiten fortan vor, direkt in der Burg zu wohnen. Später verwahrte man hier das Geheimarchiv sowie den Kirchenschatz, der den obersten der drei Rundsäle des antiken Grabmals einnahm.

Gegenüber:
Der große Apollo-Saal geht auf den Cortile dell'Angelo hinaus, der zu den päpstlichen Gemächern des 15. Jahrhunderts gehörte. Die 1547 begonnene Innendekoration ist ein Werk des Pietro Bonaccorsi, genannt Perin del Vaga, und seiner Werkstatt.

FIRMITATEM COMMODAM VTILITATEM

Um die Restaurierungsarbeiten finanzieren zu können, wurde ein Teil der Einnahmen des Jubiläumsjahres 1390, das durch Urban VI. verkündet worden war, investiert. Urban hatte weitere Jubiläumsjahre vorgesehen, die nun nicht mehr alle 100, sondern alle 33 Jahre stattfinden sollten, nach dem Alter, das Jesus erreicht hatte. Noch einige Wochen vor dem Jubiläumsbeginn starb der Papst. Sein Nachfolger Bonifaz XI. bestätigte umgehend die neu festgesetzten Jubiläumszeiten, wobei er eine kleine Korrektur hinzufügte. Um den Sündenerlass zu erlangen, war es nun nicht mehr vonnöten, persönlich nach Rom zu pilgern. Es genügte nun, die Ausgaben für Reise und Aufenthalt der Kirche zu spenden und einen Pauschalbetrag als Ersatz für den nicht abgegangenen Bußpfad hinzuzufügen. Dies hatte einen doppelten Vorteil: Die Kirche konnte die gesamte Summe im Voraus einziehen und die Gläubigen ersparten sich die Strapazen und Gefahren der Reise; sie konnten, obwohl sie zu Hause blieben, das Paradies für sich gewinnen. Nur die Römer, die bei diesem System zu kurz kamen, waren heftig aufgebracht. Die Macht der Tradition und die anhaltende religiöse Leidenschaft der Christen führte jedoch dazu, dass der Pilgerstrom auch 1390 nicht ausblieb.

Zu den Wohnräumen, die sich Papst Paul III. in der ersten Hälfte des 16. Jahrhunderts in der Engelsburg einrichten ließ, gehört auch das nach seinem Deckenfresko »Amor und Psyche« genannte Zimmer, das hier als Schlafgemach eingerichet ist.

Gegenüber:
Die Sala Paolina, Teil der Wohnräume Papst Pauls III., ist aufwändig mit Fresken und Dekor von Perin del Vaga ausgestattet. Im Mittelpunkt der Komposition befindet sich das Standbild Kaiser Hadrians, dem Gründer des Mausoleums, der hier an einziger Stelle entsprechend gewürdigt wird.

Die vier Evangelisten

Indem die Päpste seit Beginn des 15. Jahrhunderts zahlreiche Veränderungen und Anbauten an der Engelsburg vornahmen, hinterließ ein jeder Spuren seiner zeitweiligen Präsenz. So wurden auf Geheiß des humanistischen Papstes Nikolaus' V. (1447–1455), der unter seinem weltlichen Namen Tommaso Parentuccelli die Vatikanische Bibliothek gegründet hatte, drei Bastionen im Nordwesten, Nordosten und im Südosten des Mausoleums errichtet. Alexander VI. (1492–1503), ein Borgia, vergrößerte und verstärkte diese Bastionen. Zudem fügte er eine vierte in der südwestlichen Ecke hinzu, wodurch der Rundbau nun allseitig von einer Befestigung ummantelt war. Den Bastionen verlieh man die Namen der vier Evangelisten: Markus, Lukas, Johannes und Matthäus. Ein großer runder Turm, der später wieder abgerissen wurde, zunächst aber der Überwachung der Brücke diente, wurde ebenfalls errichtet. Auch wurde die Anzahl der Zellen, für deren ständige Belegung der Borgia-Papst selbst Sorge trug, vermehrt. Eine riesige Zisterne und der Ausbau der Vorratslager für Lebensmittel waren ebenso das Werk Alexanders. Mit den Veränderungen, die der Papst unternahm, konnte die Engelsburg unter militärischem Aspekt nunmehr als perfektes Bauwerk gelten. Als solches wurde sie auch von den Zeitgenossen beschrieben. Der einzige Anbau, der in der zweiten Hälfte des Cinquecento nachträglich angelegt wurde, war ein zum Schutz der viereckigen Bastionen hinzugefügter fünfeckiger Mauergürtel. Er verlieh dem Ganzen die sternförmige Gestalt, die die Engelsburg heute noch besitzt. Mithin konnten sich die Nachfolger Alexanders VI. der Verschönerung der Burg widmen.

Tatsächlich arbeiteten Dutzende großer Künstler im Laufe des 16. Jahrhunderts in der Engelsburg. So schuf Raffaello da Montelupo 1544 einen großen Erzengel Michael, im Moment, als er das Schwert wieder in die Scheide steckt. Diese Marmorstatue wurde am höchsten Punkt der Burg aufgestellt, in Erinnerung an die gregorianische Vision, und verblieb dort zwei Jahrhunderte lang. Später ersetzte man sie durch die heutige Bronzeskulptur, ein Werk Pieter Antoon Verschaffelts. Der Engel Montelupos befindet sich jetzt im ›Cortile d'Onore‹. Auf diesen Hof blickt auch die Ädikula Michelangelos, die im Auftrag des Sohnes von Lorenzo il Magnifico, dem Medici-Papst Leo X., entstand. Die schöne geschwungene Loggia Julius' II., die auf den Tiber und die Brücke blickt, wurde von Giuliano da Sangallo gestaltet. Antonio da Sangallo der Jüngere entwarf die prunkvolle Wohnung Pauls III., die man zwischen 1542 und 1549 vollendete. Die Fresken, die die Räume ausschmücken und Perin del Vaga und seiner Werkstatt zu verdanken sind, zeigen auch eine Darstellung Kaiser Hadrians. Es ist die einzige Hommage der Kunst an den alten Hausherrn, wenngleich sie ihm wenig ähnelt. Ende des Cinquecento war die Engelsburg einem kleinen Königsschloss vergleichbar ausgeschmückt.

Pieter Antoon Verschaffelt
Erzengel Michael, 1752
Bronze
Castel Sant'Angelo, Rom

Seit Mitte des 18. Jahrhunderts bekrönt der Bronzeengel, der den steinernen Engel aus dem 16. Jahrhundert ersetzt, den Gebäudekomplex der Engelsburg.

Gegenüber:
Michelangelo Buonarroti
Ädikula der Kapelle Leos X.

An den Cortile dell'Angelo grenzt die Kapelle Leos X. Der Medici-Papst aus Florenz ließ sie nach den Plänen seines berühmten Landsmannes Michelangelo (1745–1564) errichten.

Der ›Sacco di Roma‹

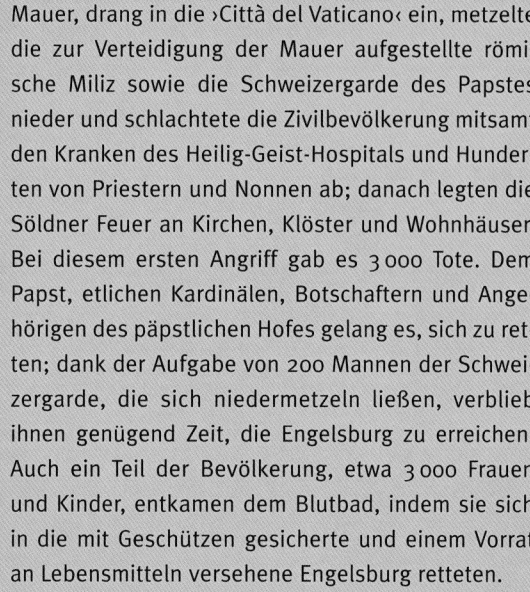

Die Plünderung

Im Morgengrauen des 6. Mai 1527, eines Montages, stürmte das kaiserliche Heer mit 16 000 Söldnern, zu zwei Dritteln deutsche ›Lanzichenecchi‹ und zu einem Drittel spanische ›Tercieros‹, die Leoninische

Mauer, drang in die ›Città del Vaticano‹ ein, metzelte die zur Verteidigung der Mauer aufgestellte römische Miliz sowie die Schweizergarde des Papstes nieder und schlachtete die Zivilbevölkerung mitsamt den Kranken des Heilig-Geist-Hospitals und Hunderten von Priestern und Nonnen ab; danach legten die Söldner Feuer an Kirchen, Klöster und Wohnhäuser. Bei diesem ersten Angriff gab es 3 000 Tote. Dem Papst, etlichen Kardinälen, Botschaftern und Angehörigen des päpstlichen Hofes gelang es, sich zu retten; dank der Aufgabe von 200 Mannen der Schweizergarde, die sich niedermetzeln ließen, verblieb ihnen genügend Zeit, die Engelsburg zu erreichen. Auch ein Teil der Bevölkerung, etwa 3 000 Frauen und Kinder, entkamen dem Blutbad, indem sie sich in die mit Geschützen gesicherte und einem Vorrat an Lebensmitteln versehene Engelsburg retteten.

Am Nachmittag desselben Tages überschwemmte das deutsch-spanische Heer den Stadtteil Trastevere, der ebenso wie der Vatikan auf der rechten Seite des Flusses außerhalb der Aurelianischen Mauer, die das Herz des alten Roms schützte, lag. Bei Sonnenuntergang überquerten die kaiserlichen Truppen – noch bevor die Verteidiger die Brücken hatten sprengen können – den Tiber auf dem ›Ponte Sisto‹ und drangen in Rom ein.

Am Abend war die ganze Stadt in der Hand der Spanier und der ›Lanzichenecchi‹, der deutschen Landsknechte. Erneut gab es Tausende von Toten. Kirchen und Paläste wurden geplündert, Frauen und Kinder vergewaltigt, Bibliotheken und Archive niedergebrannt, Gräber von Prälaten und berühmten Bürgern geschändet und ausgeraubt. Der ›Sacco di Roma‹, das tragischste Ereignis in der langen Geschichte der Stadt, währte noch sieben Tage und Nächte und hinterließ eine Geisterstadt. Nachdem sie die Wohnhäuser durchkämmt hatten, machten sich die Söldner daran, die Senkgruben und Abzugskanäle, wo sie die Schätze reicher Römer vermuteten, zu durchforsten. Am 17. Mai traten die ersten Fälle von Pest unter den ›Lanzichenecchi‹ auf. Die Seuche breitete sich rasch in der Stadt aus und raffte schließlich sogar Opfer hinter den Mauern der Engelsburg dahin.

Die Nachricht von der Plünderung Roms stieß in der gesamten zivilisierten Welt auf Entsetzen. Rom ist »nicht nur der Tempel des christlichen Glaubens, der Beschützer edler Gemüter, die Heimat der Musen, sondern die Mutter der Völker (...) dies ist nicht die Zerstörung einer einzigen Stadt, sondern der Welt«, urteilte der Zeitzeuge Erasmus von Rotterdam.

Papst und Kaiser

Die Plünderung Roms war zum großen Teil das Ergebnis eines seltsamen Duells zwischen zwei Männern, Kaiser Karl V. und Papst Clemens VII. Eine Strafexpedition des Herrschers über das erste Weltreich – ein Unterfangen, das dem Kaiser aus der Hand glitt – gegen einen florentinischen Papst, der mitten im Cinquecento mit Spanien und Frankreich ein Doppelspiel betrieb. Karl V. hatte für sein Heer die bösartigs-

ten Desperados der Zeit als Söldner angeheuert: die spanischen Bauern, die beim Aufstand der ›Comuneros‹ unterlegen waren, und die Landsknechte, die Verlierer im deutschen Bauernkrieg. Der Kaiser hatte sie angeworben, aber kein Geld, um sie zu bezahlen. Die Söldner lehnten sich gegen ihre eigene militärische Führung auf und entlohnten sich selbst durch die Plünderung Roms. Zu Frustration und Hunger gesellte sich bei den Landsknechten noch ein »religiöses« Motiv: Rom war die Stadt, die Luther »das neue Babylon« genannt hatte. Dies rechtfertigte jeden Akt von Perversion und Grausamkeit. Die »Bestrafung« der Stadt des Papstes überschritt jedes Maß; sie wurde zu einer ersten Manifestation der Religionskriege, die Europa mehr als 100 Jahre lang heimsuchen sollten.

Karl V. befand sich in Valladolid, als er erfuhr, was sich in Rom zugetragen hatte; er kannte die Reaktion der zivi-

Matthäus Merian
Sacco di Roma, 6. Mai 1527: Landsknechte verspotten den Papst durch Nachahmung eines päpstlichen Umzugs
Kupferstich, aus: Johann Ludwig Gottfried, Historische Chronica, Frankfurt am Main, 1630

Am 6. Mai 1527 brach der Schrecken über Rom herein. Kaiserliche Söldner stürmten die Festungen, es gab Tausende von Toten. Vergewaltigungen und Plünderungen beherrschten sieben Tage und sieben Nächte lang die Stadt. Schon nach wenigen Tagen brach unter den Söldnern die Pest aus. Der Sacco di Roma erregte höchsten Anstoß und tiefes Entsetzen im restlichen ›zivilisierten‹ Europa.

lisierten Welt. In einem Brief an alle Herrscher Europas tadelte er das Vorgefallene und nahm Verhandlungen mit dem in der Engelsburg belagerten Papst auf. Am 5. Juni kam es zu einer ersten Übereinkunft, auf deren Grundlage der Papst sich formell verpflichtete, eine sehr hohe Summe zu zahlen, über die er nicht verfügte, und trat als Garantie sechs italienische Städte ab. Die Besatzung der Engelsburg wurde durch Landsknechte abgelöst, die den Papst so lange gefangen hielten, bis er die erste Rate bezahlt hatte. Dazu wurde den ›Lanzichenecchi‹ die Annullierung der Exkommunikation gewährt, die der Papst über sie verhängt hatte: obschon Lutheraner waren die deutschen Söldner abergläubisch geblieben. Die Verhandlungen des Kaisers mit dem gefangenen Papst währten fünf weitere Monate, in denen der Papst Benvenuto Cellini damit beauftragte, alte Kelche, Tabernakel und andere geweihte Gegenstände aus kostbarem Metall einzuschmelzen, um den harten Bedingungen des Kaisers zu genügen. Dann endlich, am 8. Dezember 1527, verbreitete sich die Nachricht, der Papst sei verkleidet zu Pferde in Richtung Viterbo aus der Engelsburg geflohen. Die Römer begriffen, dass Karl V. und Clemens VII. sich endgültig geeinigt hatten, und stießen einen Seufzer der Erleichterung aus. Der Streit zwischen den Kontrahenten hatte die Stadt 30 000 Einwohner und 13 600 Häuser gekostet.

Clemens VII., das Chamäleon

Papst Clemens VII., Giulio de' Medici aus Florenz, war ein unehelicher Sohn von Giuliano, dem jüngeren Bruder von Lorenzo il Magnifico. Giulio wurde 1478 geboren, einige Monate nach der Ermordung seines Vaters, der auf dem Vorplatz der Kirche Santa Maria del Fiore erstochen worden war – ein Attentat, dem Lorenzo, gleichfalls zum Opfer auserkoren, nur um Haaresbreite entkam. Giulio wuchs in der Familie seines Onkels auf und wurde zusammen mit seinen drei Cousins und vier Cousinen, den Kindern von Lorenzo, erzogen. Er war 14, als sein Onkel Lorenzo 1492 – das Jahr der Entdeckung Amerikas – starb. Bald danach wurde Giulio für die kirchliche Laufbahn bestimmt und stand im Gefolge des Kardinals Giovanni de' Medici, des herausragendsten seiner Cousins. Giulio war 35 Jahre alt, als Giovanni als Leo X. zum Papst gewählt wurde. Eine der ersten Maßnahmen, die der neue Papst traf, war die Legalisierung von Giulios Geburt: Er verlieh ihm den Kardinalshut, ernannte ihn zum Erzbischof von Florenz und übertrug ihm damit die

»Schattenregierung« der Stadt. Politisches Talent hatte Giulio von Jugend an bewiesen. Als Kind hatte man ihm in Florenz den Spitznamen »Bastard« angehängt; daraus war rasch das »Chamäleon« geworden.

Als Leo X. im Jahr 1521 starb, war die Kandidatur seines Cousins Giulio für die Nachfolge auf den heiligen Stuhl die am besten quotierte. Kardinal Giulio de' Medici selbst schlug dem Konklave den Namen von Hadrian aus Utrecht, dem alten Privatlehrer von Karl V., vor. Dies war ein Schachzug, um den einzigen Konkurrenten zu »verbrennen«, den er zu fürchten hatte, weil dieser dem Kaiser angenehm war und die Fugger ihn finanzierten. Doch gegen jede Voraussicht wurde Hadrian tatsächlich gewählt. Sein Pontifikat währte nur kurze zwei Jahre, und nach seinem Tode wurde Giulio de' Medici am 19. November 1423 endlich Papst. Vier Jahre später befand er sich in der Engelsburg und konnte von der Terrasse aus die rauchenden Ruinen der heiligen Stadt beobachten.

Die Übereinkunft, die in den sechs Monaten, in denen Papst Clemens VII. Gefangener des Kaisers war, zwischen beiden erzielt wurde, kann folgendermaßen resümiert werden: Der Papst sollte fortan den Willen des Kaisers in allen Fragen und überall auf der Welt erfüllen – außer in Florenz. Im Gegenzug dafür verpflichtete sich der Kaiser, die Wünsche des Papstes in Florenz zu unterstützen. Der Vertrag wurde von beiden Seiten respektiert, und es erwuchs eine Art Freundschaft daraus.

Gegenüber:
Das kleine Bad, das der zweite Medici-Papst Clemens VII. in Auftrag gegeben hatte, ist aufwändig verziert mit Stuckelementen und Fresken, die Giovanni da Udine (1487–1535) zugeschrieben werden. Das Badezimmer ist über eine kleine Treppe erreichbar und durch einen Ankleideraum mit den päpstlichen Gemächern verbunden. Das notwendige Wasser konnte in einem über dem Bad liegenden Raum erwärmt werden.

Giorgio Vasari
Clemens VII. im Gespräch mit Karl V., 1555–1562
Fresko
Palazzo Vecchio, Sala di Clemente VII., Florenz

Nach der Gefangenschaft von Clemens VII., aus der er sich freikaufen musste, kam es zur Aussöhnung der beiden Widersacher. Respekt, Freundschaft und Hilfestellung sollen fortan das Verhältnis zwischen Papst und Kaiser geprägt haben.

Zug nach Italien
Seb(astian) Schaertlin von Burtenbach (1496–1577)

Hans Burgkmair (1475–1531)
Drei Landsknechtführer des 16. Jahrhunderts
Die kaiserliche Söldnerschar des ›Sacco di Roma‹ bestand zu zwei Dritteln aus deutschen Landsknechten, den ›Lanzichenecchi‹, und zu einem Drittel aus spanischen Bauernkriegern, den Tercieros. Zu ihren Anführern zählte Sebastian Schaertlin von Burtenbach – in der Kartusche links dargestellt –, der unter anderem auch an der Gefangensetzung des Papstes persönlich beteiligt war.

Im Jahre 1526, am St.-Martins-Tag, bin ich als Hauptmann mit Herrn Georg von Frundsberg samt 40 Fähnlein Knechten nach Mailand gezogen, willens, Herrn Kaspar von Frundsberg zu entsetzen. Dieser wurde in der Stadt Mailand von den Franzosen, Schweizern, von des Papstes Kriegsvolk und dem der Venediger hart belagert. Aber der Feind, der unsern Anzug vernommen hatte, zog ab.

Auf demselben Zug hat auf einem Damm am Po in der Markgrafschaft Mantua der Monsignore Johann de Medici, der Vetter des Papstes Clemens, 8 000 Hakenschützen und viel leichte Reiterei an uns herangebracht. Er wollte uns in der Frühe an der Überfahrt hindern; so hatten wir vom Morgen bis Mitternacht Händel miteinander. Auf beiden Seiten wurden viele gute Leute erlegt, und es war ein harter und schwerer Abzug, wie ihn sich kein Mensch vorgestellt hätte. Am anderen Tag ist er unter unsere Augen gezogen und wollte sich mit uns schlagen. Er wurde aber von den Unseren mit einem Falconet beschossen; daran ist er gestorben. Sein Volk zog deshalb ab, wir sind diesen Winter im Placentiner Gebirge geblieben. Im Januar 1527 sind wir von Posto Novo bei Piacenza losgezogen, an Knechten, Kürassieren, Spaniern und leichter Reiterei 16 000 Mann stark. Mit unserm Obersten, dem Herzog von Bourbon, zogen wir durch das Land des Papstes. Dabei haben wir um Bologna und auch

anderswo alles verheert und verbrannt. Am 6. Mai haben wir Rom im Sturm erobert, ungefähr 6 000 Mann darin totgeschlagen und die ganze Stadt geplündert. In den Kirchen und von der Erde haben wir alles genommen, was wir gefunden haben, einen guten Teil der Stadt haben wir abgebrannt und seltsam hausgehalten. Die Copistereien, Register, Briefe und Cortisaneien (Archive) haben wir zerrissen und zerschlagen.

Der Papst flüchtete sich mit Wächtern, Kardinälen, Bischöfen, Römern und anderem Hofgesinde, das nicht erschlagen worden war, in die Engelsburg. Darin haben wir ihn drei Wochen lang belagert, bis ihn der Hunger nötigte, die Engelsburg aufzugeben. Vier von den deutschen Hauptleuten, deren einer ich gewesen bin, vier von den spanischen, ferner ein Herr aus Spanien, Abbas de Naggera mit Namen, und ein Sekretär wurden in die Engelsburg gesandt, um im Auftrag des Prinzen von Oranien und der Kaiserlichen Räte über die Aufgabe der Engelsburg zu verhandeln, was dann auch geschehen ist. Dort haben wir den Papst Clemens samt zwölf Kardinälen in einem engen Saal gefunden. Wir haben ihn gefangen genommen, und er musste die Artikel, die ihm der Sekretär vorlas, unterschreiben. Es war ein großer Jammer unter ihnen und sie weinten sehr. Wir aber wurden alle reich.

Wir hatten Rom noch keine zwei Monate innegehabt, da sind uns etwa 5 000 Knechte und Angehörige des Kriegsvolkes an der Pest gestorben, die wegen der toten Körper, die nicht vergraben worden waren, ausgebrochen ist. Im Juli sind wir des Sterbens wegen und um bessere Luft zu suchen aus der Stadt hinaus in die Mark (Ancona) gezogen. Als uns die von Narnia nicht einlassen wollten und uns auch für Geld keinen Proviant gaben, hat man mir und einem anderen Hauptmann, namens Anton von Feldkirch, befohlen, zu stürmen. So haben wir mit 2 000 Knechten den Sturm ohne Beschießung angetreten, die Stadt und das Schloss mit Gottes Hilfe erobert und über tausend Personen, Männer wie Frauen, darin totgeschlagen. Die Weiber fügten uns mit Waffen und heißem Wasser, das sie auf uns herabgossen, großen Schaden zu. Doch wir haben viel in der Stadt gewonnen.

Im September desselben Jahres sind wir wieder in Rom eingezogen, haben die Stadt noch besser geplündert, dabei haben wir große Schätze unter der Erde gefunden. In Rom sind wir dann noch sechs Monate gelegen. [...]

Der Tod von Papst Alexander VI.

Francesco Guicciardini (1483–1540)

In seiner »Geschichte Italiens« erzählt Guicciardini die Ereignisse von 1492 bis 1533. Dort ist auch der seltsame Fall des Todes von Papst Alexander VI. zu lesen. Die folgende Übersetzung stammt von Georg Forberger aus dem Jahre 1574.

Aber siehe zu / da der Bapst inn der hoechsten hoffnung war (also betrieglich un(d) vergeblich sind der menschen anschlege) trug man in unversehens fuer tod auß dem lustgarten beim Berge Vaticano / da er lust halben hatte dz Nachtmal thun woellen / in seinen Pallast: und(d) gleicher weise giengs auch nicht lang darnach mit seinem Sohne. Der Bapst starb am andern tag / das war der achtzehend Augusti / und ward in S. Peters kirch getragen / er sahe gar schwartz / auffgelauffen / und ungestalt / welches gewisse zeichen gegebnes giffts waren: aber der Hertzog von Valentz der etwas stercker war seiner jugent halben / un(d) den nechsten die besten und wider den gifft die-

nende artzneie(n) brauchte / kam nach langwieriger un(d) schwerer kranckheit / endtlich doch mit dem leben davon. Es ist aber eine gewisse sage gewesen / das inen diser unfahl von giffte kommen / und nach dem gemeinen geschrey ist / die sach also gangen. Der Hertzog von Valentz (Sohn des Papstes) / der auch bey diesem Nachtessen hatte sein woellen / hatte im fuergenom(m)en / Adrianum de(n) Cardinal von Cornet / in welches Weinberge das nachtessen hatte geschehen sollen / mit gifft hinzurichten: denn dz weiß man wol / das er und sein Vatter in gewoehnliche(n) brauch gehabt / gifft zubrauchen / nicht allein gegen den feinden rache oder forcht halben / sondern auch / auß schendtlicher begirde reiche(n) Herzen ire Gueter zunem(m)en (...) Nu disen seinen brauch wollte der Hertzog von Valentz auch jetzt halten / und schickte vorhin in den Weinberg etliche Flaesche(n) vol vergifftes weins / un(d) die gab er einem diener der nichts um(b) die sach wußte / und befahl im er solte den wein niemands geben: sihe da kam ohne gefehr der Bapst vor dem nachtessen / un(d) begerte vor grossem durst / wie es denn damals sehr heiß war / eine(n) trunck. Dieweil aber vo(n) Baepstlichen Pallast die ruestung zum nachtessen noch nicht kom(m)en / un(d) sonst kein wein da war / gedachte der diener / der wein so im der von Valentz geben / wuerde im darum(b) verbotte(n) sein niemands zugeben / weil er so koestlich were / un(d) schenckte derhalben davon de(m) alten Bapste ein: als der nun noch tranck / kam der von Valentz eben darzu / un(d) tranck auch von demselbigen weine. Die gantze Statt Rom aber lieff mit ungleublichen freuden in S. Peters Kirche / des verstorbnen Bapsts leib zuschawe(n) / und konte niemandts gnug ansehen de(n) grossen Drachen (der da mit unmessiger ehrgeitz / verderblicher meineydigkeit / und allerley grewlicher Tyranney ungereimter unzucht un(d) unerhoertem geitz / und das er Geistliche und Weltliche ding ohne unterscheid verkaufft / die gantze welt vergifftet hette) wie er so tod da lag. Nichts desto weniger aber war diser Bapst von jugent auff seine letzte zeit / gantz glueckhafftig ohne unterlaß gewesen / und erhoehet worden / und hatte allzeit mehr bekom(m)en denn er im gewuenscht.

Bernardino di Betto, genannt Il Pinturicchio *Auferstehung* (Detail) Papst Alexander VI., 1492–1494 Fresko Appartamento Borgia, Vatikan

Papst Alexander VI., der Borgia-Papst (1431–1503), wird hier in majestätischer Würde und demutvoller Haltung gezeigt, doch war er den Zeitgenossen als äußerst gewalttätig, berechnend und sittenlos bekannt.

Das Binnenland und die großen Familien

San Leo

Ein befestigter Findling

Der Adlerhorst

San Leo liegt auf der Spitze eines gigantischen Felsblocks, der 637 Meter hoch ist, einen Umfang von drei Kilometern hat und rundum steil abfällt. Der Block ist ein Findling, der, bevor der Mensch in diesem Teil der Erde auftauchte, von einem Gletscher an seinen heutigen Platz geschoben und in einem prekären Gleichgewicht auf einem immer noch langsam in Richtung Meer gleitenden Lehmbett liegen gelassen wurde. Eine geologische Katastrophe ist folglich nicht nur wahrscheinlich, sondern gewiss. Es ist nur eine Frage der Zeit. Seit mehr als 2 000 Jahren hoffen die Bewohner San Leos jedoch, dass sich die geologische nicht mit der historischen Zeit überkreuzen möge.

Das seit dem Altertum befestigte San Leo erreicht man über eine von Menschenhand in den Fels

Vorhergehende Seite: Die Burg der Grafen Guidi in Poppi über den Hügeln des Casentino.

Links: Die Burg der Familie Montefeltro, San Leo, liegt wie ein Adlerhorst am Felsen.

Unten: Giorgio Vasari *Eroberung der Burg San Leo durch die Medici,* 1555–1562, Fresko Palazzo Vecchio, Sala di Leone X, Florenz

Vasari feiert in seinen Schlachtenbildern die großen Erfolge von Florenz über Pisa und Siena. Er betont die Trutzhaftigkeit der Burg von San Leo, deren Militärarchitektur lange bewundert wurde.

Gegenüber:
Der Saal der großen
Rotunde im zinnenbekrön-
ten Südturm der Burg-
anlage, in dessen Schieß-
scharten heute große
Fenster sitzen.

gehauene Straße. In seiner »Göttlichen Komödie« (1321) nimmt Dante den Felsen als Vergleich, um den Berg des Fegefeuers (Purgatorium, III und IV) zu beschreiben. Aus dem Ort San Leo stammte die mächtige Familie der Montefeltro. Sie zog später nach Urbino, wo Herzog Federico II. di Montefeltro einige der größten Künstler und Architekten der Zeit für den Entwurf seiner »Idealstadt« um sich scharte. Zu ihnen gehörte auch der aus Siena stammende Francesco di Giorgio Martini (1439–1502). Ihm wurde 1479 der Wiederaufbau der alten Festung San Leos anvertraut. Die grandiose Anlage, die wir heute sehen, ist sein Werk. Martini, Maler, Bildhauer und Architekt in einem, war zugleich ein Experte für Verteidigungstechniken, die sich auf den Gebrauch von Feuerwaffen stützten. Seinen Kenntnissen entsprechend ließ er die alten Burgmauern San Leos von einer neuen Verteidigungsanlage umschließen. Diese Anlage bestand im Wesentlichen aus einer großen Wallmauer, deren Ecken von gigantischen runden Wachtürmen verstärkt wurden und in denen sich Schießscharten befanden. Schon die Zeitgenossen hielten den Bau für ein Juwel der Militärarchitektur, das man auch wegen seiner Leichtigkeit und Eleganz bewunderte. So präsentierte ihn auch Giorgio Vasari (1511–1574) in seinem berühmten Fresko von der Schlacht von Anghiari im Palazzo Vecchio zu Florenz.

Kragstein einer der beiden Wachtürme, die zur großen Wallmauer gehörten. Die Burg wurde im 15. Jahrhundert unter Federico II. di Montefeltro, Herzog von Urbino (1444–1484) von Francesco di Giorgio Martini wieder aufgebaut und galt als Glanzleistung militärischer Befestigungsarchitektur.

Die Predigt des Hl. Franz von Assisi

Oben: Die Burg San Leo von Nordwesten gesehen.

Kurtine und Türme, die den ältesten Teil der Festung umschließen, sind Werke des Architekten Francesco di Giorgio Martini aus Siena.

Das Stadtwappen von San Leo: in der linken Hälfte der Hl. Franz bei der Predigt; rechts der kaiserliche Doppeladler.

8. Mai 1213. Die Burg San Leo ist hell erleuchtet. Man feiert die Ernennung des jungen Montefeltrano II. zum Ritter. Montefeltrano ist ein Sprössling der Dynastie, die ihren Anfang auf dem Fels San Leo genommen hat. Die Montefeltro gehören zum ghibellinischen Adel und sind Freunde der Hohenstaufen. Das Jahr 1213 ist ein gutes Jahr für die Ghibellinen. Der Stern Friedrichs II. von Schwaben strahlt in hellstem Glanz. In der Burg sind die Feudalfamilien aus der Toskana und der Romagna versammelt. Schon ist das Fest in vollem Gange, da erscheint unerwartet Franz von Assisi. Er sitzt auf dem Rücken eines Maultiers und ist in Begleitung von Bruder Leone. »Lasst uns zu diesem Fest gehen, denn wir werden dort mit Gottes Hilfe geistige Früchte ernten«, hatte das Mönchlein, das zufällig vorbeigekommen war, gesagt. Franz, der »Hofnarr Gottes«, ist der Mann des Tages. Alle sprechen von ihm, alle sähen ihn gerne als Geladenen auf ihrer eigenen Feier. An diesem Abend in San Leo predigt Franz unter einer Ulme, die heute

noch steht (allerdings 1936 neu gepflanzt wurde). Thema der Predigt sind die Zeilen eines unter Rittern sehr beliebten erotischen Reimes, der folgendermaßen beginnt: »Tanto è il bene ch'io m'aspetto / che ogni pena m'è diletto« (So viel Glück erwart' ich mir / dass jeder Schmerz mich nur ergötzt).

Franz verdrehte den Reim in göttliche Ausdrücke und klärte sein Auditorium über die Vorteile einer göttlichen Erotik auf. Die Anwesenden waren so erschüttert, dass Graf Orlando Cattani aus Chiusi della Verna ihm auf der Stelle den Gipfel seines Berges schenkte. Auf diesem Berg befindet sich ein Fels, der dem San Leos ähnelt, jedoch weniger gefährdet ist. Orlandos Bruder, der damals 16-jährige Herzog Ugolino, beschloss an diesem Abend, die Welt zu verlassen und den Himmel zu umarmen. Später, als er bereits Bischof war, finanzierte Ugolino die Arbeiten zur Fertigstellung des Klosters von La Verna, welches die Franziskaner zwar begonnen, letztendlich aber nicht vollendet hatten.

Cagliostro. Ein unvorsichtiger Hellseher

20. April 1791. Die Burg San Leo ist seit nahezu zwei Jahrhunderten im Besitz der Kirche. Nach einer fünftägigen Reise trifft in der Nacht des 20. April ein berühmter Mann zu Pferd aus Rom ein. Er wird von einer Schar Bewaffneter eskortiert. Der 52-jährige Reisende hat die Fahrt in Handschellen zurückgelegt. Jetzt holt man ihn vom Pferd und bettet ihn auf einen Korb. Mit Hilfe eines Flaschenzuges lässt man ihn in die Zelle, die ›del Tesoro‹ genannt wird, hinab. Später verlegt man ihn in die Zelle ›del Pozzetto‹, die so genannt wird, weil das Licht wie bei einem Brunnen nur von oben einfällt. Hier stirbt er am 21. August 1795. Sein Name ist Giuseppe Balsamo, als Graf Cagliostro der ganzen Welt bekannt.

Cagliostro, Magier, Seher, Alchimist, Heiler, Wahrsager, Zeichner, Fälscher und äußerst geschickter Taschenspieler in einem, war einer der genialsten Scharlatane und Betrüger in der Geschichte des Abendlandes. Aus den Gassen seiner Geburtsstadt Palermo stieg er in den Olymp der Gesellschaft seiner Zeit auf. Cagliostro war in allen Salons Europas willkommen, sprach sechs Sprachen und war mit Casanova und dem Kardinal von Rohan befreundet. Es ist anzunehmen, dass ein Zusammentreffen mit Goethe (der über ihn in »Der große Cophta« schrieb) stattfand. Als Begründer der Freimaurerei nach ägyptischem Ritus, seine ureigene Erfindung, hatte Cagliostro in aller Welt Anhänger gefunden. Er besuchte die Höfe Englands, Frankreichs, Russlands und Österreichs, wo seine Ratschläge gefragt und geschätzt wurden.

Nun aber ist Cagliostro »Gast« des Papstes. Auf seiner Suche nach Wegen, um bei Pius VI. eine Audienz zu erlangen, ist er ihm in Rom freiwillig in die Falle gegangen. Mitte Mai des Jahres 1789 lässt er sich auf einer Sitzung in der Villa Malta, bei der auch Kardinal de Bernis, Botschafter von Frankreich, anwesend ist, zu einigen Vorführungen seiner Taschenspielerkunst hinreißen. Schließlich prophezeit er den Sturz der französischen Monarchie, den Sturm auf die Bastille und den Lynchmord an ihrem Kommandanten Jourdan de Launay, den Cagliostro persönlich kennt. Zwei Monate später wird die Bastille tatsächlich gestürmt, de Launays Kopf auf eine Pike gespießt und herumgezeigt. Da sich Cagliostros prophetische Worte so furchtbar

Vorhergehende Seite, oben:
Friedrich Wilhelm Bollinger
Alessandro Graf von Cagliostro (eigentlich Giuseppe Balsamo), um 1815
Punktierstich

Cagliostro (1743–1795) wird oft als einer der genialsten Scharlatane und Betrüger der Geschichte gesehen. Er war ein guter Freund Casanovas, traf vermutlich Goethe und er erfand die Theorie der Freimaurerei nach ägyptischem Ritus in Europa.

Vorhergehende Seite, unten:
Eine der unterirdischen Zellen im Gewölbe der Burg, in denen Cagliostro von 1791 bis zu seinem Tod gefangen gehalten wurde.

Links: Pompeo Batoni
Porträt Pius VI., 1775/76
Öl auf Leinwand,
138 x 99 cm
Galleria Sabauda, Turin

Pius VI., mit bürgerlichem Namen Giannangelo Braschi, der Cagliostro festsetzen ließ, war 1775–1799 Papst. Direkt vor seinen Augen spielten sich die wechselvollen Ereignisse der Französischen Revolution ab. 1778 wurde Rom von den napoleonischen Truppen besetzt und der Papst als prominentester Gefangener nach Frankreich gebracht, wo er am 14. Juli 1799 starb, genau am zehnten Jahrestag des Sturms auf die Bastille.

Gegenüber, oben:
Gioacchino Toma
Das Inquisitionsgericht,
1864
Öl auf Leinwand,
99 x 131 cm
Collezione del Comune di Napoli, Neapel

Ein Verhör nach den Regeln der Inquisition.

Gegenüber, unten:
Der Fels San Leo in einem Druck aus dem 18. Jahrhundert. Der Fels ist hier von Norden aus gesehen, die Spitze links weist in Richtung Adria auf der Höhe von Rimini.

bewahrheitet haben, erstattet Kardinal de Bernis dem Heiligen Stuhl Bericht.

Nachdem man Cagliostro verhaftet und in die Engelsburg gebracht hatte, unterzog man ihn 43 Verhören, die alle nach dem Procedere der heiligen Inquisition stattfanden. Sein Prozess endete mit der Verhängung der Todesstrafe, aber diese wurde durch einen »besonderen Gnadenerweis« in lebenslange Festungshaft umgewandelt. Giuseppe Balsamo verlor in San Leo jede Gewandtheit und Selbstbeherrschung. Die Kerkerwärter hörten die grässlichsten Verwünschungen und Flüche aus dem ›Pozzetto‹ heraufdringen.

Unter diesen Verwünschungen beeindruckt die Bewohner von San Leo auch heute noch am meisten seine Vorhersage, dass eine Naturkatastrophe den Fels vom Angesicht der Erde tilgen werde.

Poppi
Die Burg der Grafen Guidi

Ansicht von Poppi.
Auf dem Grunde des Tals, das ein fast vollkommenes Oval bildet, fließt der Oberlauf des Arno. Dank der ungewöhnlichen Form des Tals und Poppis Lage ist die Burg von jedem Punkt aus zu sehen: hoch oben von den Gipfeln ebenso wie von den Abhängen der Berge, die die Form eines Hufeisens bilden.

Gegenüber:
Der gute Erhaltungszustand der Burg erklärt sich dadurch, dass sie seit der Mitte des 14. Jahrhunderts bis heute durchgehend bewohnt war.

Festung, Residenz und Regierungspalast

Wer die Burg von Poppi, der historischen Hauptstadt des Casentino-Tals, vor Augen hat, meint ein Stück des früheren Florenz', ein Fossil aus dem 13. oder 14. Jahrhundert, zu erblicken. Tatsächlich diente die Burg von Poppi als Vorläufer des ›Palazzo della Signoria‹. Graf Simone di Battifolle aus der mächtigen Familie der Guidi ließ sie auf den Fundamenten eines alten Turmes errichten. 1274 begonnen, wurde der Bau von Guido di Simone, seinem Sohn, weitergeführt. Nach Aussage Giorgio Vasaris übertrug er das Werk 1291 dem Architekten Arnolfo di Cambio, der einige Jahre später den ›Palazzo della Signoria‹ in Florenz (1298–1314) entwarf. Die beiden als Festungen konzipierten Gebäude veränderte man im Zeitalter der Renaissance und machte sie als Residenzen nutzbar. Bis heute ist die funktionale Vielfalt an den Bauten ablesbar. Sowohl die Burg in Poppi wie der ›Palazzo della Signoria‹ sind Festung, Residenz und Regierungspalast in einem.

Obwohl die Burg seit der Mitte des 16. Jahrhunderts nicht mehr ausgebaut wurde, unterscheidet sie sich durch ihren exzellent erhaltenen Zustand von den Burgen ihrer Zeit. Dies ist dem Umstand zu verdan-

ken, dass die Burg seit Beginn des 14. Jahrhunderts bis heute stets bewohnt war. So residierten nach den Guidi die von Florenz ernannten Gouverneure, die Vicari, für etwa drei Jahrhunderte in Poppi. Es folgten die Verwalter der toskanischen Großherzöge von Habsburg-Lothringen. Von 1861 bis 1987 zog die Stadtregierung Poppis in das Bauwerk ein. Heute beherbergt die Burg eine große historische Bibliothek, die man zugleich als Ausstellungs-, Versammlungs- und kulturellen Veranstaltungsort nutzt.

1817 wurde der Bau das einzige Mal in seiner Struktur verändert. Den Turm, der ursprünglich höher war und mit einer von Kragsteinen getragenen Spitze endete, kürzte man um etwa 15 Meter, da er einzustürzen drohte.

In den Pranken des Florentinischen Löwen

Die Fassade der Burg zu Poppi blickt auf einen Platz, der heute baumbestanden ist: den von zum Teil noch erhaltenen Mauern umgebenen ›Pratello‹ (kleine Wiese). Hier fanden früher Turniere und militärische Übungen statt. Mittels einer Brücke, die über einen tiefen Graben führt, gelangt man in die Burg und zu einem Ravelin, der den inneren Mauerring schließt. Vor diesem Ravelin steht auf einer Säule ein großer steinerner Löwe, der seine Pranke auf ein Wappenschild setzt. Es handelt sich hierbei um den so genannten Marzocco, den Löwen von Florenz. Als Basrelief wiederholt er sich über dem Eingangsportal zur Burg. Ein dritter zeigt sich am Treppenfuß des Innenhofes. Nachdem Florenz Herr über den großen Feudalbesitz der Grafen Guidi geworden war, kamen all diese Löwen nach 1440 an ihren Platz. Wo immer die Florentiner auch herrschten, stets stellten sie den ›Marzocco‹ als Symbol ihrer Befehlsgewalt auf.

Hinter dem Steintisch residiert die Justiz

Im hinteren Teil des Burginnenhofes steht noch immer der massive Steintisch, an dem die Guidi

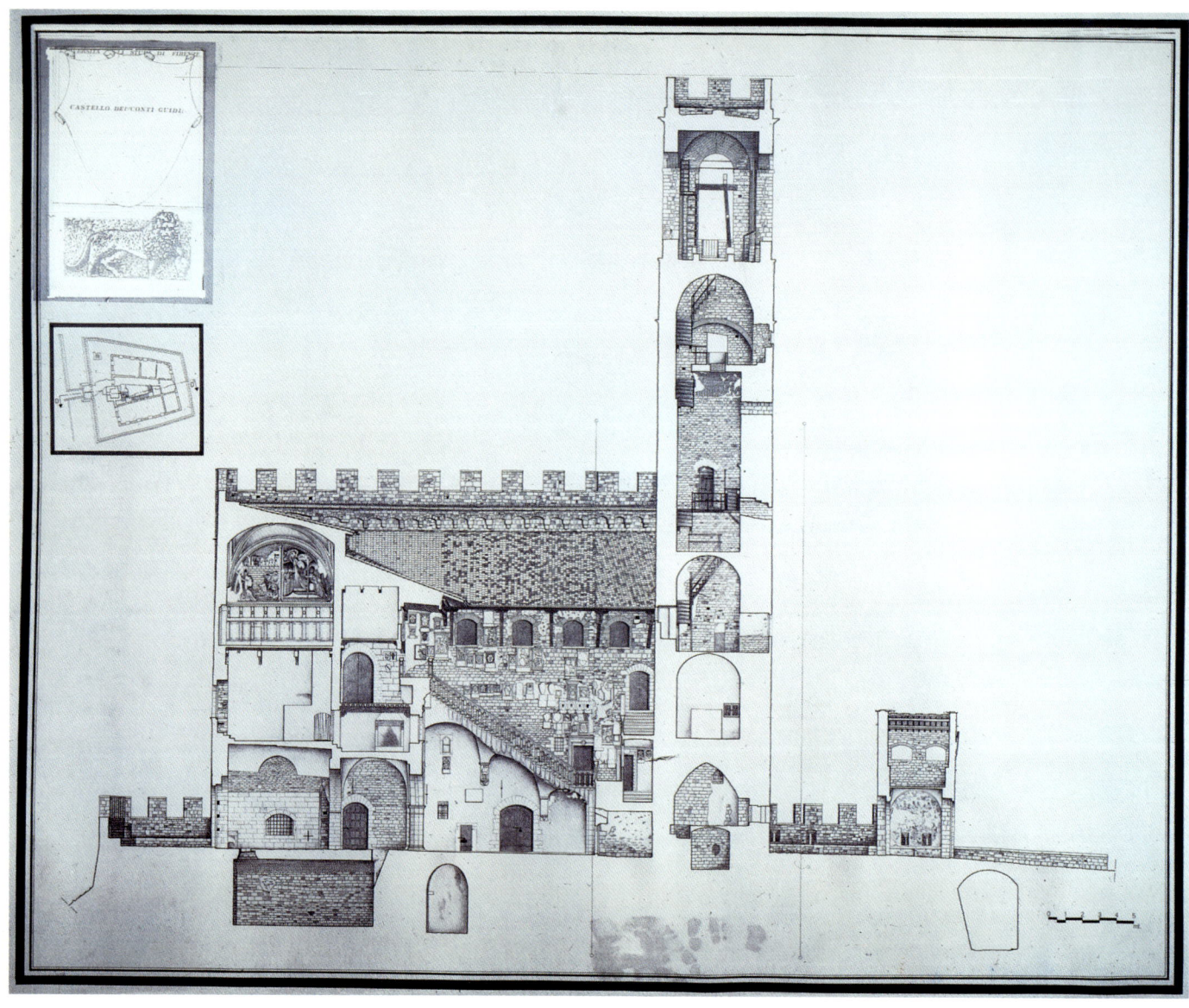

Recht sprachen. Die dahinter liegende Wand ziert ein Madonnenfresko mit Heiligen. Der Innenhof und die Steintreppe sind von großer Eleganz. Die Treppe führt auf drei Seiten nach oben und endet im zweiten Stock. Sie ruht auf einer Karyatide, die Simone da Battifolle, den Gründer der Anlage, darstellt. Am oberen Treppenende stützt eine Säule das vorspringende Dach.

An der linken Wand ziehen sich zwei große Galerien aus Eichenholz entlang, deren Decken im venezianischen Stil gestaltet sind. Hier lagen die Wohnräume, die für die Grafen Guidi und später für die Florentiner Statthalter bestimmt waren. Die Galerie im ersten Stock gewährt den Zugang zu zwei großen Salons, in denen heute die historische Biblioteca Rilliana untergebracht ist. Im zweiten Stock befinden sich weitere Räume sowie die Kapelle mit den Taddeo Gaddi zugeschriebenen Wand- und Deckenfresken aus dem 14. Jahrhundert.

Nachdem Dante Alighieri aus Florenz verjagt worden war, fand er bei den Grafen Guidi mehrmals Zuflucht. Sie beherbergten den Dichter sowohl in Poppi wie auch in den Burgen von Romena und Porciano. In der Burg Poppis verfasste der Dichter jenen stolzen Brief an die Florentiner, der ihm 1302 das lebenslange Exil bescherte.

Oben: Längsschnitt der Burg.

Rechts der vorgeschobene Wachposten, links oben die Kapelle, darunter die Bibliothek, ganz unten die Zisternen und im Zentrum der Hof.

Gegenüber:
Der Innenhof der Burg.

Rechts ist die schöne Treppe aus hellem Stein zu sehen, links die hölzernen Galerien aus der Renaissance, die den Zugang zu den Wohnräumen gewährten.

Gegenüber:
Die Familienkapelle im
obersten Stockwerk der Burg,
die ein Taddeo Gaddi (um
1300–1366) zugeschriebe-
ner Freskenzyklus schmückt.
Er zeigt Bilder aus dem
Marienleben und Johannes
des Täufers.

Die Grafen Guidi, Florenz und der Goldflorin

Die Guidi sind eine der großen Feudalfamilien Mittelitaliens mit langobardischer Herkunft. Die in ihrem Besitz befindlichen Gebiete beschränkten sich anfangs auf die heutige Romagna und reichten also vom Po bis zum Apennin. Eine Schenkungsurkunde aus dem Jahre 896 enthält eine Liste ihrer zwischen Ferrara, Imola, Faenza und Forlì gelegenen romagnolischen Besitztümer. Seit dem 10. Jahrhundert ist weiterer toskanischer Besitz im Bistum Pistoia bezeugt. Eine zeitgenössische Chronik, die ein Mann verfasste, der allgemein unter dem Namen »Tolosano« bekannt war, berichtet von einer 925 zwischen dem Grafen Teugrimo oder Teudegrimo und der Adligen Englerata oder Engelrade, Tochter des Herzogs von Ravenna, gefeierten Hochzeit. Dem mittelalterlichen Chronisten zufolge hatten sich die beiden jungen Leute kennen gelernt, als Teugrimo, der einer Hirschkuh nachsetzte und dabei über die Grenzen seines eigenen Jagdreviers hinausgeriet, plötzlich in Modigliana bei Forlì vor ihrer Burg stand. Noch am selben Tage feierte man Hochzeit. Der erstgeborene Sohn erhielt den Namen Guido. Nach ihm wurde das gesamte Geschlecht benannt.

Einige Jahrzehnte später vereinte eine andere, vom Glück begünstigte Heirat Guidos Sohn Teugrimo II. mit der schönen Ghisla. Als Tochter des aus der Toskana stammenden Markgrafen Ubaldo brachte sie den Guidi die im Casentino-Tal gelegenen Güter ein. Von einem Guido zum anderen und von einem Teugrimo zum nächsten mehrte sich der Feudalbesitz der Familie im Mugello, im unteren Arnotal, im Chianti-Gebiet und in Valdelsa. Insbesondere die apenninischen Besitztümer gestatteten die Kontrolle über die bedeutendsten Straßen, die Rom

mit Norditalien und Europa verbanden. Von ihnen war die Via Francigena die wichtigste.

Die Territorien der Grafen Guidi vergrößerten sich kontinuierlich. Ein Ende setzte das 13. Jahrhundert, als man das Erbe unter den vier Söhnen Guidos VII. aufteilte. Die Söhne begründeten neue Familienzweige, die heftig miteinander rivalisierten oder in offenem Streit miteinander lagen.

Das größte Hindernis freilich, auf das die Guidi trafen, war das Wachstum und Machtstreben der toskanischen Städte. Vor allem Florenz war im Begriff, zu einer Handels- und Finanzmacht ersten Ranges aufzusteigen und strebte danach, seinen Kaufleuten und dem Handel volle Bewegungsfreiheit zu verschaffen.

Die finanziellen Schwierigkeiten der Familie begannen unmittelbar nach dem ersten Kreuzzug, an dem einige Mitglieder der Familie Guidi teilgenommen und für den sie Ritter mit Waffen ausgestattet hatten. Noch zwei Jahrhunderte lang konnten die Guidi dank ihrer geschickten Allianzen, die sie in regionalen Konfliktfällen abschlossen, und dem klugen diplomatischen Abwägen zwischen Kirche und Reich ihre Macht wahren. Doch ihre Abhängigkeit von der abstraktesten Macht der Epoche, dem Florentiner Goldflorin, wuchs unaufhörlich. Dabei waren die Guidi so wenig wie die anderen alten Feudalfamilien mit der modernen Geldwirtschaft vertraut. Für sie galten Regeln anderer Art, wie es der im Diplomatischen Archiv von Florenz aufbewahrte, 1169 datierte, Vertrag bestätigt. Die Grafen Guidi von Poppi verpflichten sich darin, die nahe Abtei von Strumi im Tausch für jährlich »zwei Schweineschultern, 25 Kuhmilchkäse und 25 neue Näpfe« zu verteidigen und im Notfall militärischen Schutz zu gewähren.

Rechts: Der Goldflorin
von Florenz, eine Münze
aus 24-karätigem Gold
mit einem Gewicht von
3,54 Gramm, wurde 1252
erstmalig geprägt. Innerhalb
weniger Jahre entwickelte er
sich zur Bezugsmünze des
internationalen Handels.

Eine Falschmünzerei in der Burg von Romena

Infolge eines Hausbrandes des im Mugello gelegenen Borgo San Lorenzo fanden die Florentiner 1281 eine große Menge von Florin, die sowohl in der Prägung wie auch im Gewicht perfekt gefälscht waren. Sie bestanden nicht aus teurem Gold, sondern aus einer Kupferlegierung. Nach einer langen Untersuchung fand man heraus, dass sich die Falschmünzerei in der Burg der Grafen Guidi in Romena befand. Es genügte, mit der Belagerung der Burg zu drohen, damit der Fälscher ausgeliefert wurde. Es handelte sich um einen gewissen Mastro Adamo, einen Engländer, den die Guidi in Brescia angeworben hatten. Dort war Adamos Geschick beim Fälschen der wichtigsten Münzen des internationalen Marktes bekannt und geschätzt. Jetzt verurteilte man ihn ohne Gerichtsverfahren, band ihn an ein Kreuz und verbrannte ihn bei lebendigem Leib auf dem Gipfel eines Berges an der Grenze zwischen Florenz und dem Casentino-Tal. Um ein Exempel zu statuieren, blieb sein Körper viele Monate lang den Unbilden des Wetters und den Vögeln überlassen.

Dante Alighieri erinnert an die Geschichte im XXX. Gesang des »Inferno« (»Die göttliche Komödie«). Darin lässt der Schatten des Handwerkers Mastro Adamo, den man zuerst auf den Scheiterhaufen und dann in die Hölle verdammte, seinem bitteren Groll gegen die in Romena ansässigen Grafen Guidi freien Lauf. Seine Wut richtet sich somit gegen seine Auftraggeber, die ihn zuerst als Handwerker engagierten, dann im Stich ließen und letztendlich der Rache von Florenz auslieferten.

Wegen ihrer Schulden bei florentinischen Bankiers prozessierte im folgenden Jahrzehnt Florenz gegen einige Angehörige der Guidi. Kein flüssiges Geld zu besitzen, wurde für die Familie ein immer größerer Albtraum. Am 23. und 24. Oktober 1357 mussten die Grafen ihre in der Romena gelegene Burg mitsamt den dazugehörigen Ländereien für 9 600 Goldflorin verkaufen.

Der letzte Fehler der Grafen Guidi

Die letzte noch im Besitz der Guidi verbliebene Domäne war Poppi mit seiner herrlichen Burg in der Mitte des weiten Casentino-Tals. Nach der bitteren Erfahrung ihrer Vettern in Romena hatten die Guidi von Poppi einen jüdischen Geldwechsler

Der große Saal der Guidi-Residenz beherbergt heute eine große historische Bibliothek mit einem Bestand von etwa 25 000 Büchern, darunter kostbare Handschriften und wertvolle Inkunabeln.

und Geldverleiher, der innerhalb der Burgmauern tätig war, in ihren Dienst gestellt. Im Frühjahr 1440 beging Graf Francesco Guidi di Battifolle, Herrscher von Poppi, jedoch einen fatalen Irrtum: er ging mit den in Mailand ansässigen Visconti, die sich mit Florenz im Krieg befanden, ein Bündnis ein. Am 29. Juni 1440 schlugen die Florentiner das Söldnerheer der Visconti in der Schlacht von Anghiari. Anschließend belagerten sie Poppi.

Schon am 29. Juli musste Graf Francesco Guidi ein aus 37 Kapiteln bestehendes Siegesdiktat annehmen, dessen Wortlaut erhalten ist. Es besagt, dass der Graf seine unbeweglichen Güter, Ländereien, Häuser und Burgen an Florenz abzutreten habe. Dagegen durfte er seine gesamte bewegliche Habe behalten und mitnehmen. Zudem war es ihm verboten, ins Casentino-Tal zurückzukehren, und er durfte sich den Grenzen seines alten Landbesitzes allenfalls bis auf zehn Meilen nähern. Es stand ihm jedoch frei, seinen Wohnsitz zu wählen, wo immer

es ihm beliebte, sogar in Florenz. Seine Familie, alle Menschen, die bereit waren, ihm zu folgen, und alle Tiere, die ihm gehörten, durfte er mitnehmen. Die Schulden, die der Graf bei Florentiner Bankiers gemacht hatte, wurden gestrichen, die Schulden bei Dritten durch Florenz beglichen. Der Artikel 21 bestimmte, dass »der Jude, der mit seiner Bank und seiner Familie in der Burg von Poppi lebt« und dort die Kunst des Geldwechsels und Geldverleihs ausübte, in Absprache mit den neuen Kommissaren aus Florenz weiterhin in Poppi seiner Tätigkeit nachgehen könne, falls er wolle. Andernfalls würde es ihm gestattet, unter uneingeschränkt freiem Geleit für sich und seine Familie fortzugehen. Niccolò Macchiavelli berichtet in seinen »Istorie Fiorentine«, dass Graf Francesco, »da er keine andere Möglichkeit mehr sah, sein Land und all seine Rechte an die Florentiner abtrat und mit all seinen Sachen sowie mit Frau und Kindern weinend davonging; betrübt, dass er einen Staat verlor, den seine Väter 900 Jahre lang besessen hatten«.

So endete die Herrschaft der Guidi. Graf Francesco verließ die Burg und mit ihm gingen die Gattin, die Töchter, Diener und insgesamt 34 Esel, die das Habe der Familie trugen. Der Graf entschied sich für ein Leben in Florenz, zog später nach Bologna, um zu guter Letzt wieder nach Florenz zurückzukehren.

Familienwappen der Grafen Guidi.

Oben: Die Burg der Grafen Guidi in Romena.

Was heute wie eine imposante Ruine erscheint, war eine Burg, die älter und militärisch besser gerüstet war als die von Poppi.

Links: Der Zugang zum Exerzierplatz der Burg von Romena.

Die Burg umgab einst ein doppelter Mauerring mit sieben Türmen. Von allen Besitztümern der Familie lag diese Burg der Grenze zu florentinischem Gebiet am nächsten.

Dantes Brief an die Grafen Guidi

Diesen Brief schrieb Dante Alighieri an die Grafen Oberto und Guido von Romena nach dem Tode ihres Onkels Alessandro von Romena, um ihnen wegen dessen Ableben Beileid zu bezeugen.

1. Euer Oheim, der erlauchte Graf Alessandro, der in den jüngst verflossenen Tagen in die himmlische Heimat, von wannen es dem Geiste nach gekommen war, zurückgekehrt ist, war mein Gebieter, und sein Andenken wird mich, so lange ich noch in der Zeitlichkeit lebe, beherrschen; denn seine Großmuth, dem jetzt über den Sternen mit würdigem Lohne reichlich gelohnt wird, machte mich ihm aus eigenem Antriebe seit jahrelanger Vergangenheit ergeben. Diese Tugend war es, die zu allen andern in ihm gesellt, seinen Namen über die Verdienste anderer italienischer Helden verherrlichte. Und was anders sprachen die Banner des Helden als: »Die Geißel, welche die Laster vertreibt, haben wir gezeigt?« Denn silberne Geißeln trug er äußerlich im purpurnen Felde und innerlich einen Geist, der in der Liebe zu den Tugenden die Laster verscheuchte. So klage denn, ja es klage der größte Stamm in Toskana, der von solch einem Mann erglänzte; klagen sollten seine Freunde sammt seinen Dienern, deren Hoffnungen der Tod nun grausam gegeißelt hat. Unter diesen Letzten klage denn auch ich Aermster, aus der Heimath Verstoßener und unschuldig Verbannter, der, wenn ich meine Unfälle erwog, stets meine Sorgen durch die Hoffnung auf ihn beschwichtigte.

2. Aber sowohl nach dem Verlust des Körperlichen die Bitterkeit des Schmerzes abwaltet, geht doch, wenn man den Blick auf das uns verbleibende Geistige richtet, dem inneren Auge fürwahr ein süßes Licht des Trostes auf. Denn er, der den Tugenden hienieden Ehre gab, empfängt jetzt von den Tugenden im Himmel Ehre, und der der Paladin des römischen Hofes in Tuscien war, bestralt jetzt als auserkorener Trabant der unvergänglichen Königsburg das himmlische Jerusalem mit den Fürsten der Seligen. Darum ermahne ich Euch, meine werthesten Gebieter, mit bittlichem Zuspruch, daß ihr Euern Schmerz mäßiget, und dessen, was ihr für diese Welt verloren, nur gedenket, um darin ein Vorbild Eures Wandels zu finden, damit Ihr in Zukunft, wie er Euch, als die ihm den Blute nach Nächsten, gerechterweise zu Erben seiner Güter eingesetzt, so auch mit seinen makellosen Sitten Euch bekleiden möget.

3. Schließlich aber vertraue ich noch außerdem Eurer einsichtigen Erwägung, daß Ihr meine Abwesenheit bei dem bevorstehenden thränenreichen Begräbnis entschuldigen wollet. Wahrlich, nicht Lässigkeit ist es noch Undank, die mich zurückhalten, sondern allein die unvermuthete Armut, welche die Verbannung über mich gebracht hat. Sie ist es, die, eine unversöhnliche Verfolgerin, mich der Pferde und Waffen beraubt, in die Höhle ihrer Knechtschaft verstoßen, und den mit aller Kraft sich wiederzuerheben Bestreben bisher mit Uebermacht grausam festzuhalten nicht abläßt.

Sandro Botticelli
Dante Alighieri (Detail),
um 1495
Öl auf Leinwand, 54 x 47 cm
Privatsammlung, Genf

Dante Alighieri (1625–1321) stammte aus adeligem Florentiner Geschlecht und gehörte zu den bedeutendsten Denkern seiner Zeit. In seinen politischen Ansichten überwarf er sich mit den Machthabern in Florenz und wurde vom Papst bei Todesstrafe aus der Stadt verbannt. In diesen Jahren des Exils war er häufig Gast der Guidi. Sein literarisches Hauptwerk ist die »Göttliche Komödie«, die in den Jahren 1307 bis 1321 entstand.

Das Geheimnis der Buchmalerei
Eberhard König

Ehe man im Mittelalter ein Buch herstellen konnte, galt es, die unterschiedlichsten Materialien zu beschaffen. Papier kam erst im 13. Jahrhundert auf und spielte bis ins 15. Jahrhundert keine große Rolle, insbesondere wenn man prachtvolle Werke schaffen wollte. Also brauchte man Tierhaut, von Ziegen und Schafen, Zicklein und Lämmern, seltener die sprichwörtliche Kuhhaut. Dieser Stoff musste auf eine besondere Weise gegerbt werden, damit kein Leder daraus wurde, sondern feine weiße Blätter, biegsam und weich, aber nicht durchsichtig; denn sonst hätte man nicht ordentlich darauf schreiben können. Die Griechen an der Küste Kleinasiens sollen schon ein paar Jahrhunderte vor Christi Geburt darauf gekommen sein, dass man auf nach bestimmten Rezepten präparierter Tierhaut schreiben konnte. Das berühmte Pergamon an der Nordwestspitze der Türkei besaß eine Bibliothek voller Schriften auf solchem Stoff, den man deshalb noch heute ›Pergament‹ nennt.

Wo Viehzucht war, gab es den Grundstoff zum Schreiben; und es lohnt sich heute angesichts eines dicken majestätischen mittelalterlichen Buches einmal innezuhalten und sich vorzustellen, wie groß die Herde war, die für einen einzigen Kodex ihre Haut geben musste. Für nur ein Doppelblatt einer Prachtbibel oder eines Gesetzbuches des größten Formats, das man folio, also einfach ›Blatt‹ nennt, brauchte man die ganze Haut eines einzelnen Tieres. Am Rücken eines echten Folianten, an dem die Blätter zusammengeheftet sind, bündeln sich gleichsam die Rücken vieler Tiere, die das Pergament dafür lieferten.

Pergament eignete sich auch für den Einband; man zog aber über dünne Holzbretter gespanntes festes Leder vor, das ganz anders gegerbt war und vorwiegend vom Kalb oder vom Schwein stammte. Ketten ließen sich daran befestigen, wenn man ein Buch in einer Bibliothek sichern wollte, aber auch Schließen unterschiedlicher Art, die dem Buch je nach Wunsch einen geradezu wehrhaften oder einen eleganten Anschein geben mochten.

Töricht wäre es gewesen, die Bücher erst zu binden und dann mit dem Schreiben zu beginnen; denn schon den Umfang hätte man nicht exakt schätzen können. Deshalb wurden die Blätter einzeln auf schrägen Pulten befestigt. Da man die Schrift nicht schwimmend auf das Pergament aufbringen wollte, sondern geordnet, in Linien, brauchte man Zeilen in festen Blöcken. Mit Nadeln legte man außen die Zeilenhöhe fest; Einstichlöcher dafür zeigt noch so manches unbeschnittene Buch. Dann zog man die Linien entweder farblos mit einem spitzen Griffel oder mit farbiger Tinte. Auf solche Weise umriss man das Textfeld, legte Felder für Randbemerkungen an und bestimmte damit zugleich, wo Platz für Malerei verblieb.

Von Galläpfeln kam die Tinte; damit profitierten die Schreiber von einem weit verbreiteten Baumschädling, nämlich von jenen Wespen, die ihre Eier in die Zweige bestimmter Eichen legen, sodass dort wie dicke Geschwüre Blasen mit schwarzer Flüssigkeit entstehen. Dieser Stoff ist ätzend. War er zu scharf, hat er nicht selten das Pergament durchgefressen. Doch wo das nicht geschah, blieb er haltbarer als alles, was wir heute dokumentenecht nennen.

Mit den Federn großer Vögel, vor allem Gänsefedern, ließ sich derartige Tinte zu Schrift formen. Wer geschickt mit seinem Federkiel umzugehen wusste, konnte geschwind von breiten Balken zu feinsten Linien wechseln und dabei ein virtuoses Spiel entfalten, das man mit Kalligrafie, einem schöneren Wort für Schönschrift, bezeichnet. Natürlich hielten die Federn immer nur kurze Zeit, wurden stumpf oder zerfaserten. Deshalb brauchte man ein Federfutteral und musste immer ein Messer zu Hand haben, das der versierte Schreiber nicht einmal beim Schreiben aus der Hand legte.

Mit der schwarzen Schrift aber gab man sich ungern zufrieden. Aus Mennige, einem Nebenprodukt bei der Verarbeitung von Blei, ließ sich eine rote Tinte gewinnen; sie eignete sich vorzüglich dazu, im Text Stellen zu unterstreichen oder die Angaben hervorzuheben, die den Text erst erschließen: So hat man gerne das, was wir als Titel bezeichnen würden, wortreich in fortlaufenden Zeilen mit roter Tinte angekündigt; entsprechend markiert sind häufig die wichtigsten Textenden. ›Incipit‹ nennt man das eine, ›Explicit‹ das andere, weil mit den lateinischen Worten für ›es beginnt‹ und ›es endet‹ die meisten mittelalterlichen Texte ein- und ausgeleitet wurden.

Vom belebenden Rot der Mennige stammen zwei noch heute auch in anderen Zusammenhängen übliche Begriffe: ›Rubrum‹ nennt man auf Lateinisch das ›Rote‹ oder den ›Eintrag in Rot‹. ›Rubriken‹ nennt man die Worte, die Texte sortieren helfen. ›Mennige‹ selbst heißt auf Lateinisch minium; und was man Zierliches und Schönes mit minium machen kann, das bezeichnet man als ›Miniatur‹.

Tierhaut war teuer, Beschreibstoff war deshalb rar. Wer könnte es den Leuten verdenken, dass sie alle Sorgfalt darauf verwandten, die Textfelder so dicht wie möglich zu füllen. In einer ordentlichen mittelalterlichen Handschrift gibt es keine Absätze, erst recht keine Leerzeilen, außer am Schluss langer Passagen. Mit einem ›Horror vor dem Leeren‹, dem

Lukas als Maler an einem Pult für Buchmaler, Lyon oder Paris um 1500
Buchmalerfarben auf Pergament, Blattgöße 20,7 x 13,5 cm
Guémadeuc-Stundenbuch, fol. 8v, Heribert Tenschert, Bibermühle

Der jugendliche Maler ist mit einem tragbaren Pult gekommen, in dessen Schubfächer alles passt, was er zur Arbeit braucht. So kann er im Palas die Himmelskönigin porträtieren.

Le stif du soleil et de la lune
Chapitre premier.

Le soleil selon ce que dit le philosophe est loeil du monde. la fontaine de dieu. la beaute du ciel. la mesure de temps. la vertu et origine de toutte chose naissante en terre. seigr des plannettes. conducteur et

pur faiseur de toutes les estoutes. La lune come dit monseigneur saint Ambroise en son liure intitule Exameron est la beaute de la nuit. mere et ministre de toutte humimesure de mois. Anne de la mer. celle qui transmue les airs. et est gouuernee du soleil. Et pour ce quelle

sprichwörtlichen ›horror vacui‹ wurden die Zeilen und Schriftblöcke gefüllt.

Um sich nicht ganz in den dicht gesetzten Buchstaben zu verlieren, haben Leser und Schreiber zweierlei ersonnen: Man legte etwas ins Buch, das möglichst dem Band nicht schadete, einen Strohhalm, ein Blatt oder gar eine Blüte. In manchem mittelalterlichen Buch, das Jahrhunderte gar nicht oder nur ausnahmsweise einmal geblättert wurde, sind noch heute solche Lesezeichen zu finden. Doch fielen diese gerne heraus, also lohnte es sich, Merkzeichen einzumalen: Deshalb erhielten die wichtigen Anfänge (lat.: initiae) auffällig große, nicht nur rote, sondern gerne auch bunte Buchstaben, die ›Initialen‹. Schon früh hat man sie als Zweige oder als Blumen gestaltet, mit Ranken in die Randstreifen hinaus, damit die betreffenden Seiten auch beim raschen Durchblättern ins Auge fielen. In solchem Bemühen, den Text zu gliedern, ohne viel frei zu lassen, liegt der Ursprung der nach der Mennige genannten Miniaturen. Das auffällig sichtbare Lesezeichen ist der eigentliche Beginn von Buchmalerei. Animistisch ließ sich die gemalte Form beleben; Fische und Vögel waren vor allem in den Anfängen des Mittelalters, zwischen der Spätantike des 5. Jahrhunderts und der im späten 8. Jahrhundert einsetzenden Karolingerzeit überaus beliebt.

Aber es gab noch eine andere Möglichkeit, auf einzelne Textstellen aufmerksam zu machen: Wo ein Fingerzeig nötig schien, malte man gerne eine Hand mit ausgestrecktem Finger an den Rand. Figuren setzte man ein, wo etwas den Menschen Betreffendes erläutert werden sollte. Wenn eine Krankheit zu schildern war, zeigte man durchaus den Körper. Vor allem aber liebte man es, den Autor als die Autorität zu zeigen, auf der ein Text fußt. Wo wir heute gewohnt sind, durch ein aufwändiges Titelblatt Verfasser, Titel und Zeit zu erfahren, hat man im Mittelalter eine Gestalt gezeigt, die schreibend oder lehrend, oft majestätisch thronend dem Text gleichsam präsidiert.

Als Platz blieb der Malerei nur, was beim Schreiben leer gelassen wurde: Unterschiedlich große Felder im fortlaufenden Text hat man für die wichtigsten Anfangsbuchstaben reserviert. Der Rand konnte mit Bildmotiven besetzt werden. Dass im Textspiegel darüber hinaus noch Flächen ausgespart wurden, um eigenständige Bilder zu ermöglichen, blieb hingegen seltene Ausnahme; das reine Bilderbuch gab es fast überhaupt nicht.

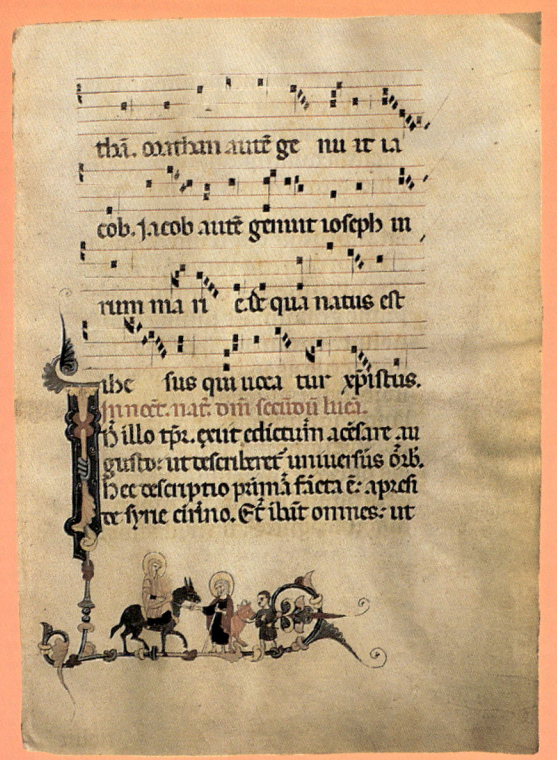

Umgebung des Oderisi da Gubbio, *Flucht nach Ägypten* auf einer mit Noten und Schrift versehenen Buchseite, Bologna um 1300 Buchmalerfarben auf Pergament, 29,8 x 22 cm Lektionar, fol. 14r, Heribert Tenschert, Bibermühle

Die wichtigste Aufgabe eines Buchmalers war es, auf den Rang eines Textanfanges hinzuweisen. Mit Gold und Farben malte man große Initialen, die so weit in den Rand ausgreifen durften, dass sogar wie hier eine Szene aus Christi Leben Platz fand. Die Malerei stammt aus dem Umkreis des Oderisi da Gubbio, von dem Dante erzählt.

Meist genügte der Kopf oder die Büste eines imaginären Autorenporträts; denn die Gesichtszüge der Verfasser waren schon deshalb nicht überliefert, weil es jahrhundertelang gar keine Porträts mehr gab. Zum einfachen Bild des Verfassers konnte auch die Welt geschildert werden, in der man ihn sich vorstellte, oder sogar der Stoff, von dem sein Buch handelt.

Selbstverständlich respektierten Maler nur selten die genauen Zeitumstände, schon weil sie davon gar nichts wussten. Während die Texte über Jahrtausende gleich blieben, änderten sich Kleidung und Behausung ebenso wie Sitten und Arbeitsweisen. Waren die Schreiber gehalten, möglichst getreu zu kopieren, so durften die Maler den Autor wie den Stoff so gestalten, als handele es sich um ihre jeweilige Gegenwart: Deshalb überliefert die mittelalterliche Schreibkunst neben der interessanten Entwicklung der Schrift ausschließlich, wie man mit dem getreuen Abschreiben rang und wie man das Ältere kommentierte. Die Miniaturen aber zeigen uns, wie vital sich das Bild der Autoren von Generation zu Generation und von Region zu Region wandelte.

Beispielsweise gab es einen italienischen Arzt und Astrologen Maino de Maineri; in Paris hat er studiert, dort leitete er ab 1326 die medizinische Fakultät, ehe er 1346 an den Mailänder Hof der Visconti berufen

Gegenüber:
Meister von 1482, *Maino de' Maineri und der Dialog von Sonne und Mond*, Brügge 1482 Buchmalerfarben auf Pergament, Blattgröße 37,5 x 26,5 cm Gruuthuses Exemplar fol. 7r, Heribert Tenschert, Bibermühle

Wie in einem Palas, dem Hauptgebäude einer mittelalterlichen Burg, thront der Autor vor einer fast leeren Bibliothek. Was er die Sonne dem Mond mitteilen lässt, weiß er aus dem Kopf. Er kann sich fühlen wie sein Auftraggeber, Ludwig von Gruuthuse, der Herr über Brügge.

wurde, wo er 20 Jahre lang diente. Als sein Hauptwerk, den ›Dialogus creaturarum‹, konzipierte er eine
Folge von Dialogen, in denen er die Wissenschaft seiner Zeit enzyklopädisch zu fassen suchte. Um Gottes
Schöpfungen zu charakterisieren, lässt er die Kreatu-
ren miteinander sprechen; das geht von Sonne und
Mond bis zum Menschen und dem Tod. Weit von den
Orten und der Zeit, in der er wirkte, entfernt entstand
die schönste Abschrift seines Buches: 1482 hat darin
ein Buchmaler im flämischen Brügge Maino de Mai-

neri gemalt, wie er mit Hilfe weniger Bücher seiner
dürftigen Bibliothek, also fast ganz aus der Eingebung
heraus, den Text verfasst. Mächtig sitzt der Autor da,
während zwei Schreiber, ihrer minderen Bedeutung
wegen viel kleiner als er, über ihre Arbeit gebeugt
sind. Großspurig spricht Maino de Maineri; und was er
gerade erläutert, erscheint wie in einer Sprechblase
im Fenster; denn dort wendet sich im ersten der
Dialoge die Sonne an den Mond.

Frühere Autoren hat man hingegen sehr viel würdiger
gefasst: So schmückt ein sizilianischer Buchmaler in
der Zeit Kaiser Friedrichs II. (1194 geboren, Kaiser von
1220–1250), also im frühen 13. Jahrhundert, den Über-
setzer eines arabischen Astrologiebuches, Georgius
Zothorus Zaparus Fendulus, mit einer eigentümlichen
Krone. Der Maler zeigt ihn, wie er das Futteral für die
Federn mit dem daran gebundenen kleinen Tintenfass
in der Linken hält, um mit der Rechten an einer Schrift-
seite zu arbeiten. Sorgfältig geschriebene Zeilen sind
auf dem Blatt zu lesen, das über ein Schreibpult ge-
spannt ist. Der Kaiser selbst ist kaum prachtvoller vorzustellen als dieser Thronende, der im Buch nicht einmal von der höheren Autorität Albumasars (Abu
Ma'sar, 787–886) übertroffen wird; denn der erscheint
wie ein Philosoph oder Prophet.

Veranschaulicht wird in einer solchen Miniatur das
Verhältnis des hohen Mittelalters zu jenen Geistes-
größen, die man bewunderte. Wenn freilich die Gott-
heit selbst ins Bild kommt, tritt der Mensch stärker
zurück. Etwas mehr als 100 Jahre zuvor hat sich der
Abt des Mutterklosters aller abendländischen Abtei-
en, Oderiso von Montecassino (im Amt 1099–1105), in
einem Gebetbuch vor dem Thron der Muttergottes
darstellen lassen: Als demütiger Mensch reicht er
gerade hinaus bis zum Sitzkissen Marias. Raumlos
schwimmen die Figuren auf dem nackten Pergament.
Das ist noch reine Mönchsarbeit. Sie entstand auf
dem Montecassino selbst, wo einst der Hl. Benedikt
(um 480–um 560) das Kloster in bergiger Einsamkeit
gegründet hatte. Hier dürften noch alle technischen
Voraussetzungen für das Buch in einem Haus gebün-
delt worden sein: Die Mönche hielten das Vieh, dessen Haut sie zu Pergament verarbeiteten und mit dessen Federn sie schrieben. Sie sammelten von den
Eichen die Galläpfel für die Tinte, gewannen sicher
das eine oder andere Mineral für die Farben selbst,
bereiteten aus Kupfer Grünspan für Marias Kleid. Nur
das Blau mögen sie von fern her eingeführt haben,

heißt es doch ›Ultramarin‹, also »Farbe von jenseits des Meeres«, die meist aus Afghanistan bezogen wurde. Auch das Material für den Einband war in einem großen und gut geführten Kloster zu beschaffen, von sauber geschnittenen Holzplatten über die Lederbezüge zu den metallenen Beschlägen und Schließen.

In der Schreibstube des Klosters herrschte seit Generationen dieselbe strenge Zucht; hier wurden Kopisten wie Kalligrafen, Initialenmaler wie Miniaturisten ausgebildet. Man durfte nur ausnahmsweise reisen, hatte wenig Kontakt nach außen. Deshalb herrschten alte Gebräuche, und kaum einer war begierig, irgendeine Mode der klosterfernen Welt mitzumachen. Zum Lebensinhalt der auf Beten und Arbeiten eingeschworenen Mönche gehörten die verschiedenen Tätigkeiten, die erst ein solches Buch entstehen ließen, von der Viehzucht über das Gerben bis zum Schreiben und Malen. Doch blieb das Buch keineswegs ein Monopol der Mönche, und die Buchmalerei war durchaus nicht geeignet, sich in Demut vor Gott zu bewähren, auch wenn ihre meisten Werke der Frömmigkeit dienten. Neben den Klöstern wurden Fürstenhöfe und Universitäten Heimstätten des Schreibens und damit auch der Buchmalerei. In seiner ›Göttlichen Komödie‹, die im Jahre 1300 spielt und ab 1307 niedergeschrieben wurde, gehören für Dante Alighieri die Buchmaler

nicht mehr in Mönchskutten. Im Fegefeuer (XI. Gesang) trifft der Dichter unter denen, die dort für ihren Stolz büßen müssen, Oderisi da Gubbio (gestorben 1299). Der frisch verstorbene Meister misst sich in seinen Worten mit einem noch lebenden Schüler, Franco Bolognese, der zumindest bis um 1313 in der Universitätsstadt gearbeitet hat. Beide sind Künstler in einer Welt aus Stolz und Karriere. Nicht auf Kollegen in Klöstern, denn auch für Dante ist Buchmalerei schon eine Kunst der Städte geworden: Paris ist seinen Worten nach ihre eigentliche Metropole.

In Burgen gelangten Bücher zunächst aus den Klöstern; doch spätestens im 13. Jahrhundert haben Universitäten und Städte das Monopol der Benediktinermönche gebrochen. Unter den Ersten, die seit den Jahren um 1200 aus dem Büchermachen, dem Schreiben und Malen, dem Pergamentmachen und Binden einen Brotberuf machten, war mancher entlaufene Mönch oder der Kirche entfremdete Priester. Laien bestimmten bis ins 16. Jahrhundert das Medium.

Mit dem Buchdruck endet das Mittelalter; in Italien begann man in der Benediktinerabtei Subiaco 1464/68 Bücher zu drucken. Bis dahin war es allein Aufgabe von Schreibern, Bücher zu schaffen.

Wiener Buchmaler, *Burg mit Angreifern*, vor 1439 (?) Buchmalerfarben auf Pergament, Blattgöße 37 x 30 cm Kriegsbuch König Abrechts II. oder des Ladislaus Posthumus, fol. 9r, Heribert Tenschert, Bibermühle

Meist halten sich Buchmaler an die Felder, die schon für das Schreiben eingerichtet wurden. Reine Bilderbücher hat es nur sehr selten gegeben. In ihnen wird das Bild zum didaktischen Gegenstand. Gerade Burgenkunde kann auf wunderbare Beispiele zurückgreifen, in denen wie hier halb als technische Schautafel, halb als amüsantes Bild gezeigt wird, wie man eine solche Burg zu knacken versucht.

Prachteinband für das Haus Visconti, zwischen 1350 und 1401/02 Dunkles Leder über Holzdeckeln mit Messingbeschlägen, 30,5 x 22,5 cm Lektionar, Heribert Tenschert, Bibermühle

In geschlossenen Büchern haben die Malereien vorzüglich überleben können. Einbände hingegen hatten es schwer: Man liebte metallene Beschläge, die die Pracht der Besitzer und die Bedeutung des Buchs bewiesen. Das Metall aber störten, wenn man mehrere Bücher ins gleiche Regal stellen wollte; oft blieb es nur im Privatbesitz erhalten, in großen Bibliotheken aber nicht.

Biblioteca Rilliana

Die Burg von Poppi beherbergt eine gewaltige historische Bibliothek, die etwa 25 000 Bände umfasst. Darunter befinden sich mehr als 500 Manuskripte, von denen die ältesten aus dem 11. Jahrhundert datieren. Dazu gesellen sich eine kostbare Sammlung von Inkunabeln und über 800 Bände des 16. Jahrhunderts. Letztere umfassen äußerst wertvolle Editionen des venezianischen Druckers Aldo Manuzio. Die Bibliothek stammt aus dem Kloster Camaldoli, das 1012 von dem Benediktinermönch Romualdo aus Ravenna in den Bergen des casentinischen Apennin gegründet wurde. Im 15. Jahrhundert war Camaldoli, das von den Medici gestützt wurde, ein bedeutendes kulturelles Zentrum und Sitz einer philosophischen Akademie, der die berühmtesten Florentiner Humanisten angehörten. Zu dem Buchbestand Camaldolis kam im 19. Jahrhundert die Bibliothek eines privaten Sammlers, des Grafen Rilli-Orsini, hinzu. Von ihm leitet sich der heutige Bibliotheksname Rilliana ab.

Das historische Archiv der florentinischen Gouverneure birgt in über 5000 Bündeln die zivilen und gerichtlichen Akten der Region Casentino zwischen 1440 und 1735.

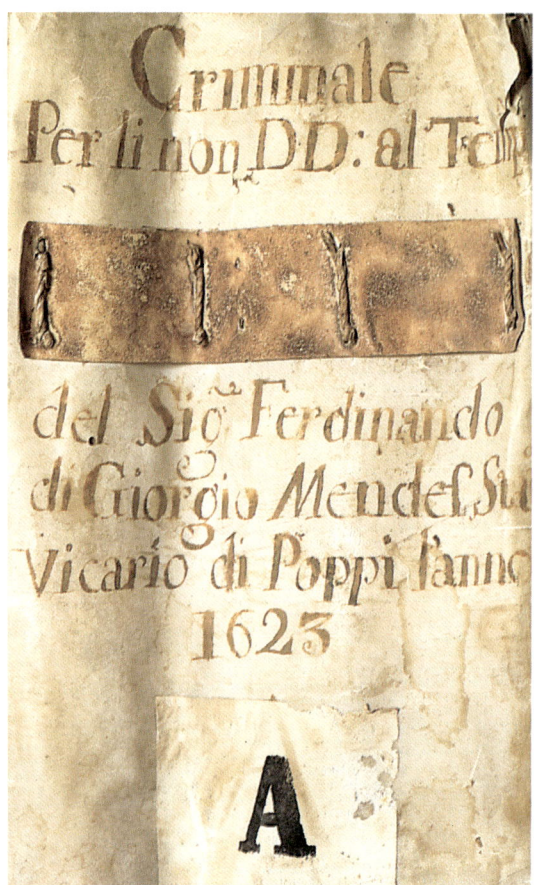

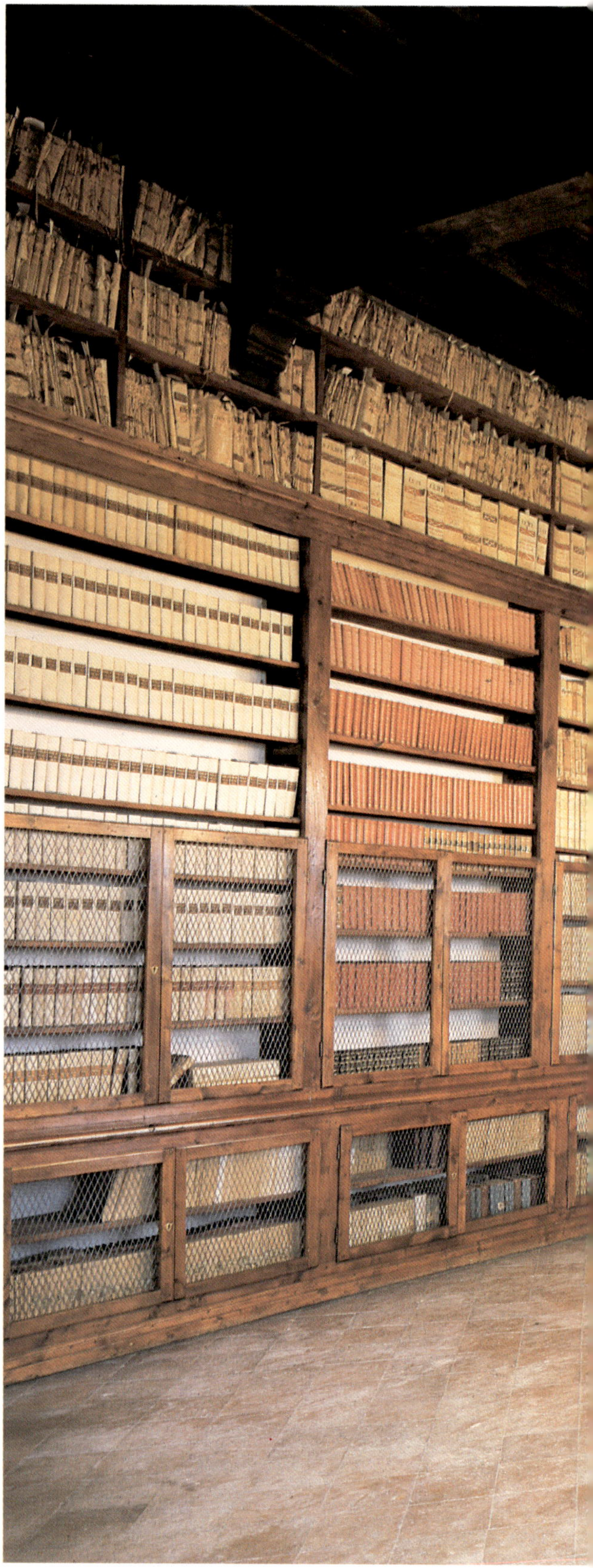

Rechts: Ein Raum der historischen Bibliothek in der Burg der Grafen Guidi von Poppi.

Die Schlacht von Anghiari

Lehen wie das der Familie Guidi. Zudem waren sie von wichtigen Straßen durchzogen, die die Kontrolle der Kommunikation zwischen Norden und Süden gewährleisteten.

Schon seit 30 Jahren herrschte Florenz über Pisa. Dadurch hatte Florenz den Zugang zum Meer gewonnen und mit dem Bau einer eigenen Flotte begonnen. Mit den neuen apenninischen Gebieten rückte ein zweiter Zugang zum Meer, zur Adria, näher. Waren es ursprünglich ins Tal gezogene Bergbewohner, die sich in Florenz niederließen, hätte die Stadt nunmehr zu einer Seemacht aufsteigen können. Dieser Traum wurde zwar niemals Wirklichkeit – doch wäre Florenz ohne die Schlacht von Anghiari niemals zu dem geworden, was es ist.

Das Spiel der Condottieri

Die Begebenheit, die dem Traum von florentinischer Größe Flügel verlieh, war reiner Zufall. Zwischen Mailand und Venedig herrschte bereits seit Jahren Krieg. Es ging um die Kontrolle der Po-Ebene und ihrer reichen Städte Brescia, Cremona und Padua, die alle sehr weit von Anghiari entfernt liegen. Die Serenissima Repubblica Veneziana hatte mit dem Papst und Florenz eine Liga gebildet, um den Expansionsdrang

Bonifacio Bembo
Francesco Sforza, um 1460
Öl auf Leinwand
Pinacoteca di Brera,
Mailand

Zur Zeit der Schlacht von Anghiari stand Francesco Sforza als Condottiere im Dienste der Visconti von Mailand. Zehn Jahre später wurde dieser Sforza selbst zum Herrn über das Herzogtum Mailand.

Unten: Politische Karte mit den Stadtstaaten in Nord- und Mittelitalien im 15. Jahrhundert.

Die Signoria von Florenz wollte damals einen Staat mit jeweils einem Hafen am Tyrrhenischen Meer und an der Adria schaffen.

Kleiner Aufstand – große Wirkung

Die Schlacht von Anghiari, die am 29. Juni 1440 stattfand, bildet einen der Meilensteine in der Geschichte der Stadt Florenz und der Toskana. Die Folgen der Schlacht waren proportional umgekehrt zur Zahl der Toten (einer). Denn am Tag danach war Florenz auf einmal Herr zweier im Apennin gelegenen großen Regionen, des Casentino und des oberen Tibertals, zwei weiten Tälern, die der Oberlauf der beiden Zwillingsflüsse Arno und Tiber durchzieht. Durch die Expansion nach Osten erhielt der florentinische Staat den Charakter einer veritablen Regionalmacht in Mittelitalien. Die geopolitische Landkarte Gesamtitaliens veränderte sich schlagartig. Zugleich hatte der Besitz der Quellen zweier »schicksalhafter« Flüsse einen starken symbolischen und propagandistischen Effekt. Die neuen Gebiete umfassten blühende Städte wie Borgo Sansepolcro und Città di Castello und große

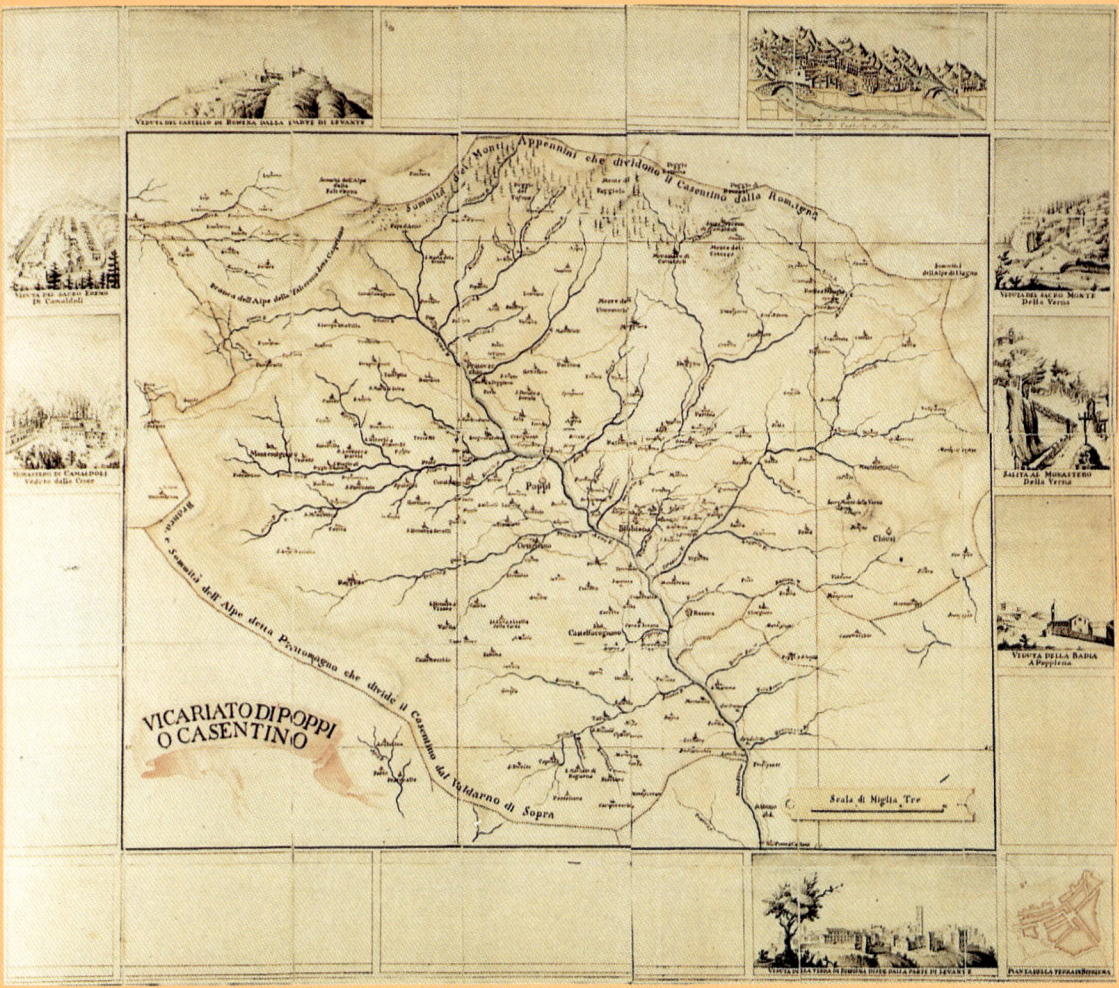

der in Mailand herrschenden Visconti zu bremsen. Die streitenden Parteien bekämpften sich mit Söldnerheeren, die sich um Freischärlerkapitäne gesammelt hatten. Niccolò Piccinino kämpfte für das Herzogtum Mailand Filippo Maria Viscontis, Francesco Sforza für die Anti-Visconti-Liga. Keiner der beiden Condottieri hatte ein Interesse daran, den Krieg auf dem offenen Schlachtfeld auszutragen. Beide spielten ihr eigenes diplomatisches Spiel, denn ein Feind von heute konnte der Auftraggeber von morgen sein und umgekehrt. Die Freischärlerheere waren kleine Nomadenstaaten, die kein festes Territorium besaßen, aber mit einer eigenen rudimentären Bürokratie und einer recht raffinierten Diplomatie ausgestattet waren. Der höchste Ehrgeiz eines Condottiere zielte darauf ab, eigenes Terrain für sich zu gewinnen, um dort einen fest umrissenen Kleinstaat zu errichten. Dort konnte man Frau und Kinder unterbringen und außer den Soldaten

auch Bauern schinden. Aus diesem Grund zogen es die Condottieri vor, das Schauspiel des Krieges in den Theatern der Peripherie stattfinden zu lassen, an Orten, die als Scharniere fungierten und Puffer- oder Grauzonen mit fließenden Grenzverläufen waren. Ein solcher Schwachpunkt lag in den zwischen der Toskana und der Romagna gelegenen apenninischen Ostregionen. Hier wimmelte es nur so von lokalen Tyrannen, kleinen Städten mit Kommunalregierungen und großen, in steilem Niedergang befindlichen Lehen.

Die Ruhe vor dem Sturm

Als Antwort auf das stete Drängen der Venezianer hatte sich Francesco Sforza im Jahre 1439 schließlich dazu aufgerafft, die Grauzone der Romagna zu verlassen, den Po zu überschreiten und gegen Brescia, das seit drei Jahren von Mailänder Truppen belagert war, zu marschieren. Doch statt ihm die Stirn zu bieten,

Alte Karte des Casentino.
Nachdem das Casentino 1440 unter die Herrschaft von Florenz gefallen war, behielt die Region ihre Grenze bei. Die Verwaltung war den florentinischen Gouverneuren direkt unterstellt.

Leonardo da Vinci
Kopfstudien für die Anghiari-Schlacht,
um 1503–1505
Metallstift, schwarze Kreide und Rötel auf Papier,
19,1 x 18,8 cm (Faksimile)
Gabinetto dei Disegni e delle Stampe, Galleria degli Uffizi, Florenz

Der Kopf ist ein Porträt des Niccolò Piccinino, Condottiere der Visconti. 60 Jahre nach dem historischen Ereignis beauftragte die Stadt Leonardo da Vinci mit der Darstellung der Schlacht von Anghiari auf der Wand der im Palazzo Vecchio befindlichen Sala dei Cinquecento. Die angefertigten Zeichnungen und Skizzen sind zum Teil noch erhalten. Das Fresko hingegen wurde niemals fertig gestellt.

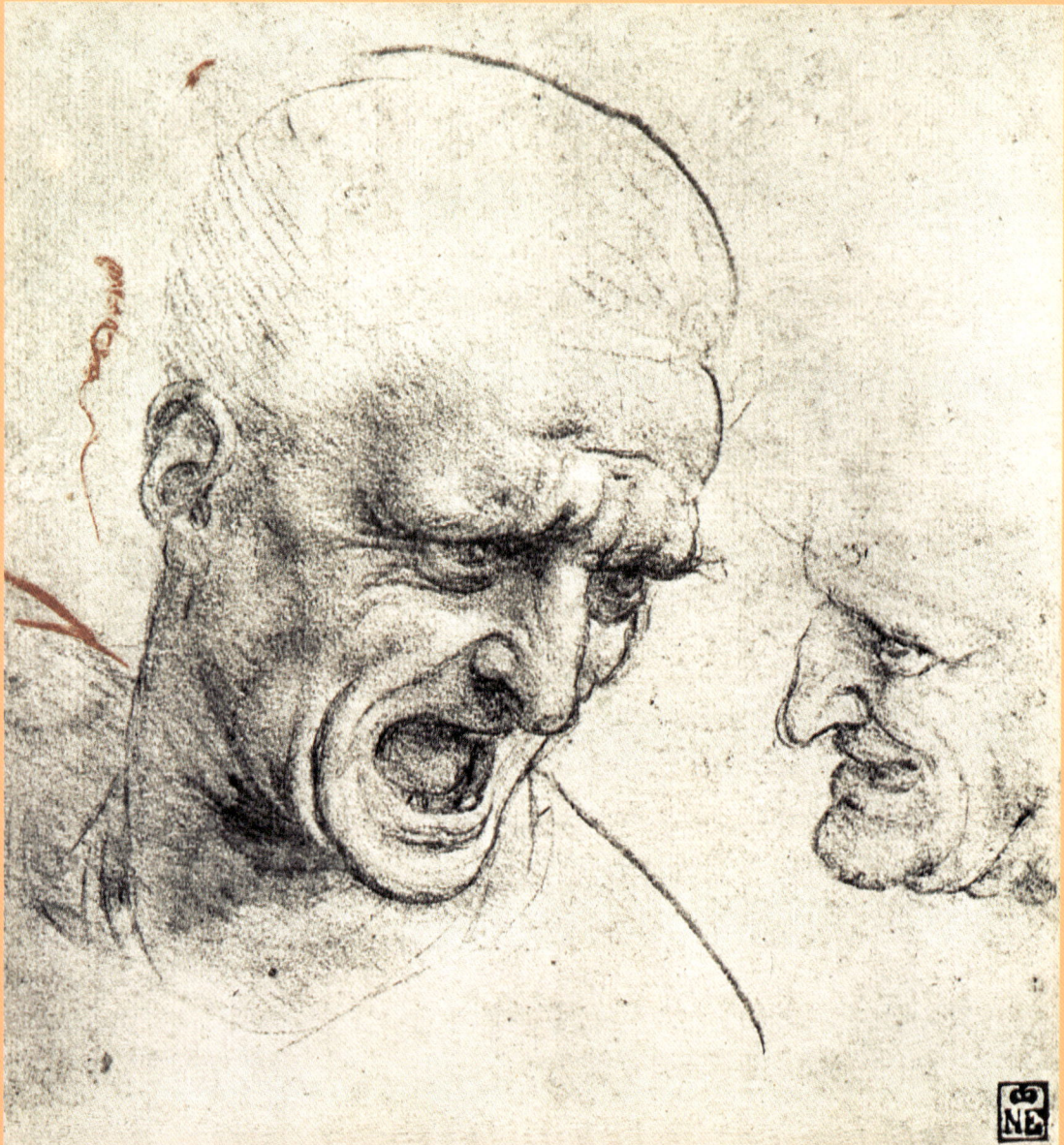

hatte sich Niccolò Piccinino seinerseits in die östliche Toskana begeben und sich im oberen Tibertal, in Borgo Sansepolcro und Città di Castello, festgesetzt. Dieser Schachzug Piccininos überraschte die Florentiner. Zwar war Florenz der Liga beigetreten, hatte aber angenommen, es beteilige sich an einem diplomatischen Ballett, welches lediglich Macht- und Finanzfragen thematisierte. Stattdessen stand der Krieg plötzlich vor der eigenen Tür. »Wir waren überzeugt und sind es noch, in diesem Kampfe (...) Zuschauer bleiben zu können«, äußerte der florentinische Botschafter Neri Capponi gegenüber den venezi-

anischen Senatoren – eine verschleierte Drohung, die Allianz gegen Mailand aufzukündigen.
Angesichts der Gefahr eines richtigen Krieges legte Florenz seine vorläufige Miliz mit den Truppen des Papstes bei Anghiari, das fünf Kilometer südlich von Sansepolcro liegt, zusammen. Die beiden Heere standen sich viele Wochen gegenüber, ohne dass es zu einem offenen Kampf gekommen wäre. Eine dringende, an Piccinino adressierte Depesche änderte die Situation. So befahl ihm sein Auftraggeber Filippo Maria Visconti, die Toskana zu verlassen und sofort in die Lombardei zurückzukehren, wo inzwischen

streifen vorsah. Die ersten Bürger, die Grundstücke in Monteriggioni erwarben und für wenig Geld ein Haus erhielten, kamen aus Siena. Die fest ansässige Bevölkerung warb man jedoch großenteils aus Bauernfamilien, die in diesem Gebiet Felder besaßen oder das Land der sienesischen Bürger bestellten. Etliche Häuser hatten einen Gemüsegarten, einen Innenhof und eine Ölmühle. Die Besiedlung wurde nicht zwangsweise betrieben. Sie geschah freiwillig und wurde vor allem durch steuerliche Anreize und Privilegien gefördert. Den Bewohnern stellte man je nach Bedarf eine Militärgarnison, die in Kriegszeiten bis zu 100 Soldaten umfasste, zur Seite. Zur Truppe gehörten etwa 20 Armbrustschützen, die auf dem Markt zu Pisa, wo man die besten Berufssoldaten der Zeit fand, angeheuert worden waren.

Die Giganten des Inferno

Die Festung Monteriggionis weckte die Gier und die Fantasie der Zeitgenossen. Vor allem den Florentinern war sie ein Dorn im Auge. Bereits 1232, nach einem siegreichen Feldzug gegen Siena, diktierte Florenz als Friedensbedingung die Zerstörung Monteriggionis. Nur um sein militärisches Juwel behalten zu können, widerstand Siena den Forderungen und setzte stattdessen den Krieg fort, zum eigenen Nachteil. 1254 gelang es Florenz, Monteriggioni zu belagern. Doch der Plan, die Festung im Sturm zu erobern, scheiterte. Von nun an verzichtete Florenz auf die Zerstörung der Modellfestung. Sie sollte vielmehr in ihren Besitz gelangen, um den Rivalen mit eigenen Mitteln zu schlagen – ein Lieblingsspiel des Mittelalters. Doch zunächst mussten die Florentiner 300 Jahre warten, bis sie es schaffen sollten. Dante Alighieri (1265–1321)

In der Luftaufnahme wird die regelmäßige Struktur und Planung der Stadtanlage von Monteriggioni besonders deutlich: Umgeben von einem Mauerring mit Wehrtürmen bildet die Hauptstraße eine Achse, die sich in der Mitte zu einer Piazza öffnet und die beiden Stadttore miteinander verbindet.

Philip Galle (nach Johannes Stradanus, 1523–1605)
Die Schlacht von Monteriggioni, aus: Die Geschichte der Medici

Monteriggioni wurde im August 1554 von florentinischen und spanischen Truppen nach kurzer Belagerung eingenommen. Nach über einem Jahr Belagerung ergab sich Siena im März 1555.

MONS REGONIS

Johan Stradanus inventor
Phls Galle feci

Mons Regonis, oppidum, situ et manu munitum, magna tormentorum in quassatum, praesidio metu percusso, à Caesarianis et Aethruscis superatur.

Ein 100-Lire-Stück mit dem Mauerring von Monteriggioni als Krone.

Gegenüber:
Das nordwestliche Tor der Stadt Monteriggioni.

Nach der Pest 1348 gab sich die Gemeinde sehr strenge Verhaltensregeln, einmal um Sauberkeit und Hygiene zu gewährleisten, aber auch des gemeinschaftlichen Zusammenlebens wegen.

bewunderte den »turmgekrönten runden Mauerring« in den letzten Jahren des 13. Jahrhunderts. Auf den Straßen des »Inferno« erblickte er aus großer Entfernung eine Gruppe von Giganten, die im Kreise beisammenstanden, und verwechselte sie mit Monteriggioni. Ein weiteres durch Dante inspiriertes Bildnis wurde Teil der offiziellen Ikonographie Italiens und ist auch heute noch auf den 100-Lire-Münzen zu sehen: ein junges Mädchen, das auf seinem Kopf eine Krone aus mehreren Türmen trägt.

Die Kapitulation

1554 brach erneut ein Krieg zwischen Siena und Florenz aus. Dies geschah im Durchschnitt bis zu fünfmal innerhalb eines Jahrhunderts. Doch hatten sich die Zeiten mittlerweile geändert, und diesmal war es der letzte Krieg, der zwischen den beiden toskanischen Städten ausgetragen wurde. Hinter Florenz stand Spanien und hinter Siena Frankreich. In den ersten Januartagen begannen die florentinischen und spanischen Truppen mit

der Belagerung Sienas. Da die Stadt ausgehungert werden sollte, ging man methodisch und ohne Eile daran, die städtischen Versorgungswege zu schließen. Nachdem man zusätzlich die Felder verwüstet und in Brand gesetzt hatte, wandte sich das Heer acht Monate nach Belagerungsbeginn auch gegen Monteriggioni. Die mächtige Festung wurde von einer 100 Soldaten starken Garnison, die unter dem Kommando des Hauptmannes Giannino Zeti stand, verteidigt. Zeti, der sich bereits seit geraumer Zeit auf verlorenem Posten wähnte, war sofort zu Verhandlungen bereit. Die Florentiner ließen unterdessen einige Artilleriegeschütze nachkommen. Um dem Hauptmann ein Alibi zu liefern, begannen sie am 28. August mit dem Beschuss der Mauern. Zeti kapitulierte am 29. August, nicht ohne umfangreiche Garantien für seine Soldaten, für sich und seine Zukunft erhalten zu haben. Als die Nachricht von der Niederlage Siena erreichte, löste sie »so viel plötzlichen Ekel, ein so heftiges Unwohlsein aus, dass jeder wie halb tot erschien«, schreibt ein Sieneser Chronist, der selbst von der

Belagerung betroffen war. Von diesem Tag an verteidigte sich Siena immer verzweifelter (»Monlucs Liste und das Ende der sienesischen Republik«). Zur Rechtfertigung seiner Entscheidung ließ Hauptmann Zeti wenig später seine Version der Ereignisse veröffentlichen. Am Vorabend der Kapitulation, schreibt er, habe er den Wasservorrat überprüft und dabei festgestellt, dass nur noch »Wasser für einen Tag übrig und dieses so faulig war, dass man es nicht trinken, ja nicht einmal mehr riechen konnte«. Darüber hinaus, fügt Zeti hinzu, war der Weinvorrat aufgebraucht. Auch zivile Amtspersonen bezeugten, dass das Wasser faulig und der Wein getrunken worden war. Sogar die Sieger bestätigten, sie hätten, als sie in die Stadt einzogen, keinen einzigen Tropfen Wein, ja nicht einmal Essig vorgefunden. Somit hatten die Florentiner, die darauf gewartet hatten, Siena durch den Hunger zu bezwingen, Monteriggioni durch den Durst erobert.

Das Gemeindestatut Monteriggionis

Im Jahre 1348 wurde die Zahl der Bevölkerung Monteriggionis durch die schwarze Pest um die Hälfte reduziert. Dies geschah in fast allen Städten Italiens. Nach der Pest gab sich die kleine Gemeinde ein Statut, das einige Grundregeln des Zusammenlebens festsetzte. Dadurch wissen wir, dass es verboten war, die Füße in den öffentlichen Brunnen zu waschen, ohne Erlaubnis auf die Mauern zu steigen, zu fluchen, die Ziege im Garten des Nachbarn weiden zu lassen, das Fleisch von nicht innerhalb der Stadtmauern geschlachteten Tieren zu verkaufen, den Wein, der nicht das Siegel der Kommune Sienas trug, zu vertreiben, Gegenstände auf die Dächer der Nachbarn zu werfen, Glücksspiele und Wetten gegen Geld oder Wein anzunehmen, die Nächsten mit dem Schimpfnamen ›Lügner‹, ›Kuppler‹ oder ›Hure‹ zu beleidigen, sonntags zu arbeiten. Sämtliche Verbrechen wogen schwerer, wenn sie nachts verübt wurden. Geboten dagegen war es, den Platz vor der Haustür sauber zu halten, die notwendigen Wachdienste abzuleisten, ab und zu einen Oliven- oder Obstbaum zu pflanzen, damit »der Schaden und die Schande« umgangen wurde; sogar in diesen Kleinigkeiten wollte man nicht von der Außenwelt abhängig sein.

Aimer vngrischen
der ander raeuslischen
Der drirt pehannischen ret
der vierd dauusih an der ster
Der fünft reder chriechischen
der sechst haidnischen
Also ßet sich ir red verdiert
alt si gar seller ßer gelert
In zuo vnd sibenzick zungen
also war in gelungen
Gesten siven an maurmaister ret
der werckman ie ein maiß ret
Wolr er stain er praŭe im saur
wan im sein red waz vnfrchane
Da liezen si den turn sten
vnd lesunien an die erd gen
Dhain maurer dhom hin wider
also velaiß der turn sider
Die sprach wil ich ew nennen
daz ir si maiger erchennen
Vnd wil auch si teschaiden
cew sprach vnder den haiden
Wax ain vnd silrenzick terhant
vber al in der haiden lant
Die noch halent auch anew
vnd auch nie dhainew
E branch ist si genant
wan si gar pey dem ersten vant
Da von so ist mir swar
daz gar vnser schepfer
Den christen hat newr zwelf seten
di christenleichen solten letten
Vnd ist daz die zwelf zungen recht
letent so sind si spes chnecht
Die sechzeit zung vlorn sint
die mŭzen sein an ßell chunr
Alz vm die pfaffen halent gesait
für die ganzen warhait

Wehrarchitektur zwischen Schutz und Repräsentation

Jochen Staebel

Buchillustration, aus:
Les moçans et Sculpteurs,
Viola Goldstream,
Brepols 1992, ill. 59,
Cod. Germ. 5, fol. 29
Bayerische Staatsbibliothek,
München

Beim Turmbau wurden die
Steine mit Körben oder großen Zangen über Seile auf
die Spitze des Baus gezogen.

Die Entwicklung des mittelalterlichen Wehrbaus unterscheidet sich in Italien nicht grundlegend von den
Prozessen nördlich der Alpen; so gehen zahlreiche
Stadtbefestigungen Oberitaliens auf den Einfluss germanischer oder langobardischer, verständlicherweise
aber auch auf bekannte spätrömische Vorbilder zurück.

Das ›castellum‹ oder ›castrum‹ bezeichnet allgemein
einen Siedlungsbereich, der stets befestigt und seit
dem 11. bis 12. Jahrhundert zumeist auch mit steinernen Mauern eingefriedet war; das Innere dieser
Einfriedung beherbergte zudem das befestigte
Gebäude des Stadt- oder Landesherrn (rocca castri).
Das Prinzip der regelmäßigen Umrissgestaltung dieser Anlagen in der Nachahmung römischer Vorbilder
war weit verbreitet; die Burganlagen Norditaliens,
die sich in ihrer Disposition dem unregelmäßigen
Terrain anzupassen versuchten, können hingegen
den unmittelbaren Einfluss von Vorbildern nördlich
der Alpen nicht verleugnen. Die Geschichte der
Herrenburgen nahm in Italien unter den gleichen
Voraussetzungen ihren Anfang wie im Reich Karls
des Großen, dessen Bestandteil es geworden war.
Auch hier war die Feudalordnung Ausgangspunkt
zum Bau zahlreicher Burgen. Die Entwicklung der
›castri‹ ist besonders in Italien aufs engste mit dem
Aufstieg des lokalen Kleinadels verknüpft, auch
wenn diese Vorgänge zuvor unbedingt einer periodi-
schen und geografischen Differenzierung bedürfen.
Der Ausgangspunkt einer wahren Gründungswelle
befestigter Territorialbauten kann für das 10. Jahrhundert angesetzt werden. Die Ursache für einen derartigen Burgen-Boom zu Beginn des hohen Mittelalters dürfte aber nicht allein im Bedürfnis nach Schutz
vor oder dem Willen zur Aggression gegenüber benachbarten Territorialherren zu suchen sein; vielmehr werden vermehrt sozioökonomische Ursachen
für eine derartige Entwicklung verantwortlich gemacht, sodass vom fortgeschrittenen 11. Jahrhundert
an in den neu errichteten Burganlagen vor allem auch
das Bedürfnis eines erstarkten Feudaladels nach Repräsentation zum Ausdruck kommt. Die Funktion
konzentrierte sich in der Folgezeit immer weniger auf
die Verteidigung des eigenen Lebens und das der
örtlichen Bevölkerung; somit beschränkte sich die
Rolle der Burgen zunehmend auf die Verwaltung und
Kontrolle des ländlichen Grundbesitzes.
Die mittelalterliche Burg unterschied sich somit in
ihrer Funktion von den Anlagen aus den Anfängen
des Wehrbaus, die hier kurz vorangestellt sein sollen: Bei Kelten und Germanen war noch die Wall- und
Fliehburg Grundlage eines auf Verteidigung redu-
zierten Wehrbedürfnisses; ein zumeist weitläufiges
Areal war von einer mächtigen Einfriedung aus geschichteten Steinblöcken oder von Erdwällen mit

Rechts oben:
Hunnenring von Otzen-
hausen (Hunsrück),
um 200 v. Chr.
Lageplan des Ringwalls
Der Hunnenring repräsen-
tiert den Typus der Wall-
oder Fliehburg mit Ringwall
(oppidum).

Idealplan eines römischen
Castrum.

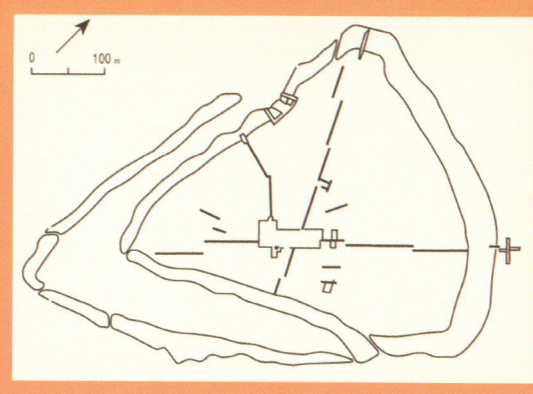

Palisaden umgeben. Oftmals diente auch eine ge-
nagelte Holzrahmenkonstruktion (murus-gallicus-
Technik) als Gerüst einer derartigen Fortifikation.
Bereits solch frühe Anlagen lassen indes die Grund-
struktur der späteren Festungsbauten und Burganlagen mit einem zweiten Wall als vorgeschalteter
Verteidigungslinie (Zwinger), Gräben und Palisaden
(Vorburg) und dem eigentlichen inneren Befesti-
gungswall (Hauptburg) erkennen.
Ein einheitlicher Typus der Wehranlage, der heute nur
noch bedingt als Vorbild für die mittelalterliche Burg

Idealplan eines römischen Castrum

Porta decumana (Tor zur Querachse)

Via praetoria (Straße des Statthalters)

Praetentura (Zeltlager der Reitertruppen)

Via quintana (Fünfte Straße)

Porta principalis sinistra (Linkes Haupttor)

Porta principalis dextra (Rechtes Haupttor)

Via principalis (Hauptstraße)

Praetorium (Kommandantur)

Retentura (Zeltlager der Hilfstruppen)

Forum (Markt- und Versammlungsplatz)

Porta praetoria (Statthaltertor)

Via decumana (Querachse)

angesehen wird, entstand ab dem 2. bis 3. Jahrhundert n. Chr. mit der Anlage römischer Militärlager in
Form kleinerer Standlager (castellum oder Kastell);
diese zumeist quadratischen oder rechteckigen Anlagen, die von Vierecktürmen flankiert als reine Sol-
datenburgen fungierten, besaßen vor allem Verteidi-
gungsaufgaben; kleinere Kastelle sicherten etwa in
regelmäßigen Abständen aufgereiht den Limes. Das in
der römischen Kaiserzeit angelegte größere Marsch-
lager (castrum) weist einen rechteckigen Grundriss
auf und ist von einer Mauer mit abgerundeten Ecken
umgeben; eine breite Querachse (via decumana)
unterteilt dabei das Rechteck in einen schmalen Vor-
derabschnitt (praetentura) und einen breiteren Hinter-
abschnitt (retentura). Die längs gerichtete Haupt-
achse (cardo) teilt beide Bereiche in spiegelgleiche
Hälften. Als Höhepunkt und zugleich Ende der rö-
misch-antiken Wehrbaukunst gelten die Stadtbefestigung von Rom, durch Kaiser Aurelian ab 272 n. Chr.
errichtet (Aurelianische Mauer), und die Landmauer
von Byzanz aus dem 5. Jahrhundert.
Die Wehrarchitektur des frühen Mittelalters zeichnet
sich vor allem durch die bloße Wiederverwendung
und Umnutzung vorhandener spätantiker Architekturen aus (Engelsburg); zu einer Weiterentwicklung
bestehender Wehranlagen oder zu innovativen Im-
pulsen auf bestehende Formen kommt es nicht. Die
fränkischen Herrenhöfe sowie die karolingischen Kai-
serpfalzen verzichten weitgehend auf besondere forti-
fikative Baumaßnahmen, so zeichnen sie sich auch
nicht durch wehrtechnische Neuerungen aus. Dies
sollte sich besonders im 9. und 10. Jahrhundert angesichts der Einfälle von Normannen und Ungarn
rächen. Als Konsequenz aus diesen Erfahrungen begann man zusehends, Städte, Herrensitze, Kirchen
und Höfe wirksam zu befestigen.

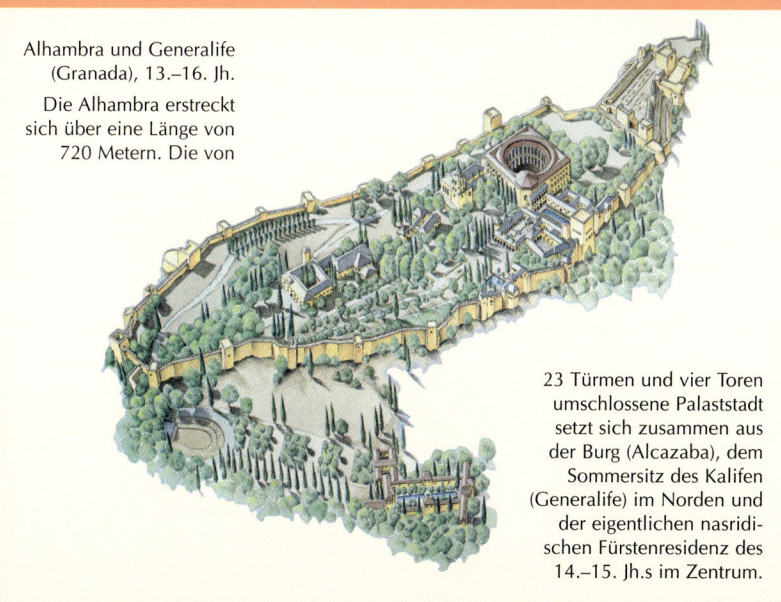

Alhambra und Generalife
(Granada), 13.–16. Jh.
Die Alhambra erstreckt
sich über eine Länge von
720 Metern. Die von

23 Türmen und vier Toren
umschlossene Palaststadt
setzt sich zusammen aus
der Burg (Alcazaba), dem
Sommersitz des Kalifen
(Generalife) im Norden und
der eigentlichen nasridi-
schen Fürstenresidenz des
14.–15. Jh.s im Zentrum.

Im 10. Jahrhundert bestanden die befestigten Wohn- und Verwaltungssitze der Oberschicht zumeist aus einem hölzernen Wohnturm, der auf einem natürlichen oder in flachem Gelände künstlich aufgeschütteten Erdhügel (Motte) angelegt und von einem Graben und von Palisaden umgeben war. Vor den Toren solcher Erdhügel- oder Mottenburgen lag ein umzäuntes Areal, in das sich die umliegende Bevölkerung bei Gefahr zurückziehen konnte.

Erste gemauerte Burgen tauchten um das Jahr 1000 auf. Unter dem Einfluss veränderter sozio-ökonomischer Bedingungen bildete sich im fortschreitenden 11. und 12. Jahrhundert jener Prototyp des mittelalterlichen Wehrbaus heraus, der noch heute unser Bild von der »klassischen« Burg prägt. Auch wenn eine pauschali-

Idealschema einer mittelalterlichen Burg

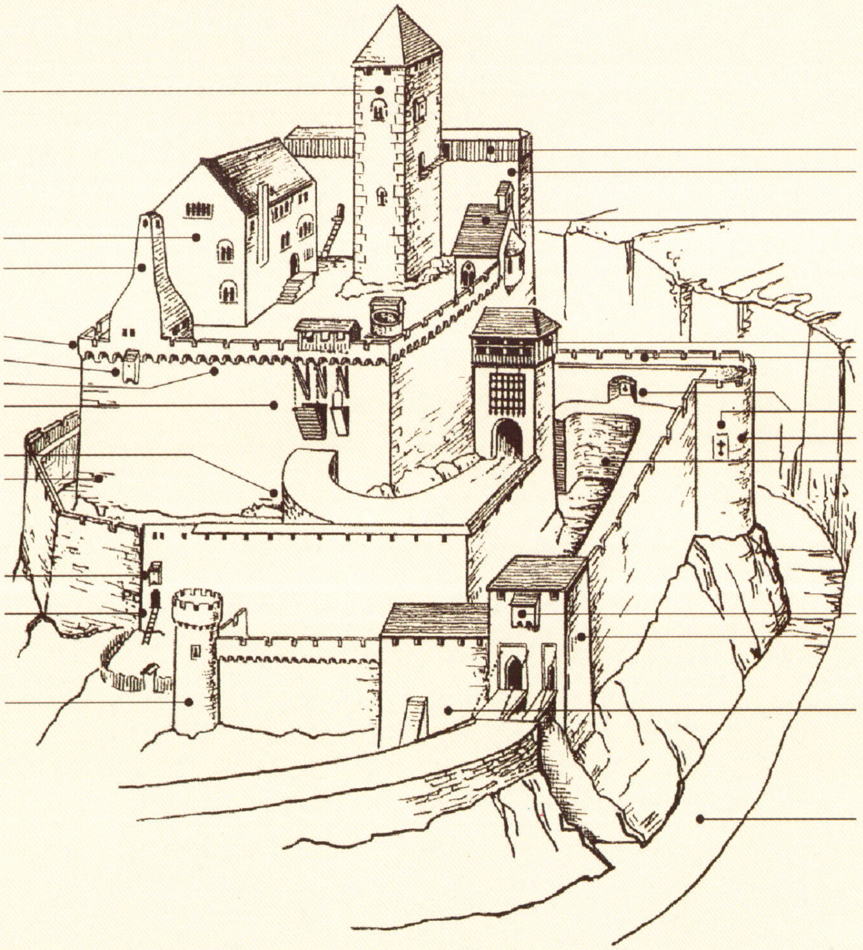

Bergfried

Palas
Küchenbau
Wehrgang, offen auf der Ringmauer
Aborterker
Maschikulis
Zugbrücke
Innere Vorburg
Zwinger

Gußerker
Poterne (Ausfallpforte) mit Palisaden
Mauerturm

Wehrgang, gedeckt
Schildmauer mit hölzernem Wehrgang
Kapelle

2. Tor mit Fallgatter
Wehrgang, offen auf der Ringmauer
Schießscharte
Schalenturm
Äußere Vorburg

Gußerker
Torturm mit Zugbrücken

Stallungen

Festungsgraben

sierende Sichtweise von der Burganlage des Mittelalters par excellence nur unter Vorbehalt zulässig ist,
da dies eine Reduktion der Vielfalt der unterschiedlichen uns bekannten Burgtypen wäre, die sich zumeist
nach Geländelage, Funktion oder Absicht und Anspruch
des Bauherrn unterscheiden, sollen an dieser Stelle die
Grundkomponenten kurz erläutert sein.

Die Ringmauer (Zingel) umschließt den Burgbering;
ihr vorgelagert ist ein Wasser- oder Trockengraben.
Zwischen Ringmauer und Burggraben kann zudem ein
kleiner Wall, die Berme, oder eine äußere Vorburg mit
Mauerzügen das Verteidigungsareal erweitern; zusätzlich können Palisaden aus dicht nebeneinander
eingeschlagenen, angespitzten Pfählen den Angriff
des Aggressors erschweren. Ein eingeebneter Zwi-
schenraum zwischen Burgbering und Vormauern bildet den Zwinger. Aus der Flucht der Ringmauer springen Türme vor, die zum seitlichen Beschuss der
Angreifer dienen. Hinter den rechteckigen, runden
oder gestuften Zinnen (die schwalbenschwanzförmige
Kerbzinne ist typisch für italienische Burgen des 12.
und 13. Jahrhunderts) auf der Mauerkrone verläuft der
Wehrgang (Letze); dieser kann als steinerne Brust-
wehr aufgesetzt oder als hölzerne Konstruktion nur
angefügt sein. Als einzige Maueröffnungen weist der
Burgbering Schießscharten auf, die je nach Ent-
wicklungsstand der Waffentechnik als Mauerschlitz
(Schartenmaul), in Schlüssellochform (Schlüsselloch-
scharte) oder als Kreuz (Balistrarium) gestaltet sein
können. Die Burgzugänge werden zusätzlich von
Pechnasen oder Gusserkern, die auf Konsolen ruhen,
überfangen; auf der Ringmauer bilden diese zuweilen

einen Pechnasenkranz oder Schartenreihen (Maschikulis): durch diese Erker wurde kochendes Öl, Wasser oder Pech auf die Angreifer hinabgegossen. Das
Burgtor, die sensibelste Stelle der Verteidigungsanlage, entwickelte sich nach und nach zu einer eigenen, selbstständigen Wehranlage (Zwingertor oder
Torburg) mit Fallgatter, Zugbrücke und flankierenden
Türmen.

Innerhalb der Ringmauer wird die Anlage in der Mitte
des Burghofes von einem Bergfried dominiert, oftmals
mit Burgverlies im Kellergeschoss; in Frankreich und
England übernimmt der Bergfried als Donjon oder
Keep neben seiner Bedeutung als letzte Zufluchtsstätte auch eine Wohnfunktion. Im übrigen Europa erfüllen Palas (lat. palatium) beziehungsweise der durch
einen Kamin beheizte, auch als Frauengemach bezeichnete Raum der Burg, die Kemenate (lat. cami-
nata) oder der Dürnitz, eine solche Funktion. Mit den
repräsentativen Wohngebäuden steht die obligatorische Burgkapelle in direkter Verbindung. Komplettiert
werden die Bauten des Burghofes durch Wirtschafts-
und Gesindegebäude sowie Brunnenhaus beziehungsweise Zisterne.

Das Schema einer solchen isolierten Burganlage
unterscheidet sich nicht wesentlich von einer befestigten mittelalterlichen Stadt: Das August-Blatt des
Stundenbuches des Herzogs von Berry gibt eine genaue Vorstellung von der Wehrhaftigkeit einer königlichen Residenz im 12. Jahrhundert. Im Vordergrund
liegt das bereits um 1020 eingefriedete castrum mit
den für diese Zeit typischen Elementen der Königs-
pfalz: Stadt- oder Niederburg, Pfalzkapelle und Pfalz-

Oben: Simone Martini
*Reiterbild des Condottiere
Guidoriccio da Fogliano,*
1330–1331
Fresko
340 x 968 cm
Palazzo Pubblico, Sala del
Mappamondo, Siena

Simone Martini dokumen-
tiert in seinem Fresko für die
Westwand des Sitzungssaals
des Generalrats im Palazzo
Pubblico von Siena die Ein-
nahme der befestigten Stadt
Montemassi im Jahre 1328
unter Anführung des Heer-
führers Guidoriccio. Auf der
linken Bildhälfte erkennt
man die südlich von Siena
gelegene Burg, die gemäß
der Stadtchronik bei ihrer
Belagerung durch die An-
greifer mit Palisaden umgeben
wurde; rechts unten befindet sich das Zeltlager der
sienesischen Armee mit Wurf-
maschinen und Stadtwappen.

Gegenüber, oben:
Der Turmbau zu Babel
(Detail)
Buchmalerei
Bedford-Stundenbuch,
Add. Ms. 18850, fol. 17v
The British Library, London

Das Detail gibt einen guten
Eindruck vom Arbeitsverlauf.
Die Maurer messen mit Zirkel
und Winkelmaß die großen
Steinblöcke, bearbeiten sie
und mischen den Mörtel.
Währenddessen werden sie
von den Bauherren und dem
Architekten beobachtet.

stift Notre-Dame. Außerhalb der Stadtmauern, durch eine eigene Fortifikation eingefriedet, erhebt sich, die Stadtvedute dominierend, die neue Höhen- beziehungsweise Hügelburg des frühen 12. Jahrhunderts mit einem massivem Donjon, der Tour-Guinette, und der Burgkapelle Saint-Laurent. Diese Stadtvedute von Étampes ermöglicht einen besonderen Einblick in die Bedeutung der mittelalterlichen Burganlagen als Zeichen der Macht: Denn die politischen Umstände und baulichen Prozesse, bei denen der französische König gegenüber den benachbarten Territorialherren verteidigungstechnisch ins Hintertreffen zu geraten schien, erforderten unbedingt die Errichtung einer neuen Burg auf neuestem technischem Standard, kaum 100 Jahre nach Gründung der Residenz mit einer ersten Burganlage.

Hilfreich bei der Entwicklung der Wehrbauten waren die Erfahrungen auf bau- und wehrtechnischem Gebiet, die sich während der Kreuzzüge und der Reconquista sammeln ließen. In Spanien entstanden bereits seit dem 9. Jahrhundert unter dem Einfluss maurischer Vorbilder städtische Befestigungsanlagen; befand sich der Alcázar als befestigter Regierungssitz im Stadtzentrum, lag die Alcazaba als stark ummauerte Burganlage in Hochlage außerhalb des eigentlichen Stadtbereiches.

In Italien nahm die Entwicklung einen anderen Verlauf als in West- und Mitteleuropa; hier machte sich durch das steigende Selbstbewusstsein der Feudalherren und die Emanzipationsbestrebungen der Städte eine Verschiebung der Macht bemerkbar. Die meist am Stadtrand errichteten Wehranlagen Oberitaliens (Castello Sforza in Mailand und Castello Estense in Ferrara) gewährten vor allem Schutz gegenüber eventuellen Aufständen und Unruhen der Stadtbevölkerung, erfüllten aber auch repräsentative Zwecke. Neue Burganlagen entstanden besonders auch im Umfeld der Kämpfe der einzelnen autonomen Städte untereinander; manche Burgen nahmen aber bereits seit ihrer Gründung im 11. und 12. Jahrhundert strategische Schlüsselrollen als Grenzfesten der Stadtstaaten wahr (so wie Gavi für Genua und Vicopisano für Pisa). Der Aufstieg der Kommunen und die Herausbildung der signorie ließen seit dem späten 13. Jahrhundert auch neue ländliche Burgtypen entstehen. Insgesamt lässt sich aber gerade in Oberitalien seitdem eine funktionelle und strukturelle Vielfalt befestigter Siedlungen konstatieren; die Verantwortung hierfür trägt neben dem Fortschritt in der Baukunst besonders die Einbindung der Burgen in die politische Organisation der italienischen Städte. Dabei nehmen im 14. und

Pfalzkapelle
Niederburg
Pfalzstift

Donjon
Burganlage
Burgkapelle

castrum

Es gab die unterschiedlichsten Gerüstkonstruktionen beim Turmbau. Hier werden die großen Steine mit einer flaschenzugähnlichen Konstruktion im Bauinneren nach oben transportiert. Viel interessanter als diese Abbildung ist jedoch die hierarchische Ordnung innerhalb der Baustelle. Die Wichtigkeit der Arbeiter kann man deutlich an ihrer Größe ablesen. Der Bauherr ist geradezu überdimensional groß dargestellt.

Gegenüber, rechts:
Der Turmbau zu Babel
Miniatur
Egerton 1894, fol. 5v
The British Library, London

Massive Holzkonstruktionen aus rohem unbehandelten Holz waren viel sicherer als der Transport der Steine mit Seilen. Die Kosten für die Anschaffung des Holzes sind oft in den Bauabrechnungen überliefert.

15. Jahrhundert neue burgartige Anlagen in den Stadtzentren selbst zu: Zu diesen dürfen auch die repräsentativen Gebäude wie die öffentlichen kommunalen Bauten (Palazzo della Signoria in Florenz) gezählt werden.

Der Niedergang der mittelalterlichen Burg nahm zu Beginn der frühen Neuzeit seinen Ausgang in der Perfektionierung der Feuerwaffen. Das Geschützwesen entwickelte sich zwar bereits gegen Mitte des 14. Jahrhunderts, ohne dass Feuerwaffen sogleich eine besondere Rolle im Festungskrieg gespielt hätten; den stetigen ballistischen Neuerungen hatten die über Jahrhunderte bewährten Verteidigungsanlagen dann aber spätestens ab dem 15. Jahrhundert nicht mehr viel entgegenzusetzen. Das Festungswesen wurde im Folgenden revolutioniert und den neuen Bedingungen angepasst: Die Mauern mussten sehr viel dicker und niedriger gebaut werden, um den Geschossen weniger Angriffsfläche zu bieten. Die runden Basteien wurden ausgehend von Italien durch fünfseitige Eckbastionen mit zwei Facen, zwei Flanken und einem Hals an

der Innenseite ersetzt. Von nun an griff man auf regelmäßige Polygongrundrisse zurück, so dass ein Bering um einen festen Platz wesentlich aus Bastionen und Kurtinen (Ringmauer- oder Wallstücke zwischen zwei Bastionen) bestand; den Bergfried ersetzten die Bastionen- und Batterietürme, die mit eigenen Geschützen bestückt waren.

Nach dieser letzten Blüte des Festungsbauwesens im späten 15. und 16. Jahrhundert wird die Errichtung von Festungsanlagen im Verlauf des 17. Jahrhunderts infolge der Weiterentwicklung der Waffentechnik bald ganz eingestellt. Gerade in Siedlungsgebieten abseits der Hauptverkehrswege und außerhalb der großen Städte blieb in Italien (besonders in Piemont und Friaul) die Zahl der castra aber noch vergleichsweise hoch; hier hielt sich die Burg entweder als fester Sitz einer Adelsfamilie oder als Siedlungskern einer nicht vom Grundherrn abhängigen Bevölkerung. Beispiele solcher Burganlagen vermögen noch bis in die heutige Zeit ein eindrucksvolles Bild des ehemals großartigen Eindrucks dieser Bauten zu vermitteln.

Montalcino

Der Stolz Sienas

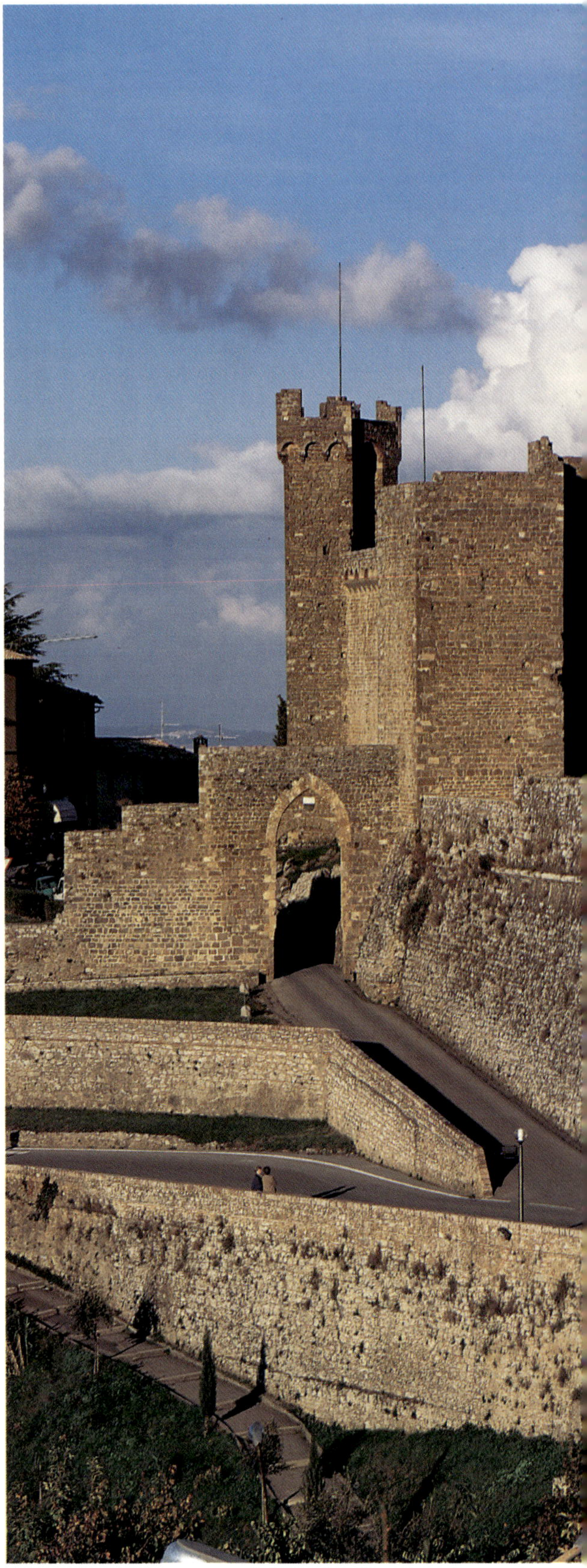

Rechts: Ansicht der Burg von Montalcino von Süden.

Die Burg erhebt sich an der höchsten Stelle des Hügels am östlichen Ende der Ortschaft. Der Bau begann 1361, als die Stadt Montalcino ihre Unabhängigkeit verlor und unter die Herrschaft von Siena geriet. Sie ist ein Werk der Militärarchitekten Mino Foresi und Domenico di Feo aus Siena, die auch für die vollständige Erneuerung des bis heute unversehrt gebliebenen Mauerrings Sorge trugen.

Mauern und Burg

Montalcino, eine Stadt etruskischen Ursprungs, liegt auf dem Gipfel einer Anhöhe und befindet sich 567 Meter über dem Meeresspiegel. Der Mauerring, der die kleine Stadt umschließt, hat einen Umfang von etwa zwei Kilometern. Sein Verlauf wird von 13 Türmen und fünf Toren unterbrochen. Am äußersten Ostrand des Ortes liegt der höchste Punkt des Hügels. Hier erhebt sich eine gewaltige Burg, ein Werk der sienesischen Militärarchitekten Domenico di Feo und Mino Foresi. 1361, als die Bewohner Montalcinos endgültig in die Republik Sienas aufgenommen wurden und deren Staatsbürgerschaft erhielten, wurde mit dem Burgenbau begonnen. Um den dafür notwendigen Raum zu schaffen, riss man die alte Basilika San Bartolomeo ab. Lediglich das Kirchenschiff, das noch heute im Innern des Hofes zu sehen ist, blieb erhalten. Die zeitgleich begonnenen Befestigungs-

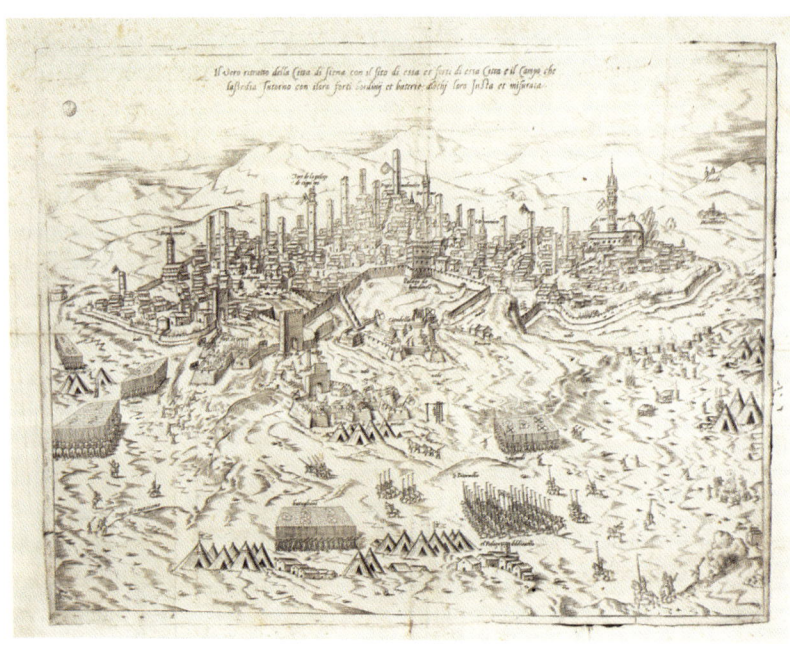

Siena zur Zeit der Belagerung, Druck aus dem 16. Jahrhundert Cabinetto dei Disegni e delle Stampe, Galleria degli Uffizi, Florenz

Montalcino liegt 367 Meter über dem Meeresspiegel, wie die meisten etruskischen Gründungen nimmt sie die Spitze einer kleinen Anhöhe ein.

arbeiten integrierten zu einem großen Teil die bereits bestehende Bausubstanz. Demzufolge sind Abschnitte der im 12. Jahrhundert errichteten Stadtmauer noch vorhanden. Die ältesten Teile des Mauerringes schließen den Hauptturm San Martino und den Wachturm San Giovanni mit ein. Das außen an der fünfeckigen Burgmauer angelegte Glacis kam 1559, nachdem Siena den Status einer Republik verloren hatte, hinzu.

Giorgio di Giovanni
L'assedio di Montalcino,
1553
Eine Tafel der Biccherna
Archivio di Stato, Siena
Biccherna war die offizielle Bezeichnung für die Finanzverwaltung der Stadt Siena. Ihr stand ein Magistrat vor, der jeweils für sechs Monate nominiert war. Mit Ablauf der Amtszeit wurden die Akten dieses Halbjahres zusammengebunden, mit einem künstlerisch gestalteten Frontispiz versehen und archiviert. Die von den berühmtesten Sieneser Künstlern gemalten und mit Datum versehenen Einbände aus den Jahren 1258 bis 1659 sind komplett erhalten. Das Motiv des Deckblattes bezog sich gewöhnlich auf das wichtigste Ereignis der jeweiligen Amtsperiode.

Heute ist Montalcino in aller Welt für seinen Wein, den Brunello, berühmt. Die Stadt hat noch immer etwa die gleiche Einwohnerzahl wie vor 800 Jahren. Damals betrug sie bereits etwas mehr als 6 000 Personen. Papst Pius II. ernannte Montalcino 1461 zum ersten Mal zur »Stadt«. Nach Siena galt sie als »die edelste, dicht bevölkertste und geschäftstüchtigste Stadt« auf sienesischem Territorium. Schon damals wurden ihre Weine geschätzt. So schrieb der gelehrte Giovanni Antonio Pecci aus Siena: »(...) wie allgemein überliefert ist, verlangen die auf diesem Boden hergestellten Muskateller Beifall und gehören als delikate Liköre auf die Tische der großen Herren.« Da die Beschaffenheit des Terrains eine Ausdehnung der Stadt verbietet, ist die Ortschaft Montalcino auch heute noch gänzlich von Mauern umgeben. Ihre außergewöhnliche landschaftliche Lage brachte Glück, aber auch viele Kämpfe. Die Stadt war jahrhundertelang von strategischer Bedeutung. Denn wer Montalcino beherrschte, kontrollierte die wichtigste Straße nach Rom, die Via Cassia, die im Mittelalter Via Romana hieß.

Die Schlacht von Montaperti

In dem etwa fünf Jahrhunderte währenden tödlichen Kampf zwischen Siena und Florenz war es eines der Ziele, die Via Romana zu kontrollieren. Solange sie nur konnte, versuchte die freie Kommune Montalcino, sich zwischen den beiden streitenden Parteien hindurchzuwinden. Die Tendenz dabei war, sich gegen das nähere Siena zu richten und sich dem ferneren Florenz anzuschließen. Doch kam es 1255 zwischen Siena, Florenz und anderen miteinander verbündeten toskanischen Städten zu einem Friedensschluss, der von Dauer zu sein schien. Die Bedingung der Friedensverträge war, dass sich die beteiligten Städte dazu verpflichteten, keinen Vertriebenen aus einer anderen Stadt bei sich aufzunehmen oder ihm Unterstützung zu gewähren. Diplomatisch gesehen bezeugte dieser Friedensschluss das raffinierteste Ergebnis der damaligen Zeit und kündete von einer neuartigen Rechtskultur innerhalb städtischer Beziehungen. Doch währte der Frieden nur kurz. Die Bewohner Montalcinos brachen ihn, indem sie den aus Siena exilierten Guelfen ihre Gastfreundschaft und ihre Unterstützung anboten. Durch die Verwüstung des

Umlandes und die Belagerung der Stadt bestrafte Siena den Vertragsbruch. Florenz antwortete auf gleiche Weise, zerstörte die rund um Siena gelegenen Felder und ließ das Heer vor den sienesischen Mauern aufziehen. All dies ereignete sich Anfang September 1260.

Die Übermacht der Florentiner erschien erdrückend. Doch nachdem sich die anfängliche Verwirrung gelegt hatte, brachen die Sieneser mit ihrem Heer aus der Stadt aus und stellten sich den Florentinern im offenen Kampf. An einem Ort namens Montaperti, der in der Nähe des Wildbaches Arbia gelegen ist, fügten sie ihnen eine blutige Niederlage zu. Auch die Schlacht von Montaperti ist eine historische Sensation. Pflegten zuvor Schlachten mit einigen Dutzend Toten zu enden, waren es nur selten bis zu 100. In Montaperti hingegen ließen mehr als 10 000 ihr Leben. Es waren so viele, dass sich das Wasser des Flusses rot färbte, wie Dante es eine Generation später beschrieb. Mit Montaperti begann folglich das Zeitalter der Massaker. Dabei hatte sich lediglich die Zusammensetzung der Bürgerheere geändert. So trafen in Montaperti zum ersten Mal Handwerker und Kaufleute aus Florenz auf Handwerker und Kaufleute aus Siena. Beide metzelten sich erbarmungslos nieder.

Am Tag nach der Schlacht fand sich das völlig unvorbereitete Siena als Herr über Florenz wieder. Bei einem Treffen aller ghibellinischen Städte der Toskana in Empoli schlugen die Sieger vor, Florenz vom Antlitz der Erde zu vernichten. Es waren die ghibellinischen Exilanten aus Florenz, die diese Lösung verhinderten. Stattdessen beschlossen die Sieneser, zumindest Montalcino auszulöschen, um damit ein Exempel zu statuieren. Doch reagierten die Einwohner Montalcinos ohne abzuwarten. Eines Morgens pilgerten etwa 400 Montalciner im Gänsemarsch vor die Mauern Sienas und flehten um Gnade, barfuß, gesenkten Hauptes und mit einem Strick um den Hals. Das Tor wurde geöffnet, und die Montalciner betraten die Stadt. Sie weinten und schlugen sich auf die Brust. Sie warfen sich vor dem ›Carroccio della Vittoria‹ auf die Knie und flehten um Vergebung. Ihnen wurde unter der Bedingung vergeben, dass sie in Montaperti die 10 000 Leichname und die Körperteile, die dort seit Tagen unter der Sonne verwesten, begruben. So geschah es. Seit jenem Tag war Montalcino Sienas treuester Verbündeter.

Die kleine Kirche unter dem Turm im Hof.

Die Kirche besteht aus den Resten eines Schiffes der Basilika San Bartolomeo, die abgerissen wurde, um den Bau der Burg zu ermöglichen.

Monlucs Liste und das Ende der sienesischen Republik

ALTENPO   DETREMVOTI

ADI PRIMO DIGIENAIO M·CCCC·LXVI·
ALTENPO·DEVENERABILI·HVOMINI·LONARDO·D
ANDREA·K·D·B·E·DIGVLIARDO·DI·CONE·FORE·G·
VRI·BARTALOMEIO·DP·A·VOLO·DIGABRIELO·GIOVANI
DANTONIO·DINERI·GIOVANI·DI·SAVINO·SAVINI·FRARAL
IE··SCH·DIBARTOLOMEIO·DIFRANCIESCH·CONEGVIDARELGLI·
ONELODOVICO·DELCOE·DAELI·LODOVIO·DANTONIO·DETONDI·
AIOM·DIGALGANO·BICHI·SCRITORE·S·STEFANO·DANTONIO·
S·FRANCIESCHO·DANTONIO·BALVEIGNIANO·

Francesco di Giorgio Martini
*Tafel der Biccherna mit
einer Ansicht der Stadt Siena*
Archivio di Stato, Siena

Die obere Inschrift lautet:
»Zur Zeit des Erdbebens«.

»O Francia o Spagna, purché se magna« – gleich ob Frankreich oder Spanien, Hauptsache, man hat etwas zu beißen. Dieses römische Sprichwort hat seinen Ursprung im 16. Jahrhundert. Die Römer benutzen es noch heute, um ihre gleichgültige Verachtung der Politik gegenüber zum Ausdruck zu bringen. Die sienesischen Bürger des 16. Jahrhunderts mussten das am eigenen Leibe erfahren.

Siena wurde vom 26. Januar 1554 an von Florenz belagert. Florenz war ein expandierender Regionalstaat, den der despotische Sohn eines Abenteurers mit illustrem Namen regierte – Cosimo I. de' Medici. Die sienesische Republik hatte dem florentinischen Expansionsdrang jahrhundertelang die Stirn geboten und denkwürdige Niederlagen zugefügt. Es schien sich folglich um die Wiederholung eines bereits bekannten Schauspiels zu handeln. Doch war dem nicht so. Hinter Cosimo I. de' Medici, Herzog von Florenz, stand diesmal das Reich Karls V. oder genauer gesagt, Spanien. Die Republik Siena wurde hingegen von Heinrich II., König von Frankreich, unterstützt. Der Name der französischen Königin lautete Katharina de' Medici. Sie hatte niemals aufgehört, sich als Florentinerin zu fühlen. Zugleich hasste sie ihren Cousin, Herzog Cosimo I., von ganzem Herzen.

Siena beherbergte in seinen Mauern einige wenige florentinische Exilanten, die sich als Republikaner bezeichneten und die Herrschaft Cosimos stürzen wollten. Ihr Anführer hieß Piero Strozzi, Erbe einer florentinischen Bankiersfamilie, die an Reichtum und Macht gleich hinter den Medici rangierte. Auch die Gattin Piero Strozzis war eine Medici. Die Strozzi wurden aus Florenz verbannt, als Cosimo I. im Jahre 1537 die Macht an sich riss. Filippo Strozzi, Vater Pieros, hatte sich an die Spitze der noch immer sehr mächtigen Florentiner Verbannten gestellt und versucht, Cosimo I. auf dem Schlachtfeld zu besiegen. Der Versuch misslang, und Filippo Strozzi wurde gefangen genommen. Nach dem Vorbild der Republikaner der Antike nahm er sich im Kerker das Leben. Brutus, Cäsars Mörder, verkörperte damals das Ideal seiner Partei.

Piero Strozzi, der vielversprechendste von Filippos vier Söhnen, floh nach dem tragischen Tod des Vaters zu Katharina nach Paris. Jung, schön, reich und gebildet, Waffengänger und Geschäftsmann, zudem mit der Königin von Frankreich verbündet, war er der allgegenwärtige Albtraum von Herzog Cosimo I. de' Medici.

Am 7. Januar 1554 traf Piero Strozzi in Siena ein und nahm im Palast der Familie Spannocchi, den zu dieser Zeit mächtigsten Bankiers der Stadt, Logis auf. Dies bedeutete eine offene Provokation für Florenz. Keine drei Wochen später befand sich Siena im Belagerungszustand.

So geschah es, dass eine zweitrangige Fehde zwischen untereinander verschwägerten florentinischen Finanzclans die Ausmaße eines europäischen Krieges annahm. Markgraf di Marignano befehligte das Belagerungsheer, das sich aus florentinischen, spanischen, böhmischen und deutschen Truppen zusammensetzte. Das Heer der Belagerten bestand aus bewaffneten Sienesern und Berufssöldnern. Letztere hatte Piero Strozzi mit Hilfe der florentinischen Emigrantenpartei zusammengestellt und sie durch französische und Schweizer Truppen, die Katharina schickte, ergänzt. Blaise de Monluc, ein Abenteurer aus der Gascogne und künftiger Stammvater der literarischen Heldentaten der »Drei Musketiere«, befehligte sie. Monluc war einer der Ersten, der Memoiren über das moderne Zeitalter verfasste. Im dritten und vierten Buch seiner »Commentaires« berichtet er über die Belagerung Sienas. Für den Autor ist es von Anfang an offensichtlich, dass die Belagerer die Stadt durch Hunger bezwingen wollten. Sie verwüsteten das Umland, entvölkerten es und zwangen die Bauern, in die Stadt zu fliehen oder wegzuziehen. Darüber vergingen vier Jahreszeiten. Zu Beginn des zweiten Winters war das Ende Sienas absehbar. Der von Blaise de Monluc verfasste Bericht folgt in Auszügen:

Januar 1555: Monluc und das Gesetz des Krieges

»Wir müssen Schichten machen; eure Kompanien werden zwei Nächte ruhen, unsere eine Nacht. Wir fangen außerdem damit an, das Brot auf 14 Unzen und eures auf zehn zu verringern. Wir müssen alle unnützen Mäuler aus der Stadt entfernen und sechs Personen damit beauftragen, bis morgen eine Liste anzufertigen. Auf diese Weise wird unser Proviant länger reichen (...)

Da alle irgendjemanden schützen wollten, konnten sich [die Mitglieder der Ratsversammlung] nicht freundschaftlich über die unnützen Mäuler einigen. Folglich wählten sie mich für die Dauer eines Monats einstimmig zu ihrem absoluten Diktator. Ich ernannte sechs Kommissare, welche die Aufstellung über die unnützen Mäuler zu machen hatten. Die erstellte Liste übergab ich einem Ritter San Giovannis di Malta, der von 25 oder 30 Soldaten begleitet wurde. Gemeinsam führten sie die Ausweisung durch, die in den drei folgenden Tage geschah (...).

Wisset, dass die unnützen Mäuler die Zahl von 4400 Personen überstieg und dass ich von all den beklagenswerten und verzweifelten Geschehnissen, die ich je gesehen habe, noch niemals einem wie diesem beiwohnte (...) Heulen und Verzweiflung währten tagelang. Die Unglücklichen versuchten, durch die Reihen des feindlichen Heeres zu gelangen. Dieses aber trieb die Sieneser zur Stadt zurück, damit man

sie wieder hereinhole. So hoffte man, dass das bisschen Brot, das uns blieb, noch rascher aufgezehrt worden wäre oder aber Mitleid aufkam und sich ein Aufstand entfachte.

Das alles währte acht Tage lang. Die Ausgewiesenen ernährten sich von nichts anderem als von Gras. Das ist das Gesetz des Krieges. Man muss grausam sein, um dem Feind Widerstand leisten zu können. Da wir so viel Böses tun, muss Gott sich unser sehr erbarmen: Aber die Haut ist uns näher als das Hemd. Fürchtet nicht, euch der unnützen Mäuler zu entledigen. Verstopft die Ohren vor ihren Schreien.«

Blaise de Monluc
aus: Episodes de sa vie
Bibliothèque Nationale
de France, Paris

Während der Belagerung
Sienas durch Florenz wurde
er wegen der Zwangslage
zum Diktator gewählt. Er
erließ die Gesetze der »nützlichen und der unnützen
Mäuler«.

März 1555: Sienas verzweifelte Lage

»Der Monat März begann und es fehlte an allem, etwa am Wein, von dem es seit Mitte Februar in der ganzen Stadt keinen einzigen Tropfen mehr gab. Wir hatten alle Pferde, alle Esel, Mulis, Katzen und Ratten, die in der Stadt lebten, aufgegessen. Die Katzen wurden zu drei oder vier Scudi verkauft und eine Ratte war einen Scudo wert. Unterdessen verloren wir Bewohner und Soldaten, die, während sie auf der Straße dahinliefen, tot umfielen. Tatsächlich starb man, ohne erkrankt zu sein. Schließlich begriffen die Ärzte, dass es an den Malven lag, die wir aßen: Malven sind Pflanzen, die den Magen weiten und die Verdauung blockieren, ohne nahrhaft zu sein. Entlang der Stadtmauer gab es inzwischen keinen Grashalm mehr. Alles war verzehrt worden, und wir hätten nichts mehr sammeln können, ohne uns nach außen zu wenden und mit dem Feind zusammenzustoßen (...) In diesem Zustand schleppten wir uns bis zum 8. April dahin. Dann verloren wir jede Hoffnung.«

Die Ausweisungen

Die in den Dokumenten nachweisbare Ausweisung »unnützer Mäuler« ereignete sich in Wirklichkeit fünfmal. Monluc fasste sie in seinen Memoiren in einer einzigen Episode zusammen.

Durch die erste Ausweisung Ende des Sommers 1554 wurden die Bauern und ihre Familien, die zu Beginn der Belagerung in Siena Zuflucht gesucht hatten, fortgejagt. Mit ihnen verließen Bettler und Huren die Stadt. Den größten Teil der Flüchtlinge nahm man gefangen und erhängte sie an den Bäumen, die den Stadtmauern am nächsten standen. Man wollte die Bewohner in Furcht und Schrecken versetzen und den Gestank der verwesenden Körper bis in ihre Häuser dringen lassen.

Durch die zweite Ausweisung im Oktober 1554 wurden 250 Kinder unter zehn Jahren aus dem Waisenhaus Santa Maria della Scala vertrieben. Den Weizenvorrat des Waisenhauses hatten französische Truppen beschlagnahmt. Die Belagerer metzelten die ausgewiesenen Kinder noch an den Stadtmauern nieder.

Die in den ersten Februartagen 1555 erfolgte dritte Ausweisung traf wieder Kinder, Frauen und alleinstehende alte Leute sowie einen Großteil der Bediensteten einstmals reicher Familien Sienas.

Die vierte geschah während des Karnevals. Erneut traf es 400 Frauen und Kinder. Zu derselben Zeit hatte es zwecks Verhandlungen einen ersten Kontakt zwischen den Botschaftern Cosimos I. und der Stadt Siena gegeben. Diesmal zeigten sich die spanischen und florentinischen Belagerer großzügig. Die Ausgewiesenen bekamen zu essen und wurden in ein Kloster geleitet. Am selben Tag ließ der Kommandant des Belagerungsheeres, Markgraf di Marignano, Monluc ein Zicklein, vier Hasen, vier Kapaune, Weißbrot und Wein zukommen.

Die letzte Gruppe, die man auswies, bestand wiederum aus einigen 100 Mäulern. Sie waren in der vierten Märzwoche »unnütz« geworden. Erneut wurden sie von den Belagerern ergriffen. Man hackte ihnen Nasen

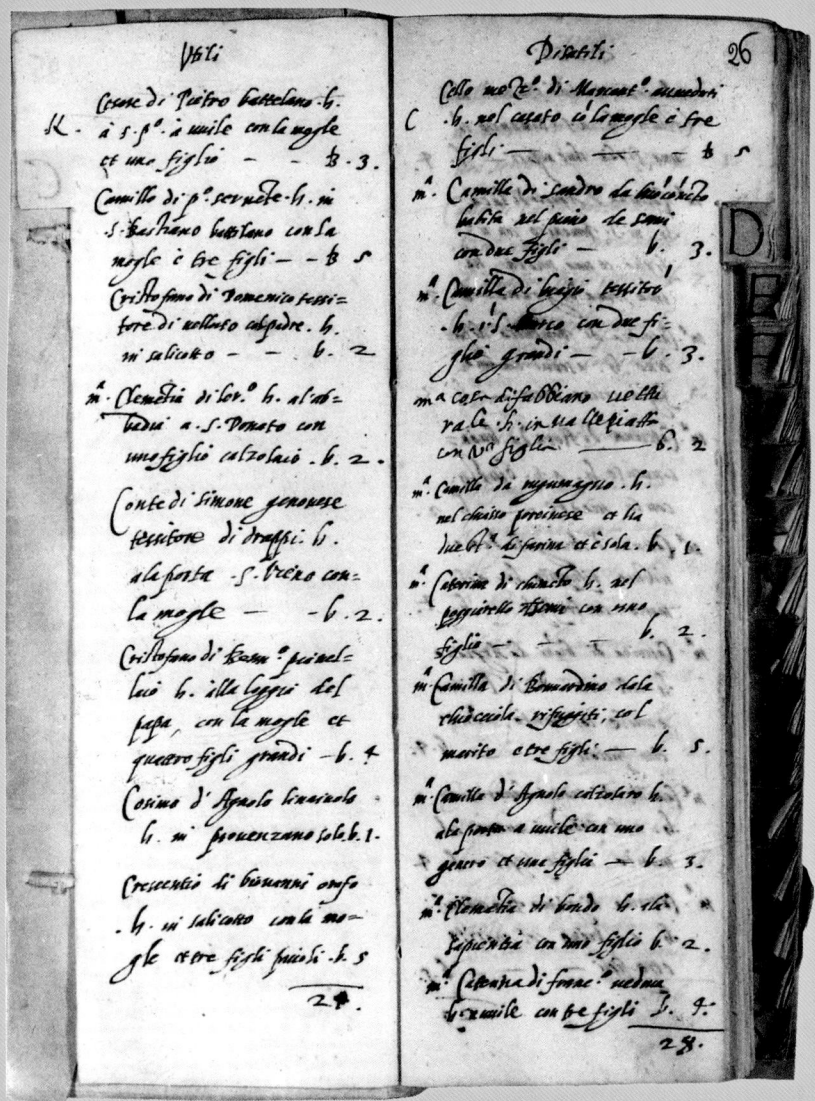

Liste der »unnützen« (rechts) und der »nützlichen« (links) Mäuler
Archivio di Stato, Siena

Während der Belagerung von Siena wurden zunächst Bauern und Familien, die zu Anfang der Belagerung Zuflucht in der Stadt gesucht hatten, verjagt. Später waren es 250 Kinder unter zehn Jahren, dann folgten noch zwei weitere Ausweisungen.

und Ohren ab und trieb sie blutend an die Stadtmauern zurück.

April 1555: Die Kapitulation

Am 17. April 1555 wurden zwischen den Botschaftern Sienas und den Repräsentanten Cosimos I. die Bedingungen der Kapitulation festgelegt. Siena sollte sich freiwillig dem Schutz des Kaisers unterstellen. Dieser verbürgte sich wiederum, die Unabhängigkeit der Stadt zu verteidigen. Auf diese Weise vermied es Siena, vor Florenz zu kapitulieren, und die Franzosen mussten sich nicht den Spaniern unterwerfen.

Am 21. April zogen die französischen Truppen mit Blaise de Monluc an der Spitze unter kriegerischen Ehrenbezeugungen aus Siena aus. Nach den Franzosen verließen auch einige 100 Bürger die Stadt. Unter ihnen befanden sich Mitglieder der großen Familien, wie die Piccolomini, Tolomei, Spannocchi und Bandini. Sie führten die Standarten der Republik Sienas mit sich und zogen nach Montalcino, wo sie mit Piero Strozzi und anderen florentinischen Exilanten, die seit Belagerungsbeginn dort weilten, zusammentrafen. In Montalcino proklamierten sie die sienesische Exilrepublik.

In Siena selbst verblieben ungefähr 6 000 Bewohner. Dies war der Überrest einer Bevölkerung, die zu Beginn der Belagerung mehr als 40 000 betrug. Die Überlebenden Sienas verstanden nun das römische Sprichwort, das von Frankreich und Spanien handelte. Nachdem es vor den Spaniern kapituliert hatte, begann Siena sich erneut zu beleben und rasch wieder zu bevölkern. Die Belagerung fand nunmehr vor den Mauern Montalcinos statt. Wieder entsandte Caterina de' Medici Blaise de Monluc. Doch handelte es sich um eine Belagerung, die ohne Biss geführt wurde. Die Partie war beendet, der letzte Zug getan. Mit Ausnahme der Stadt Lucca war Cosimo I. de' Medici Herr über die gesamte Toskana.

1557: Epilog

Als Philipp II. von Spanien sich gerade in finanziellen Schwierigkeiten befand, forderte Cosimo I. de' Medici unerwartet die zwei Millionen Dukaten zurück, die florentinische Banken Spanien vor langer Zeit geliehen hatten. Da Philipp nicht zahlen konnte, fand man folgende politische Lösung: Indem man Siena und sein Territorium dem Herzog von Florenz überließ, wurde die Schuld getilgt. Da es sich diesmal im Widerstand bequem leben ließ, hielt die Exilrepublik Sienas noch zwei Jahre lang stand.

Monlucs Memoiren über diese Zeitspanne sind undurchsichtig. In die Stadt gelangten Lebensmittel, und auch der Wein fehlte nie. Nach dem Frieden von Chateau-Cambrésis, der 1559 zwischen Spanien und Frankreich geschlossen wurde, kapitulierte Montalcino schließlich vor Florenz und damit auch die sienesische Exilrepublik. Piero Strozzi zog nach Frankreich und trat dort in die Dienste Caterinas de' Medici.

Währenddessen wandte sich Blaise de Montluc dem Blutbad zu, das man an den Hugenotten vollzog.

Anastasio Fontebuoni und Bartolomeo Fontebroni *Schlacht von Montalcino* Palazzo Vecchio, Florenz

Nachdem Montalcino im 13. Jahrhundert den Friedensvertrag mit Siena gebrochen hatte, indem es aus der Stadt verbannten Guelfen Unterschlupf bot, war es zum treuesten Verbündeten von Siena geworden. Nach der Belagerung Sienas durch Florenz, die sich über vier Jahreszeiten gezogen und die Bevölkerung auf ein Bruchteil reduziert hatte, gründeten einige der mächtigsten Familien Sienas eine Exilregierung in Montalcino. Doch nach einer kurzen weiteren Belagerung kapitulierte schließlich auch Montalcino und Florenz war Herr der Toskana. Das Schlachtengemälde im Palazzo Vecchio feiert den heroischen Sieg.

Lucca

Mauern gegen die Angst

Die Stadtmauern

Die Mauern Luccas, die die Stadt in Form einer Bohne umschließen, sind vollständig erhalten. Es existieren nur noch wenige Städte, die einen solchen unversehrten Mauerring besitzen. Zumeist sind es eher die kleinen und geschlossenen Ortschaften, die ihn noch aufweisen. Man könnte sagen, dass sich die Mauern von Lucca 300 Jahre langweilten, da die Stadt niemals einem Angriff oder einer Belagerung standzuhalten hatte. Wir wissen also nicht, ob die Stadtmauer ihrer eigentlichen Aufgabe jemals gewachsen gewesen wäre.

Die Zerstörung städtischer Mauern wurde um die Mitte des 19. Jahrhunderts begonnen und nach dem Zweiten Weltkrieg durch den so genannten Wiederaufbau fortgesetzt, was den Bomben entgangen war, überrollte der Bauboom. Die durch den Krieg verursachten Mauerschäden, wie sie sich

Insgesamt gibt es elf Mauerverschanzungen, die unregelmäßig auf dem Mauerring verteilt und unterschiedlich gestaltet sind. Die Unterschiede erklären sich durch die verschiedenen Epochen, in denen man sie anlegte. Insgesamt umfasst der Zeitraum 150 Jahre. Generell hat eine Verschanzung die Funktion, eine Kurtine oder ein Tor zu schützen. Zu diesem Zweck versah man sie mit Schießscharten, wodurch ein »gekreuzter Beschuss« auf die Angreifer möglich wurde. Auf den Mauern und in unmittelbarer Nähe einer jeden Verschanzung befinden sich ›casermette‹, kleine Kasernen. In ihnen logierte das Wachkorps.

Unterdessen spann die Stadt ihre sprichwörtlichen diplomatischen Ränke, dank deren die Republik unabhängig blieb. Da sie sich stets dem Schutz größerer und immer fernerer Mächte unterstellte, hielt sie sich bis 1799. In jenen Jahren zahlte Lucca an diverse Schutzmächte noch mehr Geld, als es für den Bau der Mauer notwendig gewesen war. Dann wurde sie von den napoleonischen Kriegen überrollt.

Das Café in der Mauer

Schließlich fiel die Stadt unter den Schutz Napoleons, der von Lucca 87 803 mailändische Lire erhielt und erklärte: »Bildet einen kleinen Staat. Lebt ruhig, und hegt keinen anderen Gedanken als den an das Glück eures Volkes.« Wieder hatten sich die Mauern Luccas als so überflüssig erwiesen wie diejenigen von Amaurato, der Hauptstadt »Utopias«.

Nach dem Wiener Kongress erließ Maria Luisa von Bourbon, Herzogin von Lucca, ein Dekret, das beinhaltete, die Mauern als Spazierwege freizugeben. Auf dem gesamten Mauerring wurde eine große Allee angelegt. In die größte Kaserne des Mauerrings über der ›Porta di San Pietro‹ richtete man ein Konzertcafé ein – eine glänzende Idee des 19. Jahrhunderts.

Noch heute wirkt ein Spaziergang auf der etwa fünf Kilometer langen Mauer wie eine kleine Fahrt rund um die Welt. Es wird ein einzigartiger Anblick einer intakten mittelalterlichen Stadt gewährt, die von mächtigen Renaissancemauern umschlossen, aber von einem modernen Häuseragglomerat belagert wird.

Der gesamte Mauerring von Lucca wurde im 19. Jahrhundert mit Baumalleen bepflanzt. Die Luftaufnahme zeigt sehr gut die Unversehrtheit der Mauern Luccas.

Der Alltag im 13. Jahrhundert

Chiara Frugoni

Dunkelheit

In einer idealen mittelalterlichen Stadt des 13. Jahrhunderts war der Tagesrhythmus dem der Tiere sehr ähnlich. Denn sobald die Sonne unterging, herrschte auch in ihren Häusern Dunkelheit. Da man mit dem Licht von Kerzen oder kleinen Lampen nur wenig ausrichten konnte, hatte man kaum noch etwas zu tun. Lähmende, tiefe Finsternis herrschte auch auf den Straßen. Diese Dunkelheit nachzuvollziehen ist für uns sehr schwierig geworden, sind wir doch in den Städten an Lichter und an die Beleuchtung von Straßen und Schildern gewöhnt.

Einzig die Flämmchen, die vor den Heiligenbildern brannten, konnten einem Verirrten den Weg weisen, denn nur sie erleuchteten die nächtliche Dunkelheit auf den mittelalterlichen Wegen. Im Übrigen war es verboten, nachts unterwegs zu sein, da gerade die tiefe Finsternis Straßenräuber und übel beleumdete Leute schützte und begünstigte. Durch Stadtgesetze bemühte man sich, die Einwohner von nächtlichen Aufenthalten im Freien abzuhalten. Also verließ man nur in außergewöhnlichen Fällen, etwa wenn ein Arzt zu einem Sterbenden gerufen werden musste, nachts das Haus.

Kälte

Das Fehlen von Fensterscheiben brachte es mit sich, dass im Winter große Kälte in die Häuser eindrang. Die aus Holz gefertigten Fensterläden schlossen sehr schlecht und schützten kaum vor Feuchtigkeit und Kälte. Doch tagsüber mussten die Fenster offen bleiben, um Licht hineinzulassen. Während im Winter die Kälte ins Haus gelangte, waren es im Sommer Insekten. Auch dies ist eine Erfahrung, die wir nahezu vergessen haben und allenfalls noch mit dem Leben auf dem Lande verbinden. Die damaligen Straßen waren einer unter freiem Himmel angelegten Kanalisation vergleichbar. Dies erklärt die riesigen Insektenschwärme, vor denen man sich durch ein Wachstuch, das man vor die Fenster spannte, zu schützen suchte. Da diese Fensterabdeckung nicht transparent war, gelangte aber wiederum nur wenig Licht hindurch. Damit wurden die mittelalterlichen Häuser, die wir uns mit sehr kleinen und von vielen üblen Gerüchen erfüllten Zimmern vorstellen müssen, noch unwirtlicher.

In der Regel waren die Städte von Mauern umgeben. Der Bau neuer Mauern war ein kostspieliges und kompliziertes Unterfangen. Dementsprechend war der Wohnraum innerhalb der Stadt extrem knapp und

Gegenüber, oben:
Zimmer in einer Gastwirtschaft, spätes 14. Jahrhundert
Miniatur auf Pergament
Giovanni Boccaccio: Decameron, IX, 6, Ms. 5070, fol. 337r. Bibliothèque de l'Arsenal, Paris

Um zu vermeiden, dass sich Flöhe und Wanzen ausbreiteten, schliefen auch Fremde in einem Gasthof nackt in einem großen Bett.

Unten links:
Gentile da Fabriano
Anbetung der Könige
(Detail) Mordszene, 1423
Tempera auf Holz,
303 x 282 cm
Galleria degli Uffizi, Florenz

Ein Unglückseliger wird Opfer zweier Soldaten, als er durch das Stadttor schlüpft.

Unten rechts:
Agnolo Gaddi
Frauen auf dem Balkon
(Detail), 15. Jahrhundert
Fresko
Cappella del Sacro Cingolo,
Duomo Santo Stefano, Prato

98

teuer. Die aus diesem Grund nur sehr klein dimensionierten Häuser bewirkten, dass die Menschen daraus zu entkommen versuchten. Das gesamte Leben in der Stadt war zwangsläufig ein dichtes Gewebe vieler menschlicher Beziehungen und resultierte aus dem Wunsch, morgens sobald wie möglich auf die Straßen hinauszudrängen. Handwerker gingen zur Arbeit, Frauen auf den Markt, Kinder spielten draußen. Doch auch derjenige, der zu Hause blieb, versuchte, sich auf Balkons oder auf die überdachten Altane, die an den Häuserwänden vorsprangen, hinauszulehnen. Diese Balkons, die oftmals nahe beisammenlagen und fast aneinander stießen, belebten die Straßen ebenfalls.

Ungeziefer

Wir sind so sehr an unseren privaten Raum gewöhnt, dass wir uns ein Leben, in dem es keinen Ort zum Alleinsein gibt, kaum noch vorstellen können. Andererseits waren es eben diese beengten Lebensumstände, die eine so intensive Teilnahme am Gemeindeleben innerhalb der mittelalterlichen Stadt förderten.

Noch nicht einmal im Bett konnte man allein sein. Denn um den Platz auszunutzen, hatte man große Betten, die sich sieben oder acht Personen teilten. Darüber hinaus schlief man nackt. Denn tagsüber trug man stets Mengen von Ungeziefer an sich: Vor allem Flöhe und Wanzen machten das mittelalterliche Leben unruhig. Nachts ließ man den größten Teil der unliebsamen Mitbewohner in den Kleidern zurück. Die Kleidung selbst hängte man in einem Nachbarzimmer an hohen Stangen auf, sodass sie vor den Attacken der im mittelalterlichen Leben allgegenwärtigen Ratten geschützt waren. Ohne Kleidung zu schlafen war allgemein üblich und erklärt, warum auch Miniaturbilder von Hospitälern Menschen – und manchmal auch Sterbende – völlig nackt zeigen. Dies galt sogar in den Gasthöfen. Hatte der Wirt keinen Platz mehr frei, legte er die Gäste, so wie sie nach und nach ankamen, in ein und dasselbe Bett.

Die drei Plätze der Stadt

Innerhalb des Hauses gab es keine Aufteilung nach Funktionen. Der knappe Raum diente vielen Zwecken. So wandelte man das Schlafzimmer tagsüber zum Wohnraum um. Man setzte sich auf die Truhen rund um das Bett, unterhielt sich und diskutierte. Die Frauen

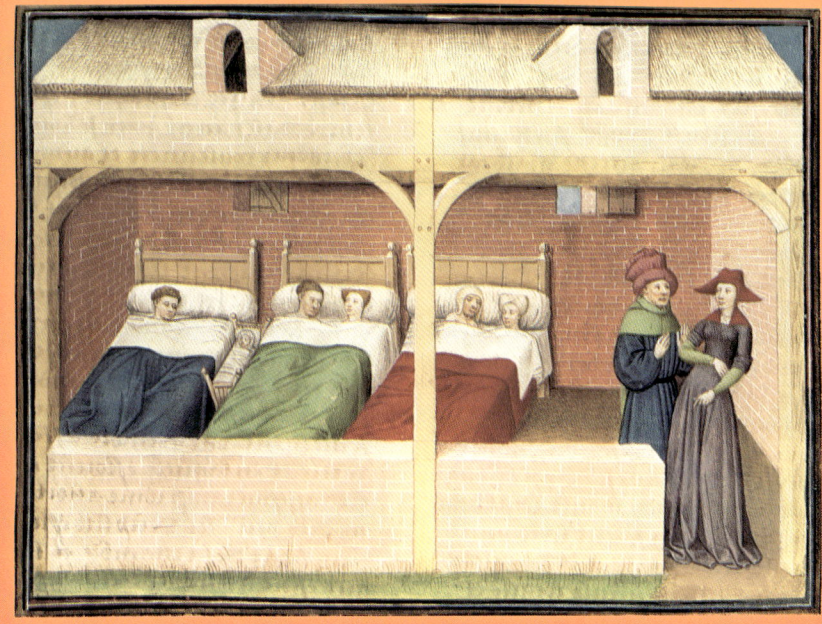

konnten nähen oder sticken. Im öffentlichen Raum jedoch gab es eine zweckgebundene Aufteilung. Hier existierten diverse Zentren: die ›Piazza religiosa‹, die ›Piazza politica‹ und die ›Piazza del mercato‹. Doch was bedeutet ›religiöser Platz‹? Genügten die riesigen Kirchen nicht? Der große Erfolg der Bettelorden hatte dazu geführt, dass die neuen Ordenskirchen, die

Unten: Agilulf im Schlafzimmer der Dienerschaft, 1427, Feder und Aquarell Giovanni Boccaccio: Decameron, III, 2., Ms. It. 63, fol. 94v., Bibliothèque Nationale, Paris

Man schlief zu zweit oder dritt in einem Bett.

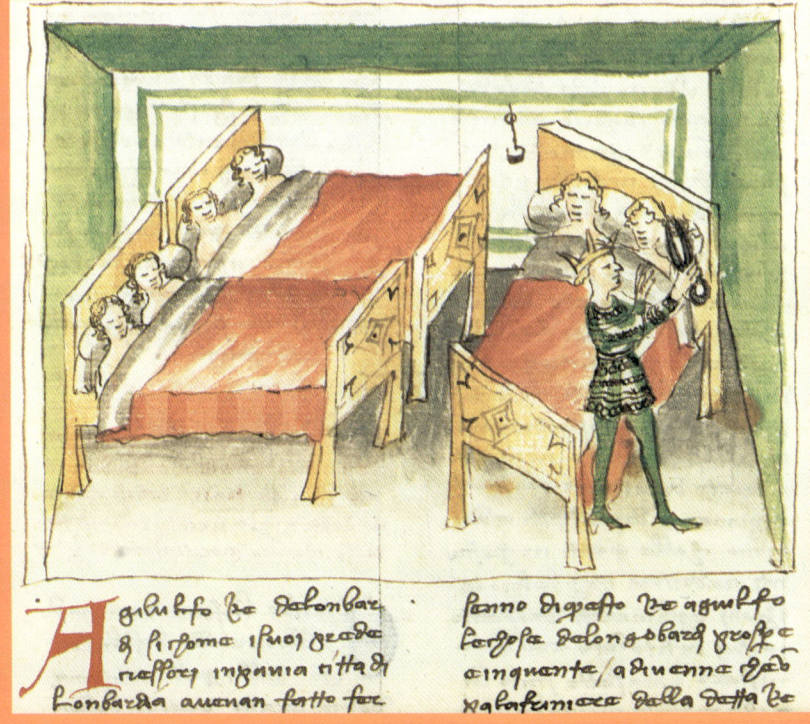

Markt bei der Porta Ravegnano in Bologna, Anfang 15. Jahrhundert Miniatur auf Pergament Matricolae Societatis Draperorum, Ms. 93 Museo Civico Medievale, Bologna

Drei öffentliche Räume bestimmten neben dem privaten das Leben im Mittelalter: die ›Piazza religiosa‹, auf der Prediger vor allem der Bettelorden redeten; die ›Piazza politica‹, auf der man rege diskutierte, aber auch die letzten Neuigkeiten erfuhr, denn es gab noch keine Zeitung; auf der ›Piazza del mercato‹ erledigte man seine täglichen Einkäufe und nahm am gesellschaftlichen Leben teil.

schon geräumig und mit nur einem Schiff konzipiert waren, nicht mehr ausreichten, um die Menschenmengen zu fassen. Deshalb sprachen die Prediger auf den Plätzen vor den Kirchen, wie zum Beispiel auf der ›Piazza Santa Croce‹ in Florenz. Gemälde geben den Hl. Bernhard wieder, einen furchtbaren Mann, der jedoch eine außergewöhnliche Ausstrahlung hatte und ein talentierter Redner war. Seine Predigten waren gerade wegen ihrer bildlichen Kraft wahrhafte Meisterwerke. So sprach er zum Beispiel von den zur Hölle Verdammten, die wie in Mehl gewälzte Fische in der Pfanne gebraten werden. Man muss sich vor Augen führen, dass die neuen Bettelorden nicht nur religiöse Themen, sondern alles, was den Leuten im Alltag am Herzen lag, ansprachen. So erfasste der Hl. Bernhard auf höchst scharfsinnige Weise verschiedene Aspekte des weiblichen Luxus. Er missbilligte, dass Frauen all den Perlen- und Goldschmuck anlegten und zu sehr an sich selbst statt an fromme Gebete dachten. Zugleich aber urteilte er auch wirtschaftlich, wenn er behauptete, dass Schmuck totes Geld sei und keinen Reichtum mehr schaffe. In der Tat verursachte die Investition von Kapital in Perlen und Gold den Entzug des Geldes aus der städtischen Ökonomie. Die Zuhörer, die ihre eigenen Probleme angesprochen und zur Diskussion gestellt sahen, ließen sich von dem Redner fesseln. In dieser Verbindung religiöser, politischer oder ziviler Themen war der enorme Erfolg der Bettelorden begründet.

Auch die politische ›Piazza‹ wurde stark besucht. Auf ihr fand man sich ein, um Dinge, die das städtische Leben der Gemeinde regelten, zu diskutieren. Da es keine Zeitungen gab, wollte man vor allem die öffentlichen Ausrufer hören, die die jüngsten Beschlüsse der Bürgermeister kundtaten und sämtliche Nachrichten mündlich publik machten. So wurde von der Ankunft eines neuen Arztes oder von den Fähigkeiten eines Uhrmachers, der endlich die Turmuhren wieder in Stand setzte, berichtet. Diese Uhren gingen oft zu schnell oder zu langsam. In der Regel galten sie eher als Wunderwerke denn als Maschinen, die dazu konstruiert worden waren, die Zeit anzuzeigen. Im Allgemeinen hatte das Mittelalter nur einen ungefähren Zeitbegriff, wie es die folgende Anekdote verdeutlicht: Für ein Duell waren etliche Untersuchungen erforderlich, um genau bestimmen zu können, wann das Morgengrauen und damit die Zeit war, zu der sich die Duellanten treffen sollten. Tatsächlich fehlten dem Mittelalter die heute so präzisen Zeitangaben.

Das Leben der Frauen: Wasser und Feuer

Die Frauen verließen das Haus, um den Notwendigkeiten ihres Alltags als Hüterinnen des häuslichen Herdes nachzugehen. Handlungen, die uns heute einfach erscheinen, wie zum Beispiel das Entzünden eines Feuers oder das Öffnen eines Wasserhahns,

Giovanni di Corraduccio
Maria in der Küche,
Anfang 15. Jahrhundert
Fresko
Convento di Sant'Anna,
ehem. Refektorium, Foligno

Viele Tätigkeiten im Haus und am Herd, die heute einfach und selbstverständlich erscheinen, waren damals mit großem Aufwand verbunden.

Anonym
Ritter und Dame beim Schachspiel,
Zweite Hälfte 14. Jahrhundert
Fresko
Camera della Castellana di
Vergi, Palazzo Davanzati,
Florenz

Die Gattin des Fürsten
Guernieri beim Schachspiel
mit dem Ritter Guglielmo,
den sie zu verführen versucht.
Detail aus dem Fresken-
zyklus, der die französische
Novelle der Kastellanin von
Vergi erzählt.

erforderten im Mittelalter viele mühsame Bewegungen. So ging man vor allem aus dem Haus, um Wasser
aus dem in der Regel auf der Piazza oder an einer
Straßenkreuzung gelegenen Brunnen zu holen. Dort
traf man sich und wartete, bis man an der Reihe war,
Wasser zu schöpfen. Währenddessen vertrieb man
sich die Zeit mit einem Schwatz und nutzte die Gelegenheit, Nachrichten auszutauschen.

Ein weiterer Grund, das Haus zu verlassen, war das
Bedürfnis nach Feuer. Feuer zu entfachen war eine
höchst mühsame Angelegenheit. Indem man die Glut
unter der Asche erhielt, versuchte man ein Ausgehen
zu verhindern. Dennoch kam es vor, dass die Glut
erlosch und die Frau sie morgens wieder entfachen
musste. Das Verfahren war so kompliziert, dass man
lieber einen Schürhaken oder eine Feuerzange nahm,

zur Nachbarin ging und sich dort entweder ein bisschen Glut geben ließ oder aber die Flamme mit einem
Lappen herübertrug, was bei den eng beieinander liegenden Häusern grundsätzlich möglich war.

Trotzdem stellt sich die Frage, wie es im Mittelalter
gelang, Feuer zu entfachen. Im Allgemeinen benutzte
man Feuerstahl, um Funken zu schlagen, und Zunder,
der staubtrocken und sehr leicht sein musste. In der
Literatur ist auch die folgende sehr aufwändige Methode überliefert: Nussbaumrinde wurde ausgekocht,
getrocknet und solange geklopft, bis sehr trockene
und sehr luftige, schwammartige Fasern gewonnen
werden konnten. Man hoffte, dass sich dieser Zunder
sofort entflammen würde, wenn er mit Funken in Berührung kam. In Wirklichkeit brauchte es viel Geschick
und viel Zeit, bevor es gelang, ein wirklich gut bren-

nendes Feuer zu entfachen. Deshalb bemühte man sich stets, es nicht ausgehen zu lassen, um es nicht neu entzünden zu müssen.

Die Nahrungsbeschaffung war eine weitere Notwendigkeit, die die Frauen hinausführte. Da es keine Kühlschränke gab, war die Menge an Lebensmitteln, die man im Hause aufbewahren konnte, nur gering. Für die täglich notwendige Versorgung musste man folglich hinausgehen, um Brot, Fleisch oder Gemüse zu kaufen. Doch selbstverständlich verließ man das Haus auch, um sich zu amüsieren.

Unterhaltung

Man eilte, um einen Geschichtenerzähler oder einen Spielmann zu hören, der bisweilen dressierte Tiere hielt. Auch eine Predigt, die zwar der Belehrung diente, konnte wegen der vielen Dinge, die man dabei lernte, unterhaltend sein. Um zu zeigen, wie klug sie waren, verbreiteten die Prediger Nachrichten über jüngste Entdeckungen. Als Beispiel sei hier auf die 1303 verfasste Predigt des Dominikaners Giordano di Pisa hingewiesen, der zu Beginn des 14. Jahrhunderts in Florenz lebte. Durch seine Äußerung: »Die Erfindung der Brillen ist eine gute Sache!« wissen wir, dass es Lesehilfen schon zu dieser Zeit gab. Mit der im 14. Jahrhundert auch bei weltlichen Personen einsetzenden erhöhten Nachfrage nach Büchern und Literatur wurden Brillen immer mehr geschätzt. Es waren die Bettelorden, vor allem die Dominikaner, die die Lektüre frommer Bücher förderten.

Sauberkeit

Zu den Problemen, die das alltägliche Leben der Bürger von damals belastet haben dürften, gehörte die Hygiene. Dabei wusch man sich im Mittelalter mehr als in anderen Jahrhunderten. Das 17. Jahrhundert war beispielsweise eine Zeit, in der sich die Menschen nicht mit Wasser pflegten. Im Mittelalter hingegen wollte man sich waschen, soweit es mit der Mühe, Wasser zu beschaffen, vereinbar war. Vor allem wusch man sich Hände und Gesicht, während man sich nur selten badete. Es gab öffentliche Bäder, in denen man das Wasser auch erhitzte. Da es jedoch viel Mühe kostete, eine solch große Wassermenge zusammenzutragen und zu erwärmen, wurde sie oft mehrmals benutzt. Das Gleiche galt für das Geschirrspülen und das Säubern von Gemüse: Man tat es, war im Wasserverbrauch jedoch sparsam.

Ein weiteres Problem war die Beschaffung von Trinkwasser. Im Mittelalter wusste man bereits, dass Wasser, welches aus verschimmelten Zisternen stammte, verdorben war und krank machte. Zudem hatte man festgestellt, dass Quellwasser besser war als Flusswasser, wobei man keine gravierenden Konsequenzen aus dieser Erkenntnis zog. Selbstverständlich hatte man keine Vorstellung von Mikroben und wusste auch nicht, dass sich Wasser durch Kochen verbesserte. In China dagegen verwendete man für den Tee gekochtes Wasser, sodass das Land vor großen Epidemien verschont blieb.

Die allgemeine Sauberkeit blieb äußerst oberflächlich. Vor allem die Straßen waren Quellen vieler Epidemien. Die Beharrlichkeit, mit der die Stadtgesetze empfahlen, keine Tiere zu verkaufen, die an Krankheiten gestorben waren, und bei Fischen und Fleisch auf Sauberkeit zu achten, sagt uns, wie üblich das Gegenteil war. Außerdem warf man Tier- und Menschenabfälle jeglicher Art auf die Straßen und bedeckte sie lediglich mit ein wenig Asche. Nahrungsmittelreste überließ man den Tieren, die damit die Funktion der Straßenkehrer übernahmen (während Schweine allerdings auch Schmutz verursachten). Insgesamt empfand man

Zwei Bademädchen waschen König Wenzel den Kopf, 1390–1400 Miniatur auf Pergament Wenzelsbibel, Ms. 2759, fol. 174v. Österreichische Nationalbibliothek, Wien

Die allgemeine Sauberkeit sah vor, dass Frauen sich jeden Samstag den Kopf wuschen. Ansonsten wusch man sich mindestens einmal am Tag.

den Regen als eine große Wohltat, da er die Stadt reinigte und mit dem Dreck auch üble Gerüche beseitigte.

Sauberkeit zu wahren war nicht einfach. Kleider wurden weit weniger gewechselt als heute. Da die Ärmel am häufigsten verschmutzten, trennte man sie ab und tauschte sie aus. Das Gewand hingegen wurde möglichst geschont und nicht zu oft gewaschen. Das italienische Sprichwort: »Das ist ein anderes Paar Ärmel« entstammt dieser Gewohnheit. Ein Gewand kostete viel, weshalb man es in duftende Kräuter hüllte und eng zusammengerollt in Truhen aufbewahrte. Da man es auch vererbte, änderte sich die Mode selten. Aus diesem Grunde sind Modestudien, die angestellt werden, um Bilder exakt zu datieren, falsch. Kleider können nur auf längere Zeiträume verweisen und nicht, so wie heutzutage, kurze Zeitabschnitte begrenzen.

Mittelalterliche Farben

Bildliche Darstellungen vermitteln die Vorstellung eines sehr farbenfrohen Mittelalters. In Wirklichkeit konnten sich nur reiche Leute haltbare und damit sehr teure Färbungen leisten. Es ist kein Zufall, dass roter Stoff nur Ärzten oder Richtern zukam, war doch die Herstellung roter Farbe wie auch diejenige eines kräftigen Blaus äußerst kostspielig. Normalerweise färbten die Leute ihre Stoffe mit Hilfe von Pflanzen, wobei die Farben beim Waschen verbleichten. Auch aus diesem Grunde begeisterte man sich für die Farbigkeit in den Kirchen. Die lebhaften Farbtöne der Fresken, die Fensterscheiben in ihrem üppigen Rot, Blau oder Grün, die durch die Sonnenstrahlen zusätzlich erleuchtet wurden, schätzte man sehr viel mehr, als wir es heute zu beurteilen vermögen. Es war eine andere ästhetische Wertung, die aus der Lust entstand, intensive lebendige Farben, die in der Wirklichkeit des Alltags unüblich waren, optisch wahrzunehmen.

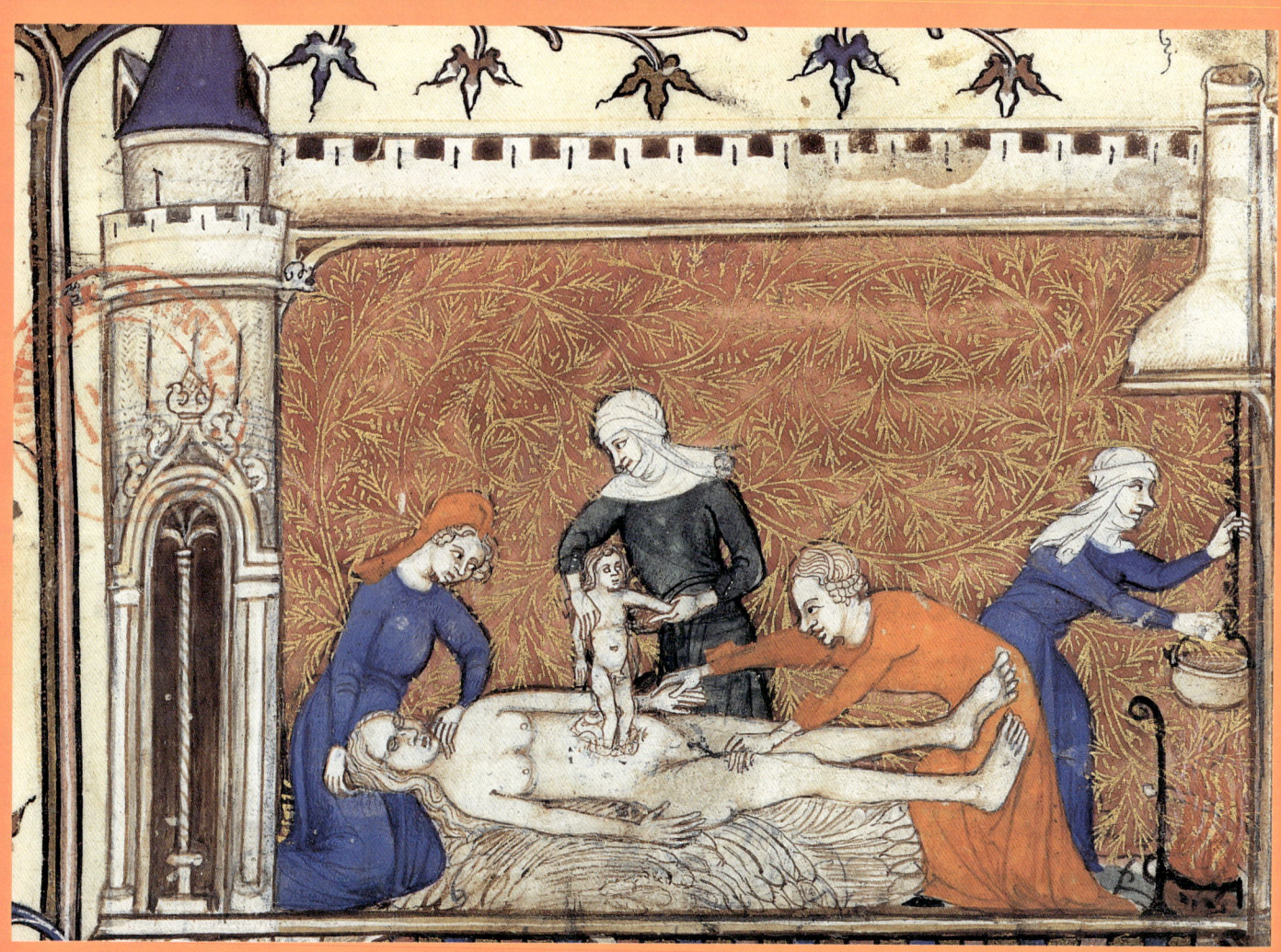

Unfälle

Miniaturen verdeutlichen das Alltagsleben der Zeit. Dort sind unter anderem Unfälle am Arbeitsplatz zu sehen, oder ein Kind, das vom Balkon fällt, weil das hölzerne Geländer bricht. Arbeitsunfälle ereigneten sich in jener Zeit so häufig, dass die Anrufung vieler Heiliger, die für den jeweiligen Einzelfall Abhilfe zu schaffen vermochten, notwendig schien. Gerade der mittelalterliche Häuserbau barg Gefahren. So wurden beispielsweise aus Sparsamkeitsgründen die Gerüste nicht vom Erdboden aus errichtet. Stattdessen ließ man in den Außenmauern eine Reihe von Löchern frei, in denen man Balken befestigte, die als Unterlage der darüber gelegten Querbretter dienten. Da diese Baugerüste vollkommen in der Luft hingen, waren sie äußerst instabil.

Eine Bildtafel im Museum in San Gimignano verdeutlicht den mittelalterlichen Häuserbau und die Risiken, die die Zimmerleute dabei auf sich nahmen. Das Gemälde ist dem Wunder der Hl. Fina gewidmet und zeigt, wie die herabschwebende Heilige einem armen Zimmermann hilft. Sie ergreift seinen Arm in dem Augenblick, als eines der Querbretter bricht und der Handwerker in die Tiefe abzustürzen droht.

Eine weitere Geschichte berichtet von einem Maurer, der stürzt, sich an der Mauer festkrallt und dort einen ganzen Tag lang hängen bleibt. Als die Kräfte des armen Mannes erlahmen, schweben wunderbarerweise zwei Engel heran, die ihn stützen. Wieviel Zeit bereits vergangen sein musste, bis sich der übernatürliche Hilfstrupp in Bewegung setzte, wird daran deutlich, dass die Freunde des Maurers erst zeitgleich mit den Engeln eintreffen.

Kaiserschnitt und Chirurgie

Eine weitere interessante Darstellung zeigt einen Kaiserschnitt, den man im Mittelalter nur dann praktizierte, wenn die Geburt fehlgeschlagen und die Frau bereits tot war. Den Eingriff vollzog man also nicht, um ein Leben zu retten. Vielmehr ging es darum, das Kind taufen zu lassen. Die Taufe war wichtig, befürchtete man doch ansonsten, dass sowohl das Kind, das als Ungetauftes noch Träger der Erbsünde war, wie auch die Mutter, die dann gewissermaßen einen Satan in sich trug, nicht ins Paradies würden eingehen können. Zu der Tragödie des Todes hätte sich somit der Gram, die dahingeschiedene Ehefrau in nicht geweihter Erde begraben zu müssen, hinzugesellt. In vielen Berichten

über Wunder wird das tote Kind just im Moment der Taufe noch einmal für wenige Augenblicke lebendig und stirbt erst dann endgültig. All dies waren fromme Zwecklügen, die einen bereits eingetretenen Tod verschleierten und ein besseres irdisches und himmlisches Los versprachen. Vor allem ermöglichten sie es demjenigen, der sein Liebstes, die Gattin und das Kind, verloren hatte, auf den Friedhof zu gehen, am Grabe zu beten und Trost darin zu finden, dass beide, Frau und Kind, im Paradiese weilten und nicht der Verdammnis anheim gefallen waren.

Auf einer anderen Miniatur sind Frauen zu sehen, die eine Gebärende operieren und sie von dem Kind entbinden. Die Darstellung bestätigt, dass sich das Wissen der Frauen nicht auf die Verwendung von Kräutern beschränkte, sondern die Chirurgie miteinbezog. Chirurgische Fähigkeiten kamen auch in Klöstern dann zur Anwendung, wenn eine Verstorbene, die man als Heilige zu erkennen glaubte, einzubalsamieren war. Die Nonnen Chiara von Montefeltro und Margherita aus Città di Castello, die beide durch ihre große religiöse Inbrunst überzeugten, sind hier als Beispiele nennenswert. Während die eine den Zeitgenossen zu verstehen gegeben hatte, dass sie die Wundmale der Passion in ihrem Herzen trage, hieß es von der anderen, dass sie an derselben Stelle eine

Anonym
Eine Apotheke, 1488–1495
Fresko
Issogne, Castello, Val d'Aosta

Frauen besaßen ein großes Wissen über Pflege und Heilung durch ihre alltäglichen Dienste, die Medizin hatte das Bücherwissen. Die Abbildung hier demonstriert die Verbindung von Wissenschaft und Glauben. In den Regalen befinden sich alle Ingredienzien und dahinter stehen die Votivtäfelchen.

richtige kleine Krippe mit Maria, Josef und dem Kind habe. Nach dem Tod der Nonnen suchte man nach Malen, fand sie und ließ sie als Heilige einbalsamie-ren. Heiligkeit manifestierte sich auch daran, dass der Körper nicht verweste. Gerade deshalb versuchte man, ihn möglichst unversehrt zu erhalten.

Die mittelalterliche Medizin

Im Mittelalter waren es die Frauen, die am meisten von der Medizin verstanden. Da es ihnen in der Familie sozusagen berufsmäßig oblag, die Kranken zu pflegen und zu heilen, konnten sie sich auf ein Erbe mündlich überlieferter Heiltraditionen oder auf 1000fach erprobte Kräuterrezepte stützen. Da es sich dabei nicht nur um die Zubereitung von Kamillentee handelte, waren die von den Frauen genutzten Heilkräuter nicht nur lindernd, sie wirkten vielmehr sehr heilkräftig. Demgegenüber besaßen die Ärzte ein umfangreiches Bücherwissen, verstanden sich jedoch auf nichts anderes, als Urin im Gegenlicht zu betrach-ten oder den Puls zu fühlen.

Auch in diesem Fall erweist es sich, dass Bilder In-formationen vermitteln können, weshalb sie mit besonderer Aufmerksamkeit zu betrachten sind. So ist es interessant und kurios zugleich, die Darstellung einer piemontesischen Apotheke näher ins Auge zu fassen. Hier sieht man die vielen schönen Gefäße, in denen sich die unterschiedlichsten Arzneien befinden. Dahinter und kaum zu erkennen, hängen die aus Wachs gefertigten Votivtafeln gebrauchsfertig an der Wand. Die Leute suchten Apotheken auf, um sich natürliche Heilmittel zu besorgen. Falls diese nicht wirkten, verschmähte man auch die übernatürlichen nicht. Gerade hierin manifestierte sich die Ohnmacht der menschlichen Medizin und die Kraft des Glaubens. Eine erzählenswerte Episode aus dem Leben von Ludwig IX. handelt von einem kleinen Mädchen, das dem Ertrinken nahe war, jedoch im letzten Moment gerettet werden konnte. Dies war das Verdienst einer Frau, die die Situation sofort erfasste und genau das Richtige tat, um das Kind, das bereits seit längerer Zeit unter Wasser gelegen hatte, wieder zu Bewusst-sein zu bringen. Leider ist uns nicht überliefert, was die helfende Frau tat, um das Leben des Mädchens zu retten. Nichtsdestotrotz spielt der zu diesem Ereignis verfasste Bericht die Leistung dieser Frau herunter, indem er die Aufmerksamkeit des Lesers ausschließ-lich auf Ludwig IX. lenkt. Die Erklärung dafür ist ein-

deutig. Die Schriftquelle hat das Ziel, Ludwig IX. zu verherrlichen und neben seiner Wundertätigkeit auch seine Heiligkeit zu lobpreisen. Es wird also versucht, die Rolle der Frau zu schmälern und das übernatür-liche Wirken Ludwigs IX. eindringlich zu betonen. Der Bericht vermittelt uns nachdrücklich, wie man verhin-dern wollte, dass die Menschen der theoretischen Medizin und den praktischen Heilerfahrungen ver-trauten. Sie sollten weiterhin die Macht der Religion und der Heiligkeit bewundern. Wir jedoch verstehen es, zwischen den Zeilen zu lesen und die wirklichen Fähigkeiten dieser Frau zu ermessen.

Das Gewicht der Heiligkeit

Stets bestand das Bedürfnis, das Eingreifen des Über-natürlichen konkret zu demonstrieren. In einem Be-richt heißt es, dass man Taschentücher zuerst abwog, bevor man sie in der Krypta und damit in der Nähe eines Heiligen fallen ließ. Nachdem eine gewisse Zeit verstrichen war, wog man die Tücher erneut. Selbst-verständlich hatten sie sich während der Nacht mit Feuchtigkeit voll gesogen, was man auf den Kontakt mit dem Körper des Heiligen zurückführte. Ihr höheres Gewicht sollte nunmehr beweisen, dass sie wie Talis-männer die heilige Kraft in sich aufgenommen hatten. Viele Spiritisten machen heutzutage Vergleichbares, wenn sie ein Bild nehmen und behaupten, es durch bestimmte Verfahren mit positiver Energie aufzuladen. Damals suchte man auf eine fassbarere Art und Weise, nämlich durch ein Mehr an Gewicht, einem Gegenstand übernatürliche Kräfte zuzusprechen. Dies machte das Übernatürliche messbar.

Mittelalterlicher Unglauben

Natürlich gab es damals auch Ungläubige. Nur ist es nicht einfach, ihre Spuren ausfindig zu machen. Denn während heutzutage jeder seine Meinung öffentlich kundtun darf, wurde der Ungläubige im Mittelalter ergriffen, befragt, ausgeschnüffelt und letztendlich bestraft. In den Prozessen, die auf-grund des Verdachts auf Ketzerei oder Hexerei be-gonnen wurden, können wir die undeutliche Spur des Unglaubens ausfindig machen. Nur Menschen, die ein sehr starkes moralisches Engagement hat-ten und zudem bereit waren, für ihre Überzeugung gewalttätige Sanktionen zu erdulden, vertraten ihre Einstellung offen. Eine klare Vorstellung da-rüber, wie verbreitet das Phänomen der Ungläubigkeit letztendlich war, ist daraus jedoch nicht abzuleiten.

Die Religion beeinflusste die Menschen alltäglich und äußerst massiv, und so war die gesamte Vorstellungswelt des Mittelalters stets religiös geprägt. Das Wirken der Kirche zeigte sich allgegenwärtig und durchdrang das gesamte menschliche Leben. Verantwortlich dafür waren reale Erklärungsschwierigkeiten gegenüber wetterbedingten, physikalischen Phänomenen. Da man deren Ursachen nicht kannte, griff man oftmals auf religiöse Deutungsmuster zurück. Entsprechend begriff man Erdbeben, Hagelschlag oder Kometen stets als Zeichen Gottes. Tatsächlich waren die Möglichkeiten eines Menschen, sich gegen die Zufälle des Lebens zu wappnen, äußerst gering. Gerade deshalb wurde es notwendig, andere, solidere Schutzwälle aufzubauen als die, die nur durch Menschenkraft errichtet werden konnten.

Wahrhaftig hing das mittelalterliche Leben an einem dünnen Faden. Stets drohte ein plötzlicher Tod, sei es durch eine Räuberattacke auf der Straße, durch Kriege oder durch städtischen Aufruhr. Auch konnte es geschehen, dass man unversehens von einem herabstürzenden Balken erschlagen wurde, strauchelte oder von einem Pferd oder einer Brücke herabstürzte. Wurde man plötzlich krank, konnte aus einer Blinddarmentzündung schnell eine Bauchfellentzündung entstehen. Aus dieser permanenten Unsicherheit entsprang eine der quälendsten Ängste der damaligen Zeit: die Angst, ohne Beichte zu sterben. Sie trieb die Menschen dazu, sich entsprechende Gegenmittel zu ersinnen. In der Regel handelte es sich dabei um Visionen, Gebete oder Stoßgebete. Damit hoffte man auf das wundertätige Eingreifen eines Heiligen.

Dies verdeutlicht sich beispielhaft an den Bildern des Hl. Christophorus, der in riesiger Gestalt auf den Wänden von Kirchen, Palästen oder Stadtmauern dargestellt wurde. Man glaubte, dass man an dem Tag, an dem man den Heiligen erblickte, nicht plötzlich sterben könne. Dieser Brauch zeigt, wie sehr die damaligen Menschen befürchteten, ohne Beichte das Leben zu verlassen und sogleich zur Hölle fahren zu müssen.

Buchstaben und Früchte

Über die Erziehung der Kinder geben erneut bildliche Darstellungen Aufschluss. So zeigen sie beispielsweise, wie die Mutter das kleine Kind unterrichtet. Sie schneidet ihm Buchstaben aus Früchten aus, die das

La virtù della Grammatica
Anfang 15. Jahrhundert
Fresko
Sala delle Arti Liberali
e di Pianeti, Palazzo Trinci,
Foligno (Perugia),

Mit Buchstaben aus
Früchten sollten die Kinder
den Lernstoff lernen.

benutzten Täfelchen, die mit Gips bestrichenen Schneidebrettchen ähnelten, und schrieben Gruppen von Silben darauf. Das Kind übte das Lesen von »ba«, »be«, »bi«, »ca«, »ce«, »ci« usw. Dies war der allererste Lernschritt. Hatte das Kind das Glück, in einer Familie aufzuwachsen, in der der Fähigkeit zu lesen Bedeutung beigemessen wurde, wurde es später in die Schule geschickt. Dort lernte es mit der Fibel oder mit einem Manuskript, das Psalmen enthielt. Zuerst galt es, eine bestimmte Anzahl von Psalmen auswendig zu lernen, die in einem zweiten Schritt als Schrift erkannt werden sollten.

In gewissem Sinn entsprach diese Art des Lesenlernens der ganzheitlichen Methode. Diese manifestierte sich auch im zeitgleichen Lernen einer anderen Sprache, des Lateinischen. Im Trecento war bereits das so genannte ›Volgare‹ in der Bevölkerung verbreitet. Es handelte sich dabei um ein mit fremden Wörtern vermischtes und verwässertes Alltagslatein, das die Vorform des modernen Italienisch bildete. Neben dieser Sprach- und Leseerziehung wurden die ersten Grundlagen zur religiösen Bildung gelegt.

Lesen und Schreiben, was beides für uns heute selbstverständlich ist, waren im Mittelalter zwei völlig verschiedene Tätigkeiten. So gab es Personen, die lesen, aber nicht schreiben konnten. Dies lag teilweise daran, dass es kaum Papier gab, und wenn doch, war es so teuer, dass man es nicht für Schreibversuche vergeudete. Zudem erachtete man die Fähigkeit zu Schreiben als nicht unbedingt notwendig. Zwar schrieben Händler ihre Rechnungen auf, doch war es im Allgemeinen wichtiger, ein Gebetbuch oder einen Roman lesen zu können. Dabei waren es vor allem die Frauen, die lasen. Im Prolog des ›Dekameron‹ äußert sich Boccaccio ausführlich darüber, für wen sein Buch bestimmt ist. Ausgenommen sind Frauen, die sich nur aufs Spinnen und Nähen verstehen. Diese gleichen Geister, dem väterlichen oder brüderlichen Willen unterworfen, stets zu Hause bleiben müssen und keinerlei Ablenkung oder Entschädigung für die Trauer oder die Schmerzen in ihrem Leben kennen. Somit ist der ›Dekameron‹ den lesenden Frauen gewidmet.

Kind verzehren darf, wenn es die Lettern erkennt. Es wird auch deutlich, dass Obst sehr beliebt war. Doch wäre diese Unterrichtsmethode heute noch üblich, wäre das Analphabetentum unter den Kindern vermutlich sehr verbreitet.

An den Marienbildern mit Kind können wir erkennen, wie die Kinder im Mittelalter zu lernen begannen. Sie

Meister der
Katharina von Kleve
*Die Heilige Familie bei
der Arbeit,* um 1440
Miniatur auf Pergament
Stundenbuch, Ms. 917,
fol. 149r, The Piermont
Morgan Library, New York

Die heilige Familie wird
meistens dargestellt, wenn
man die Ordnung in einer
Familie und besonders die
Rolle des Kindes darstellen
wollte. In dem Stundenbuch
bewegt sich das kleine Jesus-
kind in seinem Laufwagen
zwischen Vater und Mutter.
Dabei verkündet es der
Mutter: »Ego sum solacium
tuum« (Ich bin dein Trost
und deine Zuversicht).

Vicopisano

Pisas Wachposten

Ansicht von Vicopisano vom Arno aus gesehen.

Die Burg von Brunelleschi

Viele Jahrhunderte lang war Vicopisano ›la Sentinella di Pisa‹, Pisas Wachposten. Die Ortschaft klammert sich an den äußersten Ostausläufer des Monte Pisano, der in Richtung Florenz blickt. Früher bildete der Arno zu Füßen der Burg eine große Schleife. Somit konnte kein Boot vorbeifahren ohne angehalten und durchsucht zu werden. Hinter der Festung lag als natürliches Schutzschild der Berg. Es existierte außerdem ein komplexes System von Wachtürmen, die mit Hilfe von Feuer, Rauch und Spiegeln eine rasche Verständigung mit Pisa ermöglichten. Im Norden bot die weite Fläche eines sumpfigen, nicht schiffbaren Sees vor Lucca – das mit Florenz gegen Pisa verbündet war – Schutz.

Bis Anfang des 15. Jahrhunderts verrichtete die freie Kommune Vicopisano ihren Dienst als Wachposten und Zollstation der Mutterstadt Pisa ohne Fehl und Tadel. Aber die alte Seerepublik war am Ende ihrer Kräfte und musste es zulassen, dass im Oktober des Jahres 1406 die Florentiner als Sieger in die Stadt einzogen. Um überhaupt nach Pisa zu gelangen, war es für die Florentiner zuvor jedoch notwendig gewesen, Vicopisano zu bezwingen. Durch Aushungern, das neun Monate währte, hatten sie ihr Ziel letztendlich erreicht, am 16. Juli des Jahres die Stadt erobert und »alle Häuser dem Erdboden gleichgemacht«. Jetzt versuchten die Florentiner, Vicopisano zu ihrem eigenen Wachposten gegen Pisa zu erheben. Hierzu entsandten sie einen Statthalter und eine Truppe. Darüber hinaus übertrugen sie 1435 Filippo Brunelleschi, der sich nicht nur als großer Architekt von Zivilbauten, sondern auch als Fachmann für Militärarchitektur und Wasserinstallationen bereits einen Namen gemacht hatte, das Projekt für neue Befestigungsanlagen.

Der Komplex von Mauern und Türmen, den wir heute in Vicopisano sehen, ist das Resultat aus der Integration von Überresten der alten Anlage in das von Brunelleschi im 15. Jahrhundert entwickelte Verteidigungssystem. Das Ergebnis ist ein eigenarti-

Gegenüber:
Der Hauptturm in der von dem Florentiner Architekten und Bildhauer Filippo Brunelleschi (1377–1446) konstruierten Verteidigungsanlage.

Baldo Martoselli
Grammar
786 fol. 1, losgelöstes Blatt,
Biblioteca Trivilziana, Mailand

Francesco Sforza setzte als
Militärmann auf taktisches
Geschick, nicht auf blutige
Kämpfe. Seine lange Regie-
rungszeit (1447–1466) galt
als längste Friedensperiode.
Filippo Maria Visconti, der
selbst ohne Söhne war, er-
nannte ihn zum Hauptmann.
Nach dessen Tod löste er
gewaltlos die Tyrannei der
Visconti in Mailand ab.

Unten: Der Grundriss der
Anlage entspricht mit 200 m
langen Außenmauern dem
Vorgängerbau und wird von
einem breiten Festungs-
graben umgeben. Der mili-
tärische Bereich mit dem
Exerzierplatz und den außen
angrenzenden Kasernen lag
als Bollwerk zwischen der
Stadt und dem Privatbereich.
Hier befindet sich ein ge-
sondert befestigter Zuflucht-
sort, die Rocchetta im Westen.

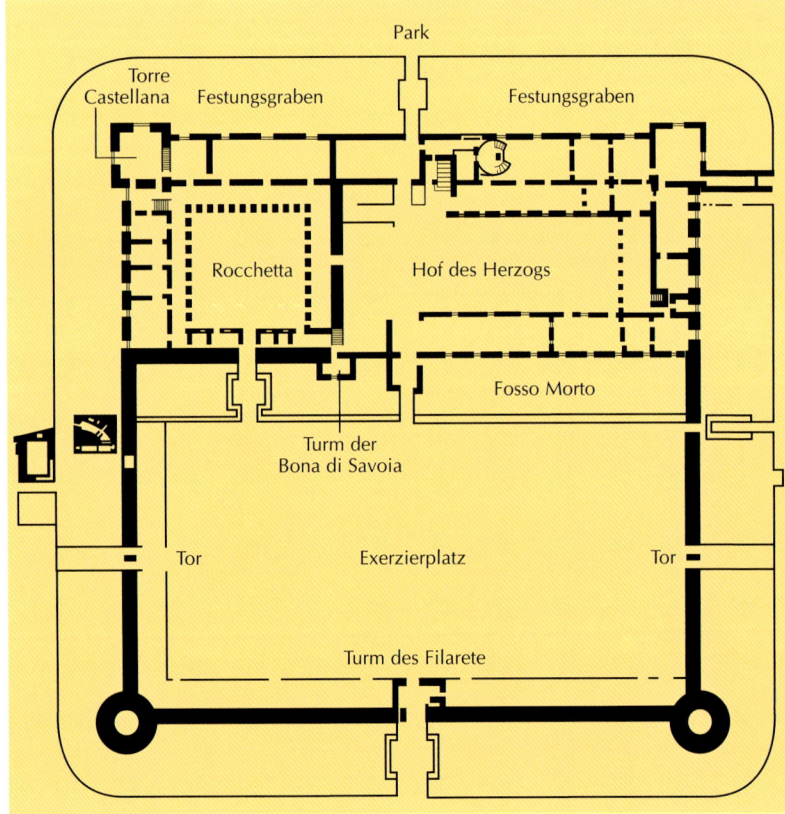

1280 und 1350. Das Territorium umfasste schließlich 30 Städte und reichte im Süden bis an das Territorium von Florenz heran. Doch blieb das Schicksal
dieses neuen Staatsgebildes lange ungesichert, sein
Grenzverlauf unklar und veränderlich. Da man wohl-
habend genug war, Söldnerheere zu bezahlen, verzichtete man auf eine eigene Armee. Mailand selbst
besaß damals weder eine Festung noch eine Burg.

Eine brüderliche Dyarchie

1355 beschlossen Bernabò und Galeazzo II., die
beiden Söhne Matteos II. Visconti, gemeinsam zu
regieren. Sie teilten das Gebiet von Stadt und Staat
Mailand in zwei Hälften auf. Dies war – besonders
für die damalige Zeit – eine sehr ungewöhnliche
Entscheidung. Einige Jahre später ließ Galeazzo,
der den westlichen Teil der Stadt erhalten hatte, an
der nordwestlichen Mauer eine große Burg mit
quadratischem Grundriss errichten. Die Entscheidung, die neue Festung halb inner- und halb außerhalb der Stadt anzulegen, zeugt von ihrer Doppel-
aufgabe. So sollte sie zwar als Verteidigung gegen
eine eventuelle Bedrohung von außen, aber auch
dem Schutz der Familie Visconti vor einer inneren
Gefahr dienen, die keineswegs undenkbar war, wie
es die lange und stolze Tradition der Freien Kommune Mailands zeigt. Tatsächlich gab sich die Stadt
100 Jahre später, als die Dynastie der Visconti
mangels Erben erlosch, eine republikanische Verfassung. Der erste Beschluss dieser ›Repubblica
Ambrosiana‹ (1447–1450) beinhaltete die Entscheidung, die Burg an der ›Porta Giovia‹ zu schleifen.

Der Wiederaufbau

Die Burg, die wir heute sehen, ließ Francesco
Sforza im 15. Jahrhundert auf den Fundamenten
der Visconti-Festung errichten. Entsprechend sind
der Grundriss, die äußere quadratische Form mit
den jeweils 200 Meter langen Mauern und die
bebaute Oberfläche von vier Hektar mit dem alten
Vorgängerbau identisch. Zur Stadtseite hin befinden
sich an den Ecken des Quadrates zwei gigantische
runde Türme, in denen jeweils große Trinkwasser-
zisternen eingelassen waren. Zwei imposante quadratische Türme prägen die Silhouette auf der
gegenüberliegenden Seite. Das gesamte Areal wird
von einem Wassergraben umschlossen. Ein zweiter Graben, dessen stehendes Gewässer ihm den

Der Turm am Haupteingang zur Burg wurde vom florentinischen Bildhauer Antonio Averulino, genannt Filarete (um 1400–um 1469), entworfen. Im Torre del Filarete, am Ausgang zur Stadtseite gelegen und mit einer Zugbrücke versehen, wurde Schießpulver aufbewahrt, weshalb man ihn auch Pulverturm nannte. 1521 wurde er durch eine Explosion zerstört. Der heutige Turm ist eine Nachbildung und entstand zu Beginn des 20. Jahrhunderts.

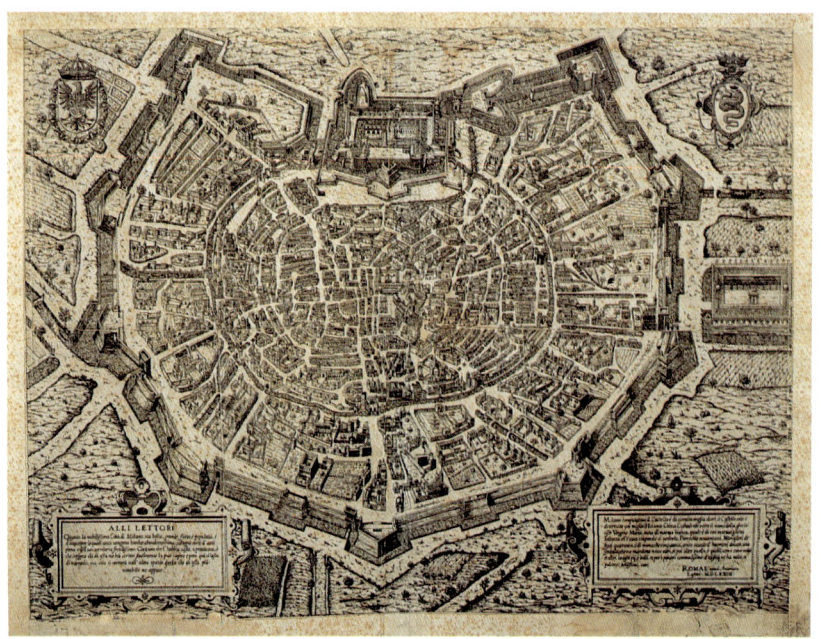

Oben: Antonio Lafrery (Hg.)
*Karte Mailands
aus der Vogelschau*
Kupferstich
Rom 1573
Sammlung Achille Bertarelli,
Castello Sforzesco, Mailand

Der Stadtplan aus dem
späten Cinquecento zeigt
die rings um das Castello
Sforzesco errichteten spanischen Befestigungen. Napoleon ließ diese Schutzwälle
im Jahre 1800 einreißen.

Rechts: Meister der
Pala Sforzesca
Pala Sforzesca (Detail),
Lodovico ›il Moro‹, 1494
Tempera und Öl auf Holz,
230 x 165 cm
Pinacoteca di Brera,
Mailand

Lodovico war einer von
Francescos Söhnen, dem er
den Beinamen ›il Moro‹
nicht wegen seiner dunklen
Haut, sondern wegen seiner
Eigenschaften gab. ›Il moro‹
bedeutet Maulbeerbaum
und der galt als nachgiebig,
fügsam und zäh. Lodovico
galt als gebildet und elo-
quent, aber auch eitel, un-
treu und besserwisserisch.
Zu seiner Regierungszeit
war Leonardo da Vinci der
absolut bestimmende Geist
an seinem Hofe.

Namen ›Fosso Morto‹, toter Graben, eintrug, befand sich im Burginnern und unterteilte den Hof
in zwei Hälften. Im Süden lag der Exerzierplatz,
an dessen Außenmauer die Kasernen der Soldaten
angegliedert waren. Der nördliche Bereich, der über
eine Zugbrücke zugänglich war, blieb der herzoglichen Residenz vorbehalten.

Das Wohnareal unterteilte sich in den großzügig
angelegten Hof des Herzogs und in die so genannte ›Rocchetta‹. Letztere bildete innerhalb des gesamten Burgvierecks einen eigens befestigten Zu-
fluchtsort. In dem an der westlichen Grenze des
Burggeviets gelegenen quadratischen Turm, der
›Torre Castellana‹, bewahrte man den Staatsschatz
auf. Heute sind sämtliche Innenräume zugänglich
und werden als Museen, Archive, Bibliotheken und
historische Institute genutzt.

Der Pulverturm

Als die Arbeiten zum Neubau der Burg bereits
recht weit gediehen waren, wurde der Florentiner
Architekt Antonio Averulino, auch ›Filarete‹ genannt, nach Mailand gerufen. Ihm vertraute man
das Projekt des zentralen und zum Stadttor gerichteten Turmes an. Dieser diente der Verbindung zwischen Burg und Stadt. Da die so genannte ›Torre
del Filarete‹ explosive Munition aufbewahrte,
bezeichnete man sie auch als Pulverturm. Darin
lag auch ihr Schicksal besiegelt: 1521 geriet das

Schießpulver zufällig in Brand und zerstörte den
Turm. Die heutige ›Torre del Filarete‹ ist somit eine
Kopie, die der Architekt Beltrami Anfang des
20. Jahrhunderts errichten ließ.

Nach der Ermordung des Herzogs Galeazzo Maria
Sforza vor der Kirche Santo Stefano ließ seine
Witwe Bona di Savoia im Jahre 1477 über dem im
Hof integrierten Wassergraben einen weiteren
Turm bauen um im Gefahrenfall mit ihren Kin-
dern dort Zuflucht zu finden. Zwischen 1480 und
1490 setzte Lodovico ›il Moro‹ den Ausbau und die
Verschönerung der Burg fort, wobei er zahlreiche
Künstler wie Bramante und Leonardo beschäf-
tigte. Die so genannte ›Ponticella di Lodovico‹ wird
Bramante zugeschrieben. Die schöne Loggia des
herzoglichen Hofes ist hingegen das Werk des Ar-
chitekten Benedetto Ferrini. Leonardo malte eine
Decke mit heute nahezu unkenntlich gewordenen
Rebschößlingen aus.

Die spanischen Wälle

Im Laufe des 16. Jahrhunderts geriet das Herzogtum Mailand zuerst unter französische, dann un-

ter spanische Herrschaft. Unter den Spaniern wurde das ›Castello Sforzesco‹ im Außenbereich stark verändert. Als Karl V. die Stadtmauern neu errichten ließ, zog man rund um die Burg einen befestigten Mauerring. Durch sechs große, stern-förmig angelegte Schutzwälle und sechs Ravelins, die mit ihren Schutzanlagen an den Mauerring angeschlossen wurden, erhielt die Festung die Form eines zwölfzackigen Sterns. Die beiden obe-ren größeren Wälle bildeten eine Grabschere. Da-mit präsentiert sich die gesamte Burg aus der Vogelperspektive wie ein an die Stadtmauern ge-klammerter Krebs.

Im Zuge des von Napoleon um die Vormacht-stellung auf den Kontinent geführten Zweiten Koalitionskrieges kam es zum Zusammenbruch der italienischen Republiken. Dabei gelangte im Jahre 1802 die Burg der Sforza in Napoleons Besitz. Um sie nicht erneut in feindliche Hände fallen zu lassen, befahl er bei seinem Rückzug

deren Zerstörung. Die spanischen Wälle wurden geschleift. Die Rückkehr der österreichischen Truppen verhinderte jedoch den Abriss der Burg. 1814 richtete man dort erneut Kasernen ein. Der österreichische General Radetzky war der Erste, der die Burg für den ihr zugedachten Zweck nutzte. Er nahm die Stadt während der Aufstän-de im März 1848 von der Burg her unter Be-schuss. Das Kanonenfeuer dauerte fünf Tage. Dann setzten sich die in der Festung stationier-ten Truppen in Marsch um sich in der Stadt zu verlustieren.

Ende des 19. Jahrhunderts zeigte sich das ›Castello Sforzesco‹ in einem derart verfallenen Zustand, dass man daran dachte, es vollständig aufzugeben und die Überreste abzureißen. Nach langen Dis-kussionen gelangte man jedoch zu dem Entschluss, es zu restaurieren. Das Resultat war überzeugend. Die Mailänder machen noch heute einen großen Bogen um das absurde Viereck.

Die Sforza: Großvater, Vater und Sohn

In Mailand währte die ›Signoria‹ der Sforza ganze 50 Jahre oder zwei Generationen: von 1450 bis 1500. Doch das, was Francesco Sforza, der Vater, erobert und aufgebaut hatte, verschleuderte und zerstörte der Sohn Lodovico Sforza, ›Il Moro‹ genannt, in kürzester Zeit. Bevor sie zugrunde ging, war die Mailänder ›Signoria‹ die mächtigste Italiens. Ihr Aufstieg der Sforza begann mit dem Großvater: Muzio Attendolo.

Als Sohn einer wohlhabenden Bauernfamilie aus Cotignola bei Ferrara legte Muzio Attendolo mit 16 Jahren Hacke und Spaten beiseite um sich einem zufällig durchziehenden Freischärlerheer anzuschließen. So nahmen die Soldaten außer Gänsen und Schweinen auch ihn mit. Nachdem er einige Jahre gedient hatte, machte er sich selbstständig und wurde unter dem Spitznamen ›Sforza‹ der berühmteste und bestbezahlte Freischärlerhauptmann seiner Zeit. Dabei gewann Sforza Ländereien und Titel, indem er sowohl für als auch gegen Königin Johanna II. von Neapel kämpfte. Als er einen seiner Soldaten retten wollte und nicht daran dachte, sich zuvor seiner Rüstung zu entledigen, ertrank Muzio in einem Wildbach. Damit starb er auf die gleiche Weise wie Kaiser Friedrich Barbarossa.

Unter den zahllosen Kindern, die er von drei Gattinnen und seinen unzähligen Geliebten bekommen hatte, bestimmte Muzio Attendolo Francesco

seinen Lieblingsbastard und Sohn Lucia Trezarias zu seinem Nachfolger. Frühzeitig ließ er Francesco am Hof von Ferrara erziehen und gab ihn anschließend als Hofpagen nach Neapel. Schließlich vervollkommnete der Vater die Ausbildung, indem er den Sohn auf seine Feldzüge mitnahm. Diese pädagogische Methode trug Früchte.

Francesco (1401–1466)

Als Söldnerführer bestand Francesco Sforzas militärische Originalität darin Schlachten in erster Linie zu vermeiden. Lieber hielt er sowohl den Auftraggeber als auch den Feind hin. Dabei war es seine Spezialität, Kontrolle über die Verbindungswege auszuüben. Gelegentlich nahm er einen Kampf an, um seine Soldaten in Form zu halten. Ein siegreicher Ausgang war ihm dabei zumeist gewiss.

Als Auftraggeber wählte sich Francesco den damals mächtigsten Mann. Er hieß Filippo Maria Visconti und war Herrscher über Mailand. Visconti hatte keine Söhne und wusste nicht, in welche Hände sein geliebtes Herzogtum letztendlich fallen sollte. Schwere Niederlagen, die er gegen die Venezianer hatte einstecken müssen, überzeugten ihn, dass einzig ein Hauptmann wie Francesco Sforza ihn retten könne. Sforza willigte in den Wunsch ein den Herzog zu verteidigen, nachdem ihm Visconti seine einzige Tochter Bianca Maria versprochen hatte, die zu dem Zeitpunkt sechs Jahre alt war. Später versuchte Filippo Maria immer wieder, dieses Versprechen rückgängig zu machen. Doch jedes Mal zerriss Francesco den mit ihm geschlossenen Grundvertrag und drohte sich in die Dienste der Rivalen, der Venezianer, der Florentiner und des Papstes, zu stellen. 1441 gelang es Francesco Sforza endlich, das nunmehr 16-jährige Mädchen zum Altar zu führen.

Die Mailänder

Als Filippo Maria Visconti 1447 starb, hielt sich Francesco Sforza abseits von Mailand auf. Er wartete auf den Moment, da die Mailänder ihn riefen. In der Stadt selbst kam es zu Unruhen, die in einer republikanischen Revolution gipfelten. Man schleifte die an der ›Porta Giovia‹ gelegene Burg, die als Sitz der Tyrannei der Visconti galt und der Wiederaufnahme der kommunalen republikanischen Tradition im Wege stand. Als aber Venedig versuchte,

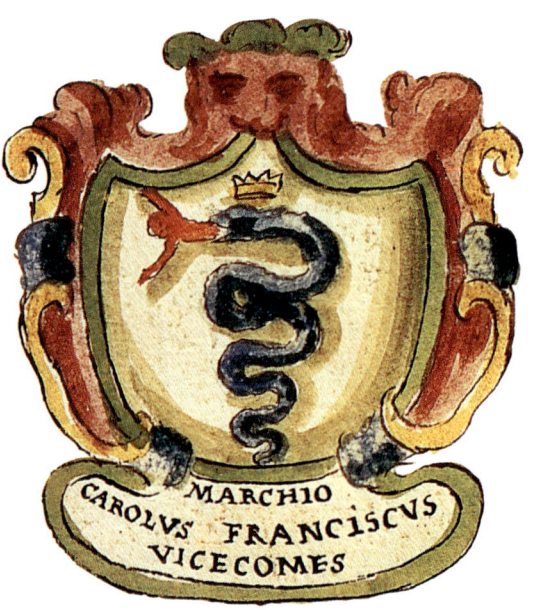

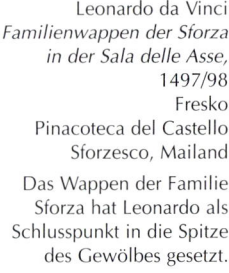

Leonardo da Vinci
*Familienwappen der Sforza
in der Sala delle Asse,*
1497/98
Fresko
Pinacoteca del Castello
Sforzesco, Mailand

Das Wappen der Familie
Sforza hat Leonardo als
Schlusspunkt in die Spitze
des Gewölbes gesetzt.

Rechts oben:
Das Wappen der Visconti
Biblioteca Trivulziana,
Mailand

Francesco Sforza übernahm
den Titel und das Wappen-
symbol seines Vorgängers.

von dem Machtvakuum zu profitieren, um seinen Territorialstaat auf Kosten Mailands zu erweitern, riefen die Anführer der ›Repubblica Ambrosiana‹ notgedrungen Francesco Sforza zu Hilfe. Er kam, besiegte die Venezianer und marschierte im Anschluss mit seinem Heer auf Mailand zu. Doch er respektierte das von den Bewohnern ausgesprochene Verbot die Stadt zu betreten und schlug seine Zelte in der Nähe der Stadtmauern auf. Selbst als neue Unruhen in Mailand aufflammten, Handstreiche und Exekutionen stattfanden, mischte sich Sforza nicht ein. Jedoch empfand man die Anwesenheit seines Heeres vor den Mauern als eine Bedrohung, die in der Stadt große Nervosität verbreitete.

Ende Februar des Jahres 1450 öffneten ihm die Mailänder schließlich ihre Tore. Sforza zog ein und ließ seine Soldaten frisches Brot verteilen. Als Bedingung hatte man ihm abgefordert, die geschleifte Burg nicht wieder zu errichten. Sforza hatte zugestimmt und unterschrieben. Aber nur bereits vier Monate später brach er diese Vereinbarung und verwandelte die Fläche, auf der die alte Festung gestanden hatte, in eine große Baustelle. Der Feldherr ließ das ›Castello Sforzesco‹ erbauen und bestimmte es fortan zur Residenz der herzoglichen Familie. Dabei wahrte Francesco Sforza das Erbe der vorherigen Herren in jeder Hinsicht. Vom Adelstitel und dem Wappen mit der Schlange, dem so genannten ›biscione‹, bis hin zu den Namen der Kinder übernahm er alle Symbole und Traditionen der alten ›Signoria‹ der Visconti.

Als Staatsmann vermied Sforza Gewalttätigkeiten und Blutvergießen in Stadt und Land. Seine Regierungsjahre bedeuteten die längste Periode militärischen Friedens auf der Halbinsel. Für diese Politik fand er in Cosimo ›il Vecchio‹ und Florenz einen guten Verbündeten. Der Frieden von Lodi (1454) trug den Charakter eines ›Gentlemen agreement‹, mit dem die fünf mächtigsten Staaten Italiens – Mailand, Venedig, Florenz, Rom und Neapel – sich durch das Wort ihrer Herrscher dazu verpflichteten, eine Politik des Kompromisses und des Ausgleichs, wenn nicht gar der Freundschaft, zu verfolgen. Verwaltung und Kanzlei des Herzogtums wurden der Familie Simonetta anvertraut. Bei dieser Familie handelte es sich um die kalabresischen Notabeln der südlichen Besitztümer, die Francesco von seinem Vater geerbt hatte. 1466 starb Francesco Sforza. Dem ältesten seiner ehelichen Kinder, Galeazzo Maria, hinterließ er den blühendsten Staat Italiens.

Lodovico, der Vormund

Lodovico ›il Moro‹ ist ein »durch Eloquenz, Geist und viele Windungen der Seele und der Natur gewiss hervorragender Prinz, würdig, den Beinamen sanft und mild zu erhalten, wenn er dieses Lob nicht aufgrund des Todes seines Neffen mit Schmach beschmutzt hätte (...)«. So definiert ihn einer sei-

ner Zeitgenossen, der Florentiner Diplomat und Historiker Francesco Guicciardini. Jedoch fügt er hinzu: »Aber andererseits ist er von eitler Natur und voll unruhiger und ehrgeiziger Gedanken und Verächter seiner Versprechungen und seiner Treue; und so anmaßend in seiner Selbstsicherheit und Besserwisserei (...), dass er überzeugt war, jedermanns Gedanken mit seinen Ränken und Künsten in eine beliebige Richtung lenken zu können.« Lodovico ›il Moro‹ war einer von über 30 Söhnen Francesco Sforzas. Ein Jahr, nachdem sein Vater Mailand erobert hatte, wurde er während der Wiederaufbauarbeiten in der Burg geboren. Da er als Erster in der Festung die Welt erblickte, hielt er sich trotz seiner vielen älteren Brüder für den Erst-

Egnazio Danti
Das Herzogtum Mailand,
1580–1583
Galleria delle Carte
Geografiche, Vatikan

Die Karte vermerkt vier Schlachten, die in der Lombardei stattfanden, sowie in der Kartusche rechts oben die Geschichte der Milaneser.

geborenen und damit für den legitimen Erben. Den Spitznamen ›Moro‹ verlieh ihm der Vater, und zwar nicht, weil Lodovico eine dunkle Haut hatte, sondern einen dem Namen entsprechenden Charakter: ›il moro‹, der Maulbeerbaum, ist nachgiebig, widerstandsfähig, fügsam und zäh.

Ein zweifelhafter Charakter

Als der Vater starb, war Lodovico 15 Jahre alt. Damals ließ ihn sein ältester Bruder Galeazzo, der Erbe des Herzogtums, aus Mailand entfernen. Zehn Jahre später änderte sich jedoch die Situation. Am Stefanstag erstachen drei junge Mailänder Galeazzo Sforza auf dem Vorplatz der Stefanskirche. Es handelte sich hierbei um ein politisches Attentat neuer Art. So wurden die Verschwörer nicht nur durch private Motive, sondern auch durch ein humanistisches und literarisches Ideal – den republikanischen Tyrannenmord nach antikem Vorbild – zur Tat getrieben. Lodovico hatte zu diesem Zeitpunkt das 25. Lebensjahr erreicht. Er war gebildet und kunstliebend, lebte im Luxus und stand in freundschaftlicher Beziehung zu Leonardo da Vinci. Als legitimer Erbe des Herzogtums galt jedoch der kleine Galeazzo, sein siebenjähriger Neffe, der

unter der Vormundschaft seiner Mutter Bona di Savoia stand. Über das Kind und seine Rechte wachte der Kanzler Cicco Simonetta. Am 25. Mai 1477 versuchte Lodovico mit dreien seiner Brüder, seiner Schwägerin Bona di Savoia die Vormundschaft über Galeazzo zu entreißen. Doch schlug der Versuch dank der raschen Reaktion des Kanzlers Simonetta fehl. Die Aufrührer wurden verbannt. Beim Durchschwimmen des Flusses ertrank einer von ihnen und fand denselben Tod wie einst der Großvater. Lodovico schickte man ins weit entfernte Bari. Nun machte er seinem Spitznamen alle Ehre. Er beugte sich und änderte seine Taktik. Durch einen langen und klugen Briefwechsel gelang es ihm seine Schwägerin dazu zu bewegen, seine Anwesenheit in Mailand wie auch seinen Rat wieder anzunehmen. Doch kaum nach Mailand zurückgekehrt zögerte er nicht, sein eigentliches Vorhaben umzusetzen. Zuerst entledigte er sich der Person Simonettas, der kurzerhand vor Gericht gestellt und wegen Hochverrats geköpft wurde. Danach ließ er sich zum Vormund Galeazzos ernennen, der wiederum den Onkel liebte und sich nichts sehnlicher wünschte als in dessen Fußstapfen zu treten.

CAROLVS VIII GAL·REX

Der König von Frankreich marschierte 1494 mit einem riesigen Heer, das als das modernste der Welt galt, Richtung Neapel. Obwohl er nur an dem südlichen Staat interessiert war, hinterließ er auf seinem Zug überall im Land anarchische Zustände. Am Ende starb er auf sehr unheroische Weise eines plötzlichen Todes.

Der Tod Karl VIII. in Amboise

Philippe de Commynes (1447–1511)

Der französisch-burgundische Diplomat Philippe de Commynes gehört zu den großen Vertretern der frühneuzeitlichen Geschichtsschreibung. Er begleitete den Burgunder Karl den Kühnen (1467–1477) und seit 1472 die beiden französischen Könige Ludwig XI. (1461–1483) und Karl VIII. (1483–1498) als Berichterstatter auf allen Reisen und wurde dabei zum Augenzeugen des privaten wie des kriegerischen Lebens seiner Auftraggeber. Mit der Niederschrift der als Chronik angelegten »Mémoires« begann de Commynes im Jahr 1489; erst 1542 wurde dieses mehrere Hundert Seiten umfassende Geschichtswerk, dem bald Übersetzungen in mehreren Sprachen folgten, als gedrucktes Buch herausgegeben.

»Als er nun in so hohem Ruhm vor der Welt und in so gutem Willen vor Gott stand, verließ er am 7. April des Jahres 1498, am Vortag des Palmsonntags, das Gemach der Königin Anna von der Bretagne, seiner Gemahlin, um mit ihr zusammen dem Federballspiel in den Schlossgräben zuzusehen. Es war das erste Mal, dass er sie dorthin mitnahm. Gemeinsam betraten sie die sogenannte Haquelebas-Galerie, die wegen der Bauarbeiten eingerissen war und als der unwürdigste Ort des Schlosses galt: Sie war direkt am Eingang gelegen, und jeder verrichtete dort seine Notdurft. Obwohl der König klein war, stieß er beim Eintritt mit der Stirn gegen den Türsturz. Danach sah er lange den Spielern zu und plauderte mit seinem Hofstaat.

Ich war nicht dort, aber sein Beichtvater, der Bischof von Angers, und seine nächsten Kammerherren haben es mir erzählt. Acht Tage zuvor war ich nämlich von dort abgereist und nach Hause aufgebrochen. Seine letzten Worte, die er noch bei vollem Bewusstsein sprach, waren, dass er hoffte, niemals eine Todsünde oder eine lässliche Sünde zu begehen, wenn er könnte. Als er dieses sprach, fiel er nach hinten und seine Stimme versagte. Es mochte etwa zwei Stunden nach Mittag gewesen sein. Und er lag an diesem Ort bis elf Uhr nachts. Dreimal kam er noch für kurze Zeit zu Bewusstsein, wie mir sein Beichtvater erzählte, dem er diese Woche zweimal beichtete. Jeder, der es wollte, kam in die Galerie und konnte dort den König sehen, gebettet auf einen ärmlichen Strohsack, von dem er sich nicht mehr erhob, bis er seine Seele aushauchte. Das war um neun Uhr. Der Beichtvater, der immer bei ihm war, hat mir erzählt, als ihm die Sprache wiederkam, habe er alle drei Mal gesagt: ›Mein Gott und Du, heilige Jungfrau Maria, und Ihr Heiligen Claudius und Blasius, steht mir bei!‹ Auf diese Weise verließ ein so mächtiger und so großer König diese Welt an einem so erbärmlichen Ort – er, der so viele schöne Schlösser besaß und eines so prächtig bauen ließ, hätte es nicht verdient, an einem so ärmlichen Ort zu enden.

Wie sehr kann man erkennen, dass die Macht Gottes groß und unser Leben sehr elend ist, dass wir uns so viel Mühe um die Dinge dieser Welt geben, und dass die Könige nicht länger standhalten können als ein kleiner Bauer.«

Imola

Die Mitgift der Caterina Sforza

Rechts: Stirnseite der Burg von Osten.

Um das Jahr 1000 bezeugen historische Quellen eine erste befestigte Anlage in Imola. Die von dem Militäringenieur Danesio Maineri im 15. Jahrhundert konstruierte Burg wurde bald zum Vorbild für italienische Militärarchitekten. Der Renaissancebau geht noch auf Relikte aus der schon im 13. Jahrhundert mit großen Türmen ausgestatteten Festung zurück.

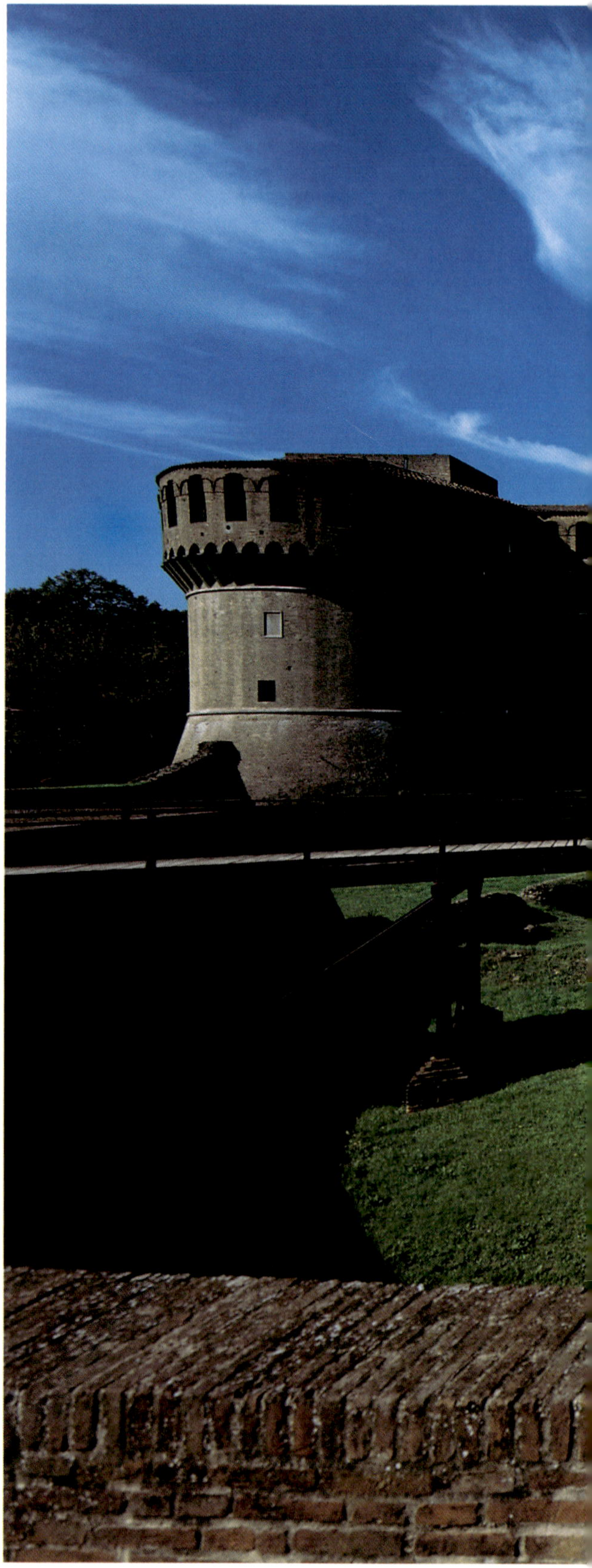

Zwischen uns und den anderen

Das Städtchen Imola liegt an der Via Emilia, zwischen Bologna und dem Adriatischen Meer. Die Via Emilia selbst verläuft am nördlichen Rand des Apennins. Von den Römern schnurgerade angelegt markierte sie einst eine Grenze zwischen »uns und den andern«.

Wie bei fast allen Städten, die man entlang der Via Emilia errichtet hatte, war mit dem Niedergang des Römischen Reiches auch der Verfall Imolas, damals noch ›Forum Cornelii‹, benannt nach Lucius Cornelius Sulla, vorgezeichnet. Ende des 4. Jahrhunderts rechnete der Hl. Ambrosius die Stadt in der Tat zu den ›cadaveri di città‹, den toten Städten.

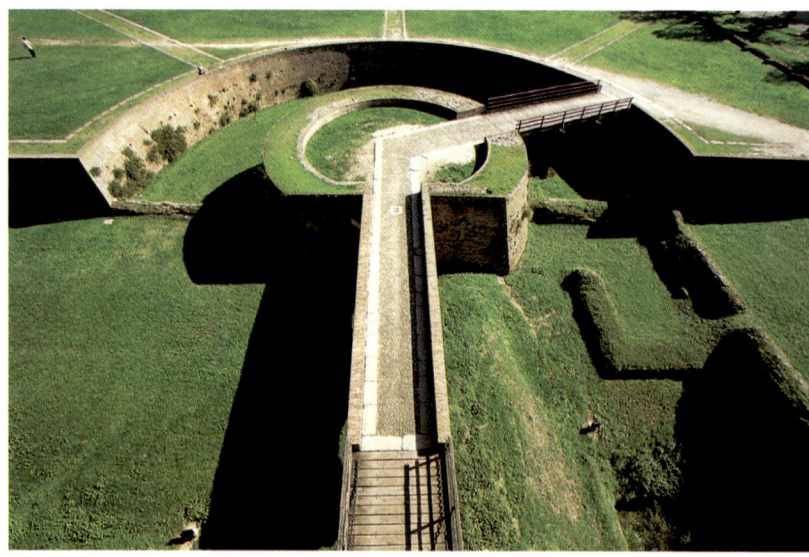

Blick auf den heute zugeschütteten Festungsgraben.

Im Gegensatz zu anderen Siedlungen zerfiel das ›Forum Cornelii‹ gleich in drei, vier Teile, als das Wohnen an der Via Emilia keine Vorteile, sondern nur noch Gefahren bot. So zogen manche Bewohner ans Meer, andere in die Berge und einige in die offene Ebene. Wenige harrten aus; Barbaren, Stechmücken und Räubern zum Trotz. Wiederholt ertrug die gesamte Romagna, zu der auch Imola

Braut abzuwarten. Doch in Gegenwart einiger vertrauenswürdiger Zeugen hatte man, auf Verlangen des Bräutigams, der sich dadurch die Mitgift gesichert hatte, die Heirat bereits vollzogen.

Imola gehörte zu jenen Gebieten, von denen die Kirche behauptete, sie seien ihr Eigentum. Nach ihrer Darstellung hatten vor vielen Jahrhunderten sowohl Kaiser Konstantin als auch später König Pippin die so genannte Pentapolis der Kirche geschenkt. Trotzdem war Imola seither von einer Hand in die andere übergegangen und zuletzt in den Besitz der Sforza gelangt. Durch die Eheschließung seines »Neffen« mit der Tochter von Galeazzo Sforza gewann der Papst letztendlich das zurück, was ihm einst ohnehin gehört hatte. Die Sforza wiederum taten so, als wollten sie ihm Imola durch Caterinas Heirat schenken. In Wirklichkeit jedoch verfolgten sie ein ganz anderes Ziel.

Auf dem politischen Schachbrett ihrer Zeit zeigte sich Caterina bislang nur als ein Spielstein, der von einem Spieler hin und her geschoben wurde. Dieser Spieler war ihr eigener Vater Galeazzo. Nach seinem Tod lag es an ihr, die nächsten Züge zu lenken.

Anonym
Caterina Sforza in ihren letzten Lebensjahren (Detail), 16. Jahrhundert
Galleria degli Uffizi, Florenz

Die Tochter Galeazzo Maria Sforzas wurde schon im zarten Alter von elf Jahren mit Girolamo Riario vermählt. Ein politischer Schachzug, der der Kirche Imola als Besitz einbrachte. In ganz Italien war Caterina wegen ihrer Anmut und perlmuttfarbenen Haut, vor allem aber wegen ihres legendären Mutes und ihrer Unbeugsamkeit bekannt.

Die Verschwörung

Rom, August 1484. Die inzwischen 22-jährige Caterina und Mutter dreier Kinder ist mit dem vierten im achten Monat schwanger. Girolamo Riario, Generalhauptmann der Kirche und faktischer Herr von Rom, gilt seit drei Jahren als der mächtigste Mann der Stadt. Innerhalb der Romagna hat er seine Herrschaft durch das hinzugewonnene Forlì ausgebaut. Jetzt versucht er, mit Hilfe des Papstes, zusätzlich in den Besitz von Faenza und Rimini zu gelangen. Auf diese Weise hofft er, einen Territorialstaat bilden zu können. Mit der Familie Orsini verbündet, hat Riario in Rom die Verfolgung der Colonna in Gang gesetzt. Brände, Plünderungen und Straßenschlachten versetzen die ganze Stadt in Aufruhr. Dabei ist der »Neffe« des Papstes schon längst einer der verhasstesten Männer Italiens. 1482 hat er den mächtigen Kardinal Lorenzo Colonna in der Engelsburg gefangen nehmen und enthaupten lassen. Diese Tat löste selbst bei der seit Jahrhunderten mit den Colonna verfeindeten Familie Orsini Entrüstung aus.

Doch auch zuvor hatte Girolamo Riario bereits sein Unwesen getrieben. Nach der sorgfältigen

Melozzo da Forlì
Sixtus IV. ernennt Bartolomeo Platina zum Präfekten der Biblioteca Vaticana (Detail)
Girolamo Riario, 1477
Fresko
Pinacoteca Vaticano, Vatikan

Der angebliche »Neffe« Papst Sixtus' IV. war eigentlich dessen Sohn. Zusammen mit dem Papst plante er das Attentat auf Giuliano und Lorenzo de' Medici 1478, dem nur Letzterer entkam. Der gewalttätige und geizige Ehemann Caterinas wird 1488 in Forlì selbst Opfer eines Attentats.

137

Analyse der Verschwörung, die zum Tode seines Schwiegervaters Galeazzo Sforza geführt hatte, hegte er im Jahre 1478 einen ähnlichen Plan zur Ermordung Giulianos und Lorenzos de'Medici. Das Attentat fand am 26. April in der Kathedrale zu Florenz statt. Giuliano starb, während es Lorenzo gelang dem Messer der Meuchelmörder zu entkommen. Seither wartete ›il Magnifico‹ auf eine Gelegenheit zur Rache.

Kanonen auf das Konklave gerichtet

Der furchtbare Papst Sixtus IV. stirbt 1484 bei einem seiner häufigen Wutausbrüche. Noch am selben Tag attackiert und plündert eine Menschenmeute den in der Via della Lungara gelegenen Palast der Riario und setzt ihn in Brand. Sogar die Bäume im Garten werden gefällt und angezündet. Das Kardinalskollegium fordert Girolamo Riario, der mit seinen Truppen außerhalb Roms weilt, dazu auf, in die Stadt zurückzukehren. Es ist offensichtlich, dass sich sein Glück gewendet hat und ihm die Absetzung, vielleicht sogar die Hinrichtung droht. Entgegen Caterinas Ratschlag will der von Panik gebeutelte Girolamo der Kardinalsorder folgen.

Am Abend des 14. August reitet eine hochschwangere junge Frau zur Engelsburg und sitzt vor der Pforte ab. Die Burgbesatzung, darunter auch ein Dutzend Soldaten aus Imola, gewährt Caterina Zutritt. Im Namen ihres Mannes übernimmt sie das Kommando und lässt unverzüglich die Burgkanonen so in Stellung bringen, dass sie auf die vatikanischen Paläste, in denen zur gleichen Zeit das Konklave zur Wahl des neuen Papstes zusammentreten soll, gerichtet sind. Unter der Bedrohung vatikanischer Kanonen, die eine Frau auf sie hat richten lassen, kann das Konklave nicht tagen. In der Hoffnung, dass Caterina bald aufgeben möge, beschließt man abzuwarten. Die Tage verstreichen, ohne dass sich die Situation ändert. Letztendlich halten Girolamos Nerven der Anspannung nicht stand. Er distanziert sich von den Plänen seiner Frau und verpflichtet sich bei den Kardinälen Caterina bis zum 24. August zur Aufgabe zu bewegen. In der Nacht vom 24. auf den 25. August feiert man bereits hinter den Mauern der Engelsburg mit Musik und Gesang. Die Stunden vergehen, doch Caterina zeigt sich nicht. Daraufhin wird am Abend des 25. August eine Delegation von acht Kardinälen vorstellig und bittet um Audienz. Caterina gewährt sie, nicht frei von dem Gedanken die Kirchenmänner notfalls als Geiseln zu nehmen. Im Verlauf der Nacht wird ein Vertrag aufgesetzt, den Caterina und die Kardinäle unterzeichnen. Das Schriftstück garantiert der Familie Riario den Besitz Imolas, Forlìs und aller weiteren, außerhalb Roms gelegenen Güter. Unter der Bedingung, dass die Familie sich in die weit entfernte Romagna zurückzieht, wird zudem die Zahlung einer hohen Geldsumme gewährleistet. Es war dies die Belohnung, die man Girolamo Riario für seine als Kirchenhauptmann geleisteten Dienste zusprach.

Am Morgen des 26. August verlassen die acht Kardinäle die Engelsburg. Bei Sonnenuntergang erscheint auch Caterina. Zwei Tage später bricht die Familie Riario-Sforza nach Forlì auf, wo sie am 4. September eintrifft. Kaum ist die Gräfin vom Pferd abgestiegen, bringt sie – früher als vorgesehen – ein Mädchen zur Welt.

Die Situation spitzt sich zu

Forlì, 14. April 1488. Die nunmehr fast 25-jährige Caterina ist mittlerweile sowohl für ihre legendäre Kühnheit wie auch für ihre perlmuttfarbene Haut in ganz Italien berühmt. Nach einem 40 Kilometer langen Ritt über steinige Gebirgswege hat sie vor knapp einem Jahr ihr sechstes Kind zur Welt gebracht und es auf den großväterlichen Namen Francesco getauft. Mit ihrer Schwester Stella und ihrer Mutter Gräfin Lucrezia Marliani, die einst die offizielle Geliebte Galeazzo Sforzas war, ist sie soeben aus Mailand eingetroffen. Caterina ist wieder schwanger.

In Imola und Forlì wird sie weniger verehrt als früher. Ausgesprochen unbeliebt aber ist ihr launischer, gewalttätiger und rachsüchtiger Mann, der im Laufe der Jahre auch noch den Geiz als Charaktereigenschaft hinzugewonnen hatte. Um das Wohlwollen der Bürger zu erringen befreite der »Neffe« des Papstes einst Imola und Forlì von sämtlichen Steuern. Jetzt setzt er alle Abgaberegelungen wieder in Kraft und erlässt täglich neue. Riario gibt sich damit zufrieden abzukassieren. Wenn es einen Beschluss zu fassen gilt, handelt Caterina.

Am Abend des 14. April 1488 steht Girolamo Riario nach einem gemeinsamen Mahl mit Cate-

rina, seiner Schwiegermutter und seiner Schwägerin in selten guter Laune am Fenster um die Frühlingsluft einzuatmen. Plötzlich wird ihm der Besuch dreier Freunde gemeldet. Als Erster tritt Checco Orsi ein. In der Hand hält er einen Brief, hinter dem sich ein Dolch verbirgt. »Checco, mein Freund, welch guter Wind bringt dich hierher?« sind Riarios letzte Worte.

Milch für die Kinder der Gräfin

In ihrem Zimmer hat Caterina Geräusche gehört. Noch bevor sie etwas sieht, begreift sie und ruft einen Diener, den sie nach Mailand losjagt, damit er bei ihrem Onkel Lodovico Sforza Hilfe hole. Danach schart sie ihre Mutter, Schwester und Amme um sich und verbarrikadiert sich im Kinderzimmer. Wie ein Blitz läuft die Nachricht durch die Stadt. Vom Fenster herab verkünden die Verschwörer den Tod des Tyrannen. Um die Menge zusätzlich aufzustacheln werfen sie den Leichnam des Grafen auf die Straße. Währenddessen besetzen bewaffnete und im Dienst der Verschwörer

Befestigte Stadt – Rom darstellend – Prophezeiungen des Papstes,
Harley 1340, fol 12
The British Library, London

Diese Miniatur ist ein Gleichnis auf die Idealstadt Rom, die sich für Caterina Sforza letztlich doch als bezwingbar erwies und sich beugen musste.

stehende Truppen den Palast. Caterina, die anderen Frauen und Kinder nimmt man gefangen und führt sie zu den Anführern der Verschwörung ins Haus der Familie Orsi. Unterwegs schreit Caterina in die Menschenmenge, dass der Herzog von Mailand Bescheid wisse und Forlì zerstören werde, falls ihren Kindern etwas geschehe. Diese Drohung zeigt die gewünschte Wirkung. Noch in derselben Nacht trat der Stadtrat zusammen und beschließt, sich dem Papst mit der Bitte zu unterstellen, gegen den befürchteten Angriff der Mailänder Hilfe zu leisten.

Am Morgen des 15. April trifft der päpstliche Regent der benachbarten Stadt Cesena, Monsignor Savelli, ein. Er eilt sofort zur Gräfin und versichert,

dass weder ihr noch den Kindern ein Haar gekrümmt werde. Caterina ist jedoch nicht gewillt, über Politik zu sprechen. Monsignore möge doch zunächst Milch für die Kinder herbeischaffen lassen, denn aus lauter Angst hätten die beiden Ammen keine mehr. Erst danach wäre sie zu weiteren Unterredungen bereit.

Die Wende

Die Burgen Forlìs und Imolas sind an dem Aufstand, der sich gegen Riario richtete, nicht beteiligt. Vielmehr stehen die Kommandanten loyal zu Caterina. Diese wiederum ist nur bereit, die Burgobersten zur Kapitulation zu bewegen, falls sie persönlich mit ihnen sprechen könne und man

Anonym
*Allegorie auf Recht
und Bestrafung*
Buchmalerei
Biblioteca Nazionale, Turin

Caterina Sforza ließ sich
nicht zur Aufgabe von Forlì
zwingen, auch nicht, als
man drohte ihre Kinder um-
zubringen. Diese Allegorie
auf Recht und Bestrafung
illustriert ebenfalls, wie das
Recht in Gestalt einer Frau,
der Justitia, über die Willkür
der Gewalt und Strafe
herrscht.

ihr während ihrer Abwesenheit die Unversehrtheit ihrer Familie garantiere. Nach langen Stunden nächtlicher Beratungen beschließt Monsignor
Savelli gegen den Rat der Orsi, Caterina den Zutritt zur Burg von Ravaldino, die am besten mit
Waffen bestückt ist, zu gewähren. Am Morgen des
16. April senkt sich die Zugbrücke langsam. Caterina hat drei Stunden Zeit, um die Kommandanten zur Aufgabe zu bewegen. Doch kaum ist sie im
Burgeingang verschwunden, hebt sich die Zugbrücke und Monsignor Savelli wird Zeuge, wie die
Kanonen gedreht und rücklings auf Forlì gerichtet
werden.

Die Burg untersteht nun Caterinas Kommando.
Stunden vergehen. Die neuen Herren der Stadt
sind ratlos. Schließlich glauben die Orsi eine Lösung gefunden zu haben. Sie packen Caterinas
Kinder, schleppen sie zur Burg und setzen einem
jeden das Messer an die Kehle. In diesem Moment
erscheint eine schlanke Gestalt auf den Burg-
zinnen. Caterina lüftet den Rock, zeigt ihre Geni-
talien und schreit den Erpressern zu: »Wenn ihr

meine Kinder umbringen wollt, so habe ich hier
die Backform, um neue zu machen!« Spricht's,
dreht sich um und verschwindet ebenso abrupt
wieder im Inneren der Burg.

Zwei Wochen lang harrte Caterina hinter den
Burgmauern aus, und nur ab und zu ließ sie einen
Schuss in die Luft abfeuern. Ihren Kindern wurden die Kehlen nicht durchgeschnitten, sondern
sie erhielten regelmäßig ihre Milch.

Am Morgen des 29. April tauchte ein Heer von
12 000 Mann am Horizont auf und machte fünf
Meilen vor der Stadtmauer Halt. Es waren Mailänder Truppen, die Caterina zu Hilfe eilten. Das
päpstliche Heer hingegen zeigte sich nicht, weshalb die Brüder Orsi und andere Anführer der Verschwörung in der Nacht vom 29. auf den 30. April
aus Forlì flohen. »Ottaviano! Ottaviano!« Mit diesem Ruf des Vornamens von Caterinas Erstgebo-
renem strömten die Leute auf den Straßen zusammen. Die Zugbrücke Ravaldinos rasselte wieder
herab und erhobenen Hauptes schritt die siegrei-
che Gräfin hinaus.

Edle Ritter, Aufrührer und Bankiers –
Eine gemischte Gesellschaft

Katrin Boskamp-Priever

Andrea Mantegna
Die Familie Gonzaga, 1474
Fresko
Camera degli Sposi, Palazzo
Ducale, Mantua

Lodovico II. Gonzaga
(1414–1478) ließ sich zu-
sammen mit seiner Frau,
Barbara von Brandenburg
(1422–1481), seinen Kin-
dern und dem Hofstaat von
Andrea Mantegna, der als
Hofkünstler der Gonzaga in
Mantua arbeitete, porträ-
tieren.

Als Ser Mazzeo in die Jahre gekommen war, ging er noch immer alljährlich zur Zeit der Zitronenernte in den Königspalast von Palermo, um Friedrich II., König von Sizilien, ein Geschenk zu überbringen. Auf dem Weg dorthin durch die Dienerschaft angepöbelt trat der Gewürzhändler recht zerzaust vor den Herrscher, der sich über sein Aussehen wunderte. Mit kluger Rede und dem Umweg über eine biblische Geschichte klärte Ser Mazzeo ihn auf, wie es um die Ordnung an seinem Hof bestellt sei. Der König nahm sich dies zu Herzen und hielt, wie der Florentiner Franco Sacchetti (1335–1400) in einer seiner Novellen erzählt, von da an »seinen Hofstaat viel besser im Zaum« als zuvor. Die Wirklichkeit sah, wie so oft, ein wenig anders aus. Es zeugte von viel Mut, dem Herrscher gegenüber derart kühn aufzutreten. Schließlich hätte die Geschichte auch ganz anders ausgehen können. Unter Umständen hätte man Ser Mazzeo vielleicht gegriffen und in den Kerker geworfen. Die mittelalterliche Gesellschaft ist auch in Italien durch die Ungleichheit der Personen und ihrer Rechte geprägt. Die ständische, feudale Gesellschaftsordnung stellt man sich am besten in Form einer Pyramide vor. Die Spitze ist besetzt von wenigen Mächtigen, dem Kaiser oder König, der Kirche und dem Adel. Die Schicht darunter bilden die Ritter, der niedere Adel und die Beamtenschaft. Unten stellen Bürger, Bauern und Handwerker eine breite, aber vergleichsweise rechtlose Masse dar, wobei diese Kategorien nur ein Schema darstellen, dass je nach zeitlicher und regionaler Einordnung erheblich von-einander abweichen konnte. Völlig außerhalb dieser – nach dem Glauben des Mittelalters – von Gott vor-gesehenen Ordnung befinden sich die so genannten Randständigen, Arme, Kranke, Bettler, Juden, Heiden, Zigeuner, Spielleute, Gaukler, Fahrende und Sklaven sowie die Vertreter der unehrenhaften Berufe wie Schinder, Abdecker, Scharfrichter, Kesselflicker, Sche-renschleifer und Köhler. Für den Umgang und die Kommunikation der Mitglieder der Stände untereinan-der gab es strenge Regeln bezüglich des Auftretens, der Kleidung und der Sprache.

Mit dem Beginn der Herrschaft der Normannen in Sizi-lien hielt das Feudalwesen auch in Unteritalien seinen

Einzug, wenngleich in einzigartiger und origineller Weise gänzlich verschieden von seinen nordalpinen Entsprechungen. König Roger II. erließ 1140 ein umfassendes Gesetzbuch, die »Assisen von Ariano«, das seinen Herrschaftsanspruch und sein Selbstverständnis als Statthalter Christi auf Erden legitimieren sollte. Einzigartig ist auch Rogers II. »Catalogus baronum«, eine schriftliche Aufstellung und Präzisierung der Vasallenpflichten. Sie war ebenso wie die Schaffung eines funktionierenden Beamtenapparates, also einer Bürokratie, ein großer Schritt auf dem Weg zur Zentralisierung und Rationalisierung des Staatswesens. Hierbei hatten die Normannen der »multikulturellen« Bevölkerung ihres Reiches, den Arabern, Moslems, den Byzantinern, Berbern, Sarazenen, Juden, Griechen und Lateinern, Rechnung zu tragen und für die Mehrsprachigkeit des Schriftverkehrs zu sorgen. Auch der Enkel Rogers II., der junge Friedrich II. von Hohenstaufen, der im November 1220 in Rom zum Kaiser gekrönt worden war und seit Mai 1221 in Sizilien herrschte, bemühte sich um eine straffe und feudale Neuordnung seines Königreiches und um den Aufbau einer effizienten Staatsverwaltung. Reformen im Bereich des Strafrechts, des Zivilrechts, der universitären Bildung – Friedrich II. gründete 1224 die Universität von Neapel –, des Lehns- und Vasallenrechts und eine ausgefeilte Finanz- und Wirtschaftspolitik gehören zu den Innovationen des Kaisers. Führende Stellungen und zunehmenden Einfluss gewannen von dieser Zeit an in Süditalien, besonders in Neapel, die Caracciolo, die Carafa und die Pignatelli, die mit zu den ältesten Adelsfamilien Italiens gehören.

Der Bund der lombardisch-toskanischen Städte, an deren Eroberung Friedrich II. am Ende seines Lebens scheiterte, erstarkte in der Zeit des Interregnums (1254–1273), der kaiserlosen Zeit, was auch auf die Differenzierung der Stände in den Städten einen nicht unwesentlichen Einfluss hatte. Die tonangebenden Schichten der Kommunen setzten sich aus Mitgliedern des Volkes (›popolo grasso‹), aber auch des alten Feudaladels zusammen. So kommt es, dass schließlich doch adelige Familien als ›Signorie‹ das Geschick ganzer Städte bestimmen konnten, wie zum Beispiel die Malatesta in Rimini, die Este in Ferrara, die Montefeltro in Urbino oder die Gonzaga in Mantua. Noch immer herrschte eine geradezu höfische,

Giovanni Stradano
(Jan van der Straet)?
Turnier in Florenz auf dem Platz vor Santa Croce,
1561–1562
Fresko
Quartiere di Eleonora di Toledo, Sala del Gualdrada, Palazzo Vecchio, Florenz

Die Fresken in den Privatgemächern der Eleonara da Toledo (1522–1562), der ersten Frau Cosimos I., sind historisch interessante Veduten aus dem Florenz des 16. Jahrhunderts. Auf dem Platz vor Santa Croce wird ein Turnier abgehalten. In den eigens errichteten hölzernen Absperrungen an den Seiten sowie an den Fenstern und Balkonen der umstehenden Häuser drängt sich die schaulustige Menge um dem Wettkampf beizuwohnen.

ritterliche Kultur mit der Begeisterung für das Primat der Ehre, die nötigenfalls mit der ›vendetta‹, der Blutrache, zu verteidigen war, aber auch für Turniere, Kämpfe, Jagden, die Falknerei und natürlich für ruhmreiche Abenteuer, die man in Italien sowohl mit dem Schwert wie auch mit dem Handelsschiff erlebte. Den Ritter zeichnete vor allem die edle Geburt und die Waffenfähigkeit aus. Mit einem festlichen Akt, der Schwertleite, wurde ein junger Adliger zum Ritter erklärt und erhielt feierlich ein Schwert umgürtet. Die Aufgaben des Ritters waren ehrenvoll und wurden als Auszeichnung betrachtet. Wie viele Elemente der höfischen Kultur geht auch das Turnierwesen im Mittelalter auf das Vorbild der französischen Adelskultur zurück. Turniere waren Massenkämpfe unter festgelegten Regeln, zu denen die Ritter eingeladen wurden. Man stritt um Ehre und Ruhm, um Geld und um die Gunst der Damen. Doch erlebt der Ritterstand im Italien des 14. Jahrhunderts einen Niedergang. Zum Leidwesen vieler Zeitgenossen, darunter des bereits genannten Franco Sacchetti, war es nicht mehr eine Frage des »edlen Geblüts« ob man in den Ritterstand erhoben wurde, wie dies in den Königreichen und Fürstentümern nördlich der Alpen, in Frankreich, England und Deutschland der Fall war. »Oh, ihr unglücklichen Ritterorden, wie seid ihr heruntergekommen«, meint Sacchetti, »die Handwerker und die Gewerbetreibenden bis zu den Bäckern herunter« wurden wie »die Wollkratzer, die Wucherer und räuberischen Pfandleiher« zum Ritter geschlagen und wurden ihrer Aufgabe – wie der Dichter bitter beklagt – anscheinend nicht gerecht: »Was für eine hässliche, was für eine stinkende Ritterschaft ist dies doch!« Doch sind die Verschmelzung der ehemals streng getrennten Schichten, die zunehmende Auflösung der Standesgrenzen und der soziale Aufstieg ein verbreitetes gesellschaftliches Phänomen. Bereits in dieser Zeit finden sich unter den städtischen Eliten Familien, die aus Handwerkerzünften in den Adelsstand (›nobili‹) gelangten. Die Bentivogli in Bologna etwa waren ursprünglich eine sehr geschäftstüchtige Familie von Fleischern. Als solche sind acht von ihnen vor 1400 in den Zunftrollen der Stadt eingetragen und ihre Läden erwiesen sich als wahre Goldgruben. Die Medici hingegen waren zu dieser Zeit noch nichtadelige Geldwechsler, die sich ihre ersten Sporen in unbedeuten-

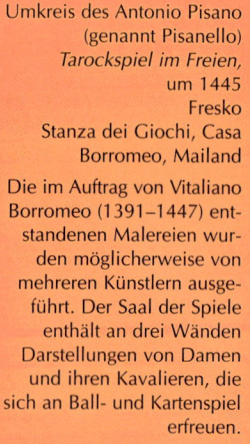

Umkreis des Antonio Pisano (genannt Pisanello)
Tarockspiel im Freien,
um 1445
Fresko
Stanza dei Giochi, Casa Borromeo, Mailand

Die im Auftrag von Vitaliano Borromeo (1391–1447) entstandenen Malereien wurden möglicherweise von mehreren Künstlern ausgeführt. Der Saal der Spiele enthält an drei Wänden Darstellungen von Damen und ihren Kavalieren, die sich an Ball- und Kartenspiel erfreuen.

SCIPI°·... ·IVS·CESA...OR· ·FR· SF· HANN· BAL·EPAMIN ·VNDAS·EMI

...OCIS

FABIVS

IVA·VIRTVTE·MOTI·SI·...·EDITIOREM
TERONVM·TE·PIAVDENES·EXCIPIMVS

Oben: Giovan Pietro Birago
*Condottiere Francesco
Sforza debattiert mit Scipio,
Pompeius, Caesar und Hanni-
bal,* Ende 15. Jahrhundert
Miniatur (Fragment)
Gallerie degli Uffizi, Florenz

Francesco I. Sforza
(1401–1466) trat 1425 in
die Dienste Filippo Maria
Viscontis, des Herzogs von
Mailand, und wurde ab 1450
dessen Nachfolger. Hier
sitzt er neben anderen berühmten Feldherren der
Antike zwischen Caesar
und Hannibal.

Rechts: Andrea del Castagno
*Reiterbildnis des
Condottiere Niccolò
Marucci da Tolentino,* 1456
Fresko (übertragen),
833 x 512 cm
Duomo Santa Maria del
Fiore, Florenz

Aus Dank für die Dienste
des Condottiere gab die Stadt
ein Bildnis in Auftrag. Das
gemalte Reiterbildnis erweckt
die Illusion eines marmornen Denkmals und ist für
den Dom von Florenz ent-
standen.

deren Ämtern der Kommune von Florenz verdienten.
Da viele der alteingesessenen, altadeligen (›casa lun-
ga‹) oder emporgekommenen Familien (›casa curta‹),
die Anhänger der Guelfen und der Ghibellinen oder
anderer Splittergruppen untereinander verfeindet
waren und ihre Kräfte in Dauerfehden erschöpften,
musste in vielen Fällen der ›podestà‹, der oberste
Amtsträger in Verwaltung, Rechtsprechung und Heer-
wesen einer Stadt, von auswärts berufen werden. In
Florenz residierte dieser zum Beispiel im Bargello. Die
städtische Bevölkerung und ihre Regenten wurden
von einer eigenen Miliz geschützt, die der ›gonfalonie-
re (della giustizia)‹ leitete und vor Angriffen äußerer
Feinde und vor denen der Magnaten, den wegen ihrer
Unfriedfertigkeit und ihres aristokratischen Lebens-
stils von den Ämtern der Gemeinde ausgeschlossenen
Adelsfamilien, bewahren sollte.

Stand der meist ritterliche Vasall in einem persönlichen Treueverhältnis zu seinem Herrn, dem Fürsten,
König oder Kaiser, und war zu Dienst und Gehorsam
verpflichtet, so war der ›Condottiere‹ ein aufgrund
eines jeweils geschlossenen Vertrages verpflichteter
Söldnerführer, der im Auftrag der Kommunen oder
eines Fürsten kämpfte. Zum Dank für die in zwei

Generationen gehaltene Treue gegenüber dem staufischen Kaiser, zunächst im Heer Heinrichs VI. bei der Rückeroberung Süditaliens, dann unter Friedrich II., wurden die Montefeltro 1226 mit der Stadt Urbino belehnt, die sie von da an über Jahrhunderte beherrschten. Als wildes und unbeugsames Geschlecht betreten die Sforza vergleichsweise spät die politische Bühne. In ihrer Abstammung nur bis ins späte 14. Jahrhundert zurückreichend, besannen sie sich in Person des Muzio Attendolo Sforza (1369–1424) auf die militärische Laufbahn und gewannen 1450 mit Francesco Sforza (1401–1466) und dessen geschickten kämpferischen Strategien nach dem Ableben der Hauptlinie der Visconti die Herrschaft über das Territorium von Mailand. Weniger ruhmreich und ehrenvoll – nach mittelalterlichem Verständnis – war der gesellschaftliche Aufstieg der Medici in Florenz und ihr Vorrücken in die Zentren der Macht. Zunächst waren die Mitglieder der schon damals schwer überschaubaren Familie als Haudegen, Aufrührer und Verschwörer berüchtigt. Sie gehörten Anfang des Duecento zu den bedeutenden nichtadeligen Geschlechtern des ›popolo grasso‹. Bei der Bildung der kommunalen Regierungen in Florenz wurden die Medici nur deshalb zugelassen, weil sie nicht den Titel von Rittern führten. Erst später besannen sich die Medici auf ihre kaufmännische Ader und Giovanni de Bicci (1368–1429) baute auf dem Vermächtnis des Vieri de Cambio (1323–1395) ein mächtiges und einflussreiches Bankhaus in Florenz auf, das dem Sohn Cosimo il Vecchio (1389–1464) sein umsichtiges, politisch einflussreiches Handeln und mäzenatisches Wirken ermöglichte. Auch bei Franco Sacchetti erscheint die Vorstellung, dass es klüger sei, ein Augenmerk auf das Geschäft zu richten, als sich zu prügeln. In der Novelle ›Deutsche Ritter‹ brach ein Edelmann aus dem Hause der Bardi aus Florenz, die im 14. Jahrhundert eine riesige Handels- und Banken-

Oben: *Hartmann von Aue,* Anfang 14. Jahrhundert Miniatur auf Pergament Codex Manesse, Pal. Germ. 848, fol. 184v, Universitätsbibliothek Heidelberg

Die Miniatur zeigt einen der berühmtesten Minnedichter und mittelalterlichen Epiker mit Helmzier.

kompagnie besaßen, nach Padua auf, wo er zum ›podestà‹ gewählt worden war. Da er sehr klein von Wuchs war, statteten ihn seine Freunde mit einer mächtigen Helmzier, einem halben aufsteigenden Bären aus. Wie er Bologna durchritt, kreuzte er einen Haufen von Soldaten. Darunter war ein deutscher Ritter, ein großer starker Kerl mit Namen Scindigher, der begehrliche Blicke auf die mächtige Helmzier warf und mit großen Reden andeutete, dass jener Helmschmuck ihm gehöre und der Bardi ein falsches Wappen trüge. Als er ihn zum Kampf aufforderte, blieb dieser jedoch friedfertig, was den Deutschen nur noch mehr in Rage versetzte. Doch dachte der Bardi bei sich: »Legen wir die Sache durch Geld bei und lassen die Ehre beiseite«. Er bot dem Scindigher seinen Helm zum Kauf an. Dieser bezahlte fünf Florin, der Bardi kaufte sich einen anderen Helm für zwei Florin, machte noch drei Florin Profit, zog zufrieden weiter und »vermied den Kampf, nach dem es ihm nicht sehr gelüstete«. Aber selbst diese für den Unterschied im Selbstverständnis deutscher und italienischer Ritter so aussagekräftige Geschichte erscheint gemessen an der Wirklichkeit untypisch. Denn im Gegensatz zu den Medici gehörten die Bardi in Florenz zu den Magnaten, zu der Gruppe altadeliger Familien, die seit Ende des 13. Jahrhunderts von der Wahl zu den kommunalen Ämtern ausgeschlossen waren. Man begründete dies allgemein damit, dass die Magnaten die Regeln gemeinschaftlichen Zusammenlebens in den Städten wegen ihrer Gewalttätigkeit und Militanz immer wieder übertraten. Diese Regeln oder Statuten bildeten gewissermaßen die Lebensadern der städtischen Gemeinschaft und stellen als grundsätzlich schriftlich fixiertes Stadtrecht (›diritto comune‹) in ihrer Frühzeitigkeit, ihrem Umfang und ihrer Vielzahl eine europäische Besonderheit dieser Zeit dar. Die Statuten waren ein Konglomerat unterschiedlichster Gesetze, das alle Bevölkerungsgruppen, den ›popolo‹, die Zünfte (›arti‹) und die Handelsgesellschaften (›mercanti‹) betreffen und ebenso Gültigkeit über die einer Stadt oder Republik unterworfenen Kommunen, über die ländlichen Siedlungen (›terre‹) und die Burgen (›castri‹) im ›contado‹, im Umland, haben konnte. In Siena entsenden die Geschlechtergenerationen der Salimbeni, die bereits im 13. Jahrhundert Bankhäuser besaßen und als Guelfen zum Dank für ihre Parteinahme für Kurie und französisches Königshaus die

auf sienesischem Territorium gelegenen Kastelle Orgia und San Quirico erhielten, schillernde Gestalten in den Kampf um die Herrschaft von Stadt, Land und Burgen. Einmal als Magnaten gekennzeichnet und von der Regierung ausgeschlossen, dann wieder in die kommunale Ordnung der Stadt integriert, verhielten sich die Salimbeni dem Regime der Neun gegenüber bis 1355 loyal. Als Besitzer der Burgen von Tintinnano, Castiglione Ghinibaldi bei Monteriggioni, Strozzavolpe bei Poggibonsi, Montorsaio, Castiglioncello del Trinoro und Castel della Selva im Elsa-Tal, verfügten sie über ein dichtes Netz von Festungen im sienesischen Territorium, das ihnen durch ansehnliche Einkünfte aus Lehenszinsen einen machtvollen Aufstieg ermöglichte. Finanziell waren die Salimbeni so in der Lage, ein eigenes Heer zu unterhalten und damit in Konkurrenz zu den Milizen der Kommunen zu treten – ein typisches Nebeneinander von feudalen und modernen Herrschaftsformen im mittelalterlichen Italien.

Ferrara

Die Burg der Casa d'Este

Ein einsamer Vorposten

Zur Zeit des antiken Rom existierte Ferrara noch nicht. Die beherrschende Stadt Norditaliens war Ravenna, die dort, wo der Hauptarm des Po in das Meer mündete, inmitten einer weiten Lagune lag. In Ravennas großem Hafen war Roms östliche Mittelmeerflotte stationiert. Mit der Krise und

Die Burg der Este besitzt fünf Zugänge, die alle über ein Ravelin und eine Zugbrücke verfügen. Der Festungsgraben wurde im ausgehenden 14. Jahrhundert mit einem Kanal, der entlang der Stadtmauer verlief, verbunden.

Rechts: Die Burg wurde zwischen 1385 und 1395 vom Architekten Bartolino Ploti da Novara errichtet. Die Entscheidung, eine Festung inmitten der Stadt zu erbauen, traf Nicolò II. d'Este, Herr von Ferrara, unmittelbar nach einem Steueraufstand der Bürger, der die Sicherheit der Familie d'Este gefährdet hatte.

dem Niedergang des Römischen Reiches nahm die Bedeutung der Stadt jedoch nicht ab, sondern zu. Sie wurde das Tor zum Orient, ein Umschlagplatz für Informationen, Waren, Sprachen, Religionen und Künste. Während des byzantinischen Exarchats, das im 6. Jahrhundert entstand, wurde Ravenna Hauptstadt. In Bezug auf das Handelsvolumen und die Einwohnerzahl wandelte sie sich für kurze Zeit sogar zur bedeutendsten Stadt Italiens.

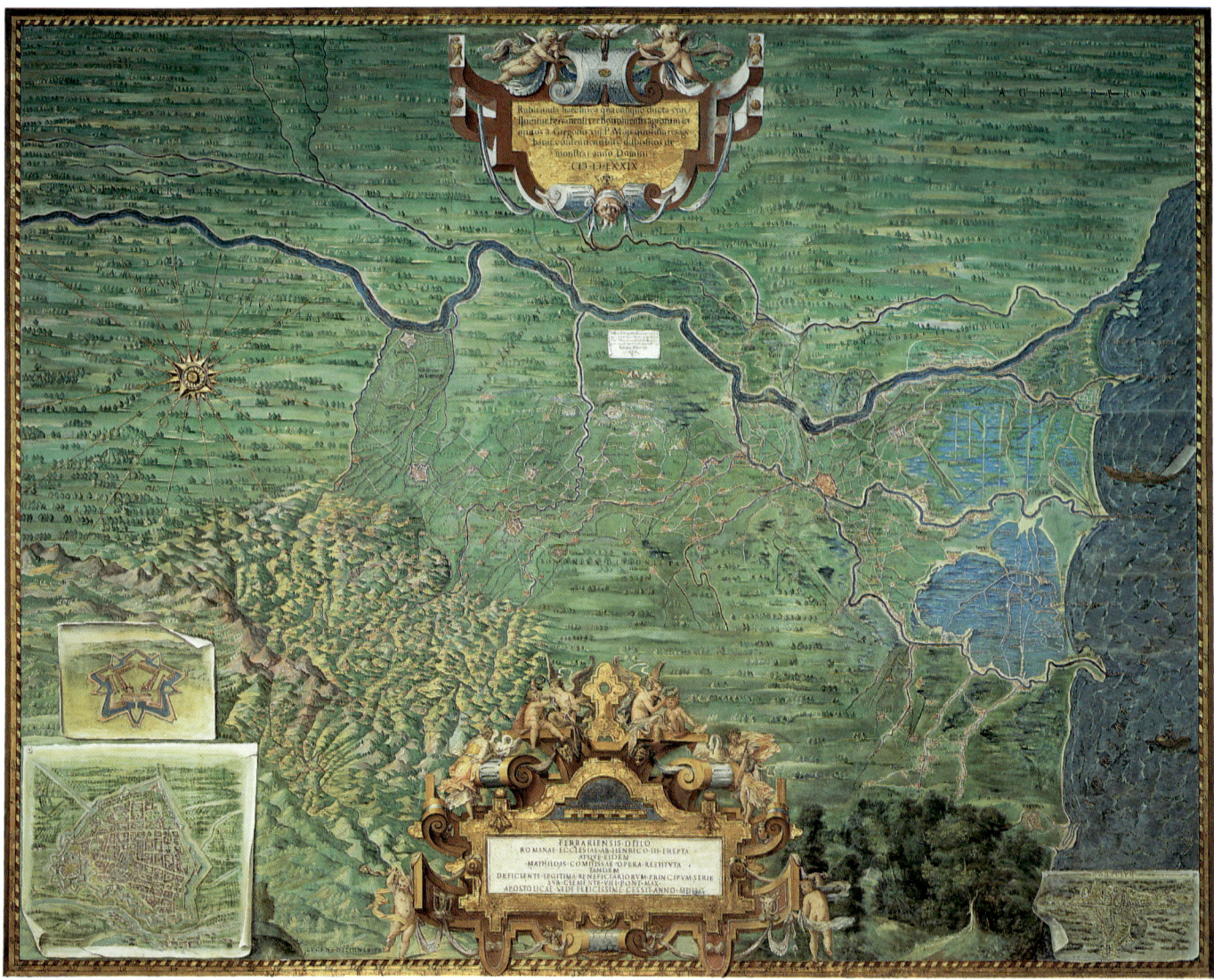

Egnazio Danti,
Herzogtum Ferrara,
1580–1583
Fresko
Galleria delle Carte
Geografiche, Vatikan

Im 7. Jahrhundert wurde
Ferrara auf der linken Seite
des Po von Byzantinern gegründet, zur Verteidigung
des Flusses und des Hinterlandes von Ravenna, der
Hauptstadt des Exarchats.
1152 veränderte der Fluss
nach einer Überschwem-
mung seinen Lauf und ver-
lagerte sich einige Kilo-
meter weiter nach Norden.

Am linken Ufer des Po entstand im 7. Jahrhundert
die Ansiedlung von Ferrara. Im Hinterland Ravennas gelegen galt sie als militärischer Vorposten des
byzantinischen Hoheitsgebietes. Somit war es die
Hauptaufgabe Ferraras den Fluss zu verteidigen
und Ravenna vor der Bedrohung durch die Langobarden in Schutz zu nehmen. Als Byzanz letztendlich seine Machtstellung in Italien verlor, verfiel
Ravenna zusehends in Lethargie. Ferrara verkam
zu einem einsamen Wachposten, der außer einigen wenigen strohgedeckten Holzhütten, die um
einen Turm geschart und ständig von Überschwemmungen bedroht waren, nichts Bemerkenswertes
aufzuweisen hatte.

Vom Fluss verraten

Als sich später die aus Osten kommenden neuen
Völkerschaften fest ansiedelten, entstand in einer
Biegung des Stroms ein Hafen, der eine Art Scharnier zwischen dem Meer und dem Hinterland bildete. Er war sicherer und besser zu verteidigen als
der Hafen Ravennas. In der Folge entwickelte sich
Ferrara zu einer blühenden Handelsstadt, die von
einem Mauerring umgeben wurde mit einem Turm
im Nordosten. Die südlichen Befestigungsanlagen
lagen am Ufer und auf den Inseln des Flusses.
Nach Jahren des Wohlstandes wandelte sich die
Stadtgeschichte 1152 jedoch erneut. So geschah es,
dass der Po nach Wochen außergewöhnlich hefti-

ger Überschwemmungen Ferrara im Stich ließ und sich ein neues Bett suchte. Durch dieses hydrogeologische Phänomen, ›Rotta di Ficarolo‹ (Dammbruch bei Ficarolo) genannt, verlagerte sich der Hauptarm des Flusses einige Kilometer weiter nach Norden. Dieser Wechsel des Flussbettes fügte sich nahtlos in die historische Chronologie der Stadt ein. Ferraras Bewohner fühlten sich zurückgewiesen und verschmäht, und zwar vom Fluss ebenso wie von der Geschichte.

Der Aufstieg der Familie d'Este

Die Venezianer hingegen begrüßten die ›Rotta di Ficarolo‹ freudig. Schon seit geraumer Zeit hatten sie den Aufstieg Ferraras und die Entwicklung seines Flusshafens mit Besorgnis verfolgt, sahen sie doch ihren eigenen Handel in der Adria, insbesondere ihr Salzmonopol, bedroht. Schon zeichnete sich ein Krieg ab, der Ferraras Salinen zerstören sollte. Die ›Rotta di Ficarolo‹ sorgte für eine friedliche Lösung. Sie warf Ferrara wieder in die ländliche Verlassenheit zurück und machte die Stadt erneut zum Feudalbesitz einiger Familien.

Die Familie d'Este

Zu den siegreichen Familien gehörten auch die Este. Aus Venetien stammend, wo sie große Ländereien besaßen, wurden sie mit Hilfe der Venezianer in

Dem Bau der Burg wurde ein bereits bestehender Turm, der so genannte Löwenturm, als architektonisches Basiselement zugrunde gelegt. Die gesamte Burganlage ist aus Ziegelsteinen errichtet.

Ferrara ansässig. Am 17. Februar 1264 rief man Obizzio II. d'Este zum Stadtoberhaupt auf Lebenszeit aus. 1287 wurden die Zünfte des Handwerks und der Gewerbe abgeschafft und die kommunale Verfassung beseitigt. Es entstand die Markgrafschaft Ferrara. Ihr Herrschaftsbereich erstreckte sich bis nach Modena und Reggio Emilia und bildete schließlich einen ausgedehnten Pufferstaat zwischen Nord- und Mittelitalien.

Das glückliche Geschick der estensischen ›Signoria‹ beruhte auf einer strengen Steuerordnung, die auf den Bauern und den städtischen Schichten lastete, sowie auf dem Recht, den Durchgang nach Süden und Norden zu kontrollieren. Insbesondere für Pilger, die aus dem Nordosten nach Rom zogen oder zurückkehrten, war die Stadt eine obligatorische Etappe. Gegenüber den angrenzenden Staaten pflegte Ferrara eine behutsame Neutralitätspolitik.

Folgen eines Aufstandes

Lange Zeit kam die Markgrafschaft ohne große Verteidigungsanlagen aus. Sie begnügte sich mit dem Ausbau der alten ›Torre dei Leoni‹, des Löwenturmes, der im Nordosten des Mauerringes gelegen war. Er wurde »ummantelt« und in eine Festungsanlage verwandelt, die sich für die Aufstellung von Kriegsmaschinen eignete.

Steuer und Kanonen

Den Beschluss zum Bau einer richtigen Burg fasste erst Nicolò II. d'Este 1385. Auslöser war eine in der Stadt ausgebrochene Rebellion, die sich gegen die übermäßige Steuerlast richtete. Um sich vor dem Volkszorn zu retten, hatte der Markgraf seinen Kanzler Tommaso da Tortona der Menge ausgeliefert und zugesehen, wie man ihn lynchte. Nachdem der Aufstand blutig niedergeschlagen worden war, beauftragte Nicolò II. den Architekten Bartolino da Novara mit dem Neubau der Festung. Kaum war der Mauersockel fertig gestellt, die Außenmauern jedoch noch nicht errichtet, da lag die Stadt schon unter dem Beschuss von Nicolòs Artillerie. Später entwickelte sich in Ferrara eine richtige Metallindustrie. Die Kanonen, die aus den Gießereien der Este hervorgingen, waren in ganz Europa berühmt. Für den Etat des Herzogtums wurden sie neben dem Getreide und den Steuern zu einer der wichtigsten Einnahmequellen.

Der Urkern der neuen Burg, die Bartolino da Novara erbaute, war der im nordöstlichen Abschnitt
der Stadtmauern gelegene und bereits in eine Festung verwandelte alte Wachturm, die ›Torre dei
Leoni‹. Drei weitere ebenso hohe Türme wurden
errichtet und so platziert, dass sie ein Quadrat bildeten. Die Verbindung untereinander gewährleisteten niedrige, einen Innenhof umgrenzende Gebäude. Türme und Gebäude waren mit einem von
Konsolen getragenen Gesims versehen und mit
einem Zinnenkranz bekrönt. Um die Zugbrücken
zu schützen, erhielten alle Zugänge Vorbauten.
Rings um die Festung wurde ein breiter Graben
ausgehoben und an einen entlang der Stadtmauer
fließenden Kanal angeschlossen. Überdies schuf
man mit Hilfe eines Laufganges eine Verbindung
zwischen der Burg und dem nahen ›Palazzo dei
Signori‹, der Residenz der Familie d'Este. Später
wurde der Gang doppelt so hoch aufgestockt und
überdacht – man konnte sich also rasch und sicher
von einem Gebäude ins andere begeben. Gegen Ende
des 15. Jahrhunderts und zur Zeit der Herrschaft
Ercoles I. zog die gesamte Familie d'Este in die Burg.

Die Erweiterung der Stadt

Unter demselben Ercole I. ließen sich die Este nach
mehr als 200 Jahren Neutralität und Frieden, die
unter dem Schutzschirm des venezianischen Löwen eingehalten worden waren, 1482 zu einem
Bündnis mit Mailand, Neapel und Florenz bewegen. Dieses Bündnis verstand Venedig zu Recht
als Bedrohung der eigenen Sicherheit. Sofort mar-
schierten die Truppen der Serenissima vor Ferraras Mauern. Nur weil er ein sehr hartes Friedens-
diktat unterzeichnete, vermochte Herzog Ercole I.
Schaden von der Stadt abzuwenden. Doch schwang

er sich im Anschluss zu neuen Plänen auf und
begann mit dem, was man später die ›Addizione
erculea‹ (herkulanische Erweiterung) nannte. Es
handelte sich hierbei um die Verdoppelung der
Stadt nach Norden. Unter der Leitung des großen
Architekten Biagio Rossetti ließ der Herzog einen
neuen Mauerring anlegen. Auf dem dadurch entstandenen, ausgedehnten Raum wurde die ›metà
mancante‹, die fehlende Hälfte der Stadt, errichtet.
Die Verwirklichung dieses außerordentlichen Vorhabens sorgte dafür, dass die Burg der Este nun
nicht mehr an der Stadtmauer, sondern mitten in
Ferrara lag. Bedauerlicherweise leiteten die Ausgaben für die ›Addizione erculea‹ wie auch die hohen Kosten, die durch den venezianischen Frieden
entstanden waren, den finanziellen und politischen
Ruin der Familie d'Este ein.

Durch den erfolgten Bau des neuen Mauerringes
und die Vergrößerung der Stadt nach Norden
hatte die Burg ihre militärische Funktion verloren.
Nach einem Brand 1554, der sie schwer beschä-
digte, wurde der vollständige Umbau in einen großen höfischen Palast beschlossen. Es dauerte viele
Jahre, bis das heutige Aussehen erreicht wurde.
Die Planung und Leitung des Palastbaus lagen bei
dem Hofarchitekten Girolamo da Carpi. Er ließ die

Gegenüber:
Der Festungsgraben war
mit einem Kanal entlang der
Stadtmauer verbunden. So
konnte man aus dem Burg-
graben über den Wasserweg
in den Kanal der Stadt
gelangen.

Links: Die Estenser verfolgten eine Politik der Neutralität, wie sie den Eigenheiten
ihrer ›Signoria‹ als einem
an die Interessen Venedigs
gebundenen ›Pufferstaat‹
entsprach. Im 15. Jahrhundert
begann die Gießerei der
d'Este mit der Herstellung
von Kanonen, die in Italien
und Europa hoch geschätzt
wurden.

Unten: Egnazio Danti
*Ferrara nach der Addizione
Erculea,* 1580–1583
Fresko
Galleria delle Carte
Geografiche, Vatikan

Herzog Ercole I. d'Este ließ
nach der Niederlage gegen
die Venezianer die Stadt
nach Norden hin verdoppeln.
Diese Ausbreitung von
Ferrara wurde ›Addizione
erculea‹ genannt.

Burg um eine Etage aufstocken. Die militärischen Laufgänge wie auch der Zinnenkranz verschwanden. Beides wurde durch Balustraden aus weißem Stein, die auf den alten Konsolen ruhten, ersetzt. Auch die Schießscharten und die zweibogigen Fenster verschwanden, sodass an ihre Stelle große Fensteröffnungen treten konnten. Die oberen Stockwerke versah man mit Terrassen, hängenden Loggien und Balkons. Im Innenraum entstanden zwei große Salons. Für alle äußeren Verschönerungen und Verzierungen wurde weißer Travertin aus Verona verwendet, der auf den hohen, aus Backstein errichteten Gebäuden besonders ins Auge fiel. Einige Jahrzehnte später erhielten die Wachtürme noch Aufbauten, die von Glockentürmchen überragt wurden und dem obersten Stockwerk der veränderten Burg jeden militärischen Anstrich nahmen.

Die Päpste kommen

Als der Umbau des prunkvollen Palastes beendet war, starb 1595 der letzte Herzog von Ferrara, Alfonso II. d'Este. Da er keine männlichen Nachkommen hatte, verlangte der Papst das Herzogtum Ferrara für die Kirche zurück. Die päpstliche Forderung stützte sich auf die so genannte pippinische Schenkung aus dem Jahre 754 n. Chr. Mit dieser Urkunde hatte der karolingische König der Kirche die Oberhoheit über die Gebiete des ehemaligen byzantinischen Exarchats zuerkannt. Seitdem hatten die Estenser auf der juristischen Basis einer päpstlichen Investitur geherrscht. Nun, da die legale Linie der Herzöge erlosch, wollte Papst Clemens VIII. die Stadt zurück – ein durch die päpstliche Diplomatie von langer Hand geplanter Coup.

Die Familie d'Este sah sich gezwungen Ferrara zu verlassen. Anfang des Jahres 1598 zog sie nach

Modena. Als große Mäzene hatten sie über zwei Jahrhunderte hinweg Kunstwerke gesammelt und schleppten nunmehr mit sich, was sie transportieren konnten. Die päpstlichen Gesandten, die als Verwalter der Stadt fungierten, vollendeten die Plünderung. Wieder entwickelte sich Ferrara in ein unbedeutendes Zentrum, das sich in erster Linie der Landwirtschaft widmete, zurück.

Der bedeutendste bauliche Beitrag, der von Seiten der Kirche für Ferrara in Auftrag gegeben wurde, war eine neue hochmoderne Festung. Mit einem sternförmigen Grundriss versehen errichtete man sie an der südwestlichen Mauerseite. Der Bau der Burg machte den Abriss des ›Belvedere‹, eine der estensischen »Wonnen«, notwendig. Im Verlauf eines bewaffneten Aufstandes, der sich gegen den Papst und die österreichischen Truppen richtete, schleiften die Bewohner Ferraras die päpstliche Festung am 21. Juni 1859.

Giulios Augen

Ercole I. d'Este starb im Jahre 1505 und hinterließ vier Söhne: den Erstgeborenen Alfonso, der dem Vater auf dem Herzogstuhl nachfolgte, Ippolito, der spätere Kardinal, sowie Ferrante und Giulio, der außerehelich gezeugt worden war. Die beiden Letztgenannten sahen sich vom Zugang zur Macht ausgeschlossen. Folglich versuchten sie eine Verschwörung. Sie wurden jedoch entdeckt, eingekerkert und zum Tode verurteilt. Den Rechtsspruch wandelte man später in eine lebenslange Kerkerstrafe um, die in den Burgverließen des alten Löwenturmes verbüßt werden sollte. Während vieler Jahrzehnte schmachteten die beiden Brüder in der schrecklichen unterirdischen Zelle, während das höfische Leben in den oberen Stockwerken weiterhin wie gewohnt fortgesetzt wurde. 1540 starb Ferrante an Entkräftung und Entbehrung. Giulio überlebte und wurde 1559 letztendlich von Alfonso II., dem Enkel, begnadigt. Der 81-Jährige hatte 50 Jahre seines Lebens in den Verließen des Löwenturmes verbracht und war dort vollständig erblindet.

Die eigentlich Ursache seiner Blindheit ging auf seine Jugendjahre, als Giulio noch mit den Vergnügungen des Hofes zu Ferrara befasst war, zurück. Die folgende Episode überliefert uns der Historiker Francesco Guicciardini, ein Zeitgenosse Giulios.

Teil des durch die Visconti und Sforza regierten Mailänder Herzogtums. Erst im Anschluss daran gelang die Entwicklung zu dem autonomen Herzogtum von Parma und Piacenza, in dem eine Dynastie von Söhnen, Enkeln und Urenkeln Papst Pauls III. (Alessandro Farnese, 1468–1549) herrschte. Als Pufferstaat neutralisiert und einbalsamiert war Parma in der weiteren Geschichtsfolge zuerst Spanien und dann Frankreich unterworfen. Der Wiener Kongress übereignete das kleine Herzogtum Maria Luisa, der zweiten Gemahlin Napoleons und Tochter des habsburgischen Kaisers. Sie erhielt es als Trostpreis dafür, dass sie sich aus Gründen der Staatsräson die Ehetortur mit einem Mann wie Napoleon auferlegen musste.

Wasser und Zeit

Auf einem quellenreichen Landstrich erbauten die Römer an der Nordseite des Apennin die am Fuße der Hügelkette gelegene Via Emilia. Den Ursprung Fontanellatos bildete ein Wachturm. Ihn hatte man am Ufer eines Sees, dessen Wasser aus sehr tiefen Erdschichten emporquillt, errichtet. Das Wasser ist rein und klar und hat eine Temperatur von konstanten zehn bis zwölf Grad Celsius. Bis zu Beginn dieses Jahrhunderts wurden sowohl der Burg- wie auch der Stadtgraben aus dieser Quelle gespeist. Diese Gräben lieferten der Familie Sanvitale köstliche Süßwasserkrebse. In Dokumenten aus dem 16. und 17. Jahrhundert heißt es, es sei verboten, Schweine in den Gräben baden zu lassen, »(...) weil besagte Schweine schädlich sind und die Krebse fressen, bei Strafe von einem Goldscudo für jedes Schwein«. Heute ist der Stadtgraben zugeschüttet und der Burggraben nicht mehr so klar und rein zu erkennen wie ehemals. Es bewegen sich dicke schwarze Schatten, Karpfen vielleicht, darin.

Die Burg selbst besteht aus einem Viereck mit drei runden, unterschiedlich hohen Wachtürmen und einem vierten quadratischen Turm, der sich in der nordwestlichen Ecke befindet. Bei dem Letztgenannten handelt es sich um den alten Wachturm, ›il Maschio‹. Er bildete die Urzelle, aus der einst die Burg entstand. Auf der Südseite steht vor dem einzigen Tor, das man mit einer Zugbrücke und später mit einer Steinbrücke versehen hatte, ein weiterer viereckiger Turm aus dem 17. Jahr-

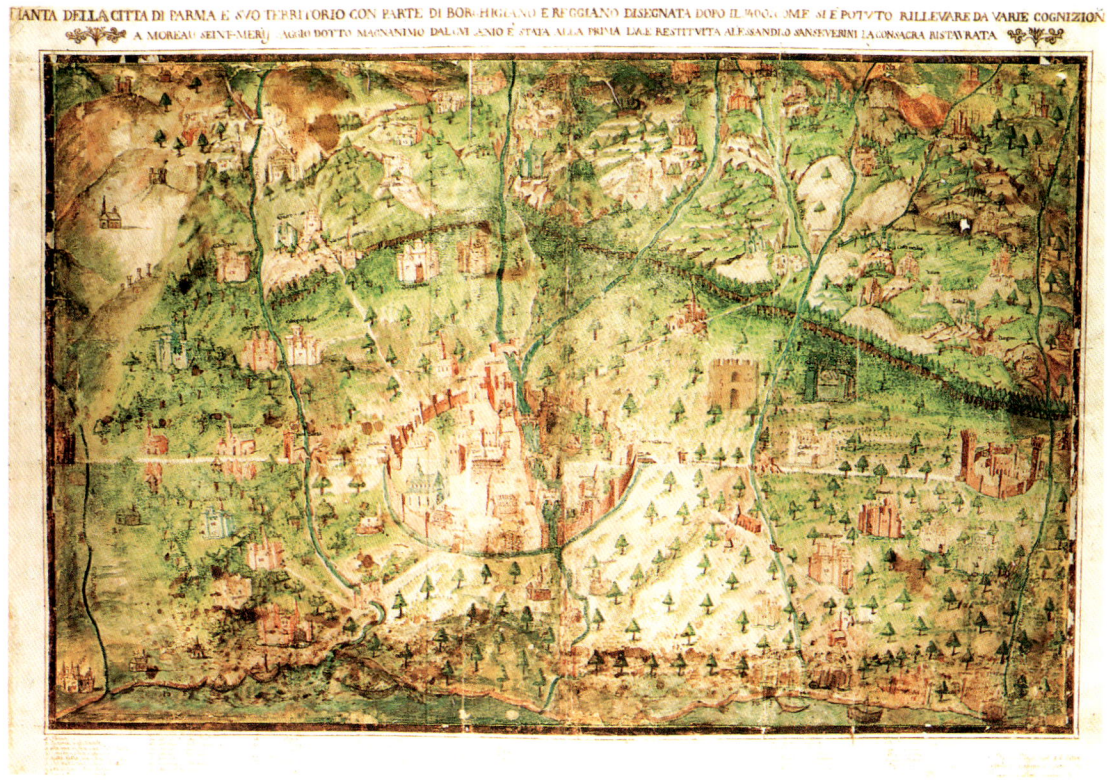

PIANTA DELLA CITTA DI PARMA E SVO TERRITORIO CON PARTE DI BORCHIGIANO E REGGIANO DISEGNATA DOPO IL 1400 COME SI E POTVTO RILLEVARE DA VARIE COGNIZION A MOREAU SEVE MERI AGGIO DOTTO MAGNANIMO DALVLANIO E STAFA ALLA PRIMA LACE RESTITVITA ALESSANDRO SANSEVERINI LA CONSACRA RISTAVRATA

hundert. Die große Turmuhr besitzt einen Zeiger
und einen doppelten Quadranten, um die ganzen,
halben und die viertel Stunden unterscheiden zu
können. Die Generation der Sanvitale, die ab dem
15. Jahrhundert in der Burg ansässig waren, lieb-
ten Uhren über alles. Damit man die Schläge der
drei unterschiedlich großen Glocken richtig deutete,
verfasste Graf Alessandro Sanvitale eigens dafür ein
kleines Handbuch, das den Titel »Der unermüd-
liche Flug der Zeit« trug.

Der quadratische Innenhof der Burg besitzt einen
Fußboden aus Flusssteinen und einen beidseitigen
doppelten Säulengang. Die gesamte Anlage wurde
ständig verändert und verschönert. Als Festung
war die Burg nie so recht den Bedürfnissen der
Zeit angepasst. Es ist auch nicht überliefert, ob man
sie überhaupt jemals belagerte. Dies war wohl
überflüssig, denn die eigentliche Waffe der Sanvitale war in der Tat die Diplomatie.

Kirche und Theater

Um die Burg herum war ein Kreis von Häusern
angeordnet. Im Jahre 1800 waren es 113 und heute sind es kaum mehr. Die neue Ansiedlung be-

steht aus kleinen Villen, um die herum man viereckige Rasenstücke angelegt hat, und ist inzwischen weit hinaus in die Ebene bis zur ›Autostrada
del Sole‹ hinausgewachsen. »Erst um 1437«, heißt
es in der Broschüre des Fremdenverkehrsamtes,
»keimte der Wunsch auf, eine Kirche zu errichten«, die freilich sehr schön und mit einer kostbaren hölzernen Sakristei aus dem 18. Jahrhundert
ausgestattet ist. 1681 hegte man den Wunsch nach
einem Theater, das Graf Alessandro Sanvitale persönlich entwarf. Er bestimmte auch den Platz hinter

Empfangssaal auf der Burg Fontanellato.

Die Alltagsgegenstände des Hauses lassen immer noch die Gesinnung der Menschen spüren, die bis 1910 hier residierten. Bemerkenswert ist vor allem die lange Galerie der Ahnen, die bis ins Mittelalter zurückführt.

den Stallungen. Später ging der Bau in Flammen auf und brannte nieder. Im 19. Jahrhundert wurde er nach dem Modell des Originals rekonstruiert.

Fisch und Fleisch

Die Familie Sanvitale bewohnte die Burg. In der kleinen Residenz dienten stets wenige Soldaten, und sie besaß weder Verliese noch Folterkammern. Die Möbel, die sich im Laufe der Zeit angesammelt haben, füllen die Räume noch heute. In ihnen befinden sich zudem viele persönliche Gegenstände, die vor allem Frauen gehörten und dem Ganzen den Anschein vermitteln, als hätte die Hausherrin soeben das Zimmer verlassen. Im Speisezimmer, wo sich die großen Keramikteller aus Faenza, die kostbaren englischen Suppenschüsseln und das Augsburger Porzellan befinden, gibt es einen großen Kamin aus dem 16. Jahrhundert und zwei Bilder von außergewöhnlich gro-

ßem Format. Das »Stillleben mit Fischen« zeigt eine Fastenmahlzeit, das »Stillleben mit Fleisch« ein üppiges Essen.

Nach einem Gang durch den Waffensaal, das Empfangs- und Billardzimmer kommt man zur ›Galleria degli Antenati‹, der Ahnengalerie, wo die Bildnisse von ungefähr 50 Sanvitales hängen. Die Ahnen, die seit dem 16. Jahrhundert geboren wurden, sind in den Bildern mit individuellen Gesichtern und Gewändern dargestellt. Bei den früheren scheinen die Gewänder beliebig und die Gesichtszüge so, als wären sie einem der Nachfahren, der auf der gegenüberliegenden Wand wiedergegeben ist, entliehen. Entgegen der sonstigen Prioritätenregeln wären es somit die Enkel, die den Großvätern die Züge vererben. Das getreueste Porträt wurde von Parmigianino angefertigt und zeigt Galeazzo Sanvitale. Es hängt nicht in Fontanellato, sondern ist im Museum Capodimonte in Neapel zu sehen.

Freidenker

Den Sanvitales gebührt der Rekord, jahrhunderte-lang am selben Ort ausgeharrt zu haben. Zudem zeigten sie sich in höchstem Maße milde gestimmt und geistig offen. Zwar waren viele Mitglieder der alten Familie berufsmäßige Waffengänger, doch kämpften sie zumeist fernab der Heimat wie in Frankreich und Flandern. Auch die Annalen der Familie verzeichnen weder Gatten- noch Bruder-, Mutter-, Vater- oder Kindsmorde. Sämtliche häus-lichen Blutbäder, die bei den großen Geschlech-tern feudalen Ursprungs so häufig sind, blieben aus. Die Familienchronik gibt vielmehr die Erinne-rung an Liebhaber der Botanik, Philosophie und Technik sowie an den einen oder anderen Schrift-steller wieder.

Der Hof zu Fontanellato war im 16. Jahrhundert Mittelpunkt vielfältiger kultureller Begegnungen. So waren die Sanvitale an abweichenden Denkern interessiert und boten denjenigen Schutz, die von der Inquisition der Ketzerei beschuldigt wurden. Sie selbst standen im Rufe des so genannten Niko-demismus, der Absicht, gegensätzliche philosophi-sche und religiöse Positionen miteinander zu ver-söhnen. 1525, als Parma bereits unter kirchlicher Herrschaft war, beklagte man sich in den Briefen, die die Gemeinde an Rom schickte, über die außer-gewöhnlich große Zahl von Juden, die »von eini-gen Lehnsherren, welche die Unverträglichkeit mit Gott nicht kümmert, in diese ländliche Gegend gezogen werden«. Dies war speziell auf Fontanel-lato gemünzt. Mit der Gründung des Herzogtums der Farnese wurde den Juden in Parma und Piacenza der Besitz von Gütern sowie ein länger als drei Tage während der Aufenthalt verboten. Nach dem Konzil von Trient wandelte sich dieser Kleinstaat in eine Bastion der Gegenreformation. Sowohl in Parma wie auch in Piacenza mehrten sich die Jesuiten. Man schätzt, dass die Zahl der Priester größer war als die der Häuser. Im gesamten Her-zogtum mussten die männlichen Juden eine gelbe Kappe und die Frauen einen Schleier derselben Farbe tragen.

Barbara Sanseverino Sanvitale

Die Frau, deren Lächeln dem der Gioconda in keiner Weise nachsteht, heißt Barbara Sanseve-rino Sanvitale. Als Gräfin von Colorno wurde sie von einem unbekannten Meister des 17. Jahr-hunderts porträtiert. Barbara Sanvitale galt als große Dame der italienischen Renaissance. Ihre Zeitgenossen bewunderten ihre Geistesgaben, ihre Bildung und seltene Schönheit. Der Dichter Torquato Tasso widmete ihr etliche Sonette. Zu-dem war sie die Seele der ›Accademia degli Amore-voli‹, die von den besten Köpfen ihrer Zeit besucht wurde. Mit 15 Jahren hatte Barbara Sanseverino den Grafen Vincenzo Sanvitale geheiratet, der sie bald als Witwe zurückließ. Da sie die Freiheit und das Reisen liebte, hielt sie sich in den wichtigsten italienischen Städten auf und bezog daraus den geistigen Stoff, mit dem sie die Höfe ihres Land-

Francesco Maria Mazzola, genannt Parmigianino
Porträt des Galeazzo Sanvitale, 1524
Öl auf Leinwand
Museo di Capodimonte, Neapel

Zur Zeit Galeazzo Sanvitales war Fontanellato kultureller und intellektueller Treffpunkt, an dem Abweichler und von der Inquisition Verfolgte Schutz fanden. Galeazzo konnte es in seinem aufklä-rerischen, philosophischen und an der Antike orientier-ten Geist aufnehmen mit Florenz.

Anonym
*Barbara Sanseverino Sanvi-
tale, Gräfin von Colorno,*
frühes 17. Jahrhundert
Öl auf Leinwand
Rocca di Fontanellato,
Parma

Barbara Sanseverino wurde
für ihren Verstand und ihre
Schönheit bewundert. Die
besten Köpfe ihrer Zeit
besuchten ihre Accademia
degli Amorevoli. Der Ver-
schwörung verunglimpft
wurde sie mit anderen 1611
hingerichtet.

Über dem bekrönten Wappen
der Familie Sanvitale, einem
roten Schrägbalken auf
goldfarbenen Grund, stehen
zwei Greifen, die in der
griechischen Mythologie oft
als Wächter der Artemis, der
Göttin der Jagd, begegnen.
Bei der Mittelfigur scheint es
sich jedoch um eine Ver-
einigung von Athene, der
Göttin des Friedens und der
Weitsicht, und Nike, der
Siegesgöttin, zu handeln.

besitzes, Colorno, Sala und Fontanellato, nährte.
Für eine gewisse Zeit wurde sie von Ottavio Farnese, dem Herzog Parmas, der sie begehrte, be-
schützt. 1611 beschuldigte der junge Ranuccio I.,
Ottavios Sohn, der selbst Herzog geworden war,
Barbara Sanseverino, sich mit anderen Edlen ver-
schworen zu haben um ihn und seinen Vater zu
ermorden und dadurch die Dynastie der Farnese
auszulöschen. Die Hauptpersonen der angeblichen
Verschwörung wurden verhaftet, gefoltert, zum
Tode verurteilt und am 19. Mai 1612, an einem
Markttag, geköpft. Das gesamte Volk von Parma
war zusammengeströmt um entsetzt zuzusehen.
Das Haupt der Gräfin war das erste, das fiel. Um
es vollständig vom Rumpf zu trennen, musste der
Henker ein zweites Mal ausholen. Danach fielen
die Köpfe von sechs weiteren Edelmännern der
Grafschaft. Das Schauspiel fand auf dem Platz
vor der Pia Unione di San Giovanni Decollato, der
frommen Vereinigung des geköpften Hl. Johannes,
statt und währte einige Stunden. Als alle Köpfe
aufgespießt worden waren, ergriff ein Jesuiten-
pater das Wort um dem Publikum die guten Gründe anzuführen, die den jungen Herzog Ranuccio
widerstrebend dazu veranlasst hatten, seine höchste Gerichtsgewalt auszuüben. Danach offenbarte
ein gegenreformierter Franziskaner, welcher der
Gräfin auf dem Weg zum Schafott die Beichte ab-
genommen hatte, dass sie im letzten Moment ihre
Schuld eingestanden, bereut und ihm die Berech-
tigung erteilt habe, ihre Beichte zu veröffentlichen.
Dadurch habe sie die Absolution erlangt. Durch
die vollzogenen Hinrichtungen gelang es dem Geschlecht der Farnese die Herrschaft über das Herzogtum Parma und Piacenza für einige Jahrzehnte zu festigen.

Der reuige Jäger

Das Wappen der Familie Sanvitale zeigt zwei Greifen, mythologische Tiere, halb Löwe und halb
Adler. Überdies birgt Fontanellato einen Tempel
der Wandlungen. Es handelt sich hierbei um eine
Nachbildung, die durch die im dritten Buch des
lateinischen Dichters Publius Ovidius Naso be-
schriebenen »Metamorphosen« inspiriert wurde.
Der Dichter kam 43 v. Chr. in Sulmona zur Welt
und starb 17 oder 18 n. Chr. im Exil in Tomi am
Schwarzen Meer. Bezaubert von der griechischen

Francesco Maria Mazzola,
genannt Parmigianino
*Aktäon erspäht
Diana* (Detail), 1522/23
Fresko
Saletta di Diana e Atteone,
Rocca di Fontanellato,
Parma

Aktäon hatte Diana zufällig
beim Baden beobachtet. Zur
Strafe verwandelte sie ihn
in einen Hirschen, und er
wurde von seinen eigenen
Jagdhunden zerfleischt.

Idee, die Grenzen zwischen dem Menschen und anderen Wesen als fließend aufzufassen, formulierte Ovid die griechischen und lateinischen Mythen in Hexameter. Ihr Inhalt schildert die Verwandlung von Geschöpfen verschiedener Spezies. »Ich besinge die Formen der Körper, die eine neue Gestalt annehmen (...)«, so beginnt sein Werk.

Fontanellatos Schatzkästlein ist im kleinsten, ursprünglich fensterlosen Raum der Burg verborgen. Es handelt sich hierbei um einen kleinen Saal, den Francesco Mazzola, der den Künstlernamen ›Parmigianino‹ trug und als einer der Meister des italienischen Manierismus gilt, mit einem Fresko ausschmückte. Das von Galeazzo Sanvitale in Auftrag gegebene und um 1523 fertig gestellte Werk schildert in leicht abgewandelter Form eine Geschichte aus Ovids »Metamorphosen«. Aktäon, ein Jäger, gerät nach einem Jagdtag mit seinen Gefährten und den Hunden in die Nähe einer Quelle. Dort nimmt Diana, die Göttin der Jagd und der Keuschheit, gerade ihr Bad. Um ihn zu

bestrafen, weil er sie nackt sah, und um zu verhindern, dass er seinen Freunden davon berichtet, besspritzt sie Aktäon mit dem Quellwasser. Sofort beginnt sich der ahnungslose Jäger in einen Hirsch zu verwandeln. Aktäon flieht. Doch holen ihn seine Hunde, die er einst selbst aufgezogen und zur Jagd abgerichtet hatte, ein. Er möchte sie aufhalten, ruft sie beim Namen. Aus seiner Kehle dringt jedoch nur ein raues Röhren, das die Tiere noch mehr erregt. Aktäon wird zerrissen und sterbend begreift er, welche Verwandlung das Wasser der Göttin, die er nackt gesehen hat, an ihm vollzogen haben musste.

Eine an den Wänden entlanglaufende lateinische Inschrift, die sich unterhalb des Freskos befindet, wirft der keuschen Jägerin Grausamkeit vor. Aktäon sei schließlich zufällig in ihre Nähe geraten. Er habe nicht beabsichtigt, sie beim Bade zu erspähen. »Nur für eine Schuld darf man bestraft werden, nicht für den Zufall. Eine solche Tat geziemt der Göttin nicht«, endet die Inschrift.

Francesco Maria Mazzola, genannt Parmigianino, *Diana verwandelt Aktäon in einen Hirschen*, 1522/23
Fresko
Saletta di Diana e Atteone, Rocca di Fontanellato, Parma

Beide entscheidenden, aufeinander folgenden Momente sieht man hier: Diana bespritzt Aktäon mit dem Wasser, das ihn verzaubern wird, und er verwandelt sich in einen Hirschen. Im nächsten Augenblick werden seine Hunde über ihn herfallen.

Gegenüber:
Francesco Maria Mazzola, genannt Parmigianino
Paola Gonzaga (Detail), 1522/23
Fresko
Saletta di Diana e Atteone, Rocca di Fontanellato, Parma

Zwischen den mythologischen Figuren erkennt man das Porträt von Paola Gonzaga.

Unten und oben:
Francesco Maria Mazzola, genannt Parmigianino
Der verwandelte Aktäon und Detail, 1522/23
Fresko
Saletta di Diana e Atteone, Rocca di Fontanellato, Parma

Die Hunde sind schon über den in einen Hirschen verwandelten Aktäon hergefallen. Die Darstellung der Kinder im Detail wird oft mit dem Tod des Zweitgeborenen im Säuglingsalter verbunden.

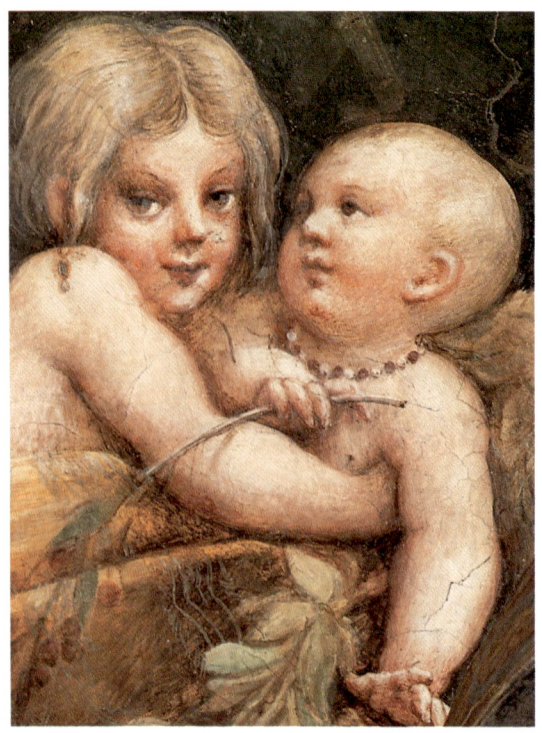

Das Wandgemälde beinhaltet auch ein Bildnis der Paola Gonzaga, Galeazzos Frau. Unter den Putten, die das Gewölbe rundherum schmücken, sind ihre beiden Kinder zu sehen. Der Junge hat den Blick ins Leere gerichtet und hält einen kleinen Kirschzweig, ein Symbol des Grabes, in der Hand. Sein Schwesterchen umarmt den kleinen Bruder und versucht ihn zurückzuziehen. Man weiß, dass Paola Gonzagas Zweitgeborener in zartem Alter starb. Dementsprechend hat man das gesamte Fresko als Allegorie des mütterlichen Schmerzes und des Trostes, der aus der unaufhörlichen Verwandlung und Wiedergeburt des Lebens gewonnen werden kann, gedeutet.

Wir wissen nicht, aus welchem Grund der lateinische Dichter Ovid von Augustus an das Schwarze Meer ins Exil verbannt wurde. Ein Brief des Dichters an den Kaiser enthält aber eine Andeutung auf eine ungenaue Anschuldigung: Ovid, ebenso wie Aktäon, hätte unbeabsichtigt etwas gesehen, dass er nicht hätte sehen dürfen.

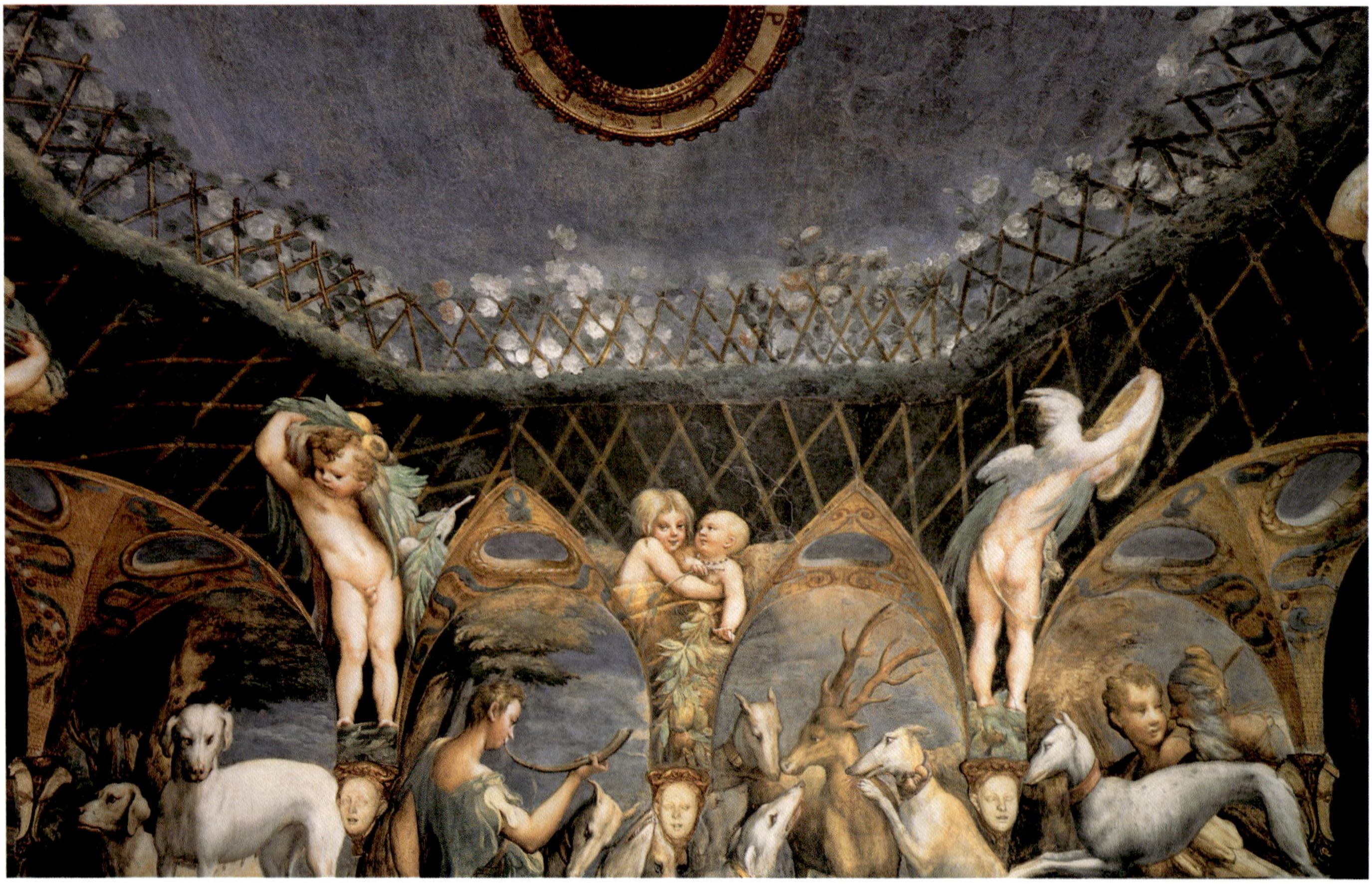

Minnesang und Troubadoure –
Italienische Literatur im Mittelalter

Katrin Boskamp-Priever

Ein »Buch zu Ehren des Kaisers« (Liber ad honorem Augusti) hieß die Chronik des Pietro de Eboli (um 1160–1219/20) für Heinrich VI. (1190–1197), in der hauptsächlich von den Kämpfen um das sizilianische Erbe berichtet wird, aufgelockert von interessanten ganzseitigen Illustrationen. Das Widmungsbild zeigt den geistlichen Verfasser auf den Stufen des Thrones kniend, wie er unter der Fürsprache des Auftraggebers Konrad von Querfurt, Reichskanzler Heinrichs VI., dem Herrscher sein Werk überreicht. Bereits am Hof seines Schwiegervaters, König Roger II., waren lateinische Chroniken meist als Auftragsarbeiten verfasst worden, zum Beispiel von Alexander von Telese, Falco von Benevent und Romuald Guarna – Letzterer ab 1135 Erzbischof von Salerno. Wie auch Hugo Falcandus bearbeiteten diese Schriftsteller die zeitgenössische Geschichte und konzentrierten sich dabei auf die Person des Herrschers und seine Heldentaten.

In der Regel waren es die Geistlichen im Umkreis des Hofes oder der Hausklöster, vor allem gebildete und des Lateinischen mächtige Adlige, die literarisch tätig wurden. Bücherschreiben war eine mühselige und langwierige Angelegenheit, da man von Hand und in großen, lateinischen Buchstaben auf teurem Pergament schrieb, das in Lagen gefaltet und zwischen meist aufwändig verzierte, kostbare Buchdeckel aus Holz, Leder, Elfenbein oder Edelmetallen gebunden wurde. Papier kam erst im 14. Jahrhundert in Gebrauch. So konnte die Herstellung eines Buches Jahre in Anspruch nehmen. Die Kaiser im Mittelalter, die bewusst an die römisch-antike Tradition des Herrschaftsstiles anschlossen, pflegten, wie auch Friedrich II. von Hohenstaufen (1212–1250), König von Sizilien, ein intensives Mäzenatentum, eine reiche Förderung der Künste und der Literatur. Schon sein Vater, Heinrich VI., ist als Dichter in die Geschichte eingegangen: Der Codex Manesse (um 1304/1330), die größte und bekannteste Liederhandschrift des Mittelalters, enthält eine Miniatur, die den thronenden Kaiser zeigt und einige Minnelieder, die ihm zugeschrieben werden. Die »Lirica dei trovatori«, die Lyrik der Troubadoure, pflegte man in Sizilien nach dem Vorbild der höfischen Minnedichtung und Epik Nordfrankreichs, der Provence und Aquitanien. Auch in Norditalien, an den fürstlichen Höfen, zu denen

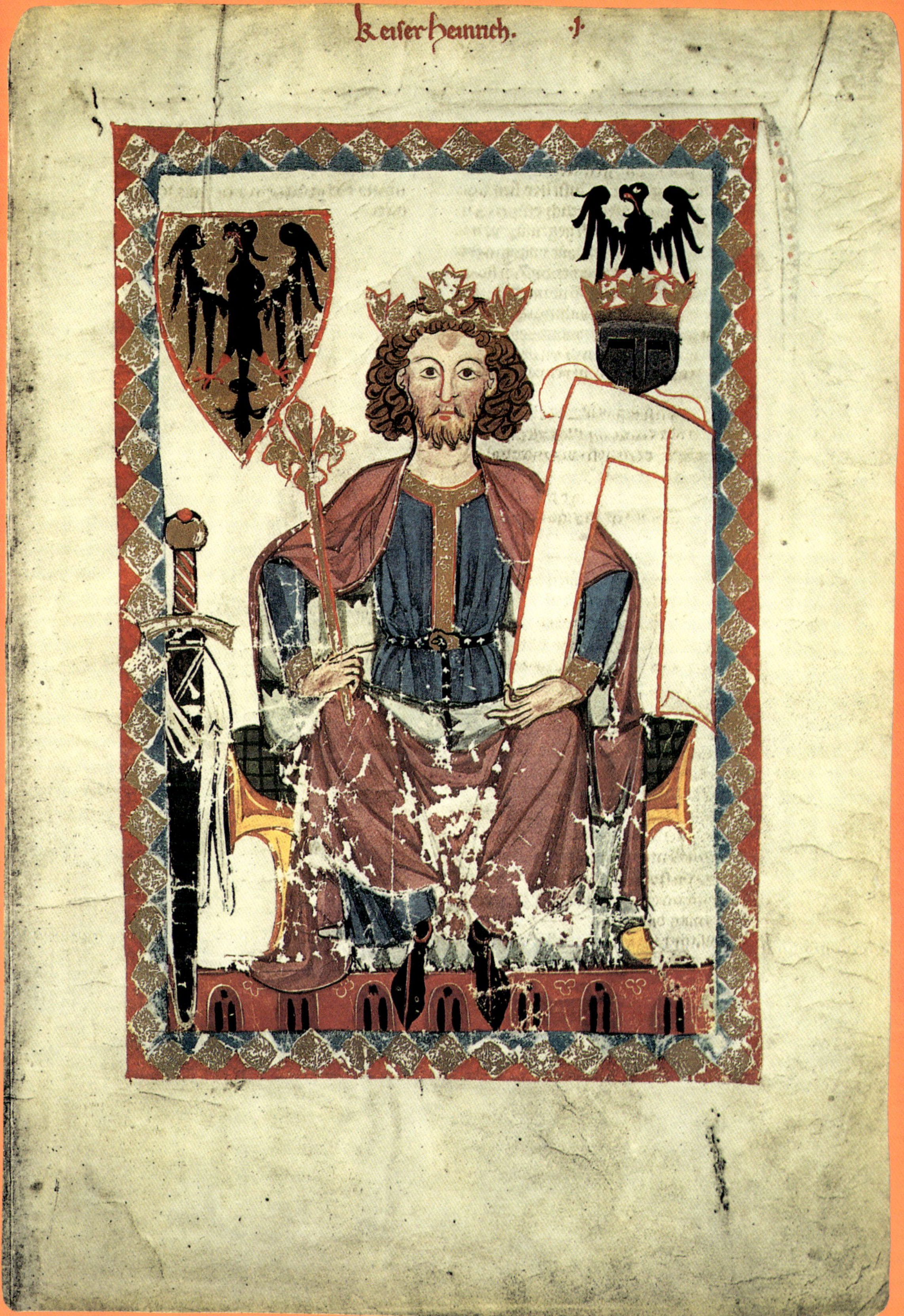
keiser heinrich. I.

Neben ihm waren der erste Notar der Reichskanzlei, Pietro della Vigna (um 1190–1249), außerdem der Notar Jacopo da Lentino, der Falknermeister des Kaisers Rinaldo d'Aquino, als Lyriker der sizilianischen Dichterschule bedeutend. Man schrieb in einem sizilianischen Dialekt, der ›lingua volgare‹, bereichert mit provenzalischen und lateinischen Ausdrücken, was teils zu formelhafter Nachahmung der französischen zu frischen, persönlichen Empfindungen und Alltagserfahrungen schildernden Gedichten führte, die nicht in Latein oder Provenzalisch, sondern in einem frühen Italienisch verfasst waren. Wie die französischen Troubadoure schufen die sizilianischen Dichter Werke, die vor allem die höfische Liebe, die Minne, zum Thema hatten, ein Liebesideal, das sich in der französischen Epik, zum Beispiel im »Lancelot«-Epos des Chrétien de Troyes (um 1135–vor 1190), vorgeprägt findet. Liebesdienst und Streben nach Vollkommenheit als die dem edlen Mann auferlegten Aufgaben um der Liebe seiner angebeteten Dame würdig zu sein rücken hier als wesentliche Elemente in den Mittelpunkt. Minnesänger und Troubadoure zogen deshalb von Turnier zu Turnier und verfassten Lieder zum Ruhm ihrer Herrin – all dies einzig, um ihre Huld zu gewinnen.

Als bedeutende Werke mit großer Wirkung auf nachfolgende Generationen vermitteln der »Cantico di frate Sole« (Sonnengesang) des Hl. Franz von Assisi (1181/82–1226) in einer Art rhythmischen Prosa und die »Laude«, die leidenschaftlichen Gedichte des Franziskanermönches Jacopo da Todi (um 1236–1306), einen Eindruck von der religiösen Dichtung des 13. Jahrhunderts. Zur gleichen Zeit und unter dem Eindruck der sizilianischen Dichterschule entstehen in Florenz und

Oben: Giovanni Boccaccio *Decamerone*, 1414 Miniatur auf Pergament Cod. Pal. lat. 1989, fol. 29v, Biblioteca Vaticana Apostolica, Vatikan

Die von Dekor umgebene und in den Textspiegel eingebundene Miniatur zeigt die Geschichte einer Frau aus der Gascogne, die in Zypern überfallen wird. Beim König angelangt, kniet sie – wie rechts zu sehen – vor ihm nieder, berichtet von ihren Erlebnissen und fordert vom König eine Erklärung.

Heinrich VI. Kontakt pflegte, hat sie ihren Niederschlag gefunden. Das erste deutsche »Lancelot«-Epos von Ulrich von Zatzikhoven, die Geschichte um den sagenhaften König Artur, die Ritter der Tafelrunde und den Heiligen Gral, könnte im Auftrag Heinrichs VI. entstanden sein. Das Staufergeschlecht ist aber auch selbst Gegenstand der Lyrik – Kaiser Friedrich II. zum Beispiel wurde von dem Minnesänger Reinmar von Zweter besungen. Er war ebenso gebildet wie sein Vater und verfasste das berühmte Falkenbuch »De arte venandi cum avibus« (Über die Kunst, mit Vögeln zu jagen), dichtete volkssprachige italienische Lieder und übte einen bestimmenden Einfluss auf den Kunst- und Literaturbetrieb seines Hofes in Palermo aus.

Bologna und anderen Städten des Nordens mit den Dichtungen des ghibellinischen Richters Guido Guinizelli (1240?–1276), des adligen Florentiners Guido Cavalcanti (um 1259–1300), des Juristen, Richters und Gesandten Cino da Pistoia (um 1270–1336/37) und anderen Freunden um Dante Alighieri (um 1265–1321) der ›dolce stil novo‹, eine idealisierende Lyrik, die in ihrer Thematik den Frauen und der Liebe verpflichtet, in den sprachlichen Mitteln jedoch verfeinert und motivisch reicher war. Dante entwickelte hier das ›volgare illustre‹, eine den erhabenen Themen der Dichtung durchaus angemessene italienische Volkssprache. Mit der »Divina Commedia« (Göttliche Komödie), einer fiktiven Reise durch die Hölle, das Fegefeuer und das Paradies, entstand ein Opus, das bis heute zu den bedeutendsten Werken der Weltliteratur zählt. Ebenfalls aus der Toskana, aus der Feder eines Florentiner Ghibellinen, stammt der »Novellino«, eine Reihe von 100 Erzählungen, die Themen der Antike, der Bibel, der mittelalterlichen Epik und der Gegenwart des 13. Jahrhunderts aufgreift.

Unter dem Einfluss der provenzalischen Lyrik stand auch der Hof König Roberts von Anjou (1309–1343) in Neapel, wohin es einen der berühmtesten Dichter Italiens, Giovanni Boccaccio (1313–1375), als Sohn eines Hofbeamten verschlug. Boccaccio kam dort mit höfischer Dichtung in Berührung, was bereits in seinen frühen Werken Niederschlag findet. Das Versepos »Filostrato« entnimmt sein Hauptmotiv dem altfranzösischen »Roman de Troie« (Trojaroman) des Klerikers Benoît de Sainte-Maure. Nach Florenz zurückgekehrt entstand in der Mitte des 14. Jahrhunderts, unter dem Eindruck der Pest, das vermutlich 1351 vollendete »Decamerone«, eine Sammlung von Novellen, die in eine Rahmenhandlung eingebunden ist. Zehn Personen auf der Flucht vor der Pest verbleiben für zehn Tage auf einem Landgut unweit von Florenz und vertreiben sich die Zeit mit dem Erzählen von Geschichten – eine literarische Konstellation, die Schule machen wird, von Geoffrey Chaucers »Canterbury-Tales« über Goethes »Unterhaltungen deutscher Ausgewanderter« bis hin zu Gottfried Kellers »Sinngedicht«. Moralisierend, deftig, realistisch, von Liebesschwüren und Liebesleid, Ehre und Ruchlosigkeit handelnd verschmelzen im »Decamerone« vielfältigste Stoffe und Motive miteinander. Das Ideal der hohen Minne hat zwar noch eine gewisse Bedeutung, doch bildet die Darstellung der triebhaften Liebe das beherrschende Moment. Der Freund und Zeitgenosse Boccaccios,

Francesco Petrarca (1304–1374), der viele Jahre in Avignon verbrachte, ruhelos umherzog und Gast an vielen Höfen Europas war, weitete das Liebesthema aus. Seine Subjektivität, das Hervorstellen des höchstpersönlichen Innenlebens und das Ablauschen und Ergründen geheimster Seelenregungen in den »Canzoniere« und den »Trionfi«, den Liebesgedichten an die ideale und idealisierte Laura, machen Petrarca zum ersten modernen Lyriker. In seinen lateinischen Dichtungen erhält allerdings die Formenwelt der Antike und die Welt des Geistigen ein entscheidendes Gewicht. In seinen an den antiken Autoren Vergil, Horaz und Platon geschulten Gattungen weist Petrarca dem europäischen Humanismus den Weg.

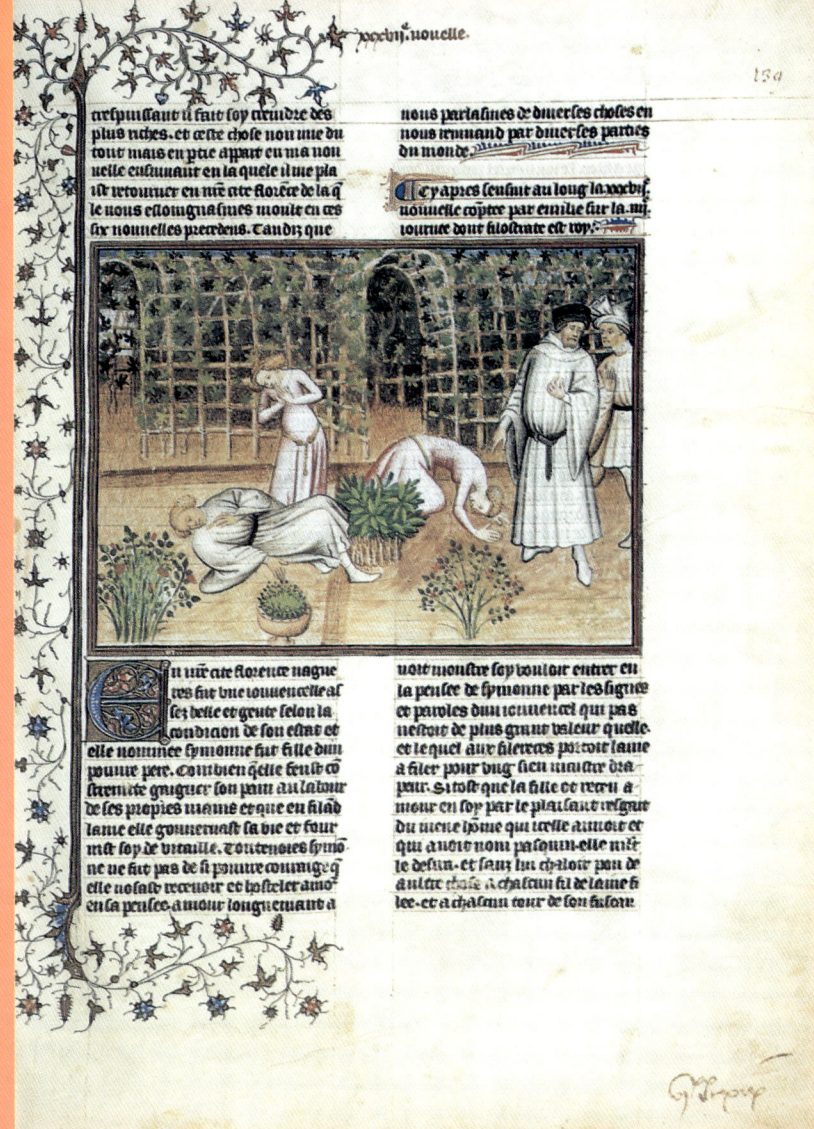

Oben: Giovanni Boccaccio
Decamerone, 1414
Miniatur auf Pergament
Cod. Pal. lat. 1989, fol. 139r,
Biblioteca Vaticana
Apostolica, Rom

In einem Garten mit Spalier im Hintergrund beweint Simona Pasquinos Tod durch den Salbei. Simona stirbt vor Schmerz, als sie von dem Geschehen berichtet.

Gegenüber: Cimabue
Der Hl. Franziskus (Detail),
um 1280
Holz
Museo di Santa Maria degli Angeli, Assisi

173

Gavi

Der befestigte Weinberg

Ein zusätzlicher Aufsatz auf dem Wachtturm ermöglichte einen weiten Rundumblick.

Rechts: Die abgestuften Wälle der Burg zur Erntezeit.

Der Rebenanbau auf den Burgwällen ist die besondere Charakteristik von GaviLigure. Er geht auf die 20er-Jahre des 20. Jahrhunderts zurück, als man Weinstöcke anpflanzte um Experimente mit der Reblaus durchzuführen. Heute wird in Gavi ein hochwertiger Weißwein hergestellt.

Schutz vor dem Norden

Von oben gesehen erinnert die Burg von Gavi Ligure an eine Schildkröte. Doch je nach Perspektive wandelt sie sich zu einem Rhinozeros oder einem gigantischen, an den Berg geklammerten Krebs. Gavi liegt im ligurischen Apennin auf der der Po-Ebene zugewandten Seite. Heute gehört es zu der Region Piemont und der Provinz Alessandria. Historisch jedoch war Gavi auf Genua bezogen, das in südlicher Richtung jenseits der Berge liegt, und, wenn man der Luftlinie folgt, nicht weit entfernt ist. Auf diese städtische Verbindung deutet auch die nach Süden weisende Burgfront hin, die eigentlich nach Norden hätte blicken müssen. Denn im Mittelalter hatte die Burg von Gavi Ligure in erster Linie die Aufgabe der alten Seerepublik Genua den Rücken zum Kontinent hin freizuhalten. Damals bestand die Festung nur aus einem winzigen Teil der heutigen riesigen Anlage.

Der Burgkern erhebt sich auf der höchsten Stelle des Felsens. Die späteren Befestigungen sind über mehrere Ebenen verteilt, bestehen aus großen verschanzten Terrassen und langen steinernen Wällen, an die zahlreiche Behausungen grenzen. Die gesamte Anlage wirkt wie ein befestigtes Kloster. Mönche haben jedoch niemals dort gelebt. Stattdessen konnten bis zu 900 Soldaten jahrelang und unabhängig von der Außenwelt in der Burg wohnen. Vor dem Ausbau der Festung fanden hier nicht mehr als 60 Soldaten Platz.

Dass zahlreiche Garnisonen in der Burg von Gavi Ligure beherbergt werden konnten, bezeugen fünf zum Teil sehr große Zisternen im Keller und ein bizarr verzweigtes hydraulisches System zur Sammlung und Klärung von Wasser. Die Erweiterungsarbeiten der Festung begannen 1625 und beanspruchten einige Jahrzehnte. Die Republik Genua heuerte den berühmten Militärarchitekten Gaspare Maculano, ›il Fiorenzuolo‹ genannt, an um das Vorhaben auszuführen. Der Ausbau war vom mili-

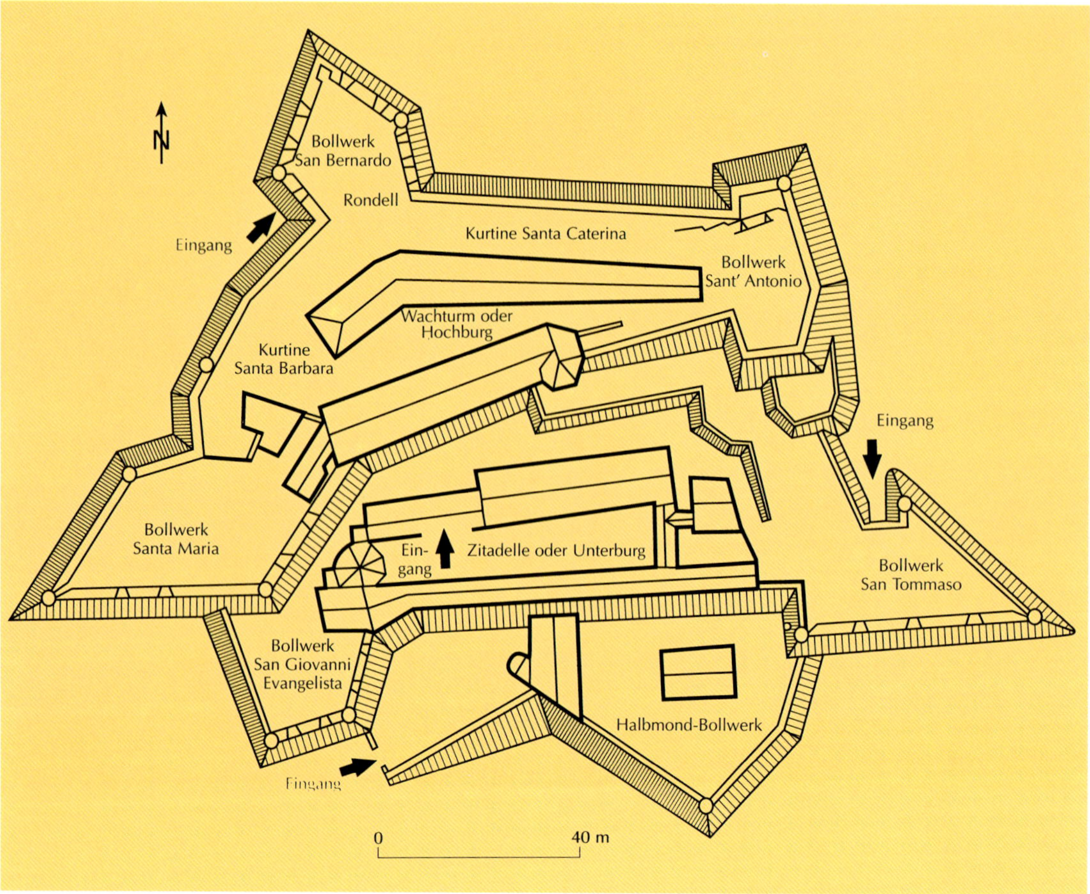

Die Burg Gavi verteilt sich auf drei Ebenen. Der älteste Teil umspannt die Spitze des Hügels und fungiert als Wachturm für die gesamte Burganlage.

Bollwerk San Bernardo
Rondell
Eingang
Kurtine Santa Caterina
Bollwerk Sant' Antonio
Wachturm oder Hochburg
Kurtine Santa Barbara
Eingang
Bollwerk Santa Maria
Ein-gang **Zitadelle oder Unterburg**
Bollwerk San Tommaso
Bollwerk San Giovanni Evangelista
Eingang
Halbmond-Bollwerk

0   40 m

tärischen Standpunkt aus überflüssig, lagen doch in jenen Jahren Genuas Konflikte mit den Mächten des Hinterlandes, Mailand und der Region Savoyen, vollständig in den Händen der Diplomatie. Doch noch einmal setzte die alte, ermattete Republik durch den imposanten Bau ein Zeichen ihres Machtanspruches.

Während seines italienischen Feldzuges war es erst wieder Napoleon, der in der Burg erneut Soldaten stationierte. Wenige Jahre später schaffte der Wiener Kongress 1815 per Dekret die Republik Genua ab. Sie musste ihre Gebiete an die künftigen Herrscher Gesamtitaliens, an Savoyen, abtreten. Das Haus Savoyen verwandelte Burgen, die ihren militärischen Wert verloren hatten, in Gefängnisse. Diese Gepflogenheit verbreitete sich bald über die gesamte Halbinsel und war auch das Los der Burg von Gavi. Für das neu zu einer Nation vereinigte Italien war es nicht schwierig, die vielen Burgen und Festungen, die auf eine glorreiche Vergangenheit zurückblicken konnten, mit Häftlingen zu fül-

len. 1923 veränderte indes ein glücklicher Zufall Gavis trauriges Geschick. Einer Krebserkrankung vergleichbar, befiel die Reblausplage die Weinberge Europas. Die Burg wurde zum Sitz eines Institutes, das mit Gegenmitteln experimentierte. Man pflanzte auf den großen Terrassen der Schutzwälle Rebstöcke an und veredelte sie. Es waren die besten Jahre für Gavi. Die Reblausplage ging vorüber und der Weinberg blieb. So können die Burgbesucher im Oktober noch heute die Weinernte auf den Stufen und Wällen unter den Schießscharten beobachten.

Zwei Ausbrüche aus jüngster Zeit

Während des Zweiten Weltkrieges (1939–1945) diente Gavi als Militärgefängnis. Aus dieser Zeit stammen zwei bemerkenswerte Episoden, die nach zahlreichen Jahrhunderten der Lähmung und Langeweile die Geschichte dieser einsamen Burg belebten. Die Rede ist von zwei spektakulären Gefängnisausbrüchen.

Major Jack Pringle

Der amerikanische Major Jack Pringle vom 8. Husarenregiment wurde Ende 1941 in Libyen gefangen genommen. Nach einigen Monaten Haft in der Wüste verlegte man ihn nach Italien und brachte ihn in die Burg von Gavi. Bereits am Bahnhof, wo ihn vier Carabinieri und ein Offizier in Obhut nahmen, wurde er davon in Kenntnis gesetzt, dass während der vergangenen 600 Jahre niemand aus der Festung entkommen sei. Überdies teilte man ihm mit, dass sich in der Burg 20 Offiziere und 300 Wärter aufhielten, die für die 180 Gefangenen zuständig waren. Die Burg erschien ihm als »(...) ein wirklich eindrucksvoller und beeindruckender, sehr schwer zu beschreibender Ort (...) Mauern, Wälle und Türme auf drei Ebenen verleihen ihr das Aussehen einer gigantischen Hochzeitstorte.« Bei der Ankunft wurde er der »(...) einzigen wirklichen Durchsuchung während meiner Haftjahre« unterzogen. »Die Nähte der Kleider wurden aufgetrennt, die Absätze der Stiefel entfernt, die Zahnpasta ausgedrückt.« Ihm wurde eine trockene und saubere Zelle mit Blick nach Süden zugewiesen. Die Verpflegung war gut. Dies traf ebenso für den Wein zu, den Bianco di Gavi, von dem man außer den täglichen drei Vierteln, die die Verwaltung zugestand, nebenher noch mehr kaufen konnte. Innerhalb des Kerkers war auch die beste Schokolade Italiens, die in dem ein paar Kilometer nördlich von Gavi gelegenen Novi Ligure hergestellt wird, verfügbar. Auch davon konnte man – sofern man es sich leisten konnte – kaufen, so viel man wollte.

Für Major Pringle war es nicht schwierig, unter den englischen und amerikanischen Häftlingen neue Freunde zu finden. Auch zu den italienischen Wärtern und Offizieren waren seine Beziehungen bald mehr als herzlich. Er sammelte eine Menge Informationen und recht schnell wurde ihm klar, dass es tatsächlich »keinerlei Möglichkeit zur Flucht gab; wir saßen in einer Schachtel aus Stein.«

Eines Tages vertraute sich ihm ein amerikanischer Häftling an. »Es war ein Soldat aus meinem Regiment. Er hieß Hadley, war Koch und lebte in einer Zelle, die sich an einen tiefer gelegenen Hof anschloss. Hadleys Zimmer lag folglich direkt unter dem meinen und befand sich in dem Gebäude, das dem Dorf zugewandt ist. In seiner Zelle, die auf

Von der Höhe der Burgwälle aus überblickt man das darunter liegende weite Tal und die Ortschaft Gavi Ligure, die heute zur Provinz Alessandria gehört.

Die Burg Gavi Ligure, von der Südseite gesehen.

Die Anlage erhebt sich auf den Überresten einer alten Festung, die seit altrömischer Zeit bezeugt ist. 1202 fiel sie an die Republik Genua, mit der Aufgabe die Hafenstadt vor Angriffen aus der Po-Ebene zu schützen. Die Festung wurde im Verlauf des 17. Jahrhunderts vollständig umgebaut und erweitert.

jeder Seite zwei Liegeplätze und somit insgesamt vier Schlafmöglichkeiten aufwies, lag er in einem Hochbett. Eines Nachts, als er sich umdrehte, knallte er mit dem Kopf gegen die Mauer. Er vernahm einen hohlen Ton, der bei den dicken Steinwänden normalerweise nicht üblich ist. Er sprach mit Leading Seaman darüber, der auf dem Platz unter ihm lag und ihm antwortete, dass es vielleicht sein Kopf gewesen sei, der so hohl geklungen habe. Letztendlich versuchten sie gemeinsam,

an der entsprechenden Stelle ein Loch in die Wand zu brechen. Sie entdeckten einen Geheimgang, der hinunter ins Leere führte und einen Meter breit war (...)«

Im Anschluss daran sprach Hadley mit Major Pringle. Eine Kommanditgesellschaft, der sich ein Dutzend der zuverlässigsten Häftlinge anschloss, wurde gegründet. Zur ersten Erkundung ließ sich Major Pringle mit einer Fackel, die »aus einem in Olivenöl getränkten Flanellpyjama hergestellt«

worden war, in den Gang bis auf den Grund hinab. Er fand eine riesige Zisterne, die mit Wasser gefüllt war. Um nunmehr die Mauern eingehend zu erforschen, schwamm er kreuz und quer in der Zisterne umher. Danach war die »Gesellschaft« wochenlang damit beschäftigt, die innere und äußere Topografie der Burg zu erforschen, zu vermessen und auszuspionieren. Als alles geklärt war, begannen die Arbeiten für die Flucht. Die Mauer, die zur Durchbrechung auserkoren war, lag dem Gangende gegenüber, bestand aus riesigen Granitsteinen und hatte eine Dicke von etwa drei Metern. Um sie zu erreichen, musste man zehn Meter schwimmen. Man teilte die Arbeit in Schichten ein und fertigte ein kleines Floß für den Transport des Materials an. Auf einen Mauervorsprung gestützt, begann man mit einem eisernen Fuß von Hadleys Bett am Felsen zu kratzen. Um den Stein nachgiebiger zu machen, nutzte man später das Prinzip der Temperaturschwankung: Mit dem Material, das draußen gesammelt worden war, entzündete man auf dem Vorsprung ein Feuer. Danach kühlte man die Mauern mit Wasser ab und schabte mit dem Fuß von Hadleys Bett an dem Stein. Die Arbeit währte den ganzen Winter und den Frühlingsanfang hindurch. Sie wurde in drei Schichten Tag und Nacht fortgesetzt. In jenen Monaten erreichte

der Schokoladenverbrauch innerhalb des Kerkers Rekordhöhe. Wie geplant entkamen die Häftlinge über das Dach des Schlafraumes der Wärter. Für die Flucht hatten sie einen nebligen und regnerischen Aprilabend abgewartet.

Von den zwölf Häftlingen wurden elf am folgenden Tag auf den Feldern rund um die Burg wieder eingefangen. Nur Major Pringle, der Profi, schaffte es nach Genua durchzukommen. Von dort aus erreichte er seine Kriegskameraden in Süditalien, verbrachte einen Urlaub in den Vereinigten Staaten und kehrte dann nach Europa zurück um weiterzukämpfen. Pringle wurde in Österreich erneut gefangen genommen und inhaftiert. Wiederum gelang ihm die Flucht. Eine weitere Gefangennahme und Internierung in Deutschland folgte. Auch hier konnte Pringle zweimal entkommen. Selbst aus dem letzten Gefängnis in der Tschechoslowakei gelang es ihm, die Freiheit wiederzuerlangen. Dann war der Krieg zu Ende.

General Efisio Marras

Gavi, März 1944. Die Pforten der Burg öffnen sich, um drei Häftlinge hereinzulassen: italienische Soldaten in Begleitung einer italienischen SS-Abteilung. Eine lange Reise liegt hinter ihnen. Seit Major Pringles Flucht ist noch kein Jahr vergangen. Doch

Die große unterirdische Zisterne hielt für die militärische Besatzung der Burg einen unerschöpflichen Vorrat an Wasser bereit.

die Lage hat sich völlig verändert. Den Staat Italien gibt es nicht mehr. Stattdessen hat sich im Süden eine provisorische monarchistische Regierung mit den Alliierten verbündet, die den südlichen Teil der Halbinsel besetzt halten. Im Norden existiert eine von Mussolini geführte und vom Dritten Reich abhängige Regierung. Das deutsche Heer hält den gesamten mittleren und nördlichen Teil des Landes besetzt.

Auch die Rolle der Burg von Gavi ist nicht mehr die gleiche wie vorher. Häftlinge und Wachpersonal haben sich geändert: es sind Italiener, die ei-

Der Eingang der Burg mit dem runden Wachturm.

nen wie die anderen. Allein der Burgwart Signor Rabbia aus Gavi Ligure ist derselbe wie vor 20 Jahren und wie eh und je ist er mit der Reblausplage befasst. In Italien toben der Weltkrieg und ein Bürgerkrieg. Die dritte Strafkompanie der faschistischen Republik von Salò bewacht die Burg, in der Soldaten einsitzen, die sich Mussolinis Staat in Norditalien nicht angeschlossen haben.

Doch wer sind die Neuankömmlinge? Heeresgeneral Efisio Marras, seit Ende der 30er-Jahre Leiter der italienischen Militärmission in Berlin, Konteradmiral Carlo de Angelis Chalet de la Frémoire und Giuseppe Teucci, Oberst der Luftwaffe, Militärattachés der Marine und der Luftfahrt an der italienischen Botschaft in Berlin. Alle drei sind die absolut besten Kenner der militärischen Lage Deutschlands. Über sie ist in den ersten vier Kriegsjahren die vertrauliche Beziehung zwischen den Generalstäben Italiens und Deutschlands gelaufen. Ihnen sind sämtliche Geheimnisse der »brutalen Freundschaft« zwischen den beiden Regimes bekannt. Die schonungslosesten und hellsichtigsten Berichte über die Struktur des deutschen Militärs und den Ablauf innerhalb der Entscheidungs- und Befehlskette in Heer und Staat sind General Marras zu verdanken. In seinen Berichten finden sich schon Monate im Voraus die Vorhersage des Scheiterns der Invasion Großbritanniens, der Eröffnung der Ostfront, des Fehlschlagens des Russlandfeldzuges und der letztlichen Niederlage des Nazi-Regimes. Obwohl General Marras' spärliche Sympathien für die beiden Regimes und ihre Führer bekannt sind, verfährt Mussolini, der den italienischen Botschafter in Berlin wegen seiner anglophilen und neutralistischen Neigungen 1940 brüsk zurückbeordert hatte, mit Marras bisher anders – der General war der Einzige, der wirklich stichhaltige Informationen über den deutschen Verbündeten liefern konnte. Dass Mussolini stets das Gegenteil dessen tat, was Marras' Berichte ihm nahe legten, steht auf einem anderen Blatt.

Von Oranienburg nach Gavi

Am 8. September 1943 unterzeichnen die monarchistische Regierung Italiens und die Alliierten den Waffenstillstand. Marras, de Angelis und Teucci ebenso wie fast das gesamte zivile Personal der italienischen Botschaft in Berlin erklären sich der

Monarchie gegenüber loyal. Am 10. September werden das diplomatische Personal und die Mitglieder der italienischen Militärmission mitsamt ihrer Familien in einem Sonderzug nach Italien geschickt. Aber in einem Bahnhof in Bayern fordert man die drei Offiziere höflich zum Aussteigen auf und bringt sie dann ins Lager Garmisch-Partenkirchen. Anschließend verlegt man sie erneut nach Berlin um sie im Lager Oranienburg zu internieren. Dort bleiben sie sechs Monate. Sobald die deutschen Behörden die faschistische Regierung von Salò als hinreichend gefestigt betrachten, werden Efisio Marras und seine beiden Offiziere nach Italien gebracht und der dritten Strafkompanie in der Burg von Gavi Ligure überstellt. Dort erwartet sie ein Prozess wegen Hochverrats.

Am 12. Oktober 1944 flohen General Efisio Marras, Konteradmiral Carlo de Angelis Chalet de la Frémoire und Oberst Giuseppe Teucci aus der Burg von Gavi, zusammen mit einem weiteren General, zwei Unteroffizieren und zwölf in der Burg festgesetzten Soldaten. Mit ihnen verschwan-

den zwei Maschinengewehre vom Typ Breda 37, zwei Maschinenpistolen, zahlreiche Gewehre, fünf Kisten mit Handgranaten und jener Safe, der alle Unterlagen der dritten Strafkompanie der Republik von Salò enthielt. Bereits die Menge, die fortgeschafft wurde, legt nahe, dass die Flüchtlinge nicht auf Major Pringles Fluchtweg verschwunden sein konnten.

Am 12. Dezember 1945, der Krieg ist vorbei, werden Einzelheiten aus der Erklärung von Signor Giovan Battista Rabbia bekannt, dem Burgwart seit den Zeiten der Reblaus. Die Gefangenen hätten die Burg durch das Haupttor verlassen, er selbst habe sie begleitet und ihnen geholfen das »Gepäck« auf die wartenden Fahrzeuge der Partisanen zu laden. Es sei ein nebliger, regnerischer Abend gewesen. Die Wachposten der Strafkompanie hätten nichts bemerkt, berichtet Signor Rabbia.

Im Mai 1999, mehr als ein halbes Jahrhundert nach den Ereignissen zu Kriegsende, ist seine Tochter, Signora Graziella Rabbia, als Wärterin der Burg von Gavi Ligure angestellt.

Blick vom oberen Teil der Burg auf die in den Mauern gelegenen Kasernen.

Bracciano

Die Burg Orsini-Odescalchi

Eine mögliche Annäherung

Verlässt man das Zentrum Roms in nördlicher Richtung entlang des Tibers und umrundet den Monte Mario, kommt man zur Via Cassia. Auf ihr werden 18 Kilometer zurückgelegt, wobei man unter und über Autobahnzubringern, Brücken und Umgehungsstraßen vorbei an Müllkippen und an Wohnfestungen, die von Videokameras und Wachhunden bewacht werden, entlang fährt. Schließlich erreicht man bei dem Ort La Storta, der traurige Erinnerungen an den Zweiten Weltkrieg hervorruft, eine Abzweigung. Hier nun nimmt man die Straße nach Bracciano, fährt durch eine entspanntere Landschaft und gelangt nach weiteren 18 Kilometern in die Ortschaft. Diese Wegstrecke wird von Reisenden des 19. Jahrhunderts mit sehnsuchtsvollen Worten beschrieben. Bemüht man sich um äußerste Abstraktion, begreift man auch heute noch den Grund.

Bracciano ist eigentlich ein See, der sich wie viele Seen des Latiums in einem Krater gebildet hat. Seine Oberfläche entspricht der Größe des innerhalb der alten Mauern gelegenen Roms. Das Wasser ist in der Kratermitte sehr tief. Blickt man nach Norden, erkennt man, dass der See durch einen Kamm niedriger und schwarzer, spitzzackiger Berge eingerahmt wird. Dies ist der alte Kraterrand. Seinen Namen leitet der See von einer der drei Ortschaften ab. Es handelt sich hierbei um mittelalterliche Städtchen, die

Oben: Blick auf die Burg und den Ort Bracciano.

Im 18. Jahrhundert wurde die Burg ebenso wie ein Großteil des römischen Immobilienbesitzes der Familie Orsini von Fürst Odescalchi erworben. Deshalb führt die Festung heute einen Doppelnamen.

Gegenüber:
Die Burg Orsini-Odescalchi liegt oberhalb des Sees Bracciano, einem Kratersee, wie er häufig in Latium anzutreffen ist.

Nachdem die Burg, deren
ältester Teil aus dem 12. Jahrhundert stammt, 1419 an
die Orsini gegangen war,
begann Napoleone Orsini
mit den Umbaumaßnah-
men. Diese wurden von seinem Sohn, Gentil Virginio
Orsini, fortgesetzt, unter
dessen Führung der Palast
moderne Züge erhielt, der
dem höfischen Leben ande-
rer Residenzen in nichts
nachstand.

auf das Wasser hinausblicken. Durch ihre Lage
bilden sie ein regelmäßiges Dreieck, in dessen
westlicher Ecke Bracciano liegt, während An-
guillara und Trevignano die beiden anderen
Ecken besetzen. Die gigantische Burg Orsini, die
heute nach dem Namen des Prinzen, der sie im
18. Jahrhundert erwarb, Odescalchi heißt, ragt
beherrschend über der Landschaft auf. Das Gebäude, die Mauern und die fünf Türme ringsum
sind aus großen quadratischen Lava-Basalt-
Blöcken gefügt, deren schwarzgraue Farbe sich
in dem umliegenden Felsgestein wiederfindet.
Auch der Wasserspiegel ist von einem metalli-
schen Dunkelgrau. Die Burg hat einen unregelmäßigen Grundriss und besteht aus zwei sehr
unterschiedlichen rechteckigen Komplexen, die
durch Höfe und ein zentrales Gebäude miteinander verbunden sind. Der ältere östliche Teil, der
dicht am Ort und am See gelegen ist, geht auf
das 12. Jahrhundert zurück.
Durch die Investitur, die Papst Martin V. vollzog,
indem er als symbolische Abgabe einen Geier pro
Jahr festsetzte, ging diese alte Festung 1419 an

die Familie Orsini über. Die Orsini waren eine
der beiden großen Feudalfamilien Roms, deren
Besitztümer sich von Apulien bis zu den Abruzzen, von Latium bis nach Kampanien erstreckten. Die Familie selbst lag in ständigem Streit
mit der anderen großen Feudalfamilie Roms, den
Colonna. Beide Familien kontrollierten einen
Großteil der Stadt und versetzten sie in einen
schwelenden Bürgerkrieg. Dabei suchten die
Orsini seit jeher das Bündnis mit der Kirche. In
der Tat hätte sich der Papst ohne ihre Unterstützung in Rom nicht halten können. Doch beruhte das Abhängigkeitsverhältnis auf Gegen-
seitigkeit. Mit ihren Burgen und Besitztümern
kontrollierten die verschiedenen Zweige der Orsini die wichtigsten Einfallstraßen der Stadt. Mit
dem Lehen von Bracciano erlangten sie zudem
die Kontrolle über die Via Cassia, die die Haupt-
verbindung Roms mit Umbrien und der Toskana
bildete.
Nachdem Napoleone Orsini Herr von Bracciano
geworden war, begann er mit dem Aus- und Umbau der Burg. Sein Ziel dabei war es eine moderne

Festung zu errichten und sie in eine Residenz, die seinem Namen würdig war, zu verwandeln. Dabei gesellte sich zu der alten Struktur eine neue, die sich den militärischen Bedürfnissen der zweiten Hälfte des 15. Jahrhunderts und damit einer Zeit, in der sich die Entwicklung der Waffen- und Verteidigungstechniken im Übergang befanden, anpasste. In diesem Sinn ist die Burg eine gut gelungene Mischung. Napoleones Sohn, Gentil Virginio Orsini, der am Hofe Neapels erzogen wurde und der Schwager Lorenzo il Magnificos war, vollendete das Werk. Er kümmerte sich vor allem um den dekorativen Aspekt. Dabei nahm er den Rat und das Werk von Künstlern und Architekten an, wie von dem aus Siena stammenden Francesco di Giorgio Martini. Dank der Einzelheiten und den Nacharbeiten dieser zweiten Phase erhält der strenge, düstere Charakter der Burg Züge von unerwarteter Eleganz. Mit Gentil Virginio wurde die Festung Braccianos Hauptresidenz der Familie und einer der großen Renaissancehöfe Mittelitaliens.

F. Sansovino
Bildnis Gentil Virginio Orsinis
aus: »L'Historia di casa Orsini«, Venedig 1565

Gentil Virginio Orsini wurde am Hofe zu Neapel erzogen. Der Humanist Giovanni Pontano, der zu seinen Lehrern gehörte, fällte später ein wenig schmeichelhaftes Urteil über ihn. Dies verdeutlicht der am 24. Juli 1487 datierte Brief Pontanos an Giovanni Albino, in dem es heißt: »Aber ich habe eine schlechte Meinung über alle Dicken, umso mehr, wenn es Guelfen sind. Guelfen und Dicke sind im Allgemeinen Sprüchemacher und ihre Taten verflüchtigen sich in Rauch (...) ihr Blut taugt gerade noch für Fettgebackenes.« Zudem wurde Gentil Virginio Geiz vorgeworfen. In einem Brief Giovanni Pontanos lesen wir darüber: »Sie müssen wissen, dass Gentil Virginios Sohn Gian Giordano mir gestern ein königliches Geschenk schickte: elf Wildschweine, vier Rehe und einen Hirsch von besonderer Größe. Der Vater übe sich in Geduld, wenn der Sohn freigiebiger ist als er!«

Im Saal der Jagdtrophäen ist ein von der Mauer abgelöstes und auf Leinwand gezogenes Fresko untergebracht, das Szenen aus dem Leben Gentil Virginio Orsini darstellt. Das Antoniazzo Romano und seiner Schule zugeschriebene Fresko aus dem 15. Jahrhundert befand sich ursprünglich im Vestibül des zum Burghof führenden Eingangs.

Antoniazzo Romano
(1452–1508)
*Begegnung des Gentil
Virginio mit Pietro de' Medici*
Fresko
Castello Orsini-Odescalchi,
Bracciano

Das Bild wurde anläßlich
der Ernennung Gentil Virginios zum Generalkapitän
der aragonischen Truppen
des Königreiches Neapel
(1489) gemalt.

Gentil Virginios Tod

Wie alle Gebiete, durch welche die neapolitanische Expedition König Karls VIII. von Frankreich
(1494–1496) zog, wurden auch der Kirchenstaat
und die Stadt Rom vom Durchmarsch des französischen Heeres erschüttert. Papst Alexander VI.
war Verbündeter der aragonischen Souveräne. Diese
regierten in Neapel, einem Königreich, das durch
Karl VIII. und die alten Ansprüche der französischen Krone den Aragonen streitig gemacht wurde. 1494 hatte Gentil Virginio Orsini das Amt des
Bannerträgers der Kirche und des Generalkapitäns
des neapolitanischen Heeres inne. Somit wäre es
seine Aufgabe gewesen den Vormarsch der Franzosen aufzuhalten und nicht nur Neapel, sondern
auch die »Ewige Stadt« zu verteidigen. Doch als
das französische Heer vorrückte, schickte Gentil
Virginio seine Söhne Karl VIII. entgegen und lud
den König zum Aufenthalt in seiner Burg ein. Karl
nahm an und zog am 19. Dezember 1494 in die
Festung von Bracciano. Diese Kehrtwende Orsinis

bewirkte die rapide Verschlechterung der Situation
Neapels und bewog König Alfonso d'Aragona zum
Verlassen der Stadt.

Als etwa zwei Jahre später, im Februar 1497, der
französische Wirbelsturm verebbt war, schmachtete Gentil Virginio Orsini an der Seite seines Sohnes
Giangiordano in einer Zelle der in Neapel gelegenen Festung Castel dell'Ovo. Da sie das Bündnis
mit dem Papst und dem König von Neapel gebrochen hatten und zu Karl VIII. übergelaufen waren,
wurden beide des Doppelspiels und des Verrates
angeklagt. Diese Anklage erfolgte nicht nur einmal,
sondern zweimal. So hatte Gentil Virginio den
französischen König auch auf dem Rückweg beherbergt. Wegen dieses Verbrechens und »weil er
es gewagt hatte die Rechte der Kirche anzugreifen«, verlor er durch eine vom Papst am 2. Juni
1496 verabschiedete Bulle sämtliche Rechte und
Besitztümer. Darüber hinaus wurde er exkommuniziert und damit der Verdammnis anheim gestellt.
Eines Morgens fand man Virginio tot in seiner

Zelle auf. Laut Alexander VI. war er »an einem Katarrh« verstorben. Nach allgemeiner Überzeugung beruhte die Todesursache jedoch auf einem Gift, das aus den berüchtigten Kellern des Papstes stammte. Sofort trat sein Sohn Giangiordano in einen Hunger- und Durststreik, der indes nur einen Tag dauerte. Denn schon am nächsten Morgen traf die Erklärung, in der der Papst den Angeklagten Vergebung gewährte, ein. Giangiordano wurde wieder freigelassen und in die Besitztümer und Rechte eingesetzt, die seinem Vater zugestanden hatten. Mehrere Gründe hatten den Papst inzwischen zu diesem Schritt veranlasst. So hatten seine Truppen im Kampf gegen die Soldaten der Orisini eine militärische Niederlage erfahren, die Partei der Orsini einen bewaffneten Aufstand in Rom angedroht und die Venezianer 50 000 goldene ›Scudi‹ an die apostolische Kammer gezahlt um die beiden Gefangenen auszulösen. Für Gentil Virginio, der seine Weinflasche, die ihm die Kerkerverwaltung hatte zukommen lassen, auf der Stelle

geleert hatte, kam die päpstliche Vergebungserklärung zu spät. Dies galt nicht für Giangiordano, der ein moderaterer Trinker war.

Giangiordanos Vermählung
Vermutlich beeinflusst durch seine schreckliche Erfahrung, die er im Kerker des Castel dell'Ovo zu Neapel gemacht hatte, war die von Giangiordano Orsini verfolgte Politik umsichtiger als jene, die seinem Vater den Kopf gekostet hatte. Gegenüber seinen Feinden suchte Giangiordano nach Kompromisslösungen und unternahm alles nur Denkbare um bewaffnete Konflikte zu vermeiden. Trotz seines verstiegenen Charakters, der ihm den Spitznamen »öffentlicher Narr« eintrug, bewies er, dass er weitblickend zu planen vermochte. Giangiordanos Politik begann nach dem Tode Papst Alexanders VI., der im Übrigen dadurch verursacht wurde, dass der Papst aus Versehen seinen eigenen Wein trank, reiche Früchte zu tragen. Denn nach einem kurzen Zwischenspiel von Papst Pius III.,

der 26 Tage regierte und danach verstarb, wurde Giuliano della Rovere, Papst Julius II., gewählt. Bei dem Versuch in Rom und auf dem Gebiet des Kirchenstaates wieder Ordnung einzuführen, verfiel der neue Kirchenfürst auf die Idee die Orsini und die Colonna miteinander zu versöhnen. Dabei machte er sich selbst zum Schwiegervater beider Familienoberhäupter. Er verkuppelte Lucrezia Gaia della Rovere, seine »Nichte«, mit dem jungen Marcantonio Colonna. Mit großem Gepränge feierte man am 2. Januar 1506 in der Kirche Santi Apostoli in Rom die Hochzeit. Noch immer ist ein langer Brief des Kardinals Dovizi an den Herzog von Ferrara erhalten, worin die Kleidung der Braut, Samt und Brokate, die Halskette, die Armbänder und das Diadem detailliert geschildert werden. Die Zeremonie, so schreibt der Kardinal, dau-

erte mit den »zwei Banketts und zwei Komödien, die in Anwesenheit einer großen Anzahl von Kardinälen gegeben wurden«, 48 Stunden.

Ausgerechnet in jenen Tagen wurde Giangiordano Orsini, der inzwischen recht bejahrt und Vater von vier Mädchen und einem Jungen war, Witwer. Sogleich bot ihm Papst Julius seine Tochter Felice della Rovere als Braut an. Sie war fast noch ein Kind und galt als eine »Blume von seltener Schönheit«. Diesmal empfahl der Papst eine einfache, bescheidene Zeremonie um die Kritik der Neider zu vermeiden. Kein Pomp, keine Bankette und prunkvollen Gewänder, lautete der päpstliche Wunsch. Auch auf Geschenke, Aufführungen und Feste sollte in Anbetracht des fortgeschrittenen Alters und der erst jüngst eingetretenen Witwerschaft des Bräutigams verzichtet werden. Giangior-

Oben: Fries mit Putten und dem Wappen der Orsini. In der Mitte, zwischen den Akanthusblättern, zeigt sich auf dem roten und blauen Hintergrund das Familienwappen, das von zwei Putten getragen und von einem doppelköpfigen Satyr überragt wird.

Gegenüber, oben:
Zuccari
Ansicht von Bracciano
Fresko
Castello Orsini-Odescalchi, Bracciano
Die Vedute schmückt einen der Burgsäle.

Gegenüber, unten:
Überdachte Veranda im Residenzteil.

dano erschien die Mitgift, die Julius II. seiner Tochter mitgab, allzu bescheiden. Dennoch erklärte er sich mit der Hochzeit einverstanden. Sie wurde Anfang Juni 1506 auf denkwürdige Art gefeiert. Am Tage der Eheschließung erhob sich Giangiordano im Morgengrauen und ging auf die Jagd. Zur festgesetzten Stunde fand er sich im Jagdanzug, schmutzig, verschwitzt und unrasiert, im ›Palazzo della Cancelleria‹ ein. Kaum war das Ritual beendet, forderte Giangiordano die Anwesenden auf den Saal zu verlassen und draußen zu warten, bis die Ehe an dem Ort, an dem sie geschlossen, auch vollzogen worden sei. Zu diesen Äußerungen den päpstlichen Schwiegervater zu befragen war keine Zeit.

Endlich kamen die Neuvermählten aus dem Palast. Sie machten sich zu Fuß und gefolgt von den Geladenen auf den Weg zum Palazzo Orsini, der sich auf dem Monte Giordano befindet. Die Braut an Giangiordanos Arm wirkte keineswegs verwirrt, sondern eher vergnügt. Im Palast war kein Bankett gerichtet. Da die Gäste mangels Besteck mit den Händen essen mussten, wurde Fleisch am Spieß serviert. Bei Tisch blieb Giangiordano ernst und stumm und konzentrierte sich auf das Mahl. Die anderen unterhielten sich. Während der gesamten Essenszeit hielt ein Diener einen Hut über Giangiordanos Kopf. Kaum hatte er alles verzehrt, nahm er diesen Hut, küsste ihn und setzte ihn auf. Dann verabschiedete er die Gäste.

über 40 festbesoldete Musiker. Im Laufe des Mittelalters wurde die Hofhaltung eines Adeligen zunehmend zum Sinnbild seines Ranges und Ansehens als Herrscher. Je mehr Prachtentfaltung und Pomp inszeniert wurden, desto mächtiger und wohlhabender erschien der Regent seinen Untertanen. So verwundert es nicht, dass in den Rechnungsbüchern italienischer Hofhaltungen regelmäßig unter den kurzzeitig oder langfristig Bediensteten Sänger der Hofkapelle, Hof- und Feldtrompeter, Spielleute, Narren und Zwerge auftauchen. Möglichst lautstark sollten tatsächliche und in noch stärkerem Maße vermeintliche Macht verkündet werden. Die aufgrund ihres schmetternden Klanges für Repräsentationszwecke besonders geeigneten Trompeten blieben sogar dem Patriziat und einflussreichen Bürgern vorbehalten. Kaum ein Adeliger reiste oder trat auch nur öffentlich in Erscheinung ohne weithin hörbar auf sich aufmerksam zu machen, wozu man sich natürlich gerne der Kunst der Spielleute bediente. Mit dem Banner des jeweiligen Dienstherrn am Instrument diente der Aufmarsch möglichst vieler Bläser als Statussymbol. Alfonso d'Aragona nahm seine Sänger sogar mit auf die Jagd. Wie wichtig man die Beteiligung von Musikern auf Reisen empfand, führt eine Unternehmung des Galeazzo Maria Sforza beispielhaft vor Augen. Im Jahr 1471 plante er von Mailand nach Florenz zu reisen. Leider befanden sich seine eigenen Posaunisten, Schalmeibläser und Querpfeifer zu dieser Zeit aufgrund einer Straftat im Gefängnis. Da er nun keine standesgemäße Reisebegleitung hatte, zögerte er den Reisebeginn so lange hinaus, bis ihm der Marquis von Mantua wenigstens seine 40 Lautenspieler als Ersatz zur Verfügung stellen konnte.

Die Familien des italienischen Adels scheuten keine Mühen im Wettkampf des gegenseitigen Überbietens an Prachtentfaltung und Geltungssucht. Von Anfang an baute Ercole I. d'Este seine Hofmusik unter anderem in Konkurrenz zu derjenigen von Galeazzo Maria Sforza auf. Letzterer gab 1473 viermal so viel für seine Musiker aus, als man in Ferrara investierte. Dennoch sollte Ercole I. nach der Ermordung Sforzas und der damit verbundenen Übernahme einiger festbesoldeter Sänger und Spielleute aus Mailand der Herrscher mit der größten Hofkapelle Italiens werden. Zunehmend erhöhte er sowohl die Anzahl der Streicher als auch die der Bläser. 1484 standen an seinem Hof in Ferrara allein elf Trompeter in seinen Diensten. Die

Musik und Tanz im Leben des italienischen Adels

Margit Bachfischer

»Vor allem trag Sorge, dass weder seine königliche Majestät noch sonst jemand auf den Gedanken kommt, wir seien die Ursache dafür, dass diese Sänger abspenstig gemacht werden.« Mit diesen Worten beauftragte Galeazzo Maria Sforza im Jahre 1472 seinem Botschafter in Neapel, einige der dortigen Sänger für die Mailänder Hofkapelle mit der Aussicht auf »gute Pfründe und guten Lohn« abzuwerben. Bis zum Tod des Herzogs 1476 verfügte die Kapelle der Sforza

besondere Bedeutung der Bläser spiegelt sich auch in deren Bezahlung. In Ferrara erhielten sie einen Lohn, der weit über dem der Sänger und der übrigen Instrumentalisten wie Flötisten, Harfenisten oder Lautenspieler lag.

Im 14. Jahrhundert entstand eine besondere Vorliebe für so genannte Alta-Ensembles, die sich im Laufe des 15. Jahrhunderts zu einem die höfische Unterhaltungsmusik beherrschenden Standard entwickelten. Meist waren sie mit drei Blasinstrumenten besetzt, bestehend aus Schalmeien, Pommern, Zinken und Posaunen in unterschiedlichen Kombinationen. Diese kleinen Bläsergruppen spielten bei Wettkämpfen, Turnieren, Einzügen wichtiger Persönlichkeiten sowie zur Begleitung feierlicher Bankette und höfischer Tänze im Freien oder in großen Räumlichkeiten auf den Burgen und Schlössern. Häufig improvisierten die Alta-Ensembles, wobei stets ein Spieler die Hauptmelodie anstimmte, die von den anderen Musikern frei umspielt und ausgeziert wurde. Dennoch sind vereinzelt Aufzeichnungen von dreistimmigen, untexteten Stücken für diese typische Alta-Besetzung erhalten geblieben, wie beispielsweise einige Werke, die 1480 während der Verlobungs- und 1490 als Zwischenspiele zu klassischen Komödien während der Hochzeitsfeierlichkeiten von Isabella d'Este und Francesco Gonzaga gespielt wurden.

In Italien bezeichnete man derartige Ensembles oftmals als ›pifferi‹. So wurde Borso d'Este im Jahre 1465 von dem bereits mehrfach erwähnten Galeazzo Maria Sforza gebeten, die höfischen ›pifferi‹ aus Ferrara aus-

leihen zu dürfen. Leider konnte diesem Anliegen nicht entsprochen werden. Borso d'Este benötigte sie selbst für die Festlichkeiten zu Ehren des Hl. Georg, für das sie, wie er sich äußerte, »zwar nicht unbedingt erforderlich sind, um so notwendiger aber für unsere Ehre und die des Landes«.

Anlass für derart aufwändig gestaltete höfische Feierlichkeiten konnte ein kirchliches Hochfest ebenso sein wie ein besonderes politisches oder ein außergewöhnliches persönliches Ereignis. Taufen, Hochzeiten, Begräbnisse, Hof- und Reichstage, die glückliche Rückkehr von einem Feldzug oder einer Reise, aber auch wichtige Besuche boten Gelegenheit für mehr oder minder pompös gestaltete Festlichkeiten. Stets wechselten Festmahl, Tanz, Gesang, Spiel und Darbietungen verschiedenster Art wie Theateraufführungen einander ab. Die Feste dauerten oftmals einige Tage und mehrstündige Banketts stellten den Normalfall dar. Man feierte meist innerhalb größerer Säle, teilweise nahmen die Feierlichkeiten aber solche Ausmaße an, dass Tanz, Darbietungen und Bankett im Freien stattfinden mussten. Die Gäste wurden dann in eigens aufgestellten Zelten und Hütten vor der Burg oder dem Schloss untergebracht. Obwohl die meisten Höfe über

festbesoldete Instrumentalisten verfügten, fanden auch fahrende Musiker und Sänger für die Dauer von Festlichkeiten Lohn und Unterkunft. 1376 lassen sich der Straßensänger Francesco da Vannozza und 1377 sowie 1394 ein ›Enzellino piffaro‹ am Hof der Este nachweisen. Umherstreifende Stegreifkünstler wie Lodovico da Padova und Prando da Verona machten in den Jahren 1445 und 1450 vorübergehend Station am Hof in Ferrara um die Gäste im Schloss zu unterhalten. Vornehme Herren halfen einander gelegentlich auch gegenseitig mit ihren Spielleuten aus. Diese wurden dann oftmals mit einem Empfehlungsschreiben versehen, freundlich aufgenommen und großzügig entlohnt.

Das Bankett mit seinem förmlichen Zeremoniell stand im Mittelpunkt der meisten mittelalterlichen Feste. Es wurde umrahmt von den Darbietungen der Tänzer, Musiker, Possenreißer und Schauspieler. Ein Alta-Ensemble begleitete meist das Hereintragen der zahlreichen Gänge solcher Festmahle, bei denen ein Höchstmaß an leiblichen Genüssen aufgeboten wurde. Während der einzelnen Gänge erachtete man den Klang von Musik als unerlässlich, um dem Festessen einen prächtigen Rahmen zu verleihen sowie Freude und Genuss zu erhöhen. Nicht selten stellten sich die Spielleute im Saal auf um in unmittelbarer Nähe der Tafelnden aufzuwarten. Mehrfach ist das Hin- und Herlaufen von Sängern und Instrumentalisten während des Festmahls überliefert. Besonders häufig platzierte man die Musiker jedoch auf Holzpodesten oder Emporen. War der Klang der Alta-Ensembles auf Dauer zu laut, musizierte man dazwischen auf den Bassa-Instrumenten, auf den leisen Fideln, Harfen, Lauten, Flöten und kleinen Trommeln. Diese Vorliebe für wechselnde Bassa- und Alta-Ensembles, die man gerne getrennt voneinander auf verschiedenen Emporen und Balkonen postierte, lässt sich sogar bis um 1600 nachweisen. Welch großen Wert man auf einen ständigen Klangwechsel legte, wird an einem der Festmahle deutlich, die man anlässlich der Hochzeit von Ercole d'Este und Renata von Frankreich inszenierte: Die 17 Gänge wurden von unterschiedlichen Ensembles zu jeweils wechselnder Musik begleitet. So erklang zu einem Gang die Hofkantorei, zu einem anderen spielte ein Streichervirtuose, es folgten unter anderem ein Sänger mit Lautenbegleitung, ein Tanz um die Festtafeln, ein musizierender Zwerg und die Darbietung eines Madrigals.

Sonare et balare.

Natur: quanto proracionalir ad equat intenno soni 7 actus persone. In uamctus. participatio uiterioi in delectate osonume. nocumentis. cu re cedit aconsonaria notam. armoto nocumeri. cu reddir aeosonaria notam.

Auch zwischen den einzelnen Gängen wurde das Bankett immer wieder unterbrochen durch Einlagen und Vorführungen von Tänzern, Schauspielern, Gauklern und Musikanten. Meist eröffneten Helden- und Moritatensänger sowie musikalisch begleitete Geschichtenerzähler den Kreis der Einlagen. Bereits zwischen 1208 und 1264 traten einheimische Straßensänger wie Ferrarino da Ferrara und Matulino da Ferrara an den Höfen der Este auf. Gerade bei größeren Festen ließ sich der Herrscher gerne vor seinen Gästen hofieren. Nicht selten kam es zu Klagen über die Spielleute, wenn sie anscheinend zu kurz geratene Loblieder anstimmten. Im Gegensatz zu den Fahrenden mussten die fest angestellten Spielleute mit Kritik hinterm Berg halten. Sie hatten in jedem Fall den Dienstherren zu

Oben: Sonare et balare, Ende 14. Jahrhundert Miniatur aus dem *Tacuinum sanitatis in medicina* (Hausbuch der Familie Cerruti), Cod. ser. nov. 2644 Österreichische Nationalbibliothek, Wien

Tanzen wird als der Gesundheit besonders zuträglich beschrieben.

Gegenüber: Simone Martini *Der Hl. Martin wird zum Ritter geschlagen* (Detail), um 1320/25 Fresko, 265 x 200 cm Unterkirche der Basilika San Francesco, Assisi

Gruppe von Sängern und Musikern.

loben und über den jeweiligen Gegner zu spotten. Bei den Festlichkeiten in Ferrara traten 1468 Straßensänger wie Francesco Cieco oder Giovanni Orbo auf, um den Rang und die Verdienste des Borso d'Este zu rühmen. Auch die Fehden italienischer Höfe und Städte fanden ihren Niederschlag in der Musik. So griff Bartolino da Padua, der der venezianischen Familie Carrara in die Verbannung nach Florenz gefolgt war, in seinen Madrigaltexten wiederholt die Visconti in Mailand an. Fahrende wie auch festbesoldete Spielleute wurden nach Darbietungen während höfischer Festlichkeiten zumeist reich beschenkt. Im Jahr 1300 feierte Galeazzo Visconti in Mailand seine Vermählung mit Beatrice d'Este. Wie die Chronik von Asti hervorhebt, wurden mindestens 7000 kostbare Tücher an die Spielleute verteilt, die zum prachtvollen Rahmen der Hochzeit beigetragen hatten. Ein paar Jahrzehnte später erhielten anlässlich einer fürstlichen Hochzeit, die wiederum in Mailand stattfand, angeblich 500 Musikanten und Spielleute prächtige Gewänder.

Stellte das Bankett den Mittelpunkt der Feste dar, so durfte aber auch der Tanz auf keinen Fall fehlen. Die Tänze dienten sowohl der Repräsentation wie dem Vergnügen. Im ›Tacuinum sanitatis‹, dem Hausbuch der italienischen Familie Cerruti wurde Ende des 14. Jahrhunderts das Tanzen sogar als heilsam beschrieben.

Man tanzte in Gruppen, Paartänze lassen sich erst seit dem 14. Jahrhundert verstärkt nachweisen. In höfischen Kreisen bestimmten Rang und Ansehen die Reihenfolge der Tänzer. Generell unterschied man den langsamen, feierlichen Schreittanz, den ›bassa danza‹, vom sich daran anschließenden Sprungtanz. Zu den wichtigsten überlieferten Tänzen zählt der Saltarello, der, meist im Dreiertakt stehend, besonders in Italien als lebhafter, schneller Nachtanz beliebt war. Die jeweiligen Schritte und Figuren der höfischen Tänze wurden meist bei einem Tanzmeister erlernt und unterlagen regionalen Unterschieden und ständigen modischen Neuerungen. Schließlich gehörte zu einem kultivierten Fest, dass die Gäste, egal ob an einem burgundischen, mailändischen oder englischen Hof, in gleicher Weise die momentan modischen Tänze wie den ›Portigaler‹, den ›welschen dantz‹ oder eben den ›Saltarello‹ schreiten oder springen konnten. Lediglich der stete Wechsel von ruhigen und lebhaften Tänzen blieb ein über die Epochen gemeinsames Charakteristikum. Alta-Ensembles begleiteten die Tänze sowohl im Freien als auch in den Räumlichkeiten der Burgen und Schlösser. Nicht minder gebräuchlich zur Begleitung höfischer Tänze waren Einhandflöte und Trommel, die meist von einem einzigen Spielmann betätigt wurden. Ähnlich dem Vortänzer gab der Spielmann wohl Rhythmus, Bewegungsrichtung und eventuell Tanzschritte an.

Links: Andrea Bonaiuti (Andrea da Firenze) *Der Weg zum Seelenheil* (Detail), um 1365–1367 Fresko Santa Maria Novella, Capella degli Spagnuoli, Florenz

Die in diesem kleinen Freskenausschnitt dargestellte höfische Szene zur Zeit des Trecento zeigt Musizierende mit Sackpfeife und Fidel sowie eine Gruppe tanzender junger Mädchen, die offensichtlich dem Rhythmus des Tamburins folgen.

Rechts: Francesco del Cossa *Triumph der Venus* (Detail), 1469/70 Fresko Palazzo Schifanoia, Salone dei Mesi, Ferrara

Ein Fest des Frühlings bietet sich auf dem Fresko zum Monat April, in dessen Mittelpunkt die Natur, die Liebe und in engem Zusammenhang damit die Musik stehen. Das auf der Erde kniende Liebespaar wird geradezu umringt von Mädchen und Jünglingen mit Lauten und Flöten, also mit »leisen Instrumenten«, deren weiche, sanfte Klänge man besonders im kleinen, privateren Kreise besonders schätzte.

Auch der Reigen oder Rundtanz, den die Tanzenden wie die Zuschauer häufig mit Gesang begleiteten, erfreute sich im Mittelalter besonderer Beliebtheit. Diese Reigentänze oder Tanzlieder, in Italien ›ballata‹ genannt, konnten sowohl gesprungen als auch geschritten werden. Nicht selten wurden sie von einem Vortänzer angeführt, der Richtung und Rhythmus angab. Bereits Anfang des 14. Jahrhunderts schilderte Giovanni del Virgilio, dass ein Vorsänger bei der italienischen ›ballata‹ die einzelnen Strophen des Tanzliedes vortragen würde und sämtliche Tänzer den nach jeder Strophe wiederkehrenden Refrain sängen. Häufig traten die Tänzer auf der Stelle, während sie dem Sologesang lauschten, und bewegten sich zum Refrain mit Seitwärtsschritten im Kreis.

Wie ein Chronist überliefert zogen sich die Gäste nach dem Festmahl, das Francesco Sforza 1459 am Hof von Mantua anlässlich eines Besuchs der Gesandten Philipps des Guten von Burgund gegeben hatte, zur Ruhe zurück, während Gesänge zu »leisen Instrumenten« erklangen. Es gehörte also beides zum höfischen Fest: der laute und repräsentative Klang von Schalmeien, Trompeten, Pfeifen und Trommeln einerseits und die beruhigende, leise Kunst der Saiteninstrumente und Flöten andererseits. Treffend beschreibt Giovanni Boccaccio in seinem »Decamerone« solch einen Schlossgarten mit Blumen, Orangen- und Zitronenbäumen, Rosensträuchern sowie einem Brunnen, in dessen Nähe man musiziert und singt. So spazierte man auch während höfischer Feste im Freien, nahm an einem Reigentanz teil, lauschte den sanften Klängen eines Lautenisten, legte vielleicht wieder eine Tanzrunde im Festsaal ein oder ließ sich mit Hilfe der »süezen kunst« leiser Melodien in den Schlaf begleiten. Eine außergewöhnliche Berühmtheit erlangte der Lauten- und Liravirtuose Pietro Bono, der in den Diensten der Este in Ferrara stand, worauf man sicherlich stolz war. Oftmals trat er nicht nur allein, sondern zusammen mit dem Tenoristen Malcise bei den Festen im Schloss auf. Ab und an erhielt er sogar die Erlaubnis, an rivalisierenden italienischen Höfen zu musizieren. 1456 war es ihm gestattet, einige Zeit im Gefolge Francesco Sforzas in Mailand zu bleiben. Wie ein zeitgenössischer Dichter versichert betörte Pietro Bono seine Zuhörer nicht nur mit himmlischem Gesang und Spiel, sondern konnte darüber hinaus mehrere zur Musik vorgetragene Liebesgeschichten in seinem Repertoire auf-

weisen. Seine Fähigkeiten waren sicher nicht nur anlässlich höfischer Feste gefragt, sondern auch im Alltag der Adeligen. Die Spielleute musizierten dann bei den eher privaten Kammermusiken im Schloss, sangen und spielten ihre Auftraggeber in den Schlaf, unterhielten sie und vertrieben ihnen die Langeweile. »Sie verbringt Tag und Nacht mit Gesang und Tanz und allen Arten von Vergnügungen«, weiß ein Chronist über den Alltag von Beatrice d'Este zu berichten, die im Alter von nur 14 Jahren an Lodovico Sforzas Hof kam. Maskenbälle mit Hunderten bunter Kostüme wurden zur großen Mode am Mailander Hof, an dem »Gesänge und süße Töne von jeder Art und von so harmonischem Wohlklang vernommen« wurden, »dass sie aus dem Himmel selbst zu diesem ausgezeichnetem Hofe heruntergestiegen zu sein schienen«.

Johannes de Sacrobosco
Das italienische Bad,
um 1470
Miniatur
Ms. lat,. 209, fol. 10
Biblioteca Estense, Modena,

Selbstverständlich blieben die Adels- und Patrizierfamilien auch beim sommerlichen Badevergnügen unter sich und machten sich nicht mit dem Volk gemein. Die Gartenanlage hinter dem Stadtpalais mit dem kunstvoll gestalteten Badebrunnen gewährt hier ungestörte Freuden, und natürlich darf die Musik nicht fehlen, wie die Sänger und zahlreichen Spielleute mit Laute, Einhandflöte und Trommel, Pommer, Posaune und Schalmeien verdeutlichen.

Trient

Die Burg Buonconsiglio

Der Löwenhof vom Magno Palazzo, fürstbischhöflicher Sitz in Trient, mit dem von Alessio Longhi gestalteten Bogengang.

Gegenüber: Die Burg Buonconsiglio von Nordwesten gesehen mit dem zylindrischen Turm, der das Castelvecchio überragt, und dem Magno Palazzo im Hintergrund. Lange vor dem Trienter Konzil, dessen Teilnehmer hier im 16. Jahrhundert beherbergt worden sind, wurde der Name von ›Malconsiglio‹, schlechter Rat, in ›Buonconsiglio‹, guter Rat, geändert.

Eine Burg wird umbenannt

›Buonconsiglio‹, die Burg von Trient, hieß ursprünglich ›Malconsiglio‹. Ihr Name leitete sich von der felsigen Anhöhe Malconsey ab, auf der sich in beherrschender Position über der Stadt ein großer runder Turm namens ›Torre d'Augusto‹ erhob. Die Anhöhe überragt die Stelle, wo die nach Süden fließende Etsch eine Kehre von 45 Grad vollzieht.

Der Ursprung des Namens ›Malconsiglio‹ ist nicht eindeutig geklärt. Es ist wahrscheinlich eine Ableitung vom so genannten Mahl, der germanischen Gerichtsverhandlung. In Verbindung mit dem lateinischen ›consilium‹ wurde daraus im volkstümlichen Italienisch ›malconsiglio‹, was so viel wie der schlechte Rat, das vorschnelle, verhängnisvolle Urteil bedeutet. Ob ein solcher Name dem Machtsitz eines kleinen theokratischen Staates, in dem acht Jahrhunderte lang ein Fürstbischof als absoluter Souverän regierte, angemessen war, bleibt eine offene Frage. In dem Namen ist freilich ein Omen enthalten. Deshalb befahl einer der Fürstbischöfe seinen Untergebenen schon sehr lange vor jenem

13. Dezember 1545, an dem das schicksalhafte Trienter Konzil zusammentrat, die Burg nicht länger ›Malconsiglio‹, sondern ›Buonconsiglio‹, also umsichtiges, glückbringendes, willkommenes Urteil zu nennen. Die Untertanen gehorchten.

Das Lehen Trient war der lokalen Kirche 1004 vom Sachsenkönig Heinrich II. geschenkt worden. Es blieb bis zur Ankunft Napoleons 1803 ein bischöfliches Fürstentum und ist somit das beständigste politisch-territoriale Gebilde Westeuropas innerhalb des zweiten Jahrtausends. Erst die Kanonen Napoleons vernichteten dieses Lehen.

In einer Schlüsselposition zwischen Mitteleuropa und Italien als Durchgangsland von und zur Halbinsel, fungierte der Trienter Kleinstaat stets als Filter, Scharnier und Brücke zwischen Deutschland und Italien. Historischer Ausdruck dieser lang andauernden territorialen Berührung war der Fürstbischof, der, halb Kaiser und halb Papst, als doppelköpfiger Tyrann in der gepanzerten Rüstung seiner engen Grenzen eingeschlossen war. 800 Jahre lang wurde das Fürstentum von den Fürstbischöfen mit eiserner Hand regiert. Einzig das zweite Quartal des 13. Jahrhunderts, während des großen Ringens zwischen Friedrich II. und Rom, musste davon ausgenommen werden. Damals begann man, an einem bogenförmigen Abschnitt der Stadtmauern unterhalb des alten runden Turmes eine Burg zu bauen. Später wurde weiter südlich ein zweiter Turm, die viereckige ›Torre dell'Aquila‹, errichtet und durch den Mauergang mit der Burg verbunden. Dieser älteste Teil der Festung wird auch ›Castelvecchio‹ (alte Burg) genannt. Als das Lehen Trient nach dem Tode Friedrichs II. 1255 an die Kirche zurückfiel, wählte Bischof Egnone Castelvecchio zu seiner Residenz. Zwischen dem runden und dem viereckigen Turm wohnten alle seine Nachfolger.

Der Träumer

Als Vertreter einer sehr alten Adelsfamilie, die große Lehen auch in der heutigen Schweiz und der Slowakei besaß, vollzog Fürstbischof Georg von Liechtenstein (1390–1419) um 1400 eine Reihe bedeutender Veränderungen an der Burg ›Castelvecchio‹. Da er glaubte in der Burg von Trient zu ersticken ließ er auf der der Stadt zugewandten Südseite eine befestigte Mauer errichten und in

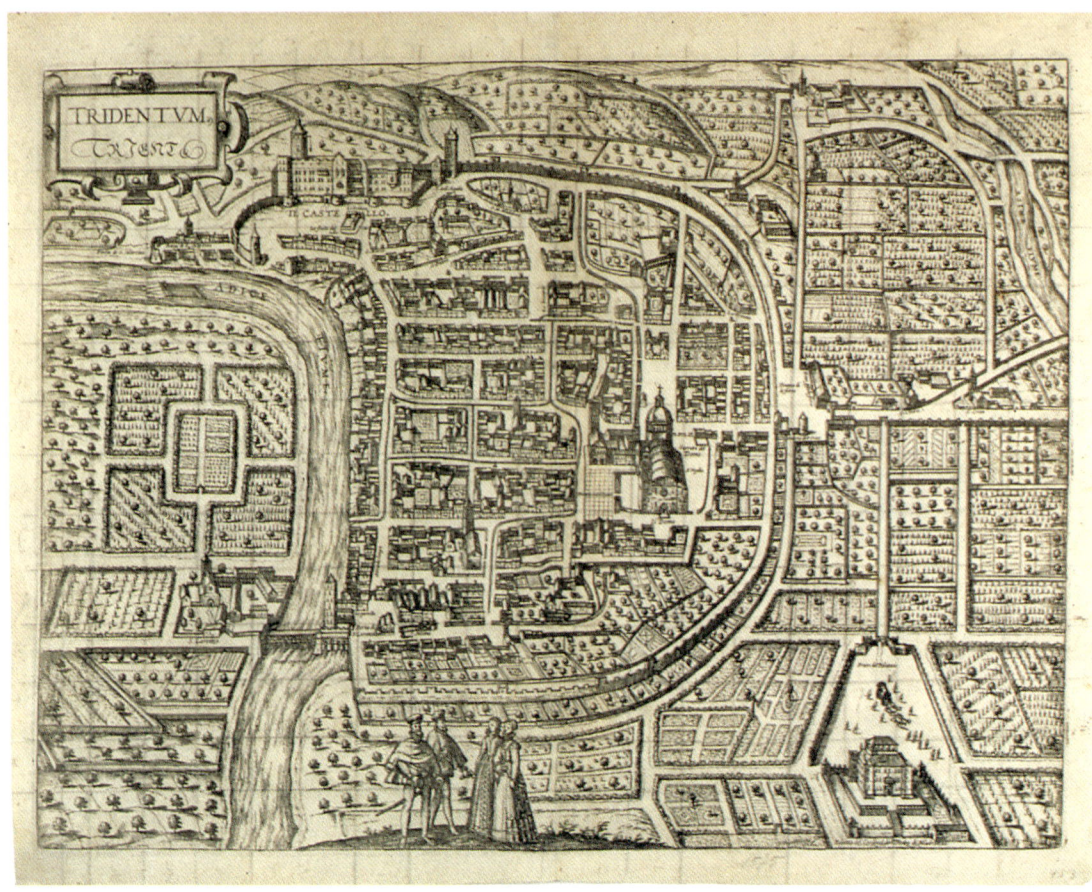

Hans Hogenberg
*Perspektivische Vedute
von Trient,* 1588

Die Burganhöhe in der linken
oberen Ecke überragt die
Etsch an einer markanten
Biegung nach Süden hin.

dem zwischen dieser Mauer und der Frontseite
der Burg entstandenen Areal einen Garten anlegen. Danach übergab er die Innenausstattung der
›Torre dell'Aquila‹ einem Künstler, der vermutlich
aus Böhmen und damit aus den östlichen Gütern
des Lehens stammte. Der Name war Magister
Wenzeslaus. Spuren seiner Freskoarbeiten finden
sich noch in anderen Städten in der Gegend um
Trient. Wenzeslaus gestaltete auch einen Garten
auf den Wänden der ›Torre dell'Aquila‹. Im Turm-
zimmer im zweiten Stock entstand der wunderschöne »Kreislauf der Monate«. Die sehr lebendige Darstellung zeigt innerhalb eines Jahreszyklus
die parallel verlaufenden Leben von Adligen und
Bauern, die nur einmal während des Erntemonats
bei der gemeinsamen Traubenkelter zusammen-
kommen.

Der Aufwiegler

Die Umbauten von ›Castelvecchio‹ währten das
gesamte 14. Jahrhundert hindurch. In den Regie-
rungsjahren Johann Hinderbachs (1465–1486)

wurde der Innenhof mit einem großen Säulengang im venezianisch-gotischen Stil angelegt. Vier
übereinander gestaffelte Loggien, deren Wände
und Gewölbe von Bartolomeo Sacchetto vollständig mit Fresken ausgemalt wurden, fügte man
hinzu. In denselben Jahren wurde ein Tor in die
der Stadt zugewandte Wallmauer gebrochen. Dieser Durchlass hieß ›Porta di San Vigilio‹ und war
nach dem ersten Bischof benannt, den Rom gesandt hatte um Trient das Evangelium zu bringen.
In der Tat wurden diese Jahre durch den inten-
siven Dialog zwischen dem Fürstbischof und seiner Gemeinde geprägt.

Johann Hinderbach blieb neben seinen architektonischen Großtaten auch wegen der gewissenhaf-
ten Organisation eines Pogroms, das mit der end-
gültigen Vertreibung der Trienter Juden endete, in
Erinnerung. Ohne einen Beweis in Händen zu haben warf man den Juden vor, aus rituellen Gründen ein christliches Kind geraubt und ermordet zu
haben. Der kleine Simone, aus dem der spätere
›San Simonino‹ wurde, befindet sich heute noch

Gegenüber, unten:
Unter Kardinal Bernhard
Cles (1485–1539) wurde die
Burg um ein weiteres Ge-
bäude, den ›Magno Palazzo‹,
erweitert. Um 1528 begon-
nen und bereits 1536 auch
im Innenbereich fertiggestellt,
entstand hier innerhalb kürzester Zeit eine prachtvolle
höfische Residenz.

als Putte im katholischen Paradies. Obschon Papst Sixtus IV. daran gewöhnt war, aus Geschäftsgründen Verschwörungen und Attentate (wie dasjenige auf Lorenzo de'Medici in Florenz) anzuzetteln, hieß er ein Pogrom gegen Juden nicht gut und beorderte eine Untersuchungskommission nach Trient. Doch in seinem Haus war der Fürstbischof der Herr. Noch während die Kommission Nachforschungen anstellte, wurden die Juden vertrieben.

Oben: Heinrich Schickhardt
*Das Schloss Buonconsiglio
im Jahr 1598*
Cod. hist. 4o148 a, fol. 9v/10r
Württembergische Landes-
bibliothek, Stuttgart

Der Realist

Als Bernhard Cles, ein Mann von großer Energie und grenzenlosem Ehrgeiz, 1514 zum Fürstbischof gewählt wurde, gab es in der alten Burg mittlerweile nur noch wenig zu erneuern. Längs der Stadtmauern zwischen Burg und ›Torre dell'Aquila‹ existierte noch immer ein großer leerer Raum, und Cles liebte es, leere Räume auszufüllen. Vom Bischof künstlerisch und buchhalterisch genauestens kontrolliert entstand folglich direkt neben dem ›Castelvecchio‹ ein vollkommen neues und von der alten Burg separiertes Gebäude. Der Bau, den man 1528 begann, wurde vier Jahre später beendet und zeigte sich 1536 bereits vollständig ausgeschmückt und eingerichtet. Es war ein prunkvoller fürstlicher Regierungssitz entstanden, der sich selbst für den Empfang Ferdinands von Habsburg und seiner Braut Anna von Ungarn, die sich zur offiziellen Visite in der Hauptstadt ihres früheren Lehens aufhielten, als würdig erwies.

Zu dem grandiosen Werk hatten italienische und deutsche Architekten und Künstler beigetragen. Das Dekor war unter anderem Bartolomäus Till Riemenschneider, Girolamo Romanino aus Brescia, den Brüdern Dosso und Battista Dossi, Malern des Hofes von Ferrara und dem Venezianer Marcello Fogolino anvertraut worden. Neben den berühmtesten Künstlern und Bildhauern waren Dutzende von Handwerkern und Hunderte von Arbeitern und deutschen Graveuren an den großen Kassettendecken tätig. Hinzu kamen Bildhauer und Steinmetze, Stuckateure, Bronzearbeiter, Keramiker und ein ganzes Heer der besten italienischen und deutschen Meister der Zeit. 1539 verfasste der Hofdichter Andrea Mattioli eine in Stanzen gefasste, detaillierte Beschreibung von Bernhard Cles' ›Magno Palazzo‹, wie der Bau fortan hieß. Nur ein geschlossener Durchgang zwischen den oberen Stockwerken verband den ›Magno Palazzo‹ und das ›Castelvecchio‹ miteinander.

Unter Fürstbischof Johann Hinderbach wurde auch der Innenhof des ›Castelvecchio‹ mit Loggien im venezianisch-gotischen Stil umgestaltet. Die Wände wurden von Bartolomeo Sacchetto ausgemalt.

Die Rotunden über den Bogen im Löwenhof von Alessio Longhi sind mit Herrscherporträts geschmückt.

Die Nachfolger

Ende des 17. Jahrhunderts wurde das letzte freie Burgareal durch die so genannte ›Congiunzione Albertiana‹, die im Namen von Fürstbischof Francesco Alberti Poja errichtet worden war, ausgefüllt. Auch dieser Fürstbischof wollte unbedingt seine Handschrift hinterlassen. Deshalb wurde auf das bislang noch unverbaute Terrain zwischen dem Castelvecchio und dem Magno Palazzo ein neues Gebäude errichtet. Das Resultat, das aus zwei völlig unterschiedlichen Bauten einen einheitlichen Block entstehen lässt, ist wenig geglückt.

In den folgenden Jahren verloren das Fürstentum Trient und der Fürstbischof allmählich an Bedeutung. Der immer umfassendere und unmittelbarere Einfluss, den der Staat Habsburg mittlerweile auf Norditalien ausübte, nahm dem Gebiet um Trient seine bevorzugte Stellung. Mit den napoleonischen Kriegen wurde Buonconsiglio ein Unterschlupf für französische Truppen und ihre Pferde. Die Bischöfe von Trient, die aus dem Palast verjagt worden waren und ihren Fürstentitel verloren hatten, wechselten für immer die Adresse. Als die französischen Soldaten aus der Burg abzogen, nahmen sie zudem alles mit, was nicht niet- und nagelfest war. Auf den Rest feuerten sie einige kräftige Gewehrsalven ab. Im 19. Jahrhundert wurde Castelvecchio österreichisches Gefängnis für italienische politische Gefangene. 1848 ließ man im Zuge der Unabhängigkeitsbewegung Italiens 21 Patrioten im Burggraben hinrichten. Bis zum Ersten Weltkrieg blieb das Gebiet um Trient österreichisches Territorium. In den 20er-Jahren wurde die Burg zum ersten Mal grundlegend restauriert. Eine zweite Renovierung, die sich vor allem auf das Dekor und die Ornamente bezieht, ist noch im Gange.

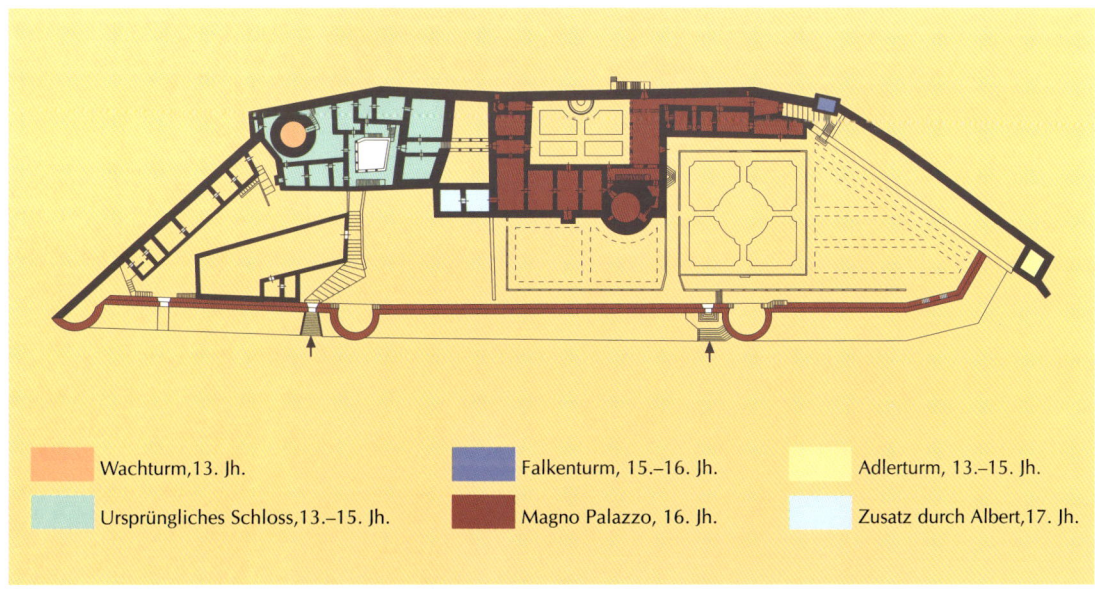

Grundriss des unregelmäßig angelegten Gesamtkomplexes.

Im Zentrum befindet sich der ›Magno Palazzo‹, links der älteste Gebäudeteil, das ›Castelvecchio‹. Auf der zur Stadt hin gelegenen Seite wurden schon früh Gärten angelegt.

Wachturm, 13. Jh.

Ursprüngliches Schloss, 13.–15. Jh.

Falkenturm, 15.–16. Jh.

Magno Palazzo, 16. Jh.

Adlerturm, 13.–15. Jh.

Zusatz durch Albert, 17. Jh.

Links: Der große halbrunde Turm, der in den ›Magno Palazzo‹ hineingebaut ist.

Gegenüber, oben:
Die kleine gotische Loggia mit Dreiblattbogen, die auf die Stadt blickt, wurde auf Veranlassung des Fürstbischofs Johann Hinderbach in den 70er-Jahren des 15. Jahrhunderts in die Mauern gebrochen. Die Verteidigungsfunktion von Castelvecchio, das im Laufe seiner Geschichte niemals eine Belagerung erfuhr, ist überholt, und alle architektonischen Eingriffe während des Quattrocento zielen auf die Verwandlung der Burg in eine Palastresidenz ab.

Gegenüber, unten:
Blick auf die Fassade des Castelvecchio, dessen älteste Teile aus dem 13. Jahrhundert stammen, mit der später ausgebauten, gotischen Loggia.

Nachfolgende Doppelseite:
Dosso Dossi
Fresko, 1536
Magno Palazzo
Castel del'Buonconsiglio, Trient

Den Vorraum zur Kapelle malte Dosso Dossi (um 1489–1542), der lange am Hofe Ferrara arbeitete, im Auftrag von Bernhard Cles aus. Man erkennt in seinem Stil vor allem die Beeinflussung durch Giorgione und Raffael.

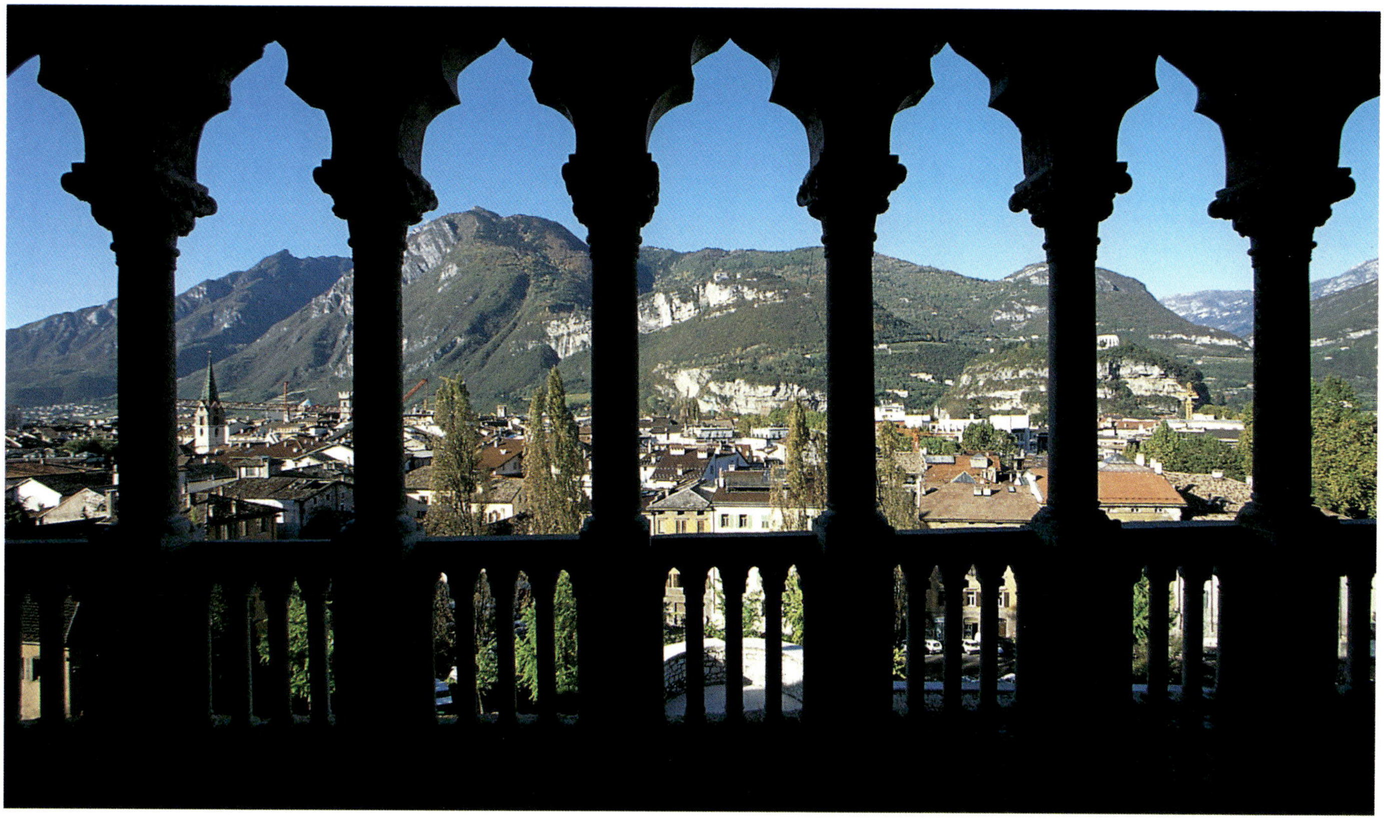

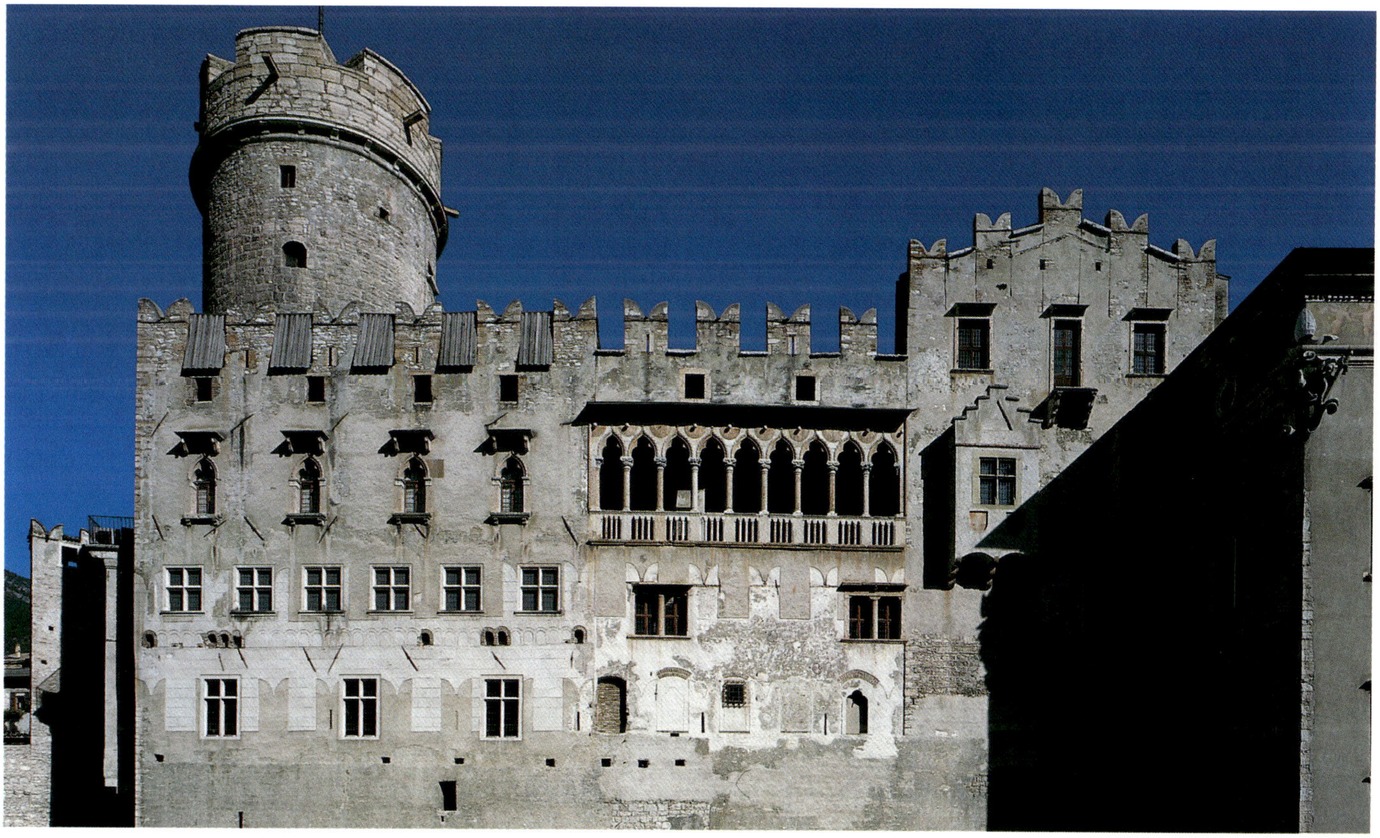

Dosso Dossi

Katrin Boskamp-Priever

Als Söhne eines gebürtigen Trientiners nannten sich Dosso Dossi (um 1489–1542), mit eigentlichem Namen Giovanni di Niccolò de Lutero, und sein jüngerer Bruder Battista (1490/1495–1548), eigentlich Battista di Niccolò de Lutero, nach dem Domizil des Vaters, der Villa Dossi in der Nähe von Mantua. Dosso Dossi war vor allem von Giorgione und Raffael beeinflusst und arbeitete lange am Hof der Este in Ferrara, an dem eine Kultur wie an den französischen Höfen der Provence gepflegt wurde.

Dosso Dossi
Fresko, 1536
Magno Palazzo,
Castel del'Buonconsiglio,
Trient
Eine Zwickelfigur aus den Fresken Dosso Dossis im Vorraum der Kapelle des Magno Palazzos, dessen Innenausstattung 1536 fertig gestellt war. Der kleine Putto breitet wohlwollend seine Arme aus.

Man begeisterte sich für ritterliche Ideale, die Lieder der Troubadoure und französische Romanzen. In Ferrara ist Dosso Dossi bereits 1514 nachweisbar und kam möglicherweise über die Vermittlung der Gonzaga in Mantua, wo Dosso schon 1512 bezeugt ist, an den Hof der Este. Als Dosso und Battista Dossi 1531 von Kardinal Bernhard Cles mit Arbeiten im ›Magno Palazzo‹ – auch Palazzo Clesiano genannt – beauftragt wurden, gehör-

ten sie zu den Hauptmeistern der Schule von Ferrara im 16. Jahrhundert und hatten schon eine lange Karriere als Fresko- und Dekorationsmaler für die Villen und Paläste der oberitalienischen Renaissanceherrscher hinter sich. Dosso Dossi arbeitete unter anderem in den herzöglichen Palästen von Ferrara und Modena. Im Auftrag von Francesco Maria I. della Rovere, Herzog von Urbino, schufen die Brüder die Ausmalung der Villa Im-

periale bei Pesaro, wo ebenfalls Agnolo Bronzino und Raffaele dal Colle arbeiteten. Auch in Trient waren verschiedene bedeutende Meister mit den Ausmalungen beschäftigt. Die Fresken der Gewölbe im Atrium und in der Loggia sowie die Bemalung der Marmortreppe stammen von Girolamo Romanino. Der Raum des Torrione wurde von Marcello Fogolino mit Fresken bemalt. Im Verbindungsgang schuf Battista Dossi Deckenfresken mit Darstellungen der olympischen Götter. Die schwere Kassettendecke in der Sala grande zeigt schließlich die Arbeit von Dosso Dossi: Zwischen gemaltem Sockel und Gesims erscheint eine illusionistische Architektur mit verspielten Putten vor einem blauen Himmel mit Wolken. Die ›camera degli Scarlatti‹ bemalte Dossi mit Büsten von römischen Imperatoren zwischen Putten und die Holzdecke der Bibliothek mit Gelehrten des Altertums.

Dosso Dossi
Fresko, 1536
Magno Palazzo,
Castel del'Buonconsiglio,
Trient

Auch die Bemalung der Kassettendecke in der Bibliothek des Magno Palazzos stammt von Dosso Dossi. Zwischen einzelnen Putti erscheinen die Gelehrten des Altertums.

Der Protagonist Bernhard Cles

Bernhard Cles, der 1514 im Alter von 29 Jahren zum Bischof von Trient gewählt wurde, gehörte in der ersten Häfte des 16. Jahrhunderts zu den großen Protagonisten der europäischen Geschehnisse. Er entstammte einer Familie von Ministerialbeamten alter Herkunft. Der Vater Hildebrand war Ratsherr am Hofe zu Wien gewesen. Die Mutter Dorothea Fuchs von Fuchsberg hatte 13 Kinder, neun Jungen und vier Mädchen, zur Welt gebracht. Bernhard Cles studierte als Laienbischof zuerst Rhetorik in Verona, dann Jurisprudenz in Bologna. Das Domkapitel zu Trient wählte ihn einstimmig zum Bischof. Dies war der Beginn seiner fulminanten politischen Karriere.

Nach dem Tode Maximilians von Habsburg (1519) gehörte Cles zu denjenigen, die die Wahl Karls V. zum Kaiser befürworteten. Mit der juristischen Frage beschäftigt, wie das Erbe aufzuteilen sei, zählte Bernhard Cles zu den engsten Beratern Karls und dessen Bruders Ferdinand und trug somit entschieden zur Gründung der österreichischen Linie der Habsburger

Dynastie bei. In Ferdinands Diensten wurde Cles dessen Berater in diplomatischen und finanziellen Fragen. Er hielt die Beziehungen zwischen dem Hause Habsburg und seinen wichtigsten Geldgebern, der Bankiersfamilie Fugger, aufrecht. In Wien hatte er die höchsten Ämter inne: Ratsherr bei Hofe, Vorsitzender des Hofrats und des Geheimen Rats. Karl V. ernannte ihn zum obersten Kanzler und unterstützte seine Ernennung zum Kardinal, die 1530 erfolgte.

Als Papst Clemens VII. 1534 starb, versuchten der Kaiser und sein Bruder, der Erzherzog von Österreich, Cles bei der Wahl des neuen Papstes ins Spiel zu bringen. Für die Ausgaben, die nötig waren, um die Entscheidungen des Konklave zu beeinflussen, stellten die Fugger 100 000 Dukaten zur Verfügung. Dennoch siegte Alessandro Farnese (Paul III.), der durch Frankreich unterstützt wurde. Vor allem in Sachen Religionskriege wurde Cles später unersetzlicher Ratgeber des Papstes. In dieser Frage vertrat der Fürstbischof eine strenge Position gegenüber der protestantischen

Girolamo Romanino
Bildnis des Kardinals Bernhard Cles, um 1532
Fresko
Sala delle Udienze,
Magno Palazzo, Castel del'
Buonconsiglio, Trient

Das Fresko des von Giorgione und Tizian beeinflussten, aus Brescia stammenden Girolamo Romanino (um 1484–um 1559) befindet sich im Eingangsbereich des Audienzzimmers. Es zeigt den Kardinal Bernhard Cles beim Verfassen eines seiner gefürchteten Briefe.

Reformbewegung. So betonte er, dass es notwendig sei, der Reformbewegung mit einem Feldzug, an dem sich, wie er meinte, alle großen europäischen Mächte beteiligen sollten, entgegenzutreten. Cles war auch einer der allerersten Verfechter eines gegen die Protestanten gerichteten Konzils. Der neue Papst ernannte ihn zum Mitglied einer Kommission, deren Aufgabe es war, die Bulle zur Einberufung dieses Konzils vorzubereiten. Beim Erlass der Bulle 1536 sprach Cles das große Eröffnungsgebet. Die Vorbereitung des Konzils beanspruchte indes mehr Zeit als vorgesehen. Letztendlich war es Bernhard Cles nicht mehr möglich daran teilzunehmen. Am 30. Juli 1539 verstarb er an ›morbus gallicus‹. Seine vielfältigen politischen, religiösen und finanziellen Aktivitäten hielten Bernhard Cles stets von seinem Bischofsitz und seiner Gemeinde fern. Doch mittels seiner furchtbaren Briefe regierte er mit äußerster Strenge aus der Ferne. Im Mai 1525, als sich das Feuer des Bauernaufstandes auch über Tirol und das Gebiet um Trient verbreitete, kehrte Cles zurück um sich gegen die Bauern zu stellen. Er kannte keine Gnade bei der Niederschlagung des Aufstandes und der Bestrafung der Anführer, die noch viele Monate später zu Dutzenden hingerichtet wurden. Dem Bau des ›Magno Palazzo‹, der den größten europäischen Höfen gleichrangig sein sollte, widmete

Bernhard Cles seine beständige Aufmerksamkeit und verfolgte aus der Ferne noch die winzigsten Details. Die Auswahl der Künstler traf er persönlich. Die in einem Voranschlag von 1527 auf 10 000 Rheinische Gulden kalkulierten Kosten lagen 1533 bereits sechsmal so hoch. 1531 schrieb Cles in einem Brief an den Bauleiter, dass man mit der Summe, die bereits ausgegeben worden war, einen Wolkenkratzer in Wien hätte bauen können, »(...) wie man es derzeit mit vielen Bollwerken, Türmen, Gräben und anderen, fast unglaublich anmutenden Einrichtungen versieht, und dafür gibt man nicht so viel aus, wie für diesen unseren verflixten Bau ausgegeben wird«. Aber Geldprobleme waren für Bernhard Cles nie problematisch. Vielmehr war es der Zeitfaktor, der ihn 1536 endgültig die Geduld verlieren ließ. So bestand nämlich die Gefahr, dass man bis zu dem für September festgesetzten Besuch Erzherzog Ferdinands und seiner Gemahlin nicht fertig werden würde. Am 12. Juli schrieb der Kardinal an die Bauleiter: »(...) da Ihr Euch bei der Ausführung unserer Aufträge so nachlässig zeigt, werden wir wegen dieser neuen Nachlässigkeit, die zu der alten kommt, noch mit Euch im Einzelnen sprechen, und es wäre sicher besser gewesen, wenn Ihr diesen Auftrag niemals bekommen hättet.« Ende August war alles vollkommen fertig und bereit.

Wappen von Bernhard Cles im Gewölbe vor der Kapelle.

Girolamo Romanino
Fresko
(Detail)
Castel del'Buonconsiglio, Trient

Das ebenfalls von Girolamo Romanino um 1532 ausgeführte Fresko zeigt eine Szene aus dem Alltagsleben auf der Baustelle des Magno Palazzo: Ein Höhergestellter zahlt den Arbeitern den Lohn aus. Der amtliche Zahlmeister, elegant gewandet, mit großem Federhut, lauscht mit gelangweilter und zerstreuter Miene den Argumenten zweier Arbeiter, die mit dem Lohn offensichtlich unzufrieden sind.

Die Welt in einem Zimmer

Clemente Manenti und Katrin Boskamp-Priever

Auf den Stadtmauern, an die alle Bauten der Burg Buonconsiglio grenzen, befindet sich ein alter Rund-gang, der zur viereckigen ›Torre dell'Aquila‹ führt. Den Gang, der von der ehemaligen Wohnung des Bernhard Cles zugänglich ist, hat man überdacht und in einen engen, langen Korridor umgebaut, der direkt zu jenem Raum im zweiten Stock des Turmes führt, in dem sich der Freskenzyklus, der »Kreislauf der Monate« des aus Böhmen stam-menden Magisters Wenzeslaus befindet. Nur noch dieser Zyklus zeugt von der einstmals reichen ma-lerischen Ausstattung der Privatgemächer, die sich Georg I. von Liechtenstein, Bischof von Trient, im Adlerturm hatte einrichten lassen. Georg stammte aus österreichisch-mährischem Adelsgeschlecht

derer von Liechtenstein-Nikolsburg und war um 1360 auf Schloss Neuspaur in Südtirol geboren worden. 1377 war Georg an der Wiener Universi-tät immatrikuliert und wurde 1381 Domprobst an Sankt Stephan in Wien. 1390 ging er als Gesand-ter nach Rom. Seiner Wahl zum trientinischen Bischof durch das Domkapitel, die wohl mit der Unterstützung von Herzog Albrecht III. 1390 ge-lang, folgte eine von Spannungen mit der Bevöl-kerung und seinen Vasallen geprägte Amtszeit, die 1407 mit der Abschiebung Georgs nach Wien vor-läufig endete. In dieser Zeit muss daher der Zyklus der Monatsbilder entstanden sein. Der Laufgang, der zum Turm führt, scheint eigens angelegt, um den Besucher auf die Überraschung dieses Zim-mers vorzubereiten. So meint man, nicht in der Mitte des Turmes anzukommen, sondern wähnt sich stattdessen ganz oben in der Spitze und unter

Magister Wenzeslaus
Kreislauf der Monate (Detail)
April, um 1400–1407
Fresko
Torre dell'Aquila, Castel-
vecchio, Castel del'Buon-
consiglio, Trient

In den Monaten April und
Mai begann für die Bauern
die Arbeit auf den Feldern.

Magister Wenzeslaus
Kreislauf der Monate (Detail)
Mai, um 1400–1407
Fresko
Torre dell'Aquila, Castel-
vecchio, Castel del'Buon-
consiglio, Trient

Den Frühlingsmonat Mai
genossen Edelleute
bei Gesang und Spielen
im Freien.

freiem Himmel, wobei sich eine fiktive Landschaft vor den Augen erstreckt. Die Bilder bedecken alle vier Wände und sind durch sehr schlanke, gedrehte Säulen in Felder unterteilt, die für jeden Monat des Jahres Szenen aus dem höfischen Leben und Schilderungen ländlicher Arbeit miteinander verbinden. Als allegorische Darstellungen der zwölf Monate haben Zyklen dieser Art im Mittelalter die Arbeit des jeweiligen Monats in der Landwirtschaft zum Inhalt und, obwohl sie thematisch in der Regel weitgehend gleich bleiben, lassen sich – möglicherweise aus Gründen des unterschiedlichen Klimas – bisweilen interessante Abweichungen feststellen, die auf eine realistische Wiedergabe der Umwelt zurückzuführen sind.

In Buonconsiglio ist die Darstellung des dritten Monats, des März, die sich auf dem Einbau der Wendeltreppe befand, abgeblättert und vermutlich beim Umbau der Treppe zerstört worden. Das Panorama der zyklischen Darstellungen ist deshalb zu Beginn des Frühjahres unterbrochen. Der in allen Monaten stets blaue Himmel, der an die folienhaft hinterlegten Himmelsgründe der böhmischen Malerei erinnert, ist zu jeder Jahreszeit mit einer flammenden Sonne versehen. Ein Schriftband aus goldenen gotischen Lettern bezeichnet die astronomische Position und das Tierkreiszeichen, durch das die Königin Sonne gerade wandert. In einer den mittelalterlichen Darstellungsprinzipien verpflichteten, kulissenhaft anmutenden Landschaft, deren Proportionen zwar nicht realistisch, aber in eine narrative Einheit eingebunden sind, befinden sich die Akteure, die die Szenen beleben. Dem

211

die Schweine geschlachtet, was in vielen Monatsdarstellungen und Jahreszeitenzyklen des Mittelalters ein für die Wintermonate typisches Motiv
ist. Dem Eingang gegenüber hält in den Monats-
bildern April und Mai der Frühling seinen Einzug.
Dies bedeutete für die Bauern den Beginn der
schweren Feldarbeit: In der so abwechslungsrei-
chen, heiteren Landschaft sehen wir die Bauern
beim Säen, beim Pflügen der Äcker und Lockern
des Bodens. Mal ist es ein Ochsen-, mal ein Pferde-
gespann, das den Pflug zieht. Zugleich sind wir
Zeuge des galanten Treibens der höfischen Gesellschaft in einer üppig blühenden Natur. Umgeben
von einem bunten Teppich aus Blumen und Baum-
blüten lustwandeln die Ritter und ihre Damen,
versichern sich ihrer Liebe, Verehrung und Zunei-
gung und führen gelehrte Gespräche. Im Juni-
monat sind die Bauern mit der Viehwirtschaft und
der Weide, dem Mähen des Grases, vollauf beschäftigt. Der Adel hingegen, in bunten eleganten,
jeweils der neuesten Mode entsprechenden Kleidern mit langen Ärmelschlappen, hat Muße zu
Kurzweil und Spaziergängen. Anders geht das Jahr
für die arbeitenden Bauern weiter: Im Juli muss
das Heu geerntet und die Zeit zur Jagd und zum

Magister Wenzeslaus
Kreislauf der Monate (Detail)
Juli, um 1400–1407
Fresko
Torre dell'Aquila, Castel-
vecchio, Castel del'Buon-
consiglio, Trient
Im Juli wurde von den
Landsleuten das Heu ein-
gebracht.

Verlauf des Jahres folgend, beginnt der Zyklus
links vom Eingang. Im Monatsbild Januar ist ein
winterliches Vergnügen, eine Schneeballschlacht
zwischen zweifellos dem Adelsstand angehören-
den edlen Damen und Herren gezeigt. Ernsthafter
geht es dagegen bei der Jagd der Landleute zu. Das
Februarbild ist um ein Fenster herum gemalt und
zeigt die Szene eines Turniers. Darunter werden

Magister Wenzeslaus
Kreislauf der Monate (Detail)
Juli, um 1400–1407
Fresko
Torre dell'Aquila, Castel-
vecchio, Castel del'Buon-
consiglio, Trient
Der Adlige warb im
Monat Juli um die von ihm
begehrte Dame, die Minne
bestimmte seinen Tages-
ablauf.

Fischfang genutzt werden. Im August und September widmen sich die Edlen der Falkenjagd, der Oktober vergeht über dem Ernten und Keltern des Weins. Im November steht die gefährliche Bärenjagd an und im unwirtlichen Dezember bringen die Bauern das gesammelte und geschlagene Holz zum Verkauf in die Stadt.

Mit großer Liebe zum Detail schildert der Maler die Menschen in einer bunten, märchenhaft irrealen Landschaft mit Wäldern, Felsen, Burgen, Städten und einer Vielzahl von Pflanzen und Tieren. Eine grundlegende Ungleichheit prägt die Menschen dieser Bilderfolge. So werden die unfreien Bauern geschildert, wie sie gebeugt den Boden umgraben, hacken, säen, sammeln und ernten. Es sind vermutlich Leibeigene, also Menschen, die zu andauernder schwerer körperlicher Arbeit bestimmt sind – so zumindest lautet die mittelalterliche Vorstellung. Selbst in den von der Landarbeit freien Monaten müssen sie Holz hacken und dieses zum Transport bereitmachen. Bei ihren vielfältigen Tätigkeiten sind sie stets zu zweit und gebückt dargestellt, mit einer Kopfbedeckung gegen die gleißende Sonne geschützt und durch die einfache Kleidung, ihre gedrungene Statur, grobe Gliedmaßen und Gesichter als Menschen niederen

Standes gekennzeichnet. Die Damen und Herren von edlem Geblüt zeigen sich hingegen völlig ungerührt von der sie umgebenden Betriebsamkeit. Einmal zu Fuß, einmal zu Pferde sind sie hochgewachsen und schlank, in weiche vielfarbige Kleider gehüllt, ins Spiel, in die Jagd oder in amouröse Tändeleien vertieft und mit der Aufzucht der Nach-

Oben: Die Lebensbereiche der beiden Klassen sind in den Szenen streng voneinander getrennt.

Unten: Während in den Sommermonaten der Bauer hart arbeitete, vertrieb sich der Adel die Zeit mit Spaziergängen.

Magister Wenzeslaus
Kreislauf der Monate (Detail)
September, um 1400–1407
Fresko
Torre dell'Aquila, Castel-
vecchio, Castel del'Buon-
consiglio, Trient

Im September widmete sich
der Adel vor allen Dingen der
Falkenjagd.

kommen beschäftigt. Es handelt sich hier um zweierlei Menschentypen in einem unvermittelten Nebeneinander, zwischen denen es keinen Kontakt, aber auch keine Konflikte zu geben scheint – dies wird wohl auch Teil der programmatischen Aussage dieser Bilderfolge sein. Jeder ist dort, wo er hingehört, und jeder scheint damit zufrieden zu sein. Es ist eine Welt, die in ihrem scheinbaren Stillstand auf eine übergeordnete kosmische und göttliche Ordnung verweist. Nur ein einziges Mal, und zwar bei der Feier des neuen Weines, der hier auch als alle Stände vereinendes christliches Symbol zu verstehen ist, begegnen und vermischen sich Reich und Arm, hoher und niederer Stand.

Obschon das Fresko in den ersten Jahren des 15. Jahrhunderts fertig gestellt wurde, ist es wegen seiner Vorstellungswelt und Darstellungsweise Teil des Mittelalters, denn es schildert eine unangetastete, gewissermaßen von Gott geordnete Welt, wo jeder den ihm zugewiesenen Platz einnimmt und ohne zu murren seinem Tagewerk nachgeht – oder seinen Vergnügungen. Die idyllische Schilderung eines beinahe herbstlichen, milden, geradezu traumverlorenen Mittelalters wird wohl dem Selbstverständnis Georgs I. von Liechtenstein entsprechen, enthält aber vor dem historischen Hintergrund der unseligen, nicht gerade freudvollen Regentschaft des Fürstbischofs, der im Dom von Trient begraben ist, ein besonderes Gewicht. Zweifellos zog Georg mit Wenzeslaus von Böhmen einen hervorragenden Meister seines Faches zur Ausmalung heran. Der Freskenzyklus gehört zu den Hauptzeugnissen des so genannten weichen oder internationalen Stils um 1400. Mit bravourösem Geschick und sympathischer Naivität verbindet der Maler die vollkommene Beobachtung und Wiedergabe der Natur und des Menschen bei seiner täglichen Beschäftigung mit einer frühlingshaften Schönheit durch die Frische der Farben und die Anmut der Schilderung. In der jahreszeitlich bedingten Darstellung der Arbeit zeigt er einen verblüffenden Sinn für Realismus. Wie allgemein im 15. Jahrhundert werden auch hier die Monatsdarstellungen des Mittelalters zu figurenreichen Szenen, die letztlich zum reinen Genre- und Landschaftsbild führen. Ikonographische Details wie die Darstellung von Pferden statt Rindern beim Ackerbau, die geschilderte Pflanzenwelt oder der gotische Charakter der Architekturen verweisen auf eine nordalpine Herkunft und Schulung. Der Meister

214

folgt in der Zuordnung der Tätigkeiten zu den Monaten durchaus gängigen Mustern, weicht allerdings in der Szene der Bärenjagd auf originelle Weise davon ab. Den Einflüssen der italienischen Malerei mag Wenzeslaus hierbei während seiner Zeit in Trient oder auch vorher erlegen sein. Die Themenwahl, die Liebe zum Detail und das additive Nebeneinander verweisen auf die Erzählweise des Mittelalters, der feine Pinselstrich lässt an einen versierten Buchmaler und Miniaturisten denken, als welcher der als Hofmaler Georgs in den Urkunden genannte Wenzel von Böhmen möglicherweise angesprochen werden darf.

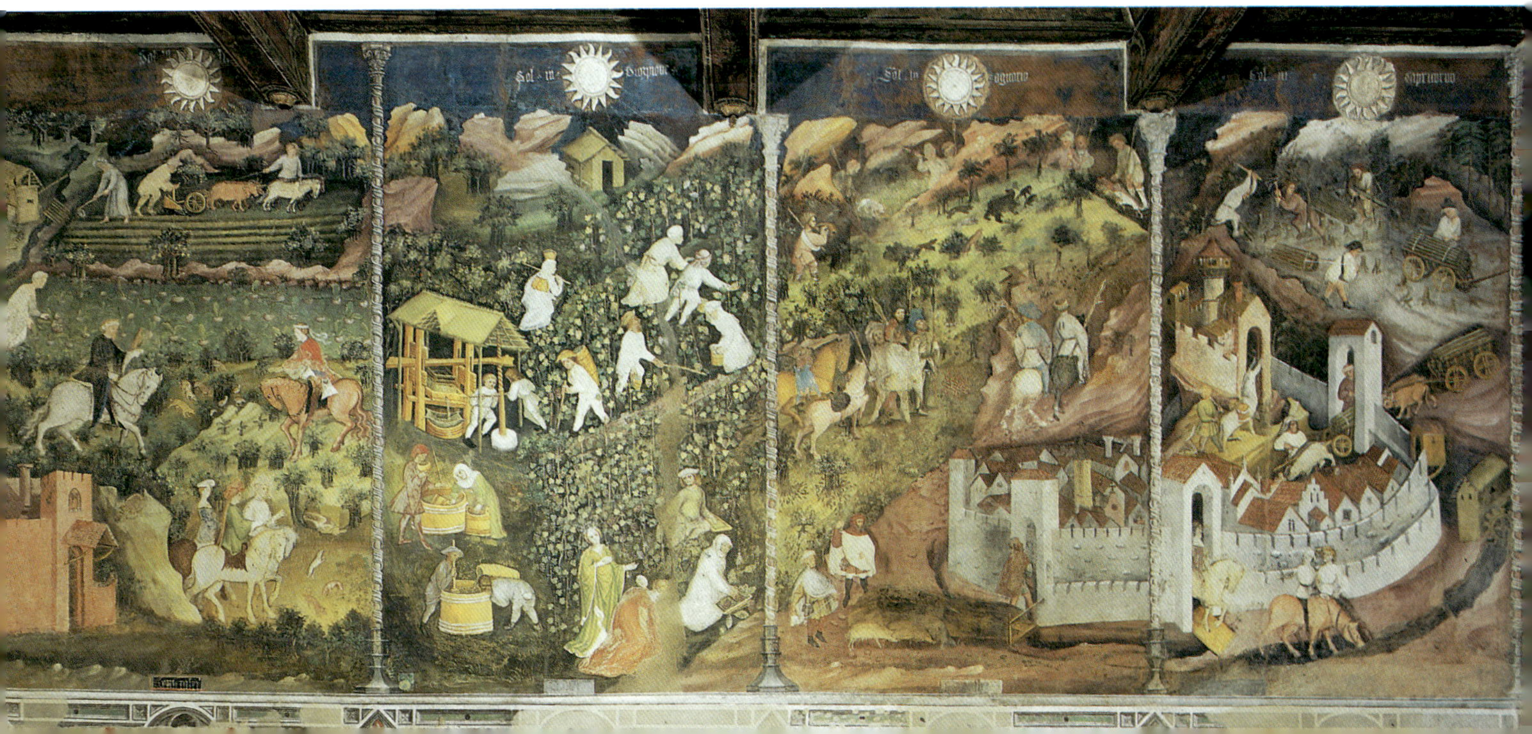

Christoph Freiherr von Madrutsch, Fürstbischof von Trient und Herr auf Kastell Buonconsiglio

Hartmut Diekmann

Der Garten der Unterwelt

Im Garten von Bomarzo, dem Park der Ungeheuer in der Nähe von Viterbo aus der zweiten Hälfte des 16. Jahrhunderts, verirren sich auch heute noch die Geister. Er ist das Pilgerziel der Künstler der Vergangenheit und Gegenwart sowie das künstliche Paradies der Surrealisten des 20. Jahrhunderts. Schwindel befällt den Besucher nach den wenigen Minuten, die er sich im schiefen Haus zu verweilen getraut. Nichts steht im rechten Winkel zueinander, sein Gleichgewicht will ihn verlassen. Nimmt er sich Zeit, kann er die Inschrift entziffern: »Durch Ruhigwerden wird mein Geist weiser, deshalb (ist dieses Haus) dem Christoph Madrutsch, dem Fürsten von Trient, gewidmet worden.« Oberhalb des schiefen Hauses öffnet sich ein steinernes Maul, das den Eingang zum Totenreich symbolisieren soll. Darüber leuchtet rot die Inschrift »Ogni pensiero vola« – Jeder Gedanke fliegt.

Im Innern der Höhle erkennt man einen Tisch, den der Steinmetz stehen gelassen hat, als er den Rachen in den Felsen hineinarbeitete. An diesem Tisch, so heißt es, saß oft der erwähnte Christoph Madrutsch, auf Italienisch Cristoforo Madruccio, gemeinsam mit seinem Gastgeber Vicino Orsini und sie sprachen über Tod und Unglück. Wir befinden uns im Jahre 1566.

Vicino Orsini war mit Giulia aus dem Geschlecht der Farnese verheiratet. Diese stammte sowohl von einer Schwester als auch von einem Bruder Papst Pauls III. ab. Vicino war auch eng mit Vetter Orazio Farnese befreundet. Um seinen Freund in den gerade ausbrechenden Kampfhandlungen zwischen dem französischen König und Karl V. nicht allein zu lassen begleitete er ihn in den Kampf und musste erleben, wie sein Freund an seiner Seite durch eine Kugel starb. Er selbst geriet in Gefangenschaft, wurde gefoltert und gequält. Da ihm seine glänzenden Beziehungen zum

Das steinerne Maul bildet den Eingang zum Garten von Bomarzo. Die Inschrift »Jeder Gedanke fliegt« lädt ein zum Eintritt in einen Irrgarten der Phantasien.

Der Park der Ungeheuer von Bomarzo liegt auf der Grenze zwischen Latium und Umbrien, unterhalb der mächtigen Villa der Orsini. Vicino Orsini, 1557 nach dem Tod seiner Frau in Schwermut versunken, ließ den ehemaligen Festgarten in einen Garten bizarrer und düsterer Gedanken umbauen. Ausgeführt wurden die Arbeiten wohl von einfachen Handwerkern der ehemals etruskischen Umgebung. Als Künstler werden der Architekt Vignola und der Gartenarchitekt Michelangelo Jacobo del Duca sowie der Maler Taddeo Zuccari genannt.

Heiligen Stuhl seit dem Tod Papst Pauls III. (1549) keine Hilfe mehr waren, kam er erst 1557 wieder frei. In Bomarzo traf er bei seiner Rückkehr seine Frau, die er sehr liebte, nur noch sterbend an. Schwermut und Düsterheit befielen ihn und mit Schwermut und Düsterheit überzog er seine Umgebung. Er verwandelte seinen Lustgarten in einen Garten der Sinnenverwirrung und der Todesgedanken. Die Schildkröte wählte er als sein spirituelles Begleittier in das Totenreich. Unter der Last seines Schildschicksals auf den Boden gepresst, trug sie auch in ihrem italienischen Namen ›tartaruga‹, der vom ›Tartaros‹ abgeleitet scheint, das Siegel des Todes. Den Partner seiner dunklen Gespräche, seinen Freund Christoph Madrutsch, hatte er schon 1546, als er in der Eigenschaft als päpstlicher Gesandter zu Kaiser Karl V. reiste, kennen gelernt. Vicino machte in Trient Station und war Gast beim jungen Christoph Freiherrn von Madrutsch. Es wurde eine folgenreiche Begegnung für den Freiherrn, denn in den Jahren der Trauer erinnerte Orsini sich an seinen Gastgeber in Trient, suchte ihn 1557 dort noch einmal auf und bat ihn später brieflich, zu ihm nach Bomarzo zu kommen.

Eine solche Bitte verbat sich eigentlich von selbst. Es scheint, als sei sich der verstörte Orsini nicht ganz über die Tragweite eines solchen Ansinnens im Klaren gewesen. Denn Christoph von Madrutsch war alles andere als nur der freundliche Nachbar von nebenan. Er hatte eine glänzende Karriere hinter sich und befand sich auf dem Höhepunkt seiner Entfaltung. Allein die Nennung seiner Berufungen wirft ein Licht auf die Waghalsigkeit dieser Bitte.

Der Freund

Christoph Madrutsch wurde am 5. Juli 1512 in Calavino (Provinz von Trient) geboren. Als 17-Jähriger ist er Pfarrer von Tirol, 1534 Domherr von Augsburg, 1535 Domherr von Trient, 1536 Domherr von Salzburg, 1537 Domherr von Brixen. Doch war dies erst der Anfang. 1539 wird er Bischof von Trient, 1540 Reichsfürst, 1542 Kardinal und Administrator von Brixen. In dieser Zeit porträtiert ihn Tizian. 1545 ist er Gastgeber und Hausherr bei der Eröffnung des Konzils von Trient. 1550 ist er Koadjutor des Erzbischofs von Salzburg und 1551 erneut Gastgeber des Konzils. 1556 ernennt ihn Kaiser Karl V. zum Gouverneur von Mailand. 1560 wird er Kurienkardinal, 1561 Bischof von Alba und 1562 Bischof von Sabina. Im Jahre 1564 erhält er die Wür-

Tiziano Vecellio
Cristoforo Madruzzo, 1552
Öl auf Leinwand,
210 x 109 cm
Museu de Arte São Paulo –
Assis Chateaubriand,
São Paulo

Christoph Freiherr von Madrutsch, als Sohn einer Deutschen und eines Italieners zwischen zwei Kulturen erzogen, hatte nach seinem Studium in Bologna eine erstaunliche Karriere gemacht. Als er 1566 im Alter von 54 Jahren den Brief seines alten Freundes Vicino Orsini erhielt, der ihn nach Bomarzo rief, hatte er Bistümer gesammelt wie andere Münzen, so sagte man. Er gab seine geistlichen und politischen Ämter auf und zog in die Nähe von Orsinis Villa.

den des Bischofs von Preneste und 1570 diejenigen des Kardinalbischofs von Porto. Man sagte über ihn, er sammele Bistümer wie andere Münzen.

Seine Mutter war die gebürtige Euphemia von Sporenberg. Sie lehrte ihn die deutsche, sein Vater ihn die italienische Sprache. Durch sein Studium in Bologna wurde er intensiv mit der italienischen Kultur vertraut. Er hatte eine große Begabung für Freundschaften, die er Zeit seines Lebens in Ehren hielt und pflegte. Dabei empfand er sich selbst als Grenzgänger zwischen den Deutschen und den Italienern. In beiden Kulturen bewandert, erklärte er den deutschen Konzilteilnehmern den italienischen und insbesondere den italienischen Konzilteilnehmern den deutschen Charakter.

Als er mit 54 Jahren auf dem Höhepunkt seines Lebens stand, erhielt dieser Mann den Brief eines vereinsamten, gemütskranken, zwar feinsinnigen, aber auch

exaltierten italienischen Kleinfürsten namens Vicino Orsini. Madrutsch traf eine erstaunliche Entschei-dung: Er gab seine geistlichen und politischen Ämter und Würden, selbst den Reichsfürstenstand auf und überließ sie seinem Neffen Ludwig Madrutsch. Er emp-fing die geistlichen Würden eines Kurienkardinals in Rom, behielt im Wesentlichen seine kirchlichen Ämter in Italien bei und zog nach Soriano, das nur wenige Kilometer von Bomarzo entfernt liegt. Man hat auf unterschiedlichste Weise seinen Rückzug aus seinen internationalen Ämtern zu erklären versucht: Sie alle hätten ihn nicht mehr befriedigen können, war er doch bei dem Streben nach dem allerhöchsten Amt der Kirche gescheitert. Als Verwalter von Mailand hätte er keine besonders glückliche Hand bewiesen. Trotz eif-rigsten Bemühens wäre es ihm nicht gelungen, vom Papst als Legat nominiert zu werden.

Einhellige Bewunderung wurde ihm allein als Gast-geber und Hausherr des Konzils zuteil. Seit 1539 be-kleidete Madrutsch das Amt des Bischofs von Trient und war Herr des Schlosses Buonconsiglio. Er war ein glänzender Gastgeber. Er verschuldete sich auf das Beängstigendste, nur um es den Gästen an nichts fehlen zu lassen. Gelehrt, beredt, prachtliebend, wohltätig, aber auch ehrgeizig war seine Amtszeit als Bischof der glücklichste Umstand des Konzils. Voller Selbstbewusstsein empfing Madrutsch seine Konzilgäste ohne irgendeine vorhergehende Ver-

abredung mit dem Papst. In ihm verbanden sich deutsches Übermaß mit italienischer Raffinesse und Höflichkeit. Beängstigend war den päpstlichen Le-gaten zumute, als er ihnen zu Ehren zu Ostern 1545 ein Eröffnungsmahl zelebrierte, bei dem Madrutsch nach einer zeitgenössischen Schätzung 74 Gänge servieren ließ. »Gran Lukullus« nannte man ihn allent-halben. Er zog es vor, sich als Fürst gekleidet, der er auch war, sehen zu lassen. Nur die rote Bischofs-mütze ließ erkennen, dass er auch kirchliche Würden trug. Fürstlich ging es auch an seinem Sitz, dem ›Castello del Buonconsiglio‹ zu, wo es mancher Teil-nehmer des Konzils vorgezogen hätte, nur bischöf-lichen Ehren zu begegnen.

Einmal musste sogar der päpstliche Legat einschrei-ten, um die allzu weltlichen Züge der fürstbischöf-lichen Unternehmungen einzuschränken. Madrutsch hatte die auf dem Konzil anwesenden Bischöfe zu den Feierlichkeiten einer adeligen Hochzeit einge-laden. Zum Brauttanz lud er die Bischöfe ein zusam-men mit dem Paar den Reigen zu eröffnen. Der päpst-liche Legat konnte es gerade noch verhindern. Madrutsch war in der Tat ein Grenzgänger, der sich bewundernswert und beängstigend nahe am Abhang zu bewegen wusste.

Claudy
Tridentinisches Konzil, 1565
Kupferstich

Man hatte sich 28 Jahre
Zeit gelassen, bis der Papst
1545 endlich, nach Ein-
vernehmen mit Kaiser Karl
V., zum Konzil nach Trient
rief. Anfangs war die Teil-
nehmerzahl so gering, dass
die Eröffnung hätte verschoben werden sollen. Aber
allen Teilnehmern war be-
wusst, dass die Forderungen
nach einer Kirchenreform
mittlerweile unüberhörbar
waren.

Desinteresse am Konzil

Man hatte sich Zeit gelassen, zum Konzil zusammen-
zukommen. Seit den Anfängen der Reformation waren
28 kostbare Jahre, in denen ein Versuch der Wieder-
vereinigung der auseinander laufenden Konfessionen
noch Aussicht auf Erfolg gehabt hätte, verstrichen.
Einige Jahre lang herrschte allgemein die Überzeugung,
die 1517 in Deutschland ausgebrochene Reformation
sei eine Reformbewegung innerhalb der Kirche. Dies
waren allerdings auch kostbare Jahre für die Gegner
des Konzils. Selbst Papst Clemens VII. (1523–1534)
gehörte zu jenen, die die Lutheraner nicht so sehr
fürchteten wie ein kommendes Konzil. Er tat daher
nichts, um das Konzil beginnen zu lassen. Ihm wird der
Ausspruch in den Mund gelegt: »Ein paar trunkene
Deutsche werden das Konzil und die ganze Welt durcheinander bringen. Aber lasst sie! Ich fliehe auf die
Berge, und dann mag man auf dem Konzil einen neuen
Papst wählen, nein, ein Dutzend, denn jede Nation wird
ihren eigenen haben wollen.« Ganz sicher fürchtete er
auch, dass auf dem Konzil die politischen Auseinandersetzungen Frankreichs und Habsburgs bestimmend
werden und zur Spaltung der Christenheit und Europas
führen könnten. Vom Reich Karls V., im Süden durch das
Königreich Neapel und im Norden durch Mailand ein-
geengt, sah er sich politisch mit Frankreich verbunden,
das seinerseits zwischen den spanischen und den deutschen Besitzungen Karls nach einer Befreiung aus
der Umklammerung suchte. Dem französischen König
Franz I. kamen daher die Lutheraner gerade recht, die
Kaiser Karl in Deutschland beschäftigten. Beiden lag
nichts am Zustandekommen eines Konzils, das schon
gar nicht auf deutschem Boden stattfinden sollte, wie
es die deutschen Fürsten gefordert hatten. So hätten
sich beide Kaiser Karl V. ausgeliefert und wären Gefahr
gelaufen sich den mit dem Kaiser versöhnten Luthe-
ranern gegenüberzusehen. Dies wäre der größte
Triumph des Kaisers über den Papst gewesen. Zu alle-
dem kamen noch die unüberhörbaren Forderungen
nach einer durchgreifenden Kirchenreform, die seit
mehr als 100 Jahren den Grundton aller Klagen gebildet
hatten. Clemens VII., von unehelicher Geburt und unter
nicht ganz einwandfreien Umständen zum Papst gewählt, wollte sich einer aufkommenden strengeren
Moral nicht auf einem Konzil aussetzen. Aus allen diesen Gründen blieb er schließlich untätig. Politisches
Kalkül begleitete die Vorbereitungen und das Konzil zu
allen Zeiten. Die Sorge um die Reform der Kirche und
die Angst vor deren Verwirklichung trugen das Ihre
dazu bei, dass die Einheit der Kirche geopfert wurde.

Wappen von Papst
Clemens VII.
Castel del'Buonconsiglio,
Trient

Mit Papst Paul III. (1534–1549) gab es einen Stim-
mungsumschwung. Er berief reformwillige Kardinäle
in das Kollegium, die allerdings in ihren Forderungen
zu weit über das in Rom erträgliche Maß hinausgin-
gen. Ihr Federführer, Kardinal Contarini, hatte 1537 in
dem »Consilium de emendanda ecclesia« – dem Ratschlag für eine Verbesserung der Kirche – auf 13 Seiten
zusammengetragen, was in der Kirche zu reformieren
sei: Vom Missbrauch des Papstamtes, der sorglosen
Weihe ungeeigneter Bischöfe, deren Ämterhäufungen,
deren Liebe zu Paris, Rom und Venedig als Wohnsitze,
während ihre Herden ohne Hirten waren, bis zur geistlichen Verwahrlosung des Klerus und dessen man-
gelnder Einhaltung des Zölibats. Doch die römische
Kurie mochte ihm darin nicht folgen. Der spätere
Papst Paul IV. setzte diesen Entwurf zu einer Kirchenreform sogar auf den Index der verbotenen Schriften.

Der hindernisreiche Weg nach Trient

Viele erhofften sich von einem kommenden Konzil die
Lösungen der Spannungen, eine wieder hergestellte
Union der Christenheit und eine an Haupt und Gliedern reformierte Kirche. Im Gegensatz zum Papst
strebte Karl V. umso entschlossener auf dieses Konzil
zu. Bereits 1524 war er in Rom vorstellig geworden.
Doch hieß es damals, dass das Wort »Konzil« hier besser nicht geäußert werden solle. Als mit Kardinal
Contarini der Reformwille auch in Rom deutlich wurde, versuchte es Karl mit einer theologischen Einigung
der lutherischen und der römisch-katholischen Positionen. Er lud 1541 zum Religionsgespräch nach Re-
gensburg ein. Dort wurde man sich bezüglich der
Rechtfertigungsfrage einig. Die Einigungsformel lautete: Rechtfertigend sei der »lebendige Glaube, der
Glaube, der in der Liebe wirksam ist«. Aber man
konnte sich in keiner Weise über das Wesen und die
Bedeutung der Kirche und damit des Abendmahles
einigen.

Karl V. verfolgte nach diesem Scheitern von nun an ein
einfaches und klares Konzept. Er suchte den militärischen Sieg über die lutherischen Fürsten um sie nach
ihrer Niederlage an den Konziltisch zu zwingen. Dort
wollte er ihnen Zugeständnisse beim Laienkelch und
bei der Priesterehe machen und hoffte so, beide Seiten wieder vereinigen zu können. Die lutherischen
Bischöfe hatten ihm zwar bereits gesagt, dass für
sie die Teilnahme an einem Konzil nur dann in Frage
käme, wenn sich der Papst der Autorität des Konzils
unterwerfe und seine Entscheidungen allein auf der
Grundlage der Heiligen Schrift träfe ohne sich auf
irgendeine andere Autorität zu berufen. Aber erst als
die protestantischen Fürsten mit eben diesen Argumenten 1552 tatsächlich das Konzil verließen, begriff
er deren politische Tragweite.

Inzwischen hatte die protestantische Bewegung
auch auf Italien übergegriffen. Die Sorge über
einen tiefen Einschnitt ging um. In der römischen
Kurie herrschte sowieso die Meinung, Deutschland
müsse man den Protestanten überlassen, und es
gehe jetzt nur noch darum, die romanischen
Länder Italien und Frankreich vor dem Ansturm
der Protestanten zu retten. Ein Konzil, wenn es
denn zustande kommen sollte, hätte seine wichtigste Aufgabe in der Verteidigung der katholischen Kirche. Deren Reform käme erst an zweiter
Stelle.

Für das Jahr 1542 wurde im Einvernehmen mit dem Kaiser das Konzil in Trient einberufen. Trient lag zwar nicht in Deutschland, denn dahin wären die Franzosen nicht gekommen, aber es gehörte auch nicht zum Vatikanstaat, wohin sich der Kaiser nicht begeben hätte. Es lag einerseits innerhalb des Reiches, andererseits bildete es unter Christoph Madrutsch ein eigenes Fürstentum. Es war damals eine Stadt von etwa 6 000 Einwohnern, die Platz für die 100 Konzilväter und ihr Gefolge bot. Die Bevölkerung war zweisprachig. Allerdings stieß erst der 1544 zwischen Karl V. und Franz I. geschlossene Frieden das Tor nach Trient endgültig auf. Nun lud der Papst zum 15. März 1545 nach Trient ein. Doch kam fast niemand. Die Eröffnung wurde wiederholt verschoben. Niemand wollte mehr daran glauben, dass dieses Konzil noch einmal wirklich zusammentreten würde. Wer mochte auch schon die beschwerliche Reise von Frankreich und Spanien aus wegen einer Einladung antreten, die sich später als Bluff herausstellen könnte. Von den deutschen Bischöfen, die ihre Gebiete schon wegen der vordrängenden Protestanten nicht allein lassen wollten, einmal ganz zu schweigen.

Eröffnung

Eigentlich war die Zahl der Teilnehmer auch am 13. Dezember 1545 so klein, dass man mit der Eröffnung hätte weiter warten müssen. Aber es war den Verantwortlichen klar, dass das Konzil nie beginnen würde, wenn man nicht anfinge. Nur 25 Erzbischöfe und Bischöfe zogen mit weiteren sechs Ordensgenerälen in den Dom von Trient ein. Es waren fast nur Spanier und Italiener gekommen. Die Spanier gehörten zur kaiserlichen Partei, waren sehr selbstbewusst und Rom gegenüber in gleicher Weise misstrauisch. Sie erwarteten vom Konzil deutliche Entscheidungen zur Reform der Kirche. Die Konziltagebücher berichten von häufigeren, auch tätlichen Auseinandersetzungen zwischen ihnen und den Italienern. Frankreich hatte niemanden gesandt, weil es das Konzil für ein kaiserliches hielt. Die deutschen Fürstbischöfe waren aus den oben erwähnten Gründen nicht erschienen.

Bestachen frühere Konzilien durch ihre sorgfältige Vorbereitung, war in Trient noch alles zu entscheiden. Die Geschäftsordnung, ob nach Nationen oder Personen abgestimmt werden sollte, ob es ein Reform- oder ein Lehrkonzil werden sollte oder vielleicht beides – nichts war entschieden. Klar war jedoch, dass das Stimmrecht nur den Bischöfen, den Ordensgenerälen und den Äbten zukam. Allerdings tagten parallel dazu die so genannten Theologenkonzilien, in denen 50 bis 100 Theologen die auf dem Konzil behandelten Themen diskutierten. Vieles floss von hier in die Beratung der Konzilväter ein.

Die Konzilväter bei der Arbeit (1. Phase)

Während der Hauptarbeitssitzungen bestand das Konzil schließlich doch aus bis zu 100 stimmberechtigten Teilnehmern. Kardinäle und Bischöfe bildeten die größte Gruppe (90 Prozent). Sechs Obere, die den Bettelorden angehörten, und einige Äbte vervollständigten das Konzilplenum. Mit beratender Stimme kamen noch Theologen hinzu. Das Konzil tagte als Plenarversammlung oder Generalkongregation unter Vorsitz eines der drei päpstlichen Legaten. Sie hatten zwar päpstliche Vollmachten, mussten oft jedoch durch zeitraubende Botenritte nach Rom das Plazet des Papstes, der den Vorsitz des Konzils innehatte, einholen lassen.

Für die Arbeit zur Vorbereitung der wichtigsten Entscheidungen hatte man drei Partikularkongregationen gebildet, denen je ein päpstlicher Legat vorsaß. Ihnen standen die Theologenkongregationen der verschiedenen Universitäten beratend zur Seite.

Schließlich gab es die Deputationen, das heißt Abordnungen von Mitgliedern des Konzils, die den Auftrag hatten, die Formulierungen der Konzilentscheidungen auszuarbeiten. Die Ergebnisse der Partikularkongregationen und der Deputationen erzielten jedoch nicht die gewünschten Ergebnisse. Ab 1546 wurden sie durch Konferenzen, die sich aus Prälaten und Theologen zusammensetzten, ersetzt.

Da die Vertreter der italienischen Nation eine deutliche Mehrheit bildeten, war eine Zeit lang ein Abstimmungsmodus nach Nationen diskutiert worden. Dies war auch auf früheren Konzilien zur Anwendung gekommen. Die Konzilsleitung lag bei den jeweiligen drei päpstlichen Legaten. Sie allein hatten Vorschlagsrecht. Damit entschied letztlich der Papst über die vorzulegenden Texte, untersagte die Behandlung von Texten, die ihm nicht genehm waren, und verbot die Diskussion über bestimmte

Egnazio Danti
Venezianische Besitztümer
Fresko
Galleria delle Carte Geografiche, Musei Vaticani, Rom

Die Karte zeigt das venezianische Hinterland. Besonders hervorgehoben sind Padua, Verona, Brescia, Crema, Mantua und Trient.

ROLVS · MAGNVS · IMPERATOR · AVGVS

Fragen. Er entschied sogar eigenmächtig über die Verlegung des Konzils. Die Diskussionen, bei welchen Themen auch immer sie geführt wurden, fanden nicht mehr in den Korridoren oder Seitenschiffen, sondern in den Generalkongregationen selbst statt. Man traf sich gewöhnlich in der Kathedrale San Vigilio oder in der Kirche Santa Maria Maggiore. Der erhöhte Chor wurde vom Hauptschiff abgetrennt und bot dem Konzil gute Arbeitsbedingungen. An heißen Sommertagen ging man in die Krypta. Doch berichten die Konzilsakten auch davon, dass das Konzil zeitweilig im Schloss des Fürstbischofs Madrutsch getagt habe.

Das Fresko im Castel Buonconsiglio nimmt Bezug auf Karl den Großen. Unter der Kampfszene gleichförmig gereiht sind die Kardinäle des Konzils.

Tizian Vecellio
Karl V. bei Mühlberg, 1548
Öl auf Leinwand,
332 x 279 cm
Museo del Prado, Madrid

Nach einem entscheidenden
Sieg über die Protestanten
in der Schlacht von Mühl-
berg wollte Kaiser Karl V. die
Lutheraner zum Konzil nach
Trient zwingen. Mit der Entscheidung Papst Pauls III.,
das Konzil auf päpstliches
Gebiet nach Bologna zu verlegen war dieses Vorhaben
jedoch zum Scheitern
verurteilt.

die bischöfliche Vollmacht direkt von Gott verliehen werde. Im ersten Fall wäre der Bischof als hoher kirchlicher Funktionär der Angehörige einer mobilen Klasse. Im zweiten Fall wurden die Bischöfe als Hirten ihrer Herde angesehen, in deren Bestimmung auch der Papst nicht verändernd eingreifen konnte. Das Konzil umging das zentrale Problem der Einschränkung päpstlicher Gewalt.

In wechselnden Konstellationen versuchten die Reformbischöfe der Besetzungswillkür der Päpste ein Ende zu bereiten. Letztere gaben den Kritikern durch die ständigen Ungeheuerlichkeiten bei den Berufungen permanent neue Nahrung. So setzte Pius IV. gleich nach seinem Antritt seinen 22-jährigen Neffen Karl Borromäus zum Erzbischof von Mailand ein, obgleich er erst drei Jahre später zum Priester geweiht wurde. Erwies sich dies für die Zukunft der Kirche als eine besonders glückliche Wahl, demonstrierte die durch Julius III. erfolgte Ernennung seines Affenpflegers zum Kardinal noch einmal das ganze Siechtum des Renaissancepapsttums.

Im Jahre 1547 endete die erste Konzilsphase mit der autoritären Entscheidung Pauls III., das Konzil nach Bologna und somit auf päpstliches Gebiet zu verlegen. Einige Fälle von Fleckentyphus gaben dazu den geeigneten Vorwand. Der Kaiser hatte gerade in der in Deutschland geschlagenen Schlacht von Mühlberg seinen militärischen Sieg über die protestantischen Kräfte errungen. Die Aussichten, die Lutheraner zum Konzil nach Trient zu zwingen waren günstig; sie nach Bologna auf päpstliches Gebiet zu bringen, schien dagegen aussichtslos. Karl V. war außer sich. Sein Gewährsmann in Trient, Christoph Madrutsch, schnaubte über alle Maßen vor Wut. Der Kaiser verbot seinen Delegierten nach Bologna zu gehen und bei dem dortigen Konzil Entschlüsse zu fassen. Auch den anderen Teilnehmern war der Aufenthalt in Bologna nicht genehm, da die Gastfreundschaft der Stadt nicht im entferntesten mit der des Fürstbischofs von Trient Schritt halten konnte. Deshalb sehnten sich viele zurück.

Die Versuche das Konzil an seiner Arbeit zu hindern oder es in seinem Ablauf zu beeinflussen, waren vielfältig. Die Tatsache, dass ihm vier verschiedene Päpste vorstanden, hat die Arbeit der Teilnehmer nicht erleichtert. Eine Reform der Kirche war für Papst Paul IV. sowieso nur als Reform von oben vorstellbar, weswegen unter seinem Pontifikat das Konzil erst gar nicht einberufen wurde.

In der ersten Phase bis 1547 gelang es dem Konzil, sich abschließend über die Themen der Rechtfertigung, Erbsünde und Sakramentenlehre zu äußern. War es damit in seiner Eigenschaft als Lehrkonzil erfolgreich, scheiterte es jedoch in entscheidenden Punkten als Reformkonzil. So gelang es ihm nicht, in der Frage der Residenzpflicht der Bischöfe zu einer Einigung zu kommen. Das Problem war so formuliert, dass das Konzil darüber zu entscheiden hatte, ob die Bischöfe durch den Papst eingesetzt werden oder ob

Behinderte Zusammenarbeit (2. Phase)

Während des Pontifikats Julius' III. fand die zweite Konzilsphase Trients wiederum unter dem vorigen päpstlichen Legaten der ersten Sitzungsperiode, Kardinal del Monte, statt. Nun kamen auch die deutschen Kurfürsten von Brandenburg und Sachsen sowie die Herzöge von Württemberg und der Reichsstadt Strassburg. Aber wie angekündigt, wollten sie tatsächlich alles auf der alleinigen Grundlage der Heiligen Schrift erneut diskutieren. Karls Interesse am Fortgang des Konzils schwankte bereits deutlich, als sich 1552 Herzog Moritz von Sachsen mit dem König von Frankreich verbündete und den Kaiser in Innsbruck angriff. Das Konzil nahm dies als willkommenes Signal und hob sich durch einen eigenen Beschluss auf.

Nach dem Tod Julius' und dem nur 21 Tage währenden Pontifikat Marcellus' II. wurde Giovanni Piero Carafa als Paul IV. inthronisiert. Er glaubte, Reformen seien ganz ohne Konzil möglich. Zu seiner Reform von oben gehörte die Verschärfung der Inquisition, der auch der frühere päpstliche Legat der ersten Konzilsphase, Kardinal Pole, und der spätere Retter des Konzils, Kardinal Morone, als langjährige Gefangene in der Engelsburg zum Opfer fielen.

Im Kampf gegen die Reformation ergriff Paul IV. auch immer neue Maßnahmen gegen die Juden. Auf seine Anordnung hin wurde das »Consilium de emendanda Ecclesia« des Kardinals Contarini auf den Index gesetzt. 1557 rückte der Herzog von Alba in den Kirchenstaat Pauls IV. ein und sorgte für ein stilles Ende seines Pontifikats.

Abschluss (3. Phase)

Die letzte Konzilsphase fand gänzlich veränderte Bedingungen vor. Papst Pius IV. (1559–1565) ging zielstrebig an die Fortführung des Konzils. Karl V. hatte abgedankt (1556), das Reich und Spanien waren nicht mehr vereint, Ferdinand I. regierte in Österreich, Philipp II. in Spanien. In Frankreich waren die Calvinisten auf dem Vormarsch. Die Regierung drohte mit einem Nationalkonzil, auf dem sie sich mit den Calvinisten

Oben: Lucas Cranach d.J.
Kurfürst Moritz von Sachsen und seine Gemahlin Agnes, 1559
Öl auf Holz, 44 x 69 cm
Gemäldegalerie Alte Meister, Dresden

An der zweiten Konzilphase unter Julius III., wieder in Trient, nahmen auch die Kurfürsten von Brandenburg und Sachsen teil.

Links: Venezianischer Künstler
Darstellung der 23. Sitzung des Konzils von Trient in der Kathedrale S. Virspilio am 15. Juli 1563, zweite Hälfte 16. Jahrhundert
Öl auf Leinwand,
117 x 176 cm
Musée du Louvre, Paris

1563 kam das Konzil vorzeitig zu seinen letzten Sitzungen zusammen. Unter Zeitdruck wegen der anstehenden Papstwahl wurden Themen wie Ablass und Fegefeuer nachlässig abgehandelt. Ende des Jahres 1563 war das Konzil beendet.

Rechts: Bomarzo, Castello.
Das Kastell der Orsini erhebt sich auf einem Felsen über der Ortschaft Bomarzo. Unter ihm breitet sich der »Parco dei Mostri« aus.

Gegenüber:
André Pieyre de Mandiargues schrieb, dass es Menschen gegeben habe, die die Monster von Bomarzo wegen ihres Potentials an Erotik und Grausamkeit gerne ins Dunkel gehüllt hätten. Aber er sagt auch, dass in der Unordnung, unter Beihilfe der Naturkräfte, von Menschenhand einige Orte von wahrhaft irrer Schönheit geschaffen worden seien und das Tal von Bomarzo diesem entspricht. Von den Gelehrten ist häufig über die Verwendung Bomarzos gerätselt worden: Vielleicht diente es den großen Festen oder Mysterien der Renaissance, vielleicht ist es auch nur Spiegelbild der düsteren Gedanken des feinsinnigen Vicino Orsini.

verständigen wollten. England war für die katholische Kirche ganz verloren gegangen. In Deutschland hatte der Protestantismus im Augsburger Religionsfrieden (1555) rechtliche Anerkennung gefunden. Der deutsche Katholizismus war kleinlaut. In italienischen Berichten hieß es: »Die Protestanten sind hellwach, die Katholiken schlafen; man gewinnt den Eindruck, dass sie – und nicht die Protestanten – auf den Glauben ohne Werke setzen, so wenig kümmern sie sich darum, den Zusammenbruch der katholischen Religion in Deutschland zu verhindern.«

Am 18. Januar 1562 trat das Konzil erneut zusammen. Am Dienstag, den 19. November 1560, hatte der Papst ein heiliges Jahr in Rom ausgerufen, um dem Konzil einen guten Start zu geben. Für den folgenden Mittwoch, Freitag und Sonnabend setzte er ein Fasten an, das am Sonnabend in die Kommunion münden sollte. Die Gläubigen wurden dazu aufgefordert, im Gebet das Einsenken der göttlichen Gnade in die Herzen der Lutheraner zu erflehen, damit sie ihren Irrweg erkennen. Als am 16. April 1561 die Kardinäle und Bischöfe feierlich in Trient einzogen, prangten über dem Triumphbogen zwei Inschriften: »Gesegnet sei, der da kommt im Namen des Herrn« und »Den Wiederherstellern der Einheit der Christenheit«. Fürstbischof Christoph Madrutsch hatte diesen Lobpreis in der

Hoffnung anbringen lassen, die Schritte der Geistlichen in die Richtung der Einheit zu lenken. Aber dazu war es bereits viel zu spät. Fragen zur Kirchenreform standen in dieser Phase im Mittelpunkt der Auseinandersetzungen. Es hatte sich gezeigt, dass in der Frage der Residenzpflicht bislang keine Ergebnisse erzielt worden waren. Die Franzosen, die mit einer starken Delegation anwesend waren, bestanden darauf, dass die Einsetzung der Bischöfe als unmittelbar abhängig von der Gnade Gottes zu entscheiden sei. Die Gegenseite, besonders die Italiener und die Kurie, wollten dieses Recht beim Papst belassen wissen.

Bei einer Probeabstimmung hatten die Befürworter der Einsetzung der Bischöfe durch göttliches Recht doppelt so viele Stimmen wie ihre Gegner. Doch waren diese zusammen mit der großen Zahl der Enthaltungen in der Mehrheit. Man überließ nun die Entscheidung dem Papst, der, wie zur Verschärfung der Lage, eine Weiterführung der Diskussion verbat. Leider tat er auch noch ein Weiteres. Ganz im alten Stil hatte der Papst einem 14-Jährigen und einem 16-Jährigen aus den Häusern der de' Medici und Gonzaga den Kardinalshut verliehen. Zudem hatte er an zwei Kardinäle, von denen er wusste, dass sie nie in ihren Diözesen residieren würden, Bischofsämter vergeben. Die Stimmung unter den reformwilligen Bischöfen erreichte ihren Tiefpunkt. Die Franzosen forderten – wie in der alten Kirche – die Rückkehr zur Bischofswahl durch Klerus und Volk. Allein dem neuen Konzilslegaten Giovanni Kardinal Morone gelang es, dank seines überragenden diplomatischen Geschicks, für einen Ausgleich zwischen den Parteien zu sorgen und in der Sache die nötigen Mehrheiten zu finden. Nunmehr wurden das Domkapitel, der König und der Papst dazu verpflichtet, sich gegenseitig bei den Kandidaturen zu konsultieren.

Als das Konzil im Dezember 1563 vorzeitig zu seinen letzten Sitzungen zusammenkam, waren schließlich doch 206 Konzilväter versammelt. Dies waren immerhin zwei Fünftel aller möglichen Teilnehmer. Doch musste nun schnell gehandelt werden, da man in Rom den baldigen Tod des Papstes befürchtete und man möglichst den Bestrebungen des Konzils, dort einen neuen Papst zu wählen, zuvorkommen wollte. Daher erlitten Themen wie der Ablass und das Fegefeuer, die sich besonders mit der Volksfrömmigkeit auseinander setzten, eine sehr oberflächliche Behandlung. Zum Ende des Jahres 1563 schloss auch das Konzil seine Pforten.

Erinnerung an einen alten Freund

Zurück blieb der Herzog von Trient, der einen Großteil seines Vermögens seiner Gastgeberrolle geopfert hatte. Mehrmals hatte er sich an die Kurie wenden müssen, da er über keine weiteren eigenen Mittel verfügte. Eine ganze Reihe seiner Ausgaben ist ihm zurückerstattet worden. Als sich die Welt aus Trient zurückgezogen hatte, war es wieder zu dem geworden, was es eigentlich war: eine Stadt mit 6 000 Einwohnern und ein Durchgangstor auf dem Weg in den Norden und in den Süden. In den Gemächern des Kastells Buonconsiglio zog das internationale Leben wieder aus und Madrutsch wird die Eigenschaft wieder zu Bewusstsein gekommen sein, die zeitlebens seine Stärke gewesen war. 20 Jahre hatte er seine Fähigkeit, Freunden ein guter Freund zu sein, hinter seine Aufgaben als Konzilsgastgeber zurücksetzen müssen. Nun erinnerte ihn der Brief des niedergeschlagenen Vicino Orsini an seine größte Leidenschaft. Er gab alle seine außerhalb Italiens liegenden Ämter und Würden auf, siedelte in die Nähe von Bomarzo über und gab sich anderen Gedanken hin: den schwermütigen seines Freundes und den eigenen, die voller Bilder rauschenden Lebens und schmerzender Niederlagen waren.

Das Küstengebiet und die Inseln

Genua

Die Festungen auf den Bergen

Vorhergehende Seite: Rund um Genua liegen 19 Burgen und viele kleine Festungen. Die Burg Sperone liegt auf dem strategisch wichtigsten Punkt über der Stadt, dort, wo sich der Apennin in die zwei Ausläufer teilt, die das Hafenbecken umschließen.

Die längsten Mauern Italiens

Genuas Mauern sind nicht um die Stadt, sondern auf dem Kamm der dahinter liegenden Berge errichtet worden. Sie markieren zwei Seiten eines riesigen Dreiecks, dessen Grundlinie vom Golf und der Küstenlinie gebildet wird. Die Mauern erstrecken sich über eine Länge von 13 Kilometern,

Oben: Der Blick über die Burg Diamante auf das Meer.

Rechts: Genua pflegte seit der Zeit der Etrusker und Karthager rege Handelsbeziehungen, was die Stadt zum Angriffsziel vieler Feinde machte. Der letzte Mauerring wurde im 17. Jahrhundert errichtet. Die Sicherung der Anhöhen war für die Genueser existentiell, denn von dort hätte jeder Angreifer die Stadt unter Beschuss nehmen können.

wobei an den wichtigsten Stellen eine Reihe von Stützpunkten eingefügt ist. Daraus ergibt sich ein umfassendes Befestigungssystem mit 19 Hauptburgen und zahlreichen kleinen Festungen, die die Stadt und ein dahinter angrenzendes, ausgedehntes Territorium schützen. Diese Mauergrenze verbindet sich mit einem System sehr viel älterer und teils noch erhaltener Wachtürme, die an der Küste der beiden Rivieren, der ›Riviera di Ponente‹, die in Ventimiglia endet, und der ›Riviera di Levante‹, die bis nach La Spezia und Sarzana reicht, gelegen waren. Dabei sind die Mauern Genuas ein spätes Werk. Sie wurden 1629 begonnen

GENVA
MARITIMAE·LIGVRIAE·CAPVT
NAVALIS·MILITIAE·STVDIO
ET·CIVIVM·VIRTVTE
ATQVE·OPVLENTIA
IN·CLYTA
MVNITISSIMIS·NVPER
EXAEDIFICATIS·MOENIBVS
TVTAM
CLARISSIMAE·REIPVBLICAE
SEDE·PRAEBET

und 20 Jahre später beendet. Die Festungen existierten zum Teil schon früher. Nach einem radikalen Umbau wurden sie dem neuen System angepasst, während man andere im Laufe des 18. Jahrhunderts neu errichtete.

An den Grenzen der Welt

Genua ist eine sehr alte Stadt, die ihre erste Blüte bereits in vorrömischer Zeit erlebte. Damals unterhielt sie intensive Handelsbeziehungen zu den Etruskern und Griechen. Im 8. Jahrhundert v. Chr. bezeichnet Hesiod Genua als letzte Stadt an den Grenzen der Welt. Zur Zeit der Punischen Kriege erfolgte ihre Unterwerfung unter die Machthaber Roms, und ihre Zerstörung durch Hannibal und die Karthager 205 v. Chr. war ein gegen Rom gerichteter Vergeltungsakt.

Für die Römer war die Eroberung des inneren Ligurien problematischer. Begünstigt von der Lage ihrer Ortschaften führten die Bewohner dort viele Jahrhunderte lang einen mörderischen Guerrillakrieg gegen die römischen Legionen, die Ligurien in Richtung Gallien durchquerten. Um die Region zu befrieden veranlassten die Römer 180 v. Chr. Massendeportationen der ligurischen Bevölkerung in die Nähe von Benevento nach Kampanien. Überdies wurden in Ligurien zwei große Straßen angelegt, die ›Postumia‹, die von Genua über den Apennin in die Po-Ebene hinunterführte, und die ›Aemilia Scauri‹, die die ›Via Aurelia‹ an der thyrrhenischen Küste bis nach Finale Ligure fortsetzte.

Im Mittelalter begünstigten die römischen Straßen das Handelsglück der Seerepublik Genua. Sie ermöglichten den Transport orientalischer Waren auf die französischen und lombardischen Märkte.

Die Seerepublik

641, während der gotischen Kriege, wurden die antiken römischen Mauern Genuas zerstört. Die hochmittelalterlichen Mauern fielen den Sarazenen zum Opfer, die 925 von der Stadt Besitz ergriffen. 1155 errichteten die Bewohner der Seestadt aus Furcht vor einer Besetzung durch Friedrich Barbarossa, der gegen die lombardischen Städte Krieg führte, einen neuen Ring. Der erste Chronist Genuas, Caffaro, beschrieb die Eile, mit der

man dieses Werk in Angriff nahm: »Männer und Frauen, die unablässig Tag und Nacht arbeiteten, schleppten Steine und Sand, sodass man in nur acht Tagen diese Mauern emporwachsen sah. Keine andere Stadt würde dies zustande bringen.« Diese Mauern wurden später ausgebaut und verstärkt, um sie der raschen Stadtentwicklung anzupassen.

Der letzte Sprung

Anfang des 16. Jahrhunderts entstand ein neuer Mauerring. Diese Mauern umliefen die Stadt in Form eines Hufeisens. Nach einigen Jahrzehnten erwiesen sie sich als unnütz, und zwar nicht, weil Genua auf einmal keine Feinde mehr hatte, sondern weil die Mauern von Anfang an obsolet waren.

In der Tat zwang die Entwicklung der Feuerwaffen die zwischen Meer und Bergen gelegene Stadt Genua zu einer vollständigen Revolutionierung seiner Verteidigungstechnik. Es genügte nämlich, dass die Angreifer einige der umliegenden Anhöhen besetzten um die Stadt unter Beschuss nehmen zu können. Sollten die Mauern Schutz bieten, mussten sie auf den Kamm der Berge verlegt werden. Das geschah 1629. Mit einem letzten psychologischen und finanziellen Kraftakt errichteten die Genueser ihre kleine chinesische Mauer, die sie heute noch vor den kontinentalen Mächten schützt.

Gegenüber:
Egnazio Danti
Gesamtansicht von Genua
(Detail)
Fresko
Galleria delle Carte geografiche, Musei Vaticani, Rom

Aus der Vogelperspektive wird die einzigartige Lage von Genua deutlich: wie ein langgezogenes Dreieck umspannen die Ausläufer des Gebirges die Hafenstadt. Im Vordergrund betonen zwei Kriegsschiffe, die mit Kanonen und Besatzung ausgestattet sind, die militärische Stärke Genuas.

Links: Die Burg Diamante.

Sie ist die nördlichste, am höchsten gelegene Burg (670 m über dem Meeresspiegel) und liegt am weitesten von Genua entfernt, tief in den Bergen im Rücken der Stadt. Sie befindet sich in einer strategisch wichtigen Position, die die Kontrolle der Wege erlaubte und damit über den Zugang zur Stadt verfügte. Diamante wurde in der Mitte des 18. Jahrhunderts errichtet, in einem historischen Kontext, der vollkommen anders war als der, der zum Bau der Mauern geführt hatte. 1800 wurde sie im Rahmen der napoleonischen Kriege von österreichischen Truppen belagert und erfolgreich von den Franzosen verteidigt.

Unten: Cristoforo Grassi
Ansicht von Genua, 1481
Öl auf Leinwand
Museo Civico Navale
(Istituto Editoriale Scala),
Genua

Zwischen den beiden Rivieren des Golfs gelegen, war Genua vor allem im 15. und 16. Jahrhundert neben Venedig die größte Seemacht im Mittelmeerraum – darin begründete sich eine anhaltende Feindschaft zwischen den beiden Rivalen.

Der Kreuzzug der Frauen

Gratian
Decretum Gratiani:
Miniatur zum Kapitel über
Heirat, um 1530
Buchmalerei auf Pergament,
485 x 295 mm
British Library, London

Im Jahr 1300 proklamierten die Frauen Genuas einen Kreuzzug, nicht nur aus Glaubensgründen, sondern auch um den Reichtum der Stadt zu sichern. Als Seemacht lebte Genua von den Kriegen. Den Frauen waren schon einmal Tausende von Kindern aus Deutschland, Schweiz und Frankreich vorausgegangen. Diese hatten damals auf ihrem Weg ins Heilige Land in Genua Station gemacht in der Hoffnung, das Meer würde sich vor ihnen teilen. Der Kinderkreuzzug wurde als die Erzählung »Der Rattenfänger von Hameln« als Sage überliefert.

Gegen Ende des Jahres 1300 war Genua Schauplatz einer besonderen Begebenheit. Eine Gruppe adeliger Frauen aus der Stadt, die sowohl den guelfischen ›Rampini‹ als auch den ghibellinischen ›Mascherati‹ angehörten, bildeten ein Komitee und begannen, Gelder zur Finanzierung eines Kreuzzuges ins Heilige Land zu sammeln. Dies geschah ausgerechnet im Jahr 1300, als der ›spirito di crociata‹, die Moral der Kreuzzügler, den vielleicht tiefsten Punkt erreicht hatte.

Die Ergebnisse der vorherigen Fahrten lagen offen zutage. Seit nunmehr über einem Jahrhundert war das Heilige Grab wieder in muselmanischen Händen. Die wichtigsten territorialen Stützpunkte, die man in den beiden vorherigen Jahrhunderten erobert hatte, waren verloren gegangen. Nicht nur die sechs großen, sondern auch eine Myriade kleinerer Kreuzzüge waren erbärmlich gescheitert. Stattdessen widmeten sich die aus den Kreuzzügen hervorgegangenen Ritterorden in offener Konkurrenz untereinander der ungezügeltsten Geschäftemacherei. Diese waren Ausdruck einer wirtschaftlichen und militärischen Anarchie, die schließlich zu der blutigen Abrechnung mit den Templern und

deren Vernichtung im Orient und in Europa führte. Tatsächlich hatte die Christenheit inzwischen einen Punkt erreicht, an dem sie die letzten Hoffnungen, das Heilige Land zurückzuerobern, in die Mongolen setzte. Dies war die Lage, wie sie sich um 1300 unter dem Pontifikat Papst Bonifatius' VIII. darstellte.

Der Papst hatte seinerseits einen neuen Weg gefunden den kirchlichen Vorrang über die Welt zu behaupten und zugleich die Kassen des Vatikans zu füllen: das Jubiläum. Es war einfacher und ergiebiger, mit den Seelen der lebendigen und toten Christen Handel zu treiben, als am Traum einer bewaffneten, blutigen Rückkehr nach Jerusalem festzuhalten.

Ausgerechnet zu diesem Zeitpunkt bildet sich in Genua ein Frauenkomitee, das einen neuen Kreuzzug anstrebt und sich nicht damit begnügt, die Idee zu verbreiten und Gelder zu sammeln. Vielmehr sind die Frauen auch gewillt, sich selbst auf die Reise ins Morgenland zu begeben. Einige haben sich schon eine Rüstung schmieden lassen. Diese höchst anmutigen Rüstungen, von denen es heißt, sie hätten jenen Kriegerinnen »in zarter Frauengestalt« gehört, sind in der königlichen Waffenkammer von Turin ausgestellt. Freilich sind diese Rüstungen neu und niemals getragen worden.

Die mutigen Genueserinnen

Bereits dem Altertum waren die Genueserinnen als besondere Frauen bekannt. Hesiod, Herodot und Pausanias beschreiben die männlichen Ligurer als behände und flink, als kühne Seefahrer und starke Krieger. Diodorus Sikulus ergeht sich in Einzelheiten: »Die ligurischen Männer sind wie wilde Tiere. Sie leben genügsam, sind Mühsal und Arbeit gewohnt, kreuzen durch die sardischen und afrikanischen Meere und trotzen dabei jeder Gefahr. Ihre Frauen sind wie sie, stark, behend und mutig wie wilde Tiere.« Viele Jahrhunderte später, und zwar in den 30er- und 40er-Jahren des 15. Jahrhunderts, beschreibt der katalanische Reisende Pero Tafur ligurische Frauen als groß, flink und dunkelhäutig. Tafur zufolge ist die Mitgift, die eine Genueserin benötigt, um heiraten zu können, umso kleiner, je größer die Frau ist. Obwohl ihre Männer oft lange Zeit abwesend sind, bleiben die Genueserinnen ihnen treu, so Tafur. Da sie ihr Leben zeitweise allein meistern müssen, sind sie zu allem fähig, auch zu einem Kreuzzug.

Die Kinder aus Deutschland

Es sei daran erinnert, dass Genua im Jahre 1212 eine der großen Zwischenstationen des »Kinder-Kreuzzuges« war. Von Köln aus gestartet und dem Laufe des Rheins gefolgt hatten Tausende von Kindern im Alter zwischen zehn und 17 Jahren die Schweiz durchquert und trafen letztendlich in Genua ein. Unterwegs war ihr Zug immer größer geworden. Sie sprachen Deutsch, wollten zu Fuß ins Heilige Land und glaubten fest, dass sich das Meer bei ihrem Durchzug teilen würde. Im selben Jahr war in der Vendôme eine weitere Kinderschar mit demselben Ziel aufgebrochen. Sie folgte der Rhône und erreichte Marseille. Doch das Meer tat sich weder in Marseille noch in Genua auf. Tagelang eilten die Kinder immer wieder morgens gleich nach dem Erwachen zum Strand. Das Meer blieb, wie es war. In Marseille wurde ein Teil der Kinderschar von Händlern, die versprochen hatten, sie ins Heilige Land zu bringen, auf Schiffe verfrachtet. Zwei dieser Schiffe sanken vor der Insel San Pietro, unweit der Südküste Sardiniens. Die kleinen Kreuzfahrer ertranken allesamt elendiglich. Aus geopolitischem Kalkül errichteten Pisaner später auf der Insel eine kleine Kirche, der sie den Namen ›Novelli Innocenti‹, junge Unschuldige, gaben.

Die anderen Schiffe landeten in Algerien. Dort zwang man die Kinder in die Sklaverei. Die schönsten wurden nach Ägypten an den Hof des Sultans weiterverkauft, der sie gut behandelte und aus ihnen Dolmetscher und Berater für seine diplomatischen Beziehungen zur Christenheit machte. Viele Jahre später kehrte ein einziges dieser Kinder nach Frankreich zurück um die ganze Geschichte, die wir ansonsten nicht kennen würden, zu berichten.

Anfangs wurden die aus dem Rheintal nach Genua gereisten Kinder mit einem gewissen Misstrauen empfangen. Nach etlichen Tagen stellte man die Kinder, die darauf warteten, dass sich das Meer teile, vor die Wahl, entweder in Genua zu bleiben und für immer ansässig zu werden oder in ihre Heimat zurückzukehren. Viele blieben in der Stadt, während manche den Heimweg antraten. Eine dritte Gruppe zog die Küste entlang weiter nach Rom, wo sie von Papst Innozenz III. zur Audienz empfangen wurde. Der Papst unterhielt sich herzlich mit der Delegation, die von einem gewissen Nicola angeführt wurde, und empfahl ihr, nach Hause zurückzukehren. Doch fand er kein Gehör und der ›sciame angelico‹, der Engelsschwarm, setzte sich quer über den Apennin in Bewegung. In Ancona schifften sich die Kinder in Richtung des ehemaligen Jugoslawien ein. Man hörte nie wieder etwas von ihnen.

Teufelswerkzeug

Welche Macht aber hatte Abertausende von Jungen und Mädchen in dieses ausweglose, unsinnige Abenteuer getrieben? Im 13. Jahrhundert bemühte sich ganz Europa eine Antwort auf diese Frage zu finden. Das Ergebnis war äußerst dürftig. Ein englischer Exorzist, der Theologe Roger Bacon, erklärte schließlich, dass die Kinder von einem ›homo malignus‹, von einem Abgesandten des Teufels, in dieses Abenteuer getrieben worden seien. In Deutschland entstand die Sage von einem Flötenspieler mit magischen Kräften, dem »Rattenfänger von Hameln«. Über das Märchen geriet die wirkliche Geschichte in Vergessenheit. Heute wissen wir, dass der Kinder-Kreuzzug ein historisches Ereignis war.

Die Genueserinnen, die sich im Jahre 1300 den Kreuzzug wünschten, benutzten den Mythos der ›novelli innocenti‹ um die Geister zu beflügeln. Allerdings glaubten sie nicht an Wunder, wohl wissend, dass sich das Meer nicht teilt. Vielleicht hatten sie einige der deutschen Kinder, die in Genua ihr Leben verbracht hatten, noch persönlich kennen gelernt. Wie dem auch sei, die Frauen wussten jedenfalls, dass Genua ohne die Kreuzzüge keine Zukunft hatte und sein ganzer Reichtum aus diesem Unternehmen resultierte. Für Genua galt das Motto »C'est la guerre qui fait l'argent«. Dem Kaufmann Benedetto Zaccaria, dem erfahrendsten Admiral und besten Kenner der Meere und Länder des Orients, vertrauten die Frauen ihr Vorhaben an. Als es weit genug gediehen war, wurde es dem Papst vorgestellt. Der war begeistert. »Oh welch Wunder!«, rief Bonifatius VIII., »die Frauen gehen den Männern bei der Rettung des Heiligen Landes voran! Der König und die Fürsten ziehen sich zurück, obschon sie gefordert sind. Die Frauen aber, obgleich nicht gerufen, bieten freiwillig ihre zarten Körper dar!« Der Kreuzzug der Frauen gelangte nie über den Hafen hinaus. Nach der ersten Begeisterung begann der Papst genaue Bedingungen zu stellen. So verbot er, in Palästina neue Vorposten zum Vorteil einzelner Händler oder einzelner Kommunen zu gründen. Benedetto Zaccaria, der genau dies im Sinn hatte, zog sich zurück. Damit war das hochherzige Vorhaben der Genueserinnen bald in Vergessenheit geraten.

Gradara

Die Burg der Malatesta

Mehr Türme als Häuser

Gradara liegt auf einem kleinen Hügel zwischen Rimini und Pesaro unweit der adriatischen Riviera. Es ist ein kleiner von Mauern umfasster Ort, der sich nahe der Via Flaminia, der römischen Straße, die nach Ravenna führte, befindet. Gradara besitzt zwei zinnenbekrönte Mauerringe. Der äußere umschließt die gesamte Ortschaft, ist gut 700 Meter lang und hat, indem er der Form des Hügels folgt, einen unregelmäßigen Verlauf. 16 ebenfalls mit Zinnen versehene Türme, die jeweils nicht mehr als 40 Schritte voneinander entfernt sind, ragen über diese Umfassung empor. Die zweite Mauer, ›Girone‹ genannt, liegt innerhalb der ersten. Sie ist nur halb so lang und umschließt das Wichtigste: die Burg und den alten Turm.

Man betritt Gradara durch das zentrale Tor in der ›Torre dell' Orologio‹, dem Uhrturm, folgt dann einer geraden, sacht ansteigenden Straße, die die Ortschaft in exakt zwei Hälften teilt, und erreicht den Girone bei der ›Torre San Giovanni‹. Hier führte eine Zugbrücke über den Burggraben, der heute zugeschüttet ist. Durch das innere Tor steigt man zu der großen vor der Burg gelegenen Wiese hinauf. Über eine weitere Zugbrücke, die noch in Betrieb ist, gelangt man in die Festung hinein.

Die Herren einer kleinen Stadt

Die Form, die Anordnung der Häuser und Straßen, die verwendeten Baumaterialien, die Farbe der Mauern, der Türme, Dächer und Bastionen der Festung verleihen Gradara ein einheitliches Aussehen. Der Ort selbst wurde im Laufe des 15. Jahrhunderts binnen weniger Jahrzehnte errichtet. Der Kern der gesamten Befestigungsanlage, der Hauptturm innerhalb der Burg und der Ostflügel der Residenz sind jedoch sehr viel älter. Die Existenz des Turmes belegt ein Dokument aus dem Jahre 1182, das den Namen de Griffo, der ersten Feudalfamilie, an die

nieder. Die Malatesta konnten ihre Besitztümer bis in die Mitte des 15. Jahrhunderts halten. Sigismondo Pandolfo, der letzte Malatesta sowie Herr von Rimini und Gradara, war es, der die Modernisierung der gesamten Verteidigungsanlage vorantrieb und sie der Entwicklung der Waffentechnik anpasste. Er errichtete die Verschanzungen, die gedrungenen Wachtürme rund um den Hauptturm und die Residenz sowie einen wuchtigen achteckigen Wall in der nordwestlichen Ecke des Mauerringes, die so genannte ›Rocchetta‹.

In dieser Zeit gewann Gradara sein heutiges Aussehen und die Residenz verwandelte sich in ein kleines Schloss. Zugleich war man auch in Rimini am Werk. Für die dortigen Verschönerungen zog Sigismondo Pandolfo große Künstler und Architekten heran. So entstand das architektonische Idealmodell des 15. Jahrhunderts, der ›Tempio Malatestiano‹ von Leon Battista Alberti. Ende der 30er-Jahre hielten sich auch andere große Architekten, etwa Filippo Brunelleschi und Matteo Nuti, in Rimini auf. Wenngleich nicht belegt ist es doch wahrscheinlich, dass einige von ihnen auch bei den Bauten in Gradara mitwirkten.

Nach den Malatesta fiel Gradara dank der Intervention Papst Pius' II. für kurze Zeit an einen

Oben: Ansicht der Burg mit ihren beiden Mauern.

Gegenüber: Blick von der Burg auf die weite Landschaft.

Unten: Sicht zwischen die beiden Mauerringe: der erste trennt die Stadt von der Burg, der äußere umschließt die ganze Ortschaft.

sich Gradara erinnert, erwähnt. Den Sockel des 38 Meter hohen Turmes bilden große, rechteckig behauene Blöcke, von denen manche lateinische Inschriften tragen. Es handelt sich hierbei um Steinquader aus den römischen Gräbern, die an der ›Via Flaminia‹ gelegen waren.

In den letzten Jahrzehnten des 13. Jahrhunderts ließ sich in Gradara die mächtige Familie Malatesta, die zugleich auch Herrin von Rimini war,

Rechts: Noch heute führt der eigentliche Zugang zur Burg und zum Burghof über die Zugbrücke.

Die beiden Wappen, die sich zwischen zwei Arkaden des Burghofes befinden, zeigen unten das Steinwappen von Pandolfo Malatesta (1266–1326) mit einem Schachbrett im Inneren und seinen Initialien an den Seiten sowie darüber das Wappen von Giovanni Sforza. Die Sforza waren von 1463 bis 1512, mit einer Unterbrechung zwischen 1500 und 1503, die Herren von Gradara. Giovanni Sforza ließ die ganze Burg in den 90er-Jahren des 15. Jahrhunderts restaurieren.

Seitenzweig der Familie Sforza. 1493 heiratete Giovanni Sforza, Herr von Pesaro und Gradara, die junge Tochter von Papst Alexander VI., Lucrezia Borgia, und bekam so vom Schwiegervater das päpstliche Lehen zugesichert. Das Brautpaar wählte die Residenz in Gradara als Wohnsitz. Da die Ehe jedoch kinderlos blieb, annullierte Papst Alexander VI. 1497 wegen Impotenz des Gatten das Eheversprechen wieder. Zwei Jahre später erließ er zudem eine Bulle, worin er die Herrschaft der Sforza über Pesaro für hinfällig erklärte. Stattdessen setzte er seinen Sohn Cesare ein, den man ›Il Valentino‹ nannte. Mit der Führung eines päpstlichen Heeres betraut, fiel ›Il Valentino‹ 1502 ins Herzogtum Urbino und in die Grafschaft Montefeltro ein und versuchte, dort einen eigenen Staat zu gründen. Das Abenteuer endete 1504 mit dem Tode Alexanders VI.

Paolo und Francesca

Die aus Verrucchio stammende Familie Malatesta und das Geschlecht der Polenta aus Ravenna gehörten im 13. Jahrhundert zu den mächtigsten Häusern der Romagna. Seit Generationen trennte sie erbitterte Rivalität. Um 1270 sollte Guido Minore da Polenta Herr über Ravenna und Cervia werden, die Malatesta Herr über Rimini und Gradara. Die beiden Gebiete grenzten aneinander. 1275 fanden die Geschlechter endlich zu einer Übereinkunft. Um den neuen Freundschaftspakt zu besiegeln, vereinbarten die Familienoberhäupter eine Hochzeit: Guidos schöne Tochter Francesca da Polenta sollte Giovanni, Malatestas nicht mehr jungen, hässlichen und hüftlahmen Sohn, den man deshalb auch ›Gianciotto‹, den Hinkenden, nannte, heiraten. Die beiden künftigen Eheleute kannten einander nicht einmal vom Sehen. Da man befürchtete, Francesca könne sich weigern, den Hinkenden zu ehelichen, vereinbarte man, dass sich das Brautpaar erst nach der Hochzeit begegnen sollte. Somit wurde eine Eheschließung mittels einer Vollmacht, wie sie damals beim Feudaladel üblich war, geplant. Am festgesetzten Tag erschien anstelle von ›Gianciotto‹ dessen Bruder. Paolo war schön, jung und gefällig. Francesca sagte gab ihr Ja-Wort, und im Anschluss brachen alle nach Rimini auf, das zu Pferde eine Stunde von Ravenna entfernt lag. Erst dort

wurde Francesca der eigentliche Ehemann vorgestellt.

Die Neuvermählten zogen in die Burg des alten Malatesta nach Gradara. Dante hatte Malatesta mit den Worten »der alte Bluthund« beschimpft. Die Leute nannten ihn später »der 100-Jährige«, da er genau 100 Jahre lang, von 1212 bis 1312, lebte. Francesca sorgte sowohl für den Gatten wie auch für den Schwiegervater. Ab und zu tauchte ihr Schwager auf und blieb für ein paar Tage. Sie gebar ein Mädchen, das sich zu den beiden Söhnen, die aus einer vorherigen Ehe ihres Mannes stammten, hinzugesellte.

›Gianciotto‹ wurde 1287 ›Podestà‹ von Pesaro, das zu Pferde eine halbe Stunde von Gradara entfernt lag. Damals ernannten die italienischen Städte ihren ›Podestà‹ für sechs Monate oder für ein ganzes Jahr. Er wurde unter den Männern eines erlauchten Geschlechts, das von außerhalb kam, gewählt. Denn nur ein Fremder, so meinte man, könne das notwendige Mindestmaß an Neutralität zwischen den Parteien garantieren, deren Streitereien das städtische Leben zerrissen. Der ›Podestà‹ galt folg-

lich als objektiv und war zahlreichen Verboten unterworfen. So durfte er zum Beispiel keine öffentlichen Lokale aufsuchen oder abends ohne einen
dienstlichen Grund das Haus verlassen. Ebenso
war es ihm nicht gestattet, die Gattin in die Stadt,
der er vorstand, mitzunehmen. Anfangs pendelte

›Gianciotto‹ zwischen Gradara und Pesaro und ritt
morgens eine halbe Stunde hin und abends eine
halbe Stunde zurück. Schließlich blieb er immer
öfter in Pesaro, um dort zu übernachten. Zugleich
häuften sich die Besuche seines Bruders Paolo in
Gradara. Die beiden Brüder tauschten sozusagen

241

Das so genannte Paolo und Francesca-Zimmer in der Burg von Gradara.

In häufiger Abwesenheit von ›Gianciotto‹ besuchte sein Bruder Paolo seine Gattin Francesca. Die Geschichte berichtet, dass der Ehemann die beiden im Liebesakt verschlungen mit einem einzigen Schwert durchbohrte. In Dantes Schilderung sind die Liebenden über den Tod hinaus einander leidenschaftlich verbunden.

ihre Rollen. Eines Tages erhob sich ›Gianciotto‹, der den Abend zuvor mit seinen Kindern, seiner Gattin, seinem Vater und seinem Bruder verbracht hatte, wie üblich im Morgengrauen und machte sich auf den Weg nach Pesaro. Nach einer Weile jedoch kehrte er um. Er ertappte Paolo und Francesca im Liebesakt verschlungen. ›Gianciotto‹ zückte das Schwert und mit einem einzigen Stoß durchbohrte er beide.

Dante als Chronist

Dies ist die nackte und grausame Tatsache einer alltäglichen Begebenheit, an die sich keiner mehr erinnern würde, wenn nicht Dante Alighieri im »Inferno« seiner »Göttlichen Komödie« daran erinnert hätte. Dante, der 1265 in Florenz geboren wurde, starb 1321 in Ravenna. Von März 1282 bis März 1283 war Paolo Malatesta aus Rimini ›Capitano del popolo‹ von Florenz. Als militärischer Befehlshaber der Stadt befolgte ein ›Capitano‹ dieselben Regeln, denen auch der zivile Befehlshaber, der ›Podestà‹, unterworfen war. Allerdings hatte ein Volkskapitän rein militärische Aufgaben zu erfüllen und durfte deshalb keinesfalls hinken, was einem ›Podestà‹ wiederum gestattet war. Die

florentinischen Chronisten schildern Paolo Malatesta als einen Mann von stattlicher Statur. Anzunehmen ist, dass auch der damals 17-jährige Dante Alighieri den schönen ›Capitano‹ bewunderte, wenn dieser durch die Stadt ritt. Die Kunde von der Tragödie in Gradara wirbelte im damaligen Florenz viel Staub auf. Die Nachrichten gingen von Mund zu Mund. Da es jedem freistand, den Fall mit immer neuen Einzelheiten auszuschmücken, blieb er lange ein beliebtes Gesprächsthema.

Dante wurde später aus Florenz ausgewiesen. Nach 1316 war er oft Gast bei der aus Ravenna stammenden Familie Polenta. Nach seinem Tode fanden seine Gebeine hier ihre letzte Ruhestätte. Als ein Alltagsgeschehen von einst blieb Dantes Erzählung von Paolo und Francesca in der Erinnerung vieler Generationen Italiens und war selbst denjenigen bekannt, die des Lesens und Schreibens unkundig waren. In seiner Dichtung begegnet Dante auf seiner Reise durch das »Inferno« den beiden Liebenden, die einander über den Tod hinaus leidenschaftlich zugetan sind. Er fragt sie, wie alles begann. Francesca weint und berichtet. Auch Paolo weint, aber er schweigt.

»›Es liegt das Land, wo ich geboren wurde,
Am Meeresstrande, wo der Po zum Frieden
Mit seinen Nebenflüssen niederfließet.
Liebe, die schnell ein edles Herz ergreifet,
Hat jenen für den schönen Leib ergriffen,
Den ich verlor, noch muss die Art mich schmerzen.
Liebe, der kein Geliebtes kann entgehen,
Griff mich nach ihm mit mächtigem Verlangen,
Das, wie du siehst, mich heut noch nicht verlassen.
Liebe hat uns geführt zu einem Tode.
Caina harret des, der uns getötet.‹
Dies sind die Worte, die von ihnen kamen.
Seit ich die hartgeprüften Seelen hörte,
Senkt' ich das Haupt und hielt es solang nieder,
Bis dass der Dichter zu mir sprach: ›Was denkst du?‹
Als ich die Antwort gab, da sagt ich: ›Wehe,
Wieviel süße Gedanken, wieviel Sehnsucht
Hat jene zu dem Ort der Qual geführet?‹
Dann hab ich mich an sie gewandt zur Antwort
Und sagte noch: ›Francesca, deine Qualen
Erregen mich zum Mitleid und zum Weinen;
Doch sage mir: Zur Zeit der süßen Seufzer,
Womit und wie hat Liebe euch gewähret,

Dass ihr erkannt die zweifelhaften Wünsche?‹
Und sie zu mir: ›Kein andrer Schmerz ist größer,
Als zu gedenken an des Glückes Zeiten
Im Elend; dies kann auch dein Lehrer sagen.
Doch wenn die erste Wurzel zu erkennen
Von unsrer Liebe du so sehr begehrest,
Dann will ich tun wie der, der weint und redet.
Wir lasen eines Tages zum Vergnügen
Von Lancelot, wie ihn die Liebe drängte;
Alleine waren wir und unverdächtig.
Mehrmals ließ unsre Augen schon verwirren
Dies Buch und unser Angesicht erblassen,
Doch eine Stelle hat uns überwältigt.
Als wir gelesen, daß in seiner Liebe
Er das ersehnte Antlitz küssen müsste,
Hat dieser, der mich niemals wird verlassen,
Mich auf den Mund geküsst mit tiefem Beben.
Verführer war das Buch und der's geschrieben.
An jenem Tag lasen wir nicht weiter.‹
Indes der eine Geist also gesprochen,
Weinte der andre so, dass ich aus Mitleid
Ohnmächtig wurde, wie wenn ich gestorben.
Und ich fiel nieder wie ein toter Körper.«

Ary Scheffer
Paolo und Francesca
Öl auf Leinwand
Musée du Louvre, Paris

Der französische Maler entnahm im 19. Jahrhundert seine religiösen, romantisch aufgefassten Themen auch den Werken Dantes. Über viele Jahrhunderte wurde die Liebestragödie von Francesca und Paolo in der Literatur und der Malerei thematisiert. Hier verschmelzen die beiden gleichsam zu einer einzigen Figur. Im Hintergrund beobachten Dante und Vergil die Tragödie. Das Thema ist zum Symbol unsterblicher Liebe geworden.

Frömmigkeit im Mittelalter

Hartmut Diekmann

Stefan Lochner
Jüngstes Gericht (Detail),
um 1435
Öl auf Holz, 122 x 171 cm
Wallraf-Richartz-Museum,
Köln

Der Ausschnitt zeigt den
Eingang zur Hölle mit einem
Wucherer im Vordergrund.

Im Verlauf der abendländischen Geschichte haben sich zwei unterschiedliche große Gestalten der christlichen Kirche abgelöst. Die Ablösung geschah als Reformation der katholischen Kirche im 16. Jahrhundert, doch zeigten sich im Mittelalter bereits vielfältige Symptome des bevorstehenden Wechsels. Es machten sich innere Kräfte, die auf einen Wechsel in

Glaubensdingen drängten, ebenso bemerkbar, wie es die gesellschaftlichen Entwicklungen waren, die der Kirche Veränderungen abverlangten. Auf beide Herausforderungen gab die Kirche überraschende Antworten. In beiden Fällen gab die Kirche Antworten auf mehr Fragen, als gestellt worden waren. Besonders das 13. Jahrhundert könnten wir in diesem Sinne als die Wiege der neuzeitlichen Frömmigkeit bezeichnen. Innere und äußere Dynamik der Veränderungen sollen hier kurz zu Wort kommen.

Die petrinische und die paulinische Kirche

Die katholische Kirche entfaltete sich als »petrinische Kirche«, als die Kirche, die im Zeichen des Petrus stand, indem sie als frühe christliche Kirche aus sich in die römische Welt ging. Sie fügte sich selbst Stadt um Stadt und Land um Land zu. So breitete sie sich räumlich aus und nahm sichtbare Gestalt an, indem sie die Heiden außerhalb ihrer bekämpfte und sie sich unterwarf. Positiv handelte sie aus der Liebe, die nach außen geht, die aus der Seele in einen äußeren Leib geht. Sie war in erster Linie darauf bedacht, ihren Leib zu vergrößern, indem sie das Heidnische erst bekämpfte und dann vergaß. Einmal überwunden hielt sie das Heidentum für ungefährlich, und ihre Gedanken beschäftigten sich nicht mehr damit. In der ersten Kirche wuchs nur der Raum. »Gehet in in alle Welt und machet zu Jüngern alle Völker; taufet sie auf den Namen des Vaters und des Sohnes und des Heiligen Geistes.« Mit diesem Missionsauftrag dehnte sich die Zeit ins Räumliche aus. Die Kirche wurde stolz und mächtig über ihre Gestalt, aber sie vergaß ihre Seele.

Die »paulinische Kirche« erwachte, als sich plötzlich machtvoll in ihren Reihen und an ihrer Spitze längst vergessenes Heidentum zeigte. Geistliche Ämter waren käuflich, von der Pfarre bis zum Amt des Kardinals. Päpste machten die Hüter ihres Affen oder ihre minderjährigen Neffen zu höchsten Würdenträgern, sogar die Seligkeit war käuflich geworden. Die Kirche war ein Leib ohne Seele geworden. Die Reformation brachte ihr dies ins Bewusstsein, indem sie ihr unüberhörbar das Wort »Was hülfe es der Kirche, wenn sie die ganze Welt gewönne, und nähme doch Schaden an ihrer Seele« entgegenhielt. Sie wurde darauf gestoßen, dass es nicht ausreicht, die Heiden bis an das Ende der Erde zu verfolgen, wenn das Heidentum in ihr selbst am Haupt und in ihren Gliedern solche

Aufstände feiern konnte. Sie entdeckte Heidentum im Denken und Handeln ihrer Päpste, sie verkaufte ihren Gläubigen ein ruhiges Gewissen, doch sie betrog sie so um ihr Seelenheil.

Da wandte sich die paulinische Kirche sich selbst zu, bekehrte ihre eigene Seele, wandte sich nach innen und zugleich gegen den erinnerten Heiden in sich selbst in einem christlichen Außen. Dies konnte nun nicht mehr dieselbe Liebestat sein, es musste eine Kraft sein, die aus der Seele selbst an der Seele tätig war. Eine Bekehrung, die von der Welt absah und sich ganz auf sich selbst bezog. Sie gewann die Seele des Einzelnen, aber ohne alle Welt.

»Geld oder Leben« oder »Geld und Leben«

Das 13. Jahrhundert sieht die christliche Kirche auf dem Höhepunkt ihrer Macht und ihrer Ausdehnung. Aber in ihrem Innern geschehen unheimliche Dinge, die sich noch in den letzten Winkeln des täglichen Lebens finden. Die abendländische Welt erlebt den dramatischen Verlauf einer Ökonomisierung der Gesellschaft. Der Handel blüht, Heerscharen von Kaufleuten ziehen von Stadt zu Stadt, wie es früher die Missionare für den Glauben taten, der Markt quillt über mit Waren aller Art und aus aller Herren Länder. Die vertrauten Techniken des Tausches sind den neuen Anforderungen auf dem Marktplatz und im Handel nicht mehr gewachsen. Immer mehr drängt das Geld als Zahlungsmittel in den Vordergrund.

Eben jener Handel, den die Kirche mit Verachtung den Juden aufgedrängt hatte, kehrte nun in ihre eigenen Reihen zurück und bedrohte das Heilsgefüge in ihrer Mitte, indem er forderte, was die Kirche seit jeher verboten hatte: den Wucher. Ihm gegenüber blieb die Kirche bei ihrer Überzeugung. Aber dem Menschen gegenüber, der dieses Geschäft ausübte, begegnete sie mit weitsichtigen Gnadenmitteln. Mit der Entwicklung des Fegefeuers versuchte sie, eben noch jene zu retten, die seit je der Hölle übergeben wurden: »Niemand kann zwei Herren dienen: Entweder er wird den einen hassen und den anderen lieben, oder er wird an dem einen hängen und den anderen verachten. Ihr könnt nicht Gott dienen und dem Mammon.« (Matthäus 6,24) Deutlicher könnte der Gegensatz nicht bestimmt werden. Ausgloser könnte aber auch die Lage der handelnden Welt nicht sein, die Kredit und Kreditgeber nötig hatten, um zu leben – aber eben dadurch dem Tod verfallen waren.

Das 13. Jahrhundert beginnt mit einem folgenreichen Beschluss, der die Frömmigkeit der katholischen Kirche nachhaltig bestimmen sollte. Die vom Papst einberufene Versammlung kirchlicher Entscheidungsträger, das vierte Laterankonzil, beschließt im Jahr 1215 die verbindliche Ohrenbeichte für alle Gläubigen. Die öffentliche Beichte wird damit privat. Der Beichtvater richtet jetzt seine Strafe danach, ob die Absicht des Beichtenden gut oder schlecht zu bemessen war. Er soll durch seinen Beichtspruch eher eine Person reinwaschen als eine Schuld vergelten. Die Beichte wird zunehmend spiritueller und innerlicher. Bei ihrem Inhalt geht es im konkreten Fall nicht mehr um den Wucher, sondern um den Wucherer, nicht mehr um die Bestrafung der Tat, sondern um die Errettung des Täters.

Auch der Glaube wird individualistischer. Die Kirche sieht sich mit einer Fülle von abweichenden Frömmigkeitsbewegungen konfrontiert: Die Katharer und Waldenser verlassen ihre Kirche und ziehen predigend durchs Land. Sie möchten Kirche ohne Kirchen werden, Kirche unterwegs. Ihr Erfolg ist so mitreißend, dass sogar Bischöfe sich gezwungen sehen, Sandalen anzulegen, ihre Paläste zu verlassen und predigend durch

Pierre Eskrich
Der päpstliche Hof
Detail der Mappe-Monde
Nouvelle Papistique
Holzschnitzerei,
170 x 135 cm
British Museum, London

Hier wird die traditionelle römische Kirche als eine vom Papst regierte ›Monarchie der guten Werke‹ dargestellt. Gut zu erkennen sind Sankt Peter und der Vatikan, wo der Papst inmitten seines Hofstaates an der Brust der ›Dame Geld‹ saugt.

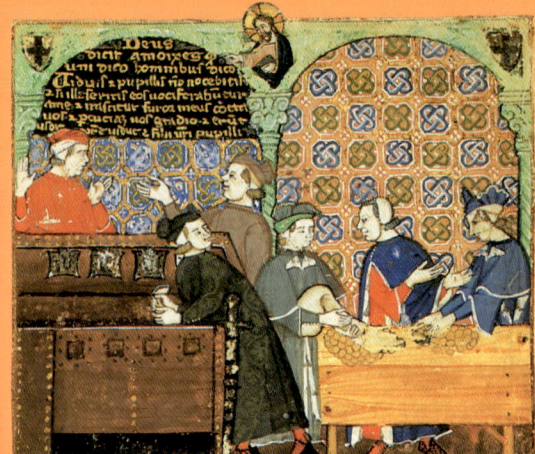

Aber die Sünde ist gewaltig, wie eine exemplarische Predigt belegt:

»Meine Brüder, meine Brüder, kennt ihr eine Sünde, die niemals ruht, die man zu jeder Zeit begeht? Nein? Aber doch, eine solche gibt es, eine einzige, und ich werde sie euch nennen. Es ist der Wucher. Das zu Wucherzinsen verliehene Geld hört nicht auf zu arbeiten, es erzeugt ohne Unterlass Geld; unrechtes, schädliches, verachtendswertes Geld zwar, aber Geld. Der Wucher ist ein unermüdlicher Arbeiter. Kennt ihr, meine Brüder, einen Arbeiter, der weder an Sonntagen noch an Feiertagen, noch beim Schlafen die Arbeit ruhen lässt? Nein? Nun, der Wucher arbeitet in einem fort, nachts wie am Tage, an Sonntagen und Feiertagen, im Schlafe wie beim Wachen! Im Schlafe arbeiten? Dieses teuflische Wunder vollbringt, vom Satan angestachelt, der Wucher (...) Ist das zu Wucherzinsen verliehene Geld nicht wie die Arbeitsochsen, die rastlos den Pflug ziehen? Der unaufhörlichen und endlosen Sünde aber wird Bestrafung ohne Ruhe und Ende beschieden sein. Als nie verzagender Helfershelfer des Satans kann der Wucher nur zu ewiger Knechtschaft, zum Satan und zur Strafe ohne Ende in der Hölle führen.«

»Geld oder Leben« lautete das Urteil, das die Kirche über all jene sprach, die sich von dem Wucher angezogen fühlten, der andere Wege wandelt und die Natur verachtet. Doch blieb die Verurteilung hilflos, auch wenn sie auf jedem Konzil wiederholt wurde

Oben: *Teufel und Wucherer,*
um 1210
Kathedrale von Chartres,
Südportal
Der Wucherer in den
Klauen des Teufels.

Links: Zwei Szenen aus einer
Wechslerstube, spätes 14. Jh.
Buchmalerei auf Pergament
The British Library, London
Geldkredite wurden aufgrund
des alttestamentlichen Zins-
verbots als Wucher gesehen.

Unten: Luca Signorelli
Die Verdammten,
1499–1504
Fresko
Cappella Nuova, Duomo,
Orvieto
Dargestellt ist eine Szene
aus Dantes »Inferno«.

ihre Diözesen zu ziehen um nicht alle Schafe ihrer Gemeinde an die neuen Bewegungen zu verlieren. Gleichzeitig ändert auch das Geld seinen Charakter. Für die großen Scholastiker war das Geld unfruchtbar. Es brachte im Unterschied zum Acker, der »natürlich« fruchtbar war, »natürlich« nichts hervor. Seine Aufgabe war, bei Tauschgeschäften ausgegeben zu werden. Doch im Wucher zeigt es eine wunderliche Fruchtbarkeit. Es legt sich zu sich selbst und erzeugt Zinsen und Wucherzinsen. Es erweist seine göttliche Widernatur durch seine unnatürliche Produktivität. Um ihm doch einen Platz in der christlichen Welt zu sichern, ohne es wäre die Welt erneut öde und leer, beginnt im Hochmittelalter die Anschauung von sich reden zu machen, dass das Geld arbeite. Es melkt die Zeit, sind Zinsen doch die Frucht der Zeit. Ein unerhörter Vorgang, da die Zeit doch in Gottes Händen steht. Darum wird der Wucherer auch als Zeitdieb bezeichnet. Und doch gilt es, die Arbeit des Geldes zu retten, denn von seiner Tätigkeit lebt die eben aus ihrem Schlaf emporwachsende Wirtschaft.

(1139, 1179, 1215, 1274, 1311). Der Kampf war groß, die Niederlage unausweichlich.

Schon einmal hatte die Christenheit einen solchen Kampf zu bestehen, als es darum ging, der Welt Freund oder der Welt Feind zu sein. Die ganz frühe Christenheit wartete auf das Wiederkommen des Herrn, doch die Welt drängte in den Vordergrund. Das Entweder-oder der Bergpredigt, Gott oder Mammon, erfuhr als ›Welt oder ewiges Leben‹ eine ›paulinische Wende‹, eine Zwischenlösung auf Zukunft hin angelegt. Sie wurde durch alle sich anschließenden Zeiten erfolgreich: »Das sage ich euch, liebe Brüder: Die Zeit ist kurz. Fortan sollen auch die, die Frauen haben, sein, als hätten sie keine; und die, die weinen, als weinten sie nicht; und die sich freuen, als freuten sie sich nicht; und die, die kaufen, als behielten sie es nicht; und die diese Welt gebrauchen, als brauchten sie sie nicht. Denn das Wesen dieser Welt vergeht.« (1. Korinther 7, 29–31)

Ab nun hieß es: Welt und ewiges Leben. Dies scheint sich nun im Mittelalter zu wiederholen. Nur dass es nun mit stärkerem Nachdruck als früher heißt: Geld oder Leben.

Die theologische Aufgabe war damit klargestellt, nur die Lösung lag nicht auf der Hand. Die Aufgabe lautete, das ›Oder‹ in ein ›Und‹ zu verwandeln. In einer Zeit, in der die heiligen Werte auf die Erde stiegen und das Leben begann Freude zu machen. In einer Zeit, in der sich wiederum die Bettelorden kontrastierend dem aufblühenden Reichtum der Kirche entgegenstellten, war der schroffe Gegensatz von Gut und Böse, Gott und Teufel, Himmel und Hölle nicht zu halten.

Das Volk, das von der frommen Erziehung durch die Kirche ausgeschlossen blieb, das befangen in seiner Rohheit und Kreatürlichkeit dem sicheren Eintritt in die Hölle entgegensah, verlangte nach Zwischenlösungen. Weil Geldverleihen und Zinsnehmen ein ebenso todeswürdiges Verbrechen wie eine lebensnotwendige Handlung wurde, konnte die Hölle nicht die alleinige, dauerhafte Antwort der Kirche auf dieses Geschehen in ihrer eigenen Mitte sein. Der Wucherer war zu retten!

Meister des Palant-Altars
Eine Ritterfamilie lässt sich vor dem Fegefeuer abbilden und hofft auf eigene Erlösung, um 1425
Tempera auf Eichenholz, 82 x 45,5 cm
Suermondt-Ludwig-Museum, Aachen, Inv. Nr. GK 0308

Diese Darstellung ist das älteste bisher bekannte Tafelbild mit einer Fegefeuer-Darstellung. Die Stifter knien in den Ecken des unteren Bildrandes, sie hofften, sich durch die Stiftung vom Fegefeuer loszukaufen.

Herr iheſu xp̄e das blůt vo̊ deiner bittern krönig vergoſſen laß kome uber ons und uber onſre kinder zu abwaſchung
ſündtlicher mackeln das wir alſo gereiniger dich műge anſchawe in ewiger clarhait mit de himliſchen bürgen amen

Ihn rettete die Entdeckung des Fegefeuers. Auch das Fegefeuer war eine geistliche Leistung des 13. Jahrhunderts. Es wurde zum Sammelplatz der verstorbenen Seelen ausgebaut, der sie vor der Hölle bewahrte. War die Seele nicht bis zum Ende eine verstockte Sünderin geblieben, so konnte sie gemäß ihrer Schuld die Zeit bis zur Erlösung im Feuer verbringen. Die Fürbitte ihrer Angehörigen half darüber hinaus, diese Zeit zu verkürzen. Entscheidend war daher die Reue des Sterbenden in seiner letzten Stunde. Mit dem Fegefeuer beginnt die dramatische Gestaltung der Todesstunde, besonders für jenen Beruf, über dem nach wie vor die Verdammung der Kirche lag: Bereut er, bekehrt er sich, rettet er seine Seele in das Fegefeuer?

»Das Fegefeuer ist nur ein Augenzwinkern von vielen, welches das Christentum vom 13. Jahrhundert an für den Wucherer bereithält. Es stellt eine Hoffnung dar, die einzige, die dem Wucherer den Weg ins Paradies öffnet. Sie verlängert sein Leben über die Todesstunde hinaus. So konnte er sich verstärkt an die ökonomische Durchdringung der Wirtschaft und

der Gesellschaft machen, lagen für ihn doch Verdammung und Erlösung in greifbarer Nähe. Der Gewinn aber durfte sein zukunftsweisender Lebensbegleiter bleiben.

Die Geschichte der wundervollen Rettung eines Wucherers soll den Abschluss bilden. In ihr mischen sich starkes Gefühl und starke Theologie zum gemeinsamen Erlösungswerk:

In Lüttich starb ein Wucherer. Er durfte nicht in geweihter Erde begraben werden. Doch seine Frau bat für ihn folgendermaßen: Steht nicht geschrieben, Hochwürden, dass Mann und Frau ein Fleisch sind, und dass, wie der Apostel sagt, der ungläubige Mann von seiner gläubigen Frau errettet werden kann? Was mein Mann säumte zu tun, werde ich – die ich von seinem Fleisch bin – statt seiner tun.

Daraufhin gestattet man ihr, ihren Mann auf dem Friedhof zu bestatten. Sie nahm neben seinem Grab ihre Wohnung, betete zweimal sieben Jahre für ihn, bis ihr Mann zu ihr sagte: »Dank sei Gott und Dank sei dir, denn heute bin ich erlöst worden.«

So retteten Kirche und Ehe ein Leben, ohne das die ganze Wirtschaft nicht auf die Füße gekommen wäre.

Oben: Bernhard Strigel
Von zwölf Kindern bleiben vier am Leben – Eine Patrizierfamilie bittet um Gottes Gnade
Öl auf Holz, 58 x 99 cm
Museum Allerheiligen, Schaffhausen

Dargestellt ist die Familie des Memminger Bürgermeisters Johann Fund d. J. Der Vater mit seinen Söhnen ist auf der linken, im Weltgericht die Seite der Seligen dargestellt. Die Mutter mit den Töchtern auf der Seite der Verdammten.

Gegenüber:
Engel sammeln die Gebeine der Toten und eine Jenseitsbrücke führt über den Feuersee, Stundenbuch für den Gebrauch von Rom, um 1480
Victoria-and-Albert-Museum, London

Die Vorstellung, dass Seelen lange und schmale Stege überwinden müssen, stammt aus der Visionsliteratur. Sie balancieren hier über die Brücke zum Ufer des Paradieses.

Massa

Die Burg Malaspina

Zwischen Meer und Marmorklippen

Massa liegt am Abhang hoher Berge, den Apuanischen Alpen. Diese sind auch im Sommer weiß, nicht wegen des Schnees, sondern wegen des Marmors, der dort oben gebrochen wird. Das Meer ist sehr nah und an klaren Vormittagen ist der rosafarbene Umriss von Korsika zu sehen.

Heutzutage bildet Massa mit Carrara ein einziges städtisches Konglomerat. Unter urbanistischen Gesichtspunkten betrachtet, gehört dieser Teil der oberen Versilia zu den am meisten verunstalteten Küstenabschnitten Italiens. Dennoch ist er einer der schönsten. Denn bei dieser Landschaft kommt es weniger auf den ebenen Küstenstreifen als viel-

Rechts: Die Burg Malaspina erhebt sich am Abhang der Apuanischen Alpen über der Stadt Massa, die für ihre Marmorvorkommen berühmt ist.

Oben: Der kleine Bogengang an der Südseite des Palastes Malaspina.

mehr auf die Berge, den Himmel und das Meer an. Das Festungswerk liegt auf halber Höhe über der Stadt und ermöglicht einen weiten Ausblick auf das Meer. Die Burg selbst umfasst den Hauptturm und die Überreste eines älteren Turmes. Beide Türme sind von einer zinnenbekrönten Mauer umschlossen. Diese umgrenzt auch einen etwas tiefer gelegenen Renaissancepalast, an dem ab dem 15. Jahrhundert immer wieder gebaut wurde. Den gesamten Kom-

plex umgibt wiederum ein Bollwerk aus jüngerer Zeit. Die großen Wälle sind mit Schießscharten versehen und bilden an einer Stelle einen nach Südosten ausgerichteten Sporn. Eine Marmorplatte weist das Jahr 1570 als den Zeitpunkt aus, an dem die Burganlage beendet wurde, »damit sie der satanischen Erfindung der Feuerwaffen Widerstand leiste«. An dem nicht sehr großen und unregelmäßig geformten Renaissancepalast sind der Innenhof, die überdachte Säulenveranda und die ebenfalls unregelmäßig geformten Räume mit den schön gewölbten Decken im ersten Stock bemerkenswert.

Die Markgrafschaft von Massa

Im Mittelalter wurde die Region von Genua und Pisa, später auch von Lucca und Florenz lange umkämpft. Die Markgrafen von Massa, die dort von den Ottonen bereits Ende des 9. Jahrhunderts ins Amt eingesetzt worden waren, entstammten einer Genueser Familie, den Obertenghi. Obschon sich ihre Besitztümer in der auf der anderen Seite des Apennins gelegenen Po-Ebene bis kurz vor Mailand erstreckten und Pia-

Rechts und unten:
Die Säle des unter Antonio Alberico Cybo-Malaspina (1532–1623) fertig gestellten Renaissancepalastes sind klein, in ihrer Form unregelmäßig und haben anmutige Zellengewölbe, die hauptsächlich mit geometrischen Ornamenten geschmückt sind. Der uneheliche Sohn des Kardinals Cybo mit seiner Schwägerin Ricciarda Malaspina hatte auf Betreiben seiner Mutter gegenüber dem erstgeborenen, ehelichen Bruder Guilio Cybo die Erbfolge antreten.

cenza mit einschlossen, blieben die Markgrafen von Massa-Obertenghi stets Seefahrer. Von ihnen stammten die Familie Massa-Corsica und die späteren Massa-Cagliari ab. Der kontinentale, bescheidenere Zweig brachte die Massa-Parodi und die Massa-Gavi hervor. Ende des 11. Jahrhunderts bestand das eigentliche Problem sämtlicher Familienzweige der Obertenghi darin, dass sie zwar weiterhin Kinder, aber fast nur Mädchen hervorbrachten. Vier, fünf Generationen lang währte der Albtraum dieser Familie. Um ihren Besitz zu erhalten versuchten sich die letzten Markgrafen schließlich in einer umsichtigen Heiratspolitik für ihre Töchter.

Der letzte Mann der Familie, Guglielmo di Massa-Cagliari, starb 1215, und all seine Titel und Territorien fielen an seine älteste Tochter Benedetta, Herrin von Cagliari. Die zweitälteste Tochter Adelasia war von Guglielmo mit Enzo, dem unehelichen Sohn Kaiser Friedrichs II., verheiratet worden. Damit war sie unter der Obhut des Stauferkönigs, Benedetta hingegen unter der des Papstes. Da diese

beiden Mächte die unversöhnlichsten der damaligen Zeit waren, konnten sich die Obertenghi weder in Sardinien noch in Massa halten.

Nach der Niederlage und dem Tod des letzten Staufers Konradin ließ die Stadt Lucca im Jahre 1269 die Burg von Massa abreißen. Später wurde Massa von Castruccio Castracani, Herr von Lucca, besetzt, der auch die Festung wieder aufbauen ließ. Nach Castruccios Tod wurden die Gebiete der ehemaligen Markgrafschaft aufgeteilt und versteigert. Massa wandelte sich zum Spielzeug in den Händen überlegener Mächte. Es blieb umkämpft und stand abwechselnd unter dem »Schutz« von Genua, Lucca, Pisa, Florenz oder Mailand. 1359 erstand die Markgrafschaft neu, da ein allgemeines Interesse bestand, in diesem Gebiet einen Pufferstaat zu errichten. Kaiser Karl IV. dekretierte die neue Markgrafschaft, die jedoch unter dem Schutz von Florenz stand. Florenz sorgte später auch dafür, dass die neue Dynastie der Familie Malaspina in Massa Fuß fasste. Ihr verdankt die Burg ihren heutigen Namen.

Der elegante Renaissancehof, der im 15. Jahrhundert zu Füßen der Burg von den Markgrafen Malaspina erbaut wurde.

Gegenüber: Der ganze Komplex ist von großen Wällen mit Schießscharten umgeben, die im 16. Jh. errichtet wurden. Eine im Marmor gravierte Inschrift verweist auf das Jahr 1570, als die Burganlage unter Antonio Alberico Cybo-Malaspina vollendet wurde, um der teuflischen Erfindung der Feuerwaffen Widerstand zu leisten.

Renaissancehof, Detail
Der tiefer gelegene Renaissancepalast wurde seit dem 15. Jh. kontinuierlich erweitert, teilweise mit großer künstlerischer Akribie, wie das Beispiel der Fensterrahmung belegt.

Die Malaspina

Die Stadtherrschaft der Malaspina über Massa wurde am 8. Dezember 1442 begründet. An jenem Tag unterwarfen sich die Bewohner von Massa mittels ihrer Repräsentanten freiwillig dem neuen Herrn Alberto Alberico Malaspina. Die Malaspina waren eine alte Familie, die seit dem Beginn des Jahres 1000 in der Lunigiana verstreute Besitztümer besaß. Ihr erster Wohnsitz lag im oberen Taro-Tal, in einem Ort namens Oramala, was so viel wie Ungnade oder Ruin bedeutet. Die Legende besagt, dass der Name Malaspina von einem gewissen Ancino, dem Stammvater der Familie, herrührte. Ancino tötete im Nahkampf seinen Feind, den Frankenkönig Theobert, indem er ihm angeb-

lich einen Dorn ins Herz stieß. »Ah, ›mala spina‹, welch übler Dorn!« soll der sterbende Theobert gerufen haben. Fortan blieb dieses Wort an dem Mörder haften und führte schließlich zu seinem Namen.

Später, nachdem die Malaspina ihren Besitz bis zum Meer hin erweitert hatten, teilte sich die Familie. Der Zweig, dem die Gebiete rechts des Flusses Magra gehörte, nannte sich Malaspina ›dello spino secco‹, die Malaspina vom dürren Dorn. Der Zweig links des Flusses trug den Namen Malaspina ›dello spino fiorito‹, die Malaspina vom blühenden Dorn. Der neue Markgraf Massas, Antonio Alberico Malaspina, war ein Spross des Zweiges vom blühenden Dorn.

Die dritte Blüte

Während der ersten drei Generationen funktionierte unter der neuen Stadtherrschaft alles bestens. In der vierten Generation traf auch die Malaspina der alte Fluch der Herren von Massa. Antonio Alberico Malaspina II., dritter Markgraf des Zweiges vom blühenden Dorn, brachte zwar fünf Blüten hervor, die jedoch alle weiblich waren: Taddea 1, Taddea 2, Ricciarda, Leonora und Lucrezia. Die erste Taddea starb in zartestem Alter. Die zweite war ein uneheliches Kind und als solches von der Erbfolge ausgeschlossen. Als Alberico starb, fiel das gesamte Erbe an Ricciarda, die dritte Blüte. Dies geschah im Jahre 1519.

Albericos Testament verfügte, dass Ricciarda die markgräfliche Autorität bis zur Volljährigkeit ihres (eventuell) erstgeborenen Sohnes ausüben sollte. Ricciarda, eine schöne und willensstarke Frau, war bereits mit einem Fieschi, einem Spross der mächtigen Genueser Familie, verheiratet. Von ihm hatte sie ein kleines Mädchen. Fieschi starb 1520, und noch im selben Jahr heiratete Ricciarda einen anderen mächtigen Genueser, Lorenzo Cybo. Er war Enkel zweier Päpste (einen mütterlicher- und einen väterlicherseits), Bruder eines Kardinals und Vetter von Caterina de' Medici, der künftigen Königin Frankreichs. Lorenzo brachte Ricciarda nach Rom um dort mit ihr zu leben und umgab sie mit Luxus. In Wirklichkeit wünschte er sich nichts sehnlicher, als in den Mitbesitz des Lehens seiner Gattin und des Titels des Markgrafen von Massa zu gelangen. Hierzu spann er, ohne dass sie

es wusste, mit Papst Clemens VII. und Kaiser Karl V. Intrigen. Als Ricciarda davon erfuhr, vergab sie Lorenzo nicht. Nicht einmal die Geburt eines kleinen, sehnlichst erwarteten Jungen, der Giulio getauft wurde, konnte den tödlichen Hass, der zwischen den beiden Eheleuten aufgebrochen war, erlöschen. Mit der Zeit wurde der Hass übermäßig.

Ein liebendes Mutterherz

Je mehr sie sich von ihrem Mann löste, desto mehr verband sich Ricciarda in liebevoller Freundschaft mit seinem Bruder, Kardinal Innocenzo Cybo. Von ihm gebar sie schließlich einen zweiten Sohn, dem sie wie zur Herausforderung den Namen seines Großvaters gab, Antonio Alberico. Mit dieser Taufe fing ein lang währendes Ränkespiel der Mutter an, die den erstgeborenen Sohn Giulio zugunsten des zweitgeborenen Kardinalsohnes enterben wollte. Ricciarda, deren Reiz im Alter offenbar noch wuchs, hatte Gelegenheit, Kaiser Karl V., der auf einer sei-

ner häufigen Reisen nach Italien in der Burg von Massa weilte, kennen zu lernen. Es gelang ihr, Karl V. nicht nur zum Widerruf der früheren Lehensvergabe an ihren Gatten Lorenzo zu bewegen. Vielmehr erhielt sie, obwohl sie dadurch gegen das Testament des alten Alberico Malaspina verstieß, auch das Privileg zu bestimmen, welcher ihrer beiden Söhne der Erbnachfolger sein solle. An diesem Punkt gab Lorenzo Cybo die Partie offenbar auf. Er zog sich auf einen seiner nahe bei Pisa gelegenen Landsitze zurück. Freilich tat er von dort aus alles, um seinen Sohn aufzustacheln, sich an der Mutter zu rächen.

Das arme Kind

Noch bevor er volljährig geworden war, überfiel der an den Waffen ausgebildete Giulio Cybo mit 50 Männern die Burg von Massa und versuchte seine Mutter und das Testament des Großvaters in seine Gewalt zu bringen. Ricciarda jedoch schloss sich im Hauptturm der Burg ein und hielt so lange

Das Wappen der Malaspina ›dello spino fiorito‹, dem links des Flusses angesiedelten Familienzweig vom blühenden Dorn.

Ansicht der Burg von Süden mit dem ummauerten Hof.

durch, bis ihre Parteigänger aus Massa kamen und sie befreiten.

Nur um in den Besitz des Erbes zu gelangen ließ sich Giulio später zum Werkzeug internationaler, völlig aussichtsloser Ränkespiele machen. Er tat sich mit profranzösischen Emigranten aus Florenz, Genua und anderen Städten zusammen und zettelte eine Verschwörung zur Ermordung des Fürsten Andrea Doria, Herrn von Genua, dessen Tochter er kurz zuvor geheiratet hatte, an. Im Januar 1548 wurde er auf Befehl des Kaisers verhaftet und nach Mailand gebracht, wo ihm wegen der Verschwörung und einer gegen den Kaiser gerichteten Rebellion der Prozess gemacht wurde. Man verurteilte ihn zum Tode und köpfte ihn am Morgen des 18. Mai 1548. Sein Körper wurde auf dem Burgplatz von Mailand zwischen zwei Fackeln zur Schau gestellt. Am Vorabend seiner Hinrichtung hatte der 23-jährige Giulio ein Sonett verfasst, in dem er seine Fehler bekannte, alle um Vergebung bat und sich dem Erbarmen Gottes empfahl.

Der jüngere Bruder

Nach ihrem Tode fünf Jahre später hinterließ Ricciarda die Markgrafschaft von Massa ihrem nunmehr einzigen Erben, dem Sohn des Kardinals. Antonio Alberico Cybo-Malaspina regierte 69 Jahre lang und starb 1623 im Alter von 91 Jahren. Seine Söhne waren als Nachfolger ohne Nutzen, da sie alle vor ihm starben. Eine seiner größten Sorgen war es, die sterblichen Überreste seines unglückseligen Bruders Giulio heimzuholen und in der Familiengruft in Massa zu bestatten.

Unter ihm wurde die Markgrafschaft zum Herzogtum erhoben. Er gründete eine Gesellschaft zum Abbau des Marmors, förderte die Künste und den Handel, verschönerte Massa, umgab es mit Mauern, erweiterte den Wohnbereich der Burg und ließ die Befestigungen mit modernen Schießscharten versehen. An der Burg brachte er eine Marmortafel mit folgender Inschrift an: »Damit sie der satanischen Erfindung der Feuerwaffen Widerstand leiste, ließ Alberico Cybo Malaspina im Jahre 1570 dieses riesige Bollwerk errichten.«

Der Hauptturm der Burg vom Renaissancehof aus gesehen.

Die mittelalterliche Burg wurde 1269 von den Lucchesern niedergerissen und ein halbes Jahrhundert später wieder aufgebaut.

Cagliari
Stadt in der Stadt

Ansicht des Kastells und der Stadtviertel von Cagliari.

Links sind ein Stück der Pisaner Mauern und ein Pisaner Turm aus dem 13. Jahrhundert zu sehen, in der Mitte einer der spanischen Schutzwälle aus dem 16. Jahrhundert.

Eine phönizische Stadt

Was man in Cagliari ›il castello‹ nennt, ist kein einzelner Bau, sondern eine ›città murata‹, eine befestigte Stadt, die oberhalb der anderen, unbefestigten Stadtanlage liegt und diese bewacht.

Cagliari wurde von den Phöniziern als Handelsplatz am Meer gegründet. Später geriet Cagliari in den Einflussbereich Karthagos, das das phönizische Erbe antrat. Über der Lagune, die mitsamt den ausgedehnten Salinen ein natürliches Schutzschild für den Hafen und die Handelsniederlassungen bildet, ragt ein riesiger Sporn aus Kalkstein auf. Er war schon zu Karthagos Zeiten befestigt. Doch sind von diesen alten Bauwerken nur noch unterirdische Spuren erhalten. Anders als Sizilien, das von Griechen und Karthagern lange umkämpft und zwischen ihnen aufgeteilt wurde, erfolgte in Sardinien niemals die Kolonisierung durch das antike Hellas. Deshalb erhob sich auf dem weißen Sporn von Cagliari auch nie eine Akropolis. Die Griechen begnügten sich damit, der Insel einen griechischen Namen zu geben. Sie nannten sie ›Ichnussa‹, was von »ichnos« (Fuß) abgeleitet »Abdruck eines menschlichen Fußes« bedeutet. Ein Name, der die genaue Kenntnis des Küstenverlaufs der Insel beweist.

Rom und Barbária

Nach den Punischen Kriegen, die sich im 2. Jahrhundert v. Chr. ereigneten, besetzten die Römer die gesamte Insel. Sie trafen dabei auf den zähen Widerstand der kriegerischen Stämme im Landesinnern. Die Rebellion wurde durch den Bau eines Straßennetzes niedergeschlagen, das der prähistorischen Kultur, die in den Ruinen der Nuragen versteckt überlebt hatte, den Todesstoß versetzte. Dieses Landesinnere nannten die Römer ›Barbária‹. Noch heute sind diese zum Teil sehr hoch gelegenen Regionen, deren Einwohner sich etwa in der Bewirtschaftung des Landes oder der Bauweise ihrer

Häuser von der übrigen Bevölkerung unterscheiden, als ›Barbàgie‹ bekannt. Es blieb jahrhundertelang eine Insel auf der Insel. Nach der Zerstörung Karthagos besaßen die Römer im Mittelmeerraum keine Rivalen mehr. Das Meer wandelte sich zum ›Mare Nostrum‹, weshalb Rom auch niemals den Wunsch hegte, die beherrschende Anhöhe über dem Hafen Cagliaris zu befestigen. Zu den zahlreichen römischen Überresten der Stadt gehören Thermen, Villen und ein Amphitheater. Von einem ›castrum‹ existiert jedoch keine Spur.

Byzanz

Mit dem Zerfall des Römischen Reiches fiel Sardinien in die Hände der Vandalen. Von ihrer Anwesenheit, die etwa 80 Jahre währte, blieb mit Ausnahme von Resten ihrer Sprache keine Spur erhalten.

Im 6. Jahrhundert, zur Zeit Justinians, kamen die byzantinischen Griechen im Zuge der Rückeroberung des Mittelmeerraumes durch das Oströmische Reich bis nach Spanien. Die Byzantiner unterteilten die Insel in vier ungefähr gleich große

Gebiete und stellten an die Spitze einer jeden Einheit einen Logotheten, der im Lateinischen »Judex« (Richter) heißt. Er herrschte über ein fein gegliedertes und schwer erfassbares politisch-administratives System, dessen Zweck letztendlich war, die Bauern aus dem Landesinneren mit Steuern zu belasten, die nach Konstantinopel flossen. Aber auch die Byzantiner kümmerten sich nicht darum, eine Anlage zur Verteidigung Cagliaris zu errichten. Als Byzanz wegen der Erweiterung des islamischen Herrschaftsbereiches die Kontrolle über das westliche Mittelmeer verlor, blieben die vier Verwaltungseinheiten, die ›Giudicati‹, sich selbst überlassen. Es handelte sich hierbei um kleine ideale Staaten im Dienste einer übergeordneten Einheit, die sich ins Nichts verflüchtigt hatte. Die Araber selbst begnügten sich mit wiederholten Streifzügen und Plünderungen zur Aushebung von Sklaven ohne jemals einen Eroberungsfeldzug zu unternehmen. Die ›Giudicati‹ ihrerseits zahlten die ›Gizah‹, wie es im Übrigen auch Konstantinopel tat, und blieben unversehrt.

Im 13. Jahrhundert, als die ›città murata‹ geplant wurde, existierte eine ummauerte Stadtbefestigung innerhalb einer anderen offenen Stadt bisher nur im Morgenland. Die welterfahrenen Pisaner erfanden in Cagliari das Modell einer idealtypischen mediterranen Stadt.

Die Seerepubliken

Später kamen die Meeresstädte Marseille, Pisa und Genua, um den Arabern das westliche Mittelmeer streitig zu machen. Zeitweilig eroberten die Pisaner die Balearen zurück (1114). In den beiden ersten Jahrhunderten des neuen Millenniums fielen sie in Sardinien ein, wo die ›Giudicati‹ aus byzantinischer Zeit und ihre dort ansässig gewordenen Dynastien noch immer existierten. Die Pisaner drangen in den östlichen, die Genueser in den nördlichen und die Katalanen in den nordwestlichen Teil vor. Es handelte sich hierbei um Mächte, die eifersüchtig untereinander konkurrierten.

Die Città murata der Pisaner

Die ›città murata‹ oberhalb von Cagliari ist das Werk der Pisaner. In vielerlei Hinsicht ist sie ein Prototyp. Denn zu der Zeit, als man das ›castrum Kàralis‹ plante (1216–1217), existierte eine von Mauern umgebene Stadt, die innerhalb einer anderen, offenen gelegen war, nur im Morgenland. Dieses Kastell versammelte die Funktionen und Symbole der zivilen, wirtschaftlichen, religiösen und militärischen Macht: Piazza, Mutterkirche, Regierungspalast, die Straße der Händler und Seeleute, das jüdische Viertel, die Synagoge ect. Die Pisaner waren sehr welterfahren. In Cagliari erfanden sie das Modell einer idealen mediterranen Stadt, die befestigt und weltoffen zugleich war. Tagsüber mischten sich die Bewohner des Kastells unter die Menschen von Santa Igía und anderen Vierteln, die in der Unterstadt am Hafen lagen. Doch wenn die Sonne unterging und eine Trompete erschallte, kehrten sie zurück. Die Fremden wiederum verließen das Kastell und hinter ihnen schlossen sich die Tore.

Das Kastell hat im Grundriss die Form einer Spindel und ist nordsüdlich ausgerichtet. Es wirkt wie mit dem Kalkfelsen verwachsen, auf dem es erbaut ist. Die hohen Mauerwälle bilden zusammen mit den senkrecht abfallenden Felswänden eine unangreifbare Abwehr. Hohe Türme überrragen die drei Stadttore: die ›Porta di San Pancrazio‹ im Norden, die ›Porta dell'Aquila‹ mit der ›Controporta del Leone‹ im Süden und die ›Porta dell'Elefante‹ im Westen. Demgegenüber ist der gesamte Ostteil auf den senkrecht abfallenden Felsen gesetzt. Die Mauern werden durch weitere sechs Türme akzentuiert, die heute teilweise eingefallen sind. Drei Hauptstraßen, die durch ein Netz von Gässchen miteinander verbunden waren, durchzogen der Länge nach die Stadt. In der Stadtmitte lag die Piazza.

Das Ende von Santa Igía

Die ›città murata‹ wurde niemals militärisch bezwungen. Zum ersten Mal nahm man sie im Jahre 1256 durch ein putsch-ähnliches, politisch-militärisches Manöver Genuas ein. Nach einer langen Belagerung, zwei Schlachten zu Lande und einer auf See gewann Pisa die befestigte Stadt zurück.

Blick auf die zinnen-
bekrönte Befestigungsanlage
der ›città murata‹.

Der kleine Elefant aus
Stein, der Turm und
Tor ›Porta dell'Elefante‹
den Namen gab.

Die Katalanen kommen

Bei der zweiten Eroberung kapitulierten die Pisaner kampflos. Dies geschah 1326, zwei Jahre nachdem ein aragonisches Heer auf der Insel gelandet war. Um beim Handel im Orient mit Venedig konkurrieren zu können benötigten die Katalanen alle Inseln des zentralen Mittelmeeres von den Balearen bis zum Peloponnes. Sie bildeten sozusagen die Pfeiler einer riesigen Brücke, auf der ihr maritimer Orientexpress verkehren sollte. Papst Bonifaz VIII., der sich für den »Lehnsherren« Gottes der ganzen Hemisphäre hielt, hatte 1297 aus eigenem Antrieb heraus ein »Königreich Sardinien und Korsika« geschaffen. Dieses Reich gab er Giacomo von Aragon in Auftrag, mit Anordnung der ›licentia invadendi‹, der Erlaubnis, es in Besitz zu nehmen.

Die Pisaner nehmen Abschied

Für Pisa waren es schwierige Zeiten. An sämtlichen seiner vielen Fronten – Florenz, die Währung, der Handel, Genua, der Papst – hatte es empfindliche Niederlagen erlitten. Genau in diesen Jahren war es von dem letzten Versuch in Anspruch genommen, zusammen mit den ghibellinischen Kräften der Toskana die Macht von Florenz niederzureißen. So konnte es sich nicht auch noch einen Überseekrieg mit den Aragoniern liefern. Zwei Jahre lang widerstanden die Pisaner in der ›città murata‹ der halbherzigen Belagerung der aragonischen Feinde, die ihren militärischen Stützpunkt auf dem gegenüber gelegenen Hügel, in Bonaria, aufgeschlagen hatten. So stimmten die Pisaner schließlich dem Abkommen zu, den Großteil ihrer sardischen Besitztümer kampflos an Aragonien abzutreten, wenn die Verwaltung des Kastells, in dem einige 1 000 Pisaner lebten, beibehalten werden könnte. Anfänglich erfüllte man ihren Wunsch. Dann jedoch wurden die meisten Pisaner gezwungen, in ihre Heimatstadt zurückzukehren.

Nach der Vertreibung der Juden aus Spanien wurde 1492 auch die Synagoge Cagliaris zerstört. An derselben Stelle, in Santa Croce, ließen sich später die Jesuiten nieder. 1492 waren die letzten Pisaner bereits seit geraumer Zeit fortgezogen. Die Verantwortung für die kommenden Geschehnisse lag nun schon bei den neuen Herren.

Torchitorio V., genannt Chiano und befehlshabender »Judex« von Cagliari, hatte den Genuesern die Tore geöffnet. Im Auftrag Pisas wurde er ermordet. Chiano war ein junger Mann von 19 Jahren, der seine Großmutter Benedetta hatte rächen wollen. Santa Igía, die untere Stadt, in der sich Chianos Regierungssitz befand, wurde dem Erdboden gleichgemacht und mit dem Salz aus den nahen Salinen bestreut. Den ›Giudicato‹ Cagliaris, der das südliche Viertel Sardiniens umfasste, teilte man in der Folge unter den drei mächtigsten Familien Pisas auf.

Benedetta

Mit den Kreuzzügen und dem schwindelerregenden Aufstieg der Seestädte Pisa, Amalfi, Genua, Marseille und Barcelona wurde das westliche Mittelmeer mit Beginn des 12. Jahrhunderts ein viel befahrenes Meer. Inmitten dieses Gewässers lag die halb vergessene Insel Sardinien mit ihren anachronistischen ›Giudicati‹ byzantinischer Prägung. Sie wurde bald das Objekt der Begierde für die neuen Seemächte, für die die Kontrolle der sardischen Küsten von äußerster Bedeutung war. Die Familienclans, die die Seestädte beherrschten, gingen mit Nachdruck daran, die Insel unter sich aufzuteilen. Sie wurden zunächst kommerziell aktiv um dann eine politische Heiratsstrategie gegenüber den jeweils herrschenden Dynastien der Insel zu entwickeln. Schon bald hatten sie die ›Giudicati‹ geschluckt. Im gesamten südwestlichen Raum erwies sich Pisa als Sieger. Doch mit welchen Mitteln hatte die Seerepublik ihr Ziel erreicht?

1214 war Guglielmo II. de Lacon-Massa, der den Namen Salusio IV. trug und ›Giudice‹ von Cagliari war, ohne männliche Nachkommen gestorben. Salusio, ein toskanischer Feudalherr, hatte sich auf See gewagt um einen größeren Herrschaftsbereich zu suchen. Er fand ihn in Sardinien. Nach seiner Beerdigung hatte Benedetta, die älteste seiner beiden Töchter, auf Drängen Papst Innozenz' III. ihren Vetter

Egnazio Danti
Sardinien
Fresko
Galleria delle Carte
Geografiche,
Musei Vaticani, Rom

Die Insel ist hier von Nord nach Süd gesehen, dadurch erscheint sie seitenverkehrt und Cagliari falsch vermerkt. Dies führte zu vielen Fehlinterpretationen in der Forschung.

263

Gegenüber:
Die ›Porta dell'Elefante‹ im Westen war eins der drei mit wuchtigen Türmen überbauten Stadttore. Im Norden war es die ›Porta di San Pancrazio‹, im Süden die ›Porta dell'Aquila‹ mit der ›Controporta del Leone‹.

Die auf den spanischen Schutzwällen angelegte Terrasse Ubaldos I. Im 16. Jahrhundert wurde die ›città murata‹ in ein neues Befestigungssystem der spanischen Vizekönige, die die Insel regierten, einbezogen.

Barisone geheiratet. Der Bräutigam wurde ›Giudice‹ und als solcher Torchitorio IV. genannt. Dies entsprach einem byzantinischem Brauch, nach dem die ›Giudici‹ Cagliaris abwechselnd Salusio oder Torchitorio hießen. Dieser Torchitorio war es, der es 1216 einer Gruppe Pisaner Händler gestattete, auf dem Hügel, auf dem sich bereits die Reste eines karthagischen Forts befanden, Befestigungsanlagen zu errichten. Da er bald darauf starb, fand er nicht mehr die Zeit um dies zu bereuen. Stattdessen bedauerte die junge Benedetta, die als Witwe mit einem Säugling zurückblieb, diese Entscheidung. Nun musste sie dem Expansionsdrang der Pisaner ertragen. In einem dramatischen Brief an den neuen Pontifex Onorio III., der soeben Innozenz III. und somit demjenigen Papst, der die vom Unglück verfolgte Ehe ermöglicht hatte, nachgefolgt war, flehte die Witwe um päpstlichen

Schutz an. Zudem widerrief sie die Erlaubnis, die ihr Gatte Pisa erteilt hatte und die ihm von einer Delegation, die sich aus einem ›Console del Mare‹ und einer »Gefolgschaft von vielen Vertretern des Adels von Pisa« zusammensetzte, »durch Drohungen und durch Versprechungen, Terror und Schmeicheleien« abgenötigt worden sei. Kaum sei die Erlaubnis ausgesprochen worden, schrieb Benedetta an den Papst, sei der Bürgermeister von Pisa, ›Podestà‹ Ubaldo Visconti, »an der Spitze eines Heeres« auf der Insel eingetroffen und habe den Amtssitz des ›Giudice‹ besetzt, die Minister verhaften lassen und sich dabei »wie ein ›Giudice‹ und selbstverständlicher Herr aufgeführt«. Der Papst reagierte energisch auf Benedettas Appell. Zu allererst forderte er Pisa auf, seine bewaffneten Mannen zurückzuziehen und die neu angelegte Festung abzureißen oder ihm zumindest zu

übereignen. Als einzige Antwort darauf entsandten die Pisaner Hunderte von Familien nach Cagliari und begannen mit dem Bau der großen Mutterkirche, die sie Maria weihten. Dies hatte zur Folge, dass der Papst alle nach Cagliari gezogenen Pisaner mit dem Interdikt belegte. Um dieses Interdikt aufzuheben und Verhandlungen zu ermöglichen antwortete Pisa diesmal mit einer Bittschrift. Das Interdikt blieb bestehen, während die Verhandlungen zustande kamen. Hierdurch hatten die Pisaner Zeit gewonnen.

Lamberto Visconti

Lamberto Visconti war der Bruder Ubaldos, den Benedetta in ihrem Brief an den Papst als Bürgermeister Pisas erwähnte. Lamberto selbst war schon Jahre zuvor über das Meer gefahren um dort sein Glück zu machen. Er hatte die junge Elena und Erbin des ›Giudicato‹ Galluras, das im östlichen Viertel Sardiniens gelegen war, geheiratet. Ihm wird die Neugründung der Stadt Olbia zugeschrieben.

Wegen der Heirat mit einer halbwüchsigen Frau, die mit Einwilligung der Mutter, aber ohne Erlaubnis des Papstes heimlich gefeiert worden war, hatte Innozenz III. Lamberto samt Schwiegermutter und Gattin exkommuniziert. Diese harte Strafe beruhte auf der Tatsache, dass der Papst einen anderen Bräutigam für das Mädchen vorgesehen hatte. Später wurde Lambertos Exkommunikation aufgehoben, diejenige der Schwiegermutter und Gattin indes bekräftigt. Doch wollte es der Zufall, dass Elena zu Beginn des Jahres 1220 starb.

Nach der Beerdigung begab sich Lamberto nach Cagliari, wo er Benedetta überredete, ihre beiden Witwenschaften und ihre Reiche miteinander zu vereinen. Auf diese Weise wurde Lamberto Visconti Herr über halb Sardinien, indem er das östliche und das südliche Viertel vereinte. Durch diese Machtstellung konnte er die Präsenz der Pisaner im ›castrum Kalari‹, das sich binnen weniger Jahre bereits in eine Stadt mit 10 000 Einwohnern verwandelt hatte, legalisieren. Nach Lambertos Tod im Jahre 1226 heiratete die unglückselige Benedetta erneut und wartete darauf, dass ihr Kind heranwuchs. Alle ihre Ehemänner verschieden binnen weniger Jahre, bis sie 1232 schließlich selbst starb. Damals war ihr Sohn Gugliemo, dessen Vater Lamberto Visconti war, kaum 15 Jahre alt. Die Pisaner hingegen hatten für die nächsten 100 Jahre in Sardinien fest Fuß gefasst.

Barumini

Eine prähistorische Festung

Rechts: Gesamtansicht der Nurage Su Nuraxi bei Barumini mit zugehörigem Hüttendorf. Im Vordergrund sind deutlich die Konsolen der ehemaligen Kragbrüstung zu erkennen.

Oben: Kalksteinmodell eines Nuragenturmes.

Das 36 cm hohe Fundstück, das sich heute im Archäologischen Nationalmuseum in Cagliari befindet, stammt aus dem so genannten Versammlungsraum der Nurage Su Nuraxi. Bei Ausgrabungen kamen dort 1949–1955 ausgedehnte, befestigte Wehr- und Wohntürme vorwiegend aus der Bronzezeit zum Vorschein.

Die Nuragen in der Mitte Sardiniens

Die Nuragen auf Sardinien sind das Produkt einer bodenständigen Zivilisation, die ihre höchste Entwicklungsstufe zwischen 1600 und 800 v. Chr. erreichte. Lange Zeit glaubte man, die Nuragen seien – ähnlich wie die Pyramiden – Grabstätten. Seit der Entdeckung Baruminis (1949–1955) ist diese Ansicht jedoch nicht mehr haltbar. Vielmehr gilt es heute als sicher, dass es sich um befestigte Wohnstätten oder um Burgen handelte. Es sind große, steinerne Türme in der Form eines meist konischen Baumstumpfes. Sie bestehen aus großen, kreisförmig angeordneten Felsblöcken in mörtellos übereinander geschichteten Steinringen. Jeder Ring ist im Durchmesser um einige Zentimeter kleiner als der darunter liegende. Auch die verwendeten Steine werden umso kleiner, je weiter die Konstruktion in die Höhe wächst. Das Resultat ist ein Turm, der manchmal mehr als 20 Meter hoch sein kann. Der Turm Baruminis maß einst 19 Meter und hatte an der Basis einen Durchmesser von zehn Metern. Den Basisring bildeten Steine, die man ohne Unterbau auf den Boden setzte.

Ins Innere gelangt man durch einen längeren Gang, in dem sich rechter Hand eine Nische für den Wachposten befindet. Eine Nurage konnte bis zu drei übereinander liegende, konisch geformte Räume mit hohen Kuppeln bergen. Baruminis Turm umfasste ursprünglich drei Räume. Das Zimmer im Erdgeschoss, das unversehrt erhalten blieb, misst in der Höhe 7,70 m und hat einen Durchmesser von viereinhalb Metern. Die dicken Mauern beanspruchen den meisten Raum, sodass der äußere Durchmesser mehr als doppelt so groß ist wie der innere. Über eine spiralförmige Treppe innerhalb der Mauer gelangte man von einem Zimmer ins andere. Der Zugang zur Treppe ist sehr hoch angesetzt. Um ihn zu erreichen benötigte man eine bewegliche Holzleiter.

Vom Standpunkt der Thermometrie aus betrachtet ist die Nurage eine bewundernswerte Konstruktion. Besucht man ›Su Nuraxi‹ bei Barumini an einem heißen Sommernachmittag bei einer Temperatur von 40 °C, wird man eine Innentemperatur von 12 bis 15 °C vorfinden. Im Januar ist die Temperatur nur um wenige Grade niedriger.

Über den religiösen Glauben der Menschen in den Nuragen ist nichts bekannt. Man weiß, dass sie die mit Trinkwasser gefüllten Brunnen und Quellen sehr sorgfältig hüteten.

Auf Sardinien zählt man mehr als 8 000 prähistorische Bauten. Ein guter Teil davon sind Nuragen mit kreisförmigem Grundriss. Keine einzige ist vollständig erhalten. Bei allen bisher entdeckten Nuragen ist die Spitze eingestürzt. Archäologische Funde, kleine Modelle aus Stein, Bronze oder Terracotta, zeigen jedoch an der Turmspitze eine Bekrönung. Einige der bei Ausgrabungen gefundenen Steine haben die Form von großen Konsolen, die eine Art Gesims hätten tragen können. Letztlich gleicht eine mit Schießscharten und Gesimsen versehene Nurage einem mittelalterlichen Turm.

Die Nuragen sind in ganz Sardinien verbreitet. Man findet sie auch entlang der Küste, wo sie offenbar dazu dienten, vom Meer kommende Feinde auszuspähen. Aber der größte Teil liegt im Landesinnern und ist schachbrettartig über das Gebiet der Insel verteilt. Diese Anordnung entspricht strategisch-militärischen Kriterien. Oft stehen die Nuragen am Rande oder in der Mitte der durch Basaltrücken begrenzten Hochebenen, den so genannten Giare, die die Landschaft Innersardiniens prägen. Es handelt sich um alte vulkanische, mit der Zeit eingeebnete Krater, die flachen Kegelstümpfen ähneln. Die schachbrettartige Verteilung der Nuragen diente offenbar dazu, das Territorium zu überwachen und sich mittels optischer Signale rasch zu verständigen. In vielen Fällen existieren rund um den Nuragenturm Überreste von ebenfalls kreisförmigen, aber weniger dicken Außenmauern, die von der Existenz einer mehr oder weniger ausgedehnten Siedlung zeugen. Dies trifft auch für Barumini zu.

Die Entdeckung der Nurage Baruminis ist relativ jung. Die Nurage selbst war vollständig von der Erde bedeckt und bildete einen kleinen Hügel auf dem südlichen Rand der ›Giara‹ Gesturis. Den Kin-

Oben: Auf der Luftaufnahme der Nurage Su Nuraxi bei Barumini sieht man deutlich den Zentralturm und seine rautenförmige Bastion mit vier vorspringenden Ecktürmen sowie eine weitere siebentürmige Ringmauer, die die Anlage schützend umgibt und von den unregelmäßigen Hüttengrundrissen des Nuragendorfes umrahmt wird.

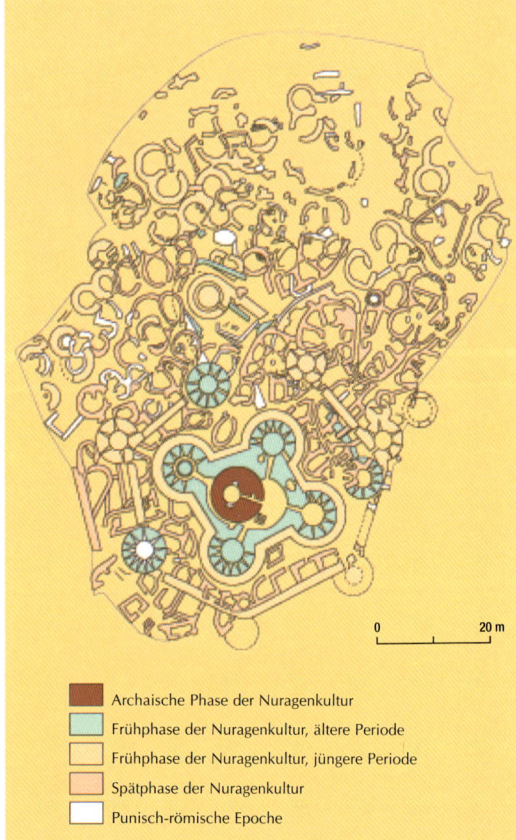

Rechts: Der Grundrissplan der Ausgrabungsstätte ermöglicht es, bauliche Details wie Schießscharten, Innenhof und Brunnen zu erkennen, und veranschaulicht die verschiedenen Bauphasen der Nuragenfestung.

0   20 m

■ Archaische Phase der Nuragenkultur
■ Frühphase der Nuragenkultur, ältere Periode
□ Frühphase der Nuragenkultur, jüngere Periode
■ Spätphase der Nuragenkultur
□ Punisch-römische Epoche

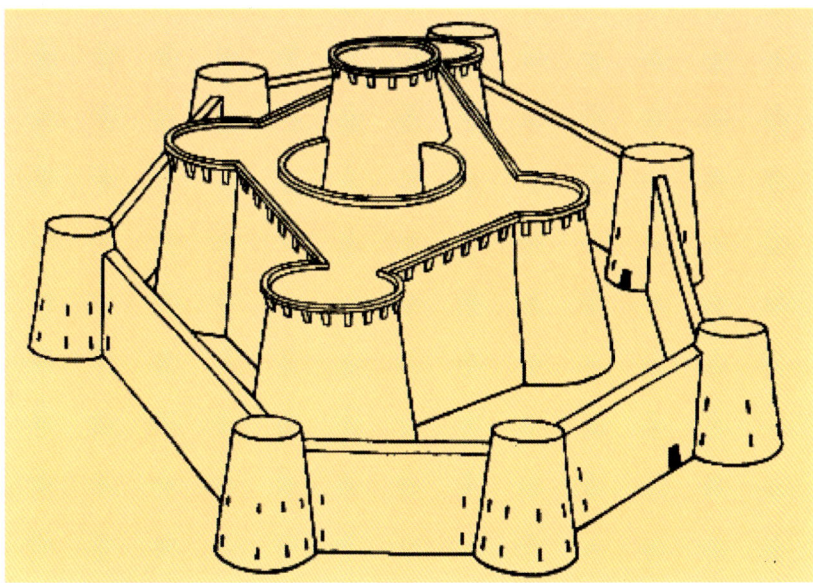

Oben: Die idealisierte Rekonstruktion der Nurage Su Nuraxi bei Barumini zeigt eindrucksvoll die imposante Größe und den Wehrcharakter des Festungsbaus.

Rechts oben:
Idealisierte perspektivische Rekonstruktionszeichnung der Festung Su Nuraxi bei Barumini.

Rechts unten:
Die Aufrisszeichnung der Nurage Su Nuraxi bei Barumini gewährt einen Einblick in den inneren Aufbau der Nurage. Gut zu erkennen sind die Mehrstöckigkeit des Bauwerkes und die noch erhaltene Originalhöhe der Nurage.

dern von Barumini war verboten auf dem Hügel zu spielen. Man sagte ihnen, im Bauch des Hügels schlafe eine Riesenfliege, die nicht geweckt werden wolle – für die Kinder ein Grund mehr, dorthin zu gehen. Unter ihnen war auch der spätere Archäologe Lilliu, der die Fliege aus ihrem Schlaf wecken sollte. Die Ausgrabungsarbeiten, die 1949 begonnen und 1955 beendet waren, förderten eine komplexe Anlage zu Tage. Rings um den Turm befand sich eine imposante Wallmauer mit vier kleineren Türmen. Außerdem wurde die Festungsanlage von wuchtigen Mauern, an denen weitere Türme aufragten, umgeben.

Wir wissen nicht, vor welchen Feinden eine derart mächtige Verteidigungsanlage Schutz bieten sollte. Man hat eine Art von Kantonalorganisation auf dem Gebiet der Insel vermutet, ebenso Kämpfe und anhaltende interne Auseinandersetzungen. Gegen Ende der Bronzezeit, etwa im 9. Jahrhundert v. Chr., befand sich die Kultur der Nuragen bereits in der Phase des Nieberganges. Viele alte Festungen wurden damals bereits als Steinbrüche für den Bau umliegender Dörfer benutzt.

Die Bewohner der Nuragen kannten die Verarbeitung von Metall und sie beherrschten die Navigation, wie es die zahlreichen archäologischen Fundstücke, darunter auch Öllampen in Form kleiner Schiffe, zeigen. Schon in der Bronzezeit war die Notwendigkeit von Tausch- und Handelsbeziehungen mit anderen Völkern unumgänglich. Denn für

den Guss dieser Legierung wurde neben Kupfer, das auf Sardinien abgebaut wurde, auch das von außerhalb kommende Zinn benötigt.

Die Entdeckung der Nurage Su Nuraxi bei Barumini

Astrid B. Koberstein-Pes

Wie so oft in der Archäologie stand auch bei der Entdeckung des Nuragenkomplexes bei Barumini der Zufall Pate. Man wusste, dass sich in dem grasbewachsenen Erdhügel Steinmauern und Schutt befanden. Zwar hatte es 1946 erste Probegrabungen gegeben, aber man kannte keinen geschichtlichen Zusammenhang; dann geschah es – im Jahre 1949 schwemmte ein ungewöhnlich heftiger Gewitterregen die obersten Erdschichten weg und Teile eines kolossalen Bauwerkes kamen ans Tageslicht. Der Heimatforscher Giovanni Lilliu erkannte die Bedeutung der Entdeckung und erreichte eine erste Grabungserlaubnis – die Geburtsstunde der Nuragenforschung war gekommen.

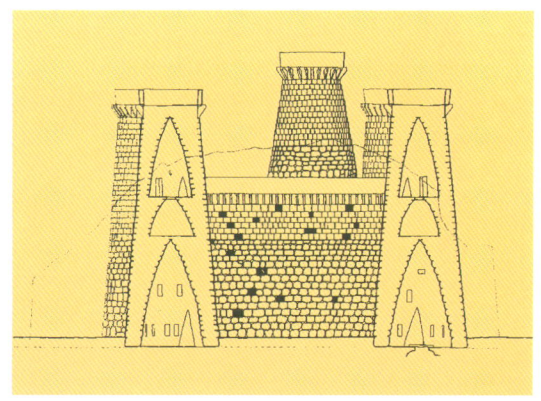

Gegenüber:
Die Treppenaufgänge und Korridore der Nuragen besitzen einen spitzbogigen Querschnitt. Über den Zugangsbereichen befindet sich ein meist sorgfältig bearbeiteter Architrav (Türbalken) sowie eine Entlastungsöffnung, die gleichzeitig als Luft- und Lichtzufuhr diente.

Rechts oben:
Blick aus dem Innenhofbereich himmelwärts. Zu den oberen Geschossen gelangte man mittels Wendeltreppen, die manchmal, wie z. B. in der Nurage von Barumini, erst in der Kuppellaibung begannen und nur über Leitern zu erreichen waren.

Rechts unten:
Die Kragkuppel, auch falsches Gewölbe oder Tholos genannt, ist das Konstruktionsmerkmal der Nuragenbauten schlechthin. Auf der Abbildung ist gut zu erkennen, wie aus den überkragenden Steinlagen allmählich ein Kuppelgewölbe entsteht, dass am Ende mit einem Schlussstein abgedeckt wird.

In den Grabungskampagnen von 1951–1956 erfolgt die vollständige Freilegung der Nuragenfestung und der angrenzenden Siedlungsbereiche. Die Stratigraphie und die typologische Gliederung des zugehörenden Fundgutes führten zu einem fünfstufigen Chronologiemodell. Die Ausgrabungen von Barumini wurden zur archäologischen Sensation: Die originellen und spektakulären Nuragen waren nicht mehr nur von rein lokaler Bedeutung, sondern das kulturelle Randgebiet stand plötzlich im Mittelpunkt des Forschungsinteresses. Die internationale Fachwelt schaute nach Sardinien und gab der sardischen Vorgeschichtsforschung Aufschwung. Viele Grabungen in allen Teilen der Insel folgten seitdem und die Liste der sehenswerten Ausgrabungsstätten und schmucken Museen wird immer länger: Genna Maria – Villanovaforru, Santu Antine – Torralba, Losa – Abbasanta, Arrubiu – Orroli und andere.

Die Nuragengesellschaft

Leider haben die Baumeister der Nuragen keine Heldenepen oder Schriftzeugnisse hinterlassen, mittels deren wir Einblick in das Alltagsleben gewinnen oder Rückschlüsse auf die Gesellschaftsstruktur schließen könnten; einzig die stummen steinernen Zeugen und die Hinterlassenschaften aus Siedlungen, Festungen, Gräbern und Heiligtümern sind geblieben. Dabei darf nicht übersehen

Oben: Südansicht des Hügels, unter dem sich die Nurage von Barumini verbarg. Das Foto zeigt den Erdwall einige Jahre vor seiner Ausgrabung.

Unten: Bronzestatuette aus dem Brunnenheiligtum von Santa Vittoria di Serri, 8. Jh. v. Chr. Archäologisches Nationalmuseum, Cagliari

Die schlanken, streng gegliederten sardischen Bronzestatuetten bestechen durch ihre Liebe zum Detail. Der »Nuragenfürst« mit weitem Mantel und Amtsstab hebt die Hand zum Gruß.

Gegenüber, oben: Das historische Grabungsfoto von Barumini zeigt Grabungshelfer, die mit einfachen Hilfsmitteln zentnerschwere Steine bewegen.

Gegenüber, Mitte: Bei den Ausgrabungen wurden auch Ochsen zum Transport des Steinmaterials eingesetzt.

Gegenüber, unten: Blick über das Ausgrabungsgelände: Zu sehen sind Teile des Außenmauerwerkes sowie Hüttengrundrisse des nuragenzeitlichen Dorfes.

werden, dass die so einheitlich erscheinende Nuragenkultur von ihren Anfängen um in der Zeit 1800 v. Chr. bis zu ihrem Ende knapp 1 500 Jahre dauerte, und es dürfte innerhalb dieses Zeitraumes immer wieder zu gesellschaftlichen Veränderungen gekommen sein.

Lassen wir nun die Steine sprechen: In den Nuragenfestungen, den Siedlungen und in der Nähe der Brunnenheiligtümer befinden sich große Rundhütten mit umlaufenden Sitzbänken, die möglicherweise als Versammlungsraum dienten oder aber eine Art Heiligtum darstellten. Die Zusammenkünfte scheinen von rituellen Handlungen begleitet gewesen zu sein, bei denen Nuragenmodelle aus Stein, Bronze oder Ton eine zentrale Rolle spielten, wie zahlreiche Fundstücke nahe legen. Anhand der Ausgrabungen lassen sich keine ausgeprägten sozialen Unterschiede in der gesellschaftlichen Ordnung ausmachen, die die These, Nuragen seien Fürstensitze gewesen, beweisen könnten. Vielmehr scheint es sich um eine Gemeinschaft gehandelt zu haben, in der nicht das Individuum, sondern die Familie als Ganzes das

wichtigste Element und die tragende Struktur der Sippengemeinschaft bildete. Vermutlich gab es Hierarchien nach Alter und Geschlecht. Dörfliches Eigentum an Grund und Boden wurde gemeinschaftlich genutzt. Eine soziale Differenzierung bestand möglicherweise aufgrund von Mehrbesitz an Vieh oder eines höheren Ranges aufgrund des Alters oder besonderer Leistungen für den Clan, ohne dass dabei Unterschiede in der Lebensführung der einzelnen Sippenmitglieder für uns sichtbar wären. Der Zusammenhalt wurde durch gemeinsame Bräuche, Sitten und tradierte Rechtsnormen gefestigt, deren Einhaltung von der Gemeinschaft überwacht wurden. Aus der Familiengemeinschaft entwickelte sich allmählich eine Großfamilie, das bedeutet, eine blutsverwandte Sippengemeinschaft, die auf denselben Ursprung zurückging, in demselben Gebiet wohnte und die gleichen Heiligtümer und Grablegungsstätten benutzte. So weisen auch die Gemeinschaftsgräber, die so genannten Gigantengräber, auf ein kollektives Bewusstsein hin. Auch der Totenkult ist nicht Familienangelegenheit, sondern betrifft alle, und die Sorge um jedes einzelne Mitglied schafft ein tiefes Gemeinschaftsgefühl. Die Grablegungsstätte wird zum kollektiven Beinhaus, wobei der weite Vorplatz (Exedra) als Schauplatz der Öffentlichkeit dient, auf dem vor aller Augen und mit allen gemeinsam der Ahnenkult praktiziert wurde. Im Laufe der Zeit entstanden einfache Herrschaftsformen zur Regelung des politischen und sozialen Lebens und es kam zu einem lockeren föderalistischen Bündnissystem in Form autonomer Gemeinschaften mit eigener Verwaltung und mit mehr oder weniger geregelten Besitzverhältnissen an Wasser, Ackerland und Bodenschätzen. Durch Uneinigkeit, Stammesfehden infolge von Territoriumsstreitigkeiten und Zersplitterung Frauen-, Vieh- oder Vorratsdiebstahl gelang es auf Dauer offensichtlich nicht, großräumige Zusammenschlüsse verschiedener Gemeinschaften herzustellen. Doch so wie Bauwerke und Gebrauchsgegenstände weiterentwickelt wurden, so blieb auch die Gesellschaftsstruktur nicht starr, sondern passte sich den Veränderungen im Laufe der Jahrhunderte an, nahm neue Einflüsse auf und wurde »moderner«. Aber in einer geschlossenen Gesellschaft kann die soziale Integrität nur erhalten bleiben, wenn die wirtschaftliche

Von den knapp 500 bekannten sardischen Bronzefiguren sind die Kriegerdarstellungen die berühmtesten. Innerhalb dieser Kategorie sind Bogenschützen besonders häufig vertreten. Auffällig die zylindrische Form von Armen, Beinen und Köpfen bis hin zur eigenwilligen Physiognomie der Gesichter mit der charakteristischen T-förmigen Einheit von Augenbrauen und Nase. Bewaffnung und Schutzausrüstung der Krieger sind stets naturalistisch dargestellt: Der Bogenschütze orientalischen Typs trägt einen knöchellangen, gepanzerten Waffenrock, der durch einen Gürtel gehalten wird. Er besitzt einen Unterarmschutz aus Leder mit Metallbesatz sowie eine breite hochstehende, metallbeschlagene Schulterklappe gegen feindlichen Pfeilbeschuss. Brustpanzer, Halsringe und Köcher runden seine Standardausrüstung ab.

Der mit Rundschild, Degen, Schwert oder Lanze bewaffnete Kriegertypus ist meist mit einer doppelten Tunika aus Tuch und Leder bekleidet, trägt Beinschienen oder Gamaschen und ist mit Brustpanzer, Lederhandschuh, manschettenartigen Halsringen und der charakteristischen Hörnerhelmkappe von oft beträchtlicher Größe und mit kugelförmig verdickten Enden ausgestattet.

Basis die Bedürfnisse aller Mitglieder deckt und die Gesellschaft es schafft, Außeneinflüsse abzuwehren oder derart in die Gemeinschaft einzubinden, dass diese ihr Wesen nicht ändert.

Im 8./9. Jahrhundert v. Chr., am Übergang von der Bronzezeit zur frühen Eisenzeit, scheint es in der Gesellschaftsstruktur zu Veränderungen gekommen zu sein. Einzelbestattungen nehmen zu und die Bruchstücke von 30 steinernen Kriegerstatuen vom Monti Prama könnten auf eine neu entstandene mächtige Kriegerkaste hindeuten. Auch wird die zunehmende Verwendung von Metall soziale Unterschiede geschaffen haben. In dieser Zeit des gesellschaftlichen Umbruchs und der Bedrohung durch phönizische Kolonisatoren gewinnen die überregionalen Brunnenheiligtümer an Bedeutung und spielen beim Versuch eines Einigungsprozesses eine wichtige Rolle. Einige von ihnen werden im Laufe der Zeit immer größer und scheinen sich zu Zentralheiligtümern entwickelt zu haben, wie die weitläufigen Anlagen von Santa Vittoria di Serri oder von Santa Cristina di Paulilatino. Sie waren offenbar Wallfahrtsort, Heiligtum, Richtstätte, Schatzhaus und Handelsplatz in einem, ein kleines nuragenzeitliches Olympia, in dem man sich trotz aller

Fehden traf, an gemeinsamen religiösen Festen und Wettkämpfen teilnahm, vielleicht auch Verträge schloss und Streitigkeiten beilegte. Es ist gewiss kein Zufall, dass sich die Brunnenheiligtümer als wahre Schatz- und Schmuckkästchen erwiesen haben, die angefüllt waren mit zahlreichen Bronzefiguren, Waffen und Gerätschaften, Schmuck und edler Keramik.

Die Bronzekunst der Nurager

Die in Bronze gegossenen Votivgaben sind für uns so etwas wie ein Fotoalbum ohne Bildunterschriften. Erstmalig blicken uns menschliche Antlitze entgegen: Priester in langen Gewändern, bewaffnete Krieger mit Beinschienen und Hörnerhelmen, elegante Bogenschützen, Speerwerfer und Ringkämpfer, Fabelwesen und Dämonen, würdevolle Männergestalten mit weitem Umhang und (Hirten-) Stab, aber auch einfaches Volk wie Musikanten mit Rohrflöten, Kranke mit Krückstöcken, Männer und Frauen, die Brotfladen oder Krüge als Opfergaben darreichen, Bauern, die Ochsen vor sich hertreiben oder Hirten mit Lämmern auf den Schultern. Fest steht, dass die Kunsthandwerker, die diese Bronzefiguren mit einem derartig komplizierten Aufbau,

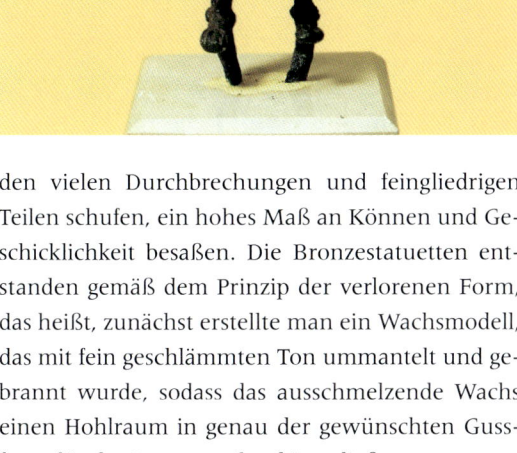

den vielen Durchbrechungen und feingliedrigen Teilen schufen, ein hohes Maß an Können und Geschicklichkeit besaßen. Die Bronzestatuetten entstanden gemäß dem Prinzip der verlorenen Form, das heißt, zunächst erstellte man ein Wachsmodell, das mit fein geschlämmten Ton ummantelt und gebrannt wurde, sodass das ausschmelzende Wachs einen Hohlraum in genau der gewünschten Gussform für das Bronzeunikat hinterließ.

Da Sardinien reich an Blei-, Silber-, Eisen-, und Kupfervorkommen war, die zudem in vielen Gegenden an der Oberfläche zutage traten, verwundert eine früh einsetzende und rege Bergbautätigkeit auf der Insel kaum, zumal bergbauliche Erfahrungen durch Obsidian- und Hämatitgewinnung seit der (Jung-)Steinzeit vorhanden waren. Der vorhandene Erzreichtum und die strategisch günstige Schlüsselposition zwischen östlichem und westlichem Mittelmeer zog aber auch so manchen Fremden nach Sardinien. Der nuragenzeitliche Bergbau war somit Ursache und nicht Folge zunehmender mediterraner Verbindungen. Dass Sardinien Handelsbeziehungen bis nach Zypern im Rahmen des mykenischen Westhandels hatte, ist durch Kupferbarren und Keramikfunde aus dem 13. und

12. Jahrhundert v. Chr. belegt. Wahrscheinlich übernahmen die Phönizier gegen Ende des 12. Jahrhunderts v. Chr. die einstige Vorreiterrolle der Mykener im sardischen »Osthandel« und die Nurager ihrerseits scheinen gelehrige Schüler gewesen zu sein, die den Fremden über die Schulter schauten oder Importware imitierten. Fest steht, dass seit dem 9. Jahrhundert v. Chr. technisch hoch entwickelte und künstlerisch qualitativ hochwertige Bronzen einer eigenständigen Nuragenkultur als Exportware in frühestruskischen Gräbern zu finden sind.

Was aber ist aus dem Volk der Nurager geworden? Seit dem 6./5. Jahrhundert v. Chr. geht die kulturelle Eigenständigkeit immer mehr verloren. Die Nurager konnten den dominanten Kolonisationsbestrebungen von Griechen, Kathargern und Römern auf Dauer nicht standhalten. Teile der Bevölkerung verschmolzen mit den einstigen Einwanderern oder leben in mehr oder weniger friedlicher Koexistenz mit ihnen. Am längsten hat sich die einheimische Kultur fern der Küsten in den Rückzugsgebieten des innersardischen Berglandes erhalten. Die Annektion Sardieniens im Jahre 238 v. Chr. durch die Römer gilt allgemein als Enddatum der einst glanzvollen Nuragenzeit.

Rechts: Brüder Limburg
Pestprozession, vor 1416
Buchmalerei auf Pergament,
29 x 21 cm
Très Riches Heures des
Herzogs von Berry, Ms. 65,
fol. 71v/72r,
Musée Condé, Chantilly

Von oben nach unten ge-
malt blieb diese beim Pest-
tod der drei Brüder Limburg
unvollendet. Die Figuren
links, der Gestürzte rechts
und die Priester an der
Spitze des Zuges wurden
erst später ergänzt.

Gegenüber:
Jean Coene IV
Triumph des Todes, um 1500
Buchmalerei auf Pergament,
30,8 x 22,2 cm
Trionfi der Anne de
Polignac, fol. 33v
Heribert Tenschert,
Bibermühle

Der Leichenzug, bei dem es
sich vielleicht um die früheste Petrarca-Illustration in
Frankreich handelt, zeigt die
im Weiß der Keuschheit auf-
gebahrte Laura, die unerfüll-
te, nun von der Pest dahin
geraffte Liebe des Dichters.

Die Burg als Zufluchtsort vor der Pest

Eberhard König

Unten: *Pest von 1348:
Der Schwarze Tod,
Sterbebett,* um 1370,
Buchmalerei auf Pergament,
35 x 24 cm
Egerton 1070, fol. 53 (WF),
The British Library, London

Wie unerschrocken selbst
ein Fürst dem Tod ins Auge
blickte, zeigt das einzigartige Bild, das René d'Anjou,
den König von Neapel und
Jerusalem mit all seinen
Wappen als Toten darstellt.

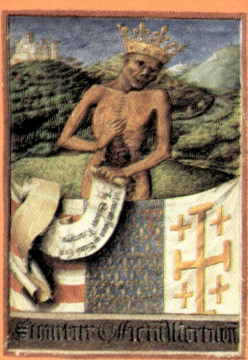

Einzigartig war der Schrecken, den von 1347 an die erste große Pestepidemie verbreitete, die als eine gewaltige Welle ganz Europa verheerte und, wie man meinte, Arm und Reich mit gleicher Grausamkeit erfasste. 30 Prozent der Gesamtbevölkerung fielen der Krankheit zum Opfer; tatsächlich waren darunter auch einzelne hohe Herrschaften wie die französische Königin Jeanne, die 1349 starb; doch so ranglos griff diese Geißel Gottes nicht zu. Schon die Voraussetzungen für den Erfolg der Pest hatten etwas mit Arm und Reich zu tun; denn erst die Missernten der vorhergehenden Jahre hatten den Boden für einen derartig verheerenden Schwarzen Tod bereitet, der eine durch Hunger geschwächte Bevölkerung dahinraffte.

Auch ein weiterer Aspekt spielte eine Rolle; dichtes Zusammenleben unter schlechten hygienischen Bedingungen minderte die Chance zum Überleben; deshalb wurde die Enge der großen Städte zur tödlichen Falle. Zwar mochte die Krankheit auch ganze Dörfer oder Burgen entvölkern. In der Stadt hingegen steigerte man zuweilen die Virulenz der Krankheit noch durch Massenaufzüge; denn mit Bußprozessionen wollte man den Zorn Gottes mäßigen, als den viele die Seuche verstanden. Damit förderte man aber nicht selten die Übertragung der Krankheitskeime. Auf dem Land gab es wenigstens die Hoffnung, sich zu verstecken.

Um 1370 fassen zwei Dichter das Erlebnis auf ganz unterschiedliche Weise: Während die Vision vom Triumph des Todes, die Francesco Petrarca (1304–1374) gibt, nur das Unentrinnbare des Sterbens schildert, nimmt Giovanni Boccaccio (1313–1375) die Flucht auf eine Burg zum Anlass für sein berühmtestes Buch: Die 100 Geschichten des Decameron erzählen sich zehn vornehme junge Leute, die sich bei Ausbruch der Epidemie noch kurz in der florentinischen Dominikanerkirche von Santa Maria Novella getroffen hatten um dann gemeinsam aufs Land zu fliehen. Dort finden sich die zehn in einer von Schrecken und Krankheit freien Sphäre; um sich die Zeit zu vertreiben erzählen sie Geschichten, die in ihrer Lebensnähe ein pralles und in vieler Hinsicht kritisches Bild davon geben, wie man im Italien des 14. Jahrhunderts lebte, liebte, den Nachbarn betrog oder als Geistlicher die Dummheit der Menschen ausnutzte.

Neapel

Castel Nuovo

Gesamtansicht der Burganlage von Westen.

Das Castel Nuovo besitzt einen trapezförmigen Grundriss mit drei wuchtigen Türmen im Westen und zwei äußeren Türmen im Osten. Zwischen dem ›Torre della Guardia‹ und dem ›Torre di Mezzo‹ leuchtet hell der aus Marmor gefertigte Triumphbogen des Alfons V. von Aragon (gebaut 1443), dem Herrscher des Königreichs beider Sizilien.

Zwei Burgen ohne Bewohner

Das Neapel des 13. Jahrhunderts war eine blühende Stadt, die 30 000 Einwohner zählte, von einem alten Mauerring umgeben und mit zwei Burgen versehen war. Die eine Burg, das ›Castel dell' Ovo‹, erhob sich auf der kleinen Insel Megaris. Hier stand in der Antike eine berühmte Villa des römischen Patriziers Lucius Licinius Lucullus. Die Burg beschützte die Stadt vom Meer her. Die andere Festung, das ›Castel Capuano‹, lag weiter oben, neben der ›Porta Capuana‹ und in Richtung des Vesuv. Beide Burgen waren in der ersten Hälfte des Jahrhunderts durch Friedrich II. ausgebaut und verstärkt worden. Er hatte aus dem ›Castel dell'Ovo‹ einen von seiner Kriegsflotte bewachten Stützpunkt und aus dem ›Castel Capuano‹ eine Residenz für diplomatische und gesellschaftliche Anlässe gemacht. Hier wohnte der Kaiser jedoch niemals. Er zog den normannischen Königspalast in Palermo oder seine Schlösser in Apulien vor.

Der französische König

Die dritte Burg bekam den Namen ›Castel Nuovo‹. Sie entsprang dem Willen Karls d'Anjou, Bruder des französischen Königs Ludwig IX., den man auch Ludwig den Heiligen nennt. Nach dem Tode Friedrichs II. (1250) war Karl d'Anjou von seinem Landsmann Papst Urban VI. damit betraut worden, das Königreich Sizilien von den giftigen Ideen eines Kaisertums zu befreien. Karl d'Anjou übernahm diese Aufgabe mit Vergnügen. Nacheinander siegte er über Manfred und Konradin, Friedrichs Erben. Der Erste fiel auf dem Schlachtfeld (1266), während der Zweite in eine Falle lief, ergriffen und im Alter von 16 Jahren auf der ›Piazza del Mercato‹ Neapels geköpft (1268) wurde. Die vier Kinder Manfreds wurden festgenommen und in verschiedenen Burgen des Königreiches eingekerkert. Das Mädchen, Beatrice, schmachtete im ›Castel dell' Ovo‹. Friedrichs letzter Sohn Enzo war bereits seit

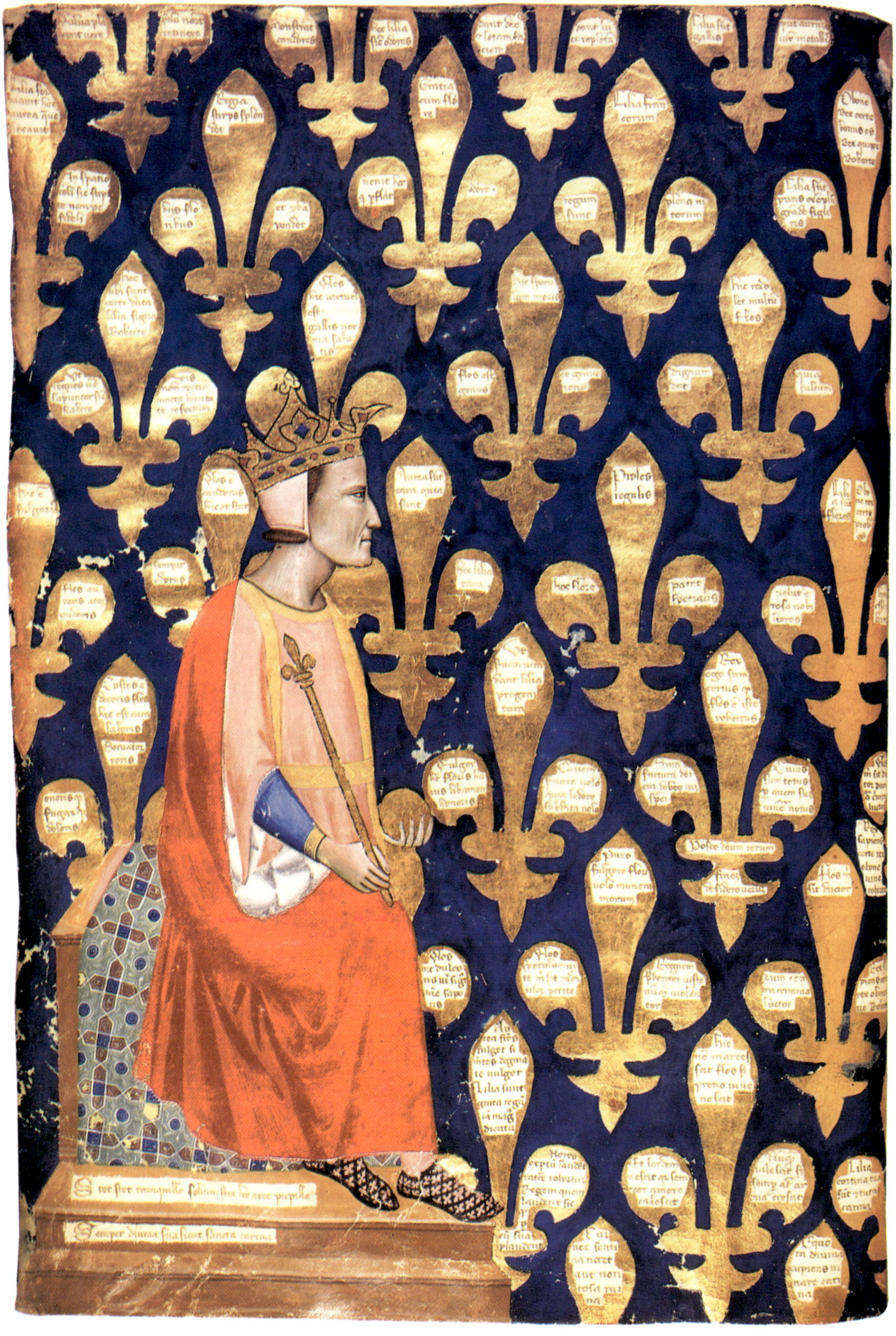

20 Jahren in Bologna in Gefangenschaft und blieb dort bis zu seinem Tode (1274).

Die dritte Burg

Karl d'Anjou konnte sich also recht sicher fühlen. 1279 befahl er deshalb den Bau einer dritten Burg in der Stadt Neapel, die durch ihn Hauptstadt des Königreiches Sizilien geworden war. Die Burg errichtete man zwischen den beiden ersten Festungen und wählte dabei die Nähe zum Meer wie auch zu dem damals so genannten ›Porto Pisano‹, dem »Pisaner Hafen«. An der ausgewählten Stelle standen bereits eine Kirche und ein alter Palast, die beide beschlagnahmt und abgerissen wurden. Die Franziskaner, die in der Kirche die Messe gefeiert hatten, wurden dafür mit einer Kirche in einem anderen Stadtgebiet entschädigt. ›Castel Nuovo‹ geriet ganz anders als die beiden anderen Burgen. Es besaß sechs oder sieben schlanke runde Türme im französischen Stil, dazu Mauern, Gräben und Zugbrücken. Zudem war es von Anfang an sowohl als Festung wie auch als Residenz konzipiert. Den Bau hatte man einem französischen Architekten anvertraut. Es handelte sich hierbei um einen Geistlichen namens Pierre de Caulis, der binnen kurzer Zeit das Projekt verwirklichte. Bereits 1282 wohnte die Familie d'Anjou in der Burg. 1284 waren die Bauarbeiten beendet, und der Hof wurde offiziell eingeweiht.

Von der Burg der Anjou sind nur die ›Cappella Palatina‹ und die Grundfesten erhalten. Auch Giottos Fresken, die die Kapelle und andere Räume zierten, sind verloren. Was wir heute sehen, ist nicht mehr die Burg der Anjou, sondern die Mitte des 15. Jahrhunderts errichtete Festung der Aragonier. Die trapezförmigen Fundamente zeigen jedoch, dass der Grundriss derselbe geblieben ist. Die gesamte Zwischenmauer an der Südseite stieg direkt aus dem Meer empor. Der Bereich hinter der Burg gehörte den Gärten und Palmen. Eine große Dachterrasse voller exotischer Vögel und Pflanzen blickte auf den ›Porto Pisano‹ hinaus, der unterhalb des Hauptturmes ›Beverello‹ gelegen war.

Fiammetta

Die Informationen über die architektonische Gestaltung der angiovinischen Burg sind durch literarische Quellen überliefert. Anfang des Jahrhunderts scharte sich um den »weisen König« Robert

Simone Martini
Der Hl. Ludwig von Toulouse krönt seinen Bruder Robert d'Anjou, 1317
Holz,
200 x 138 cm
Museo di Capodimonte, Neapel.

Das Tafelbild wurde 1317 von Robert d'Anjou bei dem aus Siena verpflichteten Maler Simone Martini in Auftrag gegeben. Es diente der Absicht, die Rechtmäßigkeit seiner Nachfolge auf den Thron von Anjou anzuzeigen. Von den 14 Söhnen Karls II. d'Anjou, war Robert zwar tatsächlich der Drittgeborene, aber sein älterer Bruder Ludwig entschied sich für die franziskanische Kutte und wurde später Bischof von Toulouse.

d'Anjou, Enkel Karls I., ein Hof von hauptsächlich aus der Toskana stammenden Literaten. In seinen jungen Jahren lebte auch Giovanni Boccaccio als Lehrling der florentinischen Banca dei Bardi lange Zeit in Neapel und verkehrte am Hof. Auf jener Terrasse verliebte er sich in eine uneheliche Tochter König Roberts, die er Fiammetta nannte und die zur Muse und Inspiration seiner Erzählungen wurde. Die Erinnerung an Fiammetta beseelt Boccaccios gesamtes reifes Werk.

Francesco Petrarca wiederum ließ sich von König Robert examinieren, bevor er in Rom zum ›Poeta laureato‹ gekrönt wurde. Von Petrarca stammt eine Beschreibung der Fresken Giottos, der in den 20er- und 30er-Jahren des Trecento fünf Jahre lang am Hofe der Anjou arbeitete und dort einen Zyklus mit religiösen Themen schuf, darunter Szenen aus dem Neuen und dem Alten Testament sowie eine Reihe berühmter Gestalten der Antike. All diese Kunstwerke sind zusammen mit König Roberts legendärer Bibliothek verloren gegangen.

Gegenüber:
Robert d'Anjou
König von Neapel
Buchmalerei
Royal Ms. 6 E. IX. 10r,
The British Library, WF
London

Rober d'Anjou (um 1275–1343), Enkel Karls I. d'Anjou, wurde am 3. August 1310 von Papst Clemens V. zum König von Neapel gekrönt. Als Anführer der Guelfen stieg er bald zu einem der mächtigsten Prinzen Italiens auf. In dieser Zeit entwickelte sich an seinem Hof ein entscheidendes Zentrum des Frühhumanismus und der Frührenaissance; hier weilten die Dichter Petrarca und Boccaccio ebenso wie die Maler Giotto und Simone Martini.

Constanze, Constanze, Constanze

Bereits zu Karl d'Anjous Zeiten hatte sich Sizilien nach einem blutigen Aufstand, dem während der Ostertage 1282 vollzogenen »Sizilianischen Vesper«, und dem Eingreifen König Pedros III. von Aragon vom Königreich Sizilien, gelöst. Pedro III. besaß überzeugende Argumente, mit denen er das dynastische Erbe Friedrichs II. für sich einforderte: Die Tante seines Vaters, Constanze von Aragon, war die erste Frau des staufischen Kaisers, dem Sohn der Normannin Constanze d'Hauteville. Pedro III. wiederum hatte eine dritte Constanze geheiratet. Sie war die Tochter Manfreds, Friedrichs Sohn. Pedro III. entriss den Anjou nicht nur Sizilien. In kurzer Zeit brachte er auch ausgedehnte Gebiete in Kalabrien und Apulien an sich. Der Krieg, der daraufhin entbrannte, währte 160 Jahre lang und ging schließlich mit der definitiven Niederlage der Anjou (1442) zu Ende. In den letzten Jahrzehnten des Krieges wanderte das ›Castel Nuovo‹ von Hand zu Hand. Am Ende war die Burg nur noch ein Trümmerhaufen. Nur die ›Cappella Palatina‹ mit Giottos Fresken blieb zunächst unversehrt.

Vittoria

Am 26. Februar 1443 hielt Alfons V, von Aragon um 15 Uhr seinen triumphalen Einzug in die Stadt. Eigens dafür hatte er eine Bresche in den südlichen Mauerabschnitt schlagen lassen. Zwar war die Stadt bereits seit vielen Monaten in seinem Besitz, doch benötigte er eine symbolische Bestätigung. Etliche Chronisten haben seinen Stadteinzug in allen Einzelheiten geschildert und auf der Namenliste die 70 wichtigsten Würdenträger, die Barone, Botschafter und Prälaten, die sich an der Spitze des Triumphzuges befanden, sowie deren Rangordnung aufgeführt. Uneinigkeit besteht nur über die Zahl der Pferde, die den Wagen zogen. Sicher ist, dass sie weiß waren und dass die Zügel von einem halb nackten jungen Mädchen, das zu Fuß vor dem Wagen herging und eine kleine Krone im gelösten Haar trug, gehalten wurden. Sie war die berühmte ›Vittoria‹. Eigens für den Anlass hatte man zudem auf der Piazza del Mercato einen aus bemaltem Holz gefertigten Triumphbogen aufgestellt, der an die Marmorbogen der antiken römischen Imperatoren erinnern sollte. Die Holzkonstruktion wurde von den Neapolitanern aber nur mit Gelächter betrachtet. Tatsächlich endete der Triumphzug auf dem Domplatz, wo man die Fundamente für den eigentlichen Triumphbogen, der sich an dieser Stelle erheben sollte, gelegt hatte. Während die Arbeiten zum Wiederaufbau des ›Castel Nuovo‹ rasch voranschritten, wurde die Errichtung des Triumphbogens wiederholt verschoben. Als die Burg stand, war noch nicht einmal damit begonnen worden.

Eine Pumpe ohne Motor

In Neapel berief Alfons eine Schar katalanischer und italienischer Künstler und Architekten zu sich. Die Leitung der Bauarbeiten wurde Guillermo Sagrera aus Mallorca anvertraut. Nach dessen Tod (1454) übertrug man den fast fertigen Bau dem Sohn und dem Schwager Guillermos. Die äußere Einfassung der Burg und ihre Verteidigungsanlagen wurden im Laufe der folgenden Jahrzehnte mit Hilfe der größten Militärarchitekten der Zeit, zu denen auch Giuliano da Sangallo aus Florenz und Francesco di Giorgio Martini aus Siena

Preces pro intrantibus bellum contra paganos. a. Effunde. ps. david

Deus venerunt gentes in hereditatem tuam. Gloria patri. a. Effunde iram tuam in gentes que te non noverunt et in regna que nomen tuum non invocaverunt.

Das Fundament, die Fassade und die Cappella Palatina sind mit Peperin, einem sehr harten vulkanischen Gestein, verkleidet, was den düsteren Eindruck der Burg bestimmt. Über dem Fundament läuft ein zinnenbekrönter Absatz, auf dem die Feldschlangen, berüchtigte aragonische Geschütze, postiert wurden.

zählten, fortlaufend auf den neuesten Stand gebracht. Letzterer dachte sich in seinen Mußestunden eine hydraulische Pumpe aus, die imstande war, alle Stockwerke der Burg mit Wasser zu versorgen.

Wie unverrückbar stark ›Castel Nuovo‹ war, zeigte sich 1456, als die Burg mit einem Mindestmaß an Beschädigungen einem Erdbeben standhielt, das die gesamte Stadt zerstörte. Nur Giottos Wandschmuck in der ›Cappella‹ fiel ab. Die letzten Fragmente der Fresken wurden das Opfer der anschließenden Restaurierung, die der Katalane Juan de Guares (1465) durchführte. Die ›Tavola Strozzi‹, ein im Museum San Martino aufbewahrtes Gemälde, bietet eine gestochen scharfe Ansicht des Hafens und der gerade fertig gestellten Burg.

Der eigenwillige König

Alfons V. von Aragon (Alfons I. des ›Regno delle due Sicilie‹, des Königreiches beider Sizilien) starb 1458. Er war ein schwermütiger und nachtragender Herrscher und bei den Neapolitanern unbeliebt, weil er ihre Sprache schlecht beherrschte und

alle besseren Posten an Katalanen, Florentiner, Genueser und Venezianer vergab. Alfons fühlte sich unter dem Vulkan nicht sicher. Tatsächlich bestimmte er in seinem Testament nicht Neapel, sondern aragonische Erde als den Ort seines Begräbnisses. Sein antikonformistischer Stolz und selbst seine Arroganz weckten ein gewisses Interesse an ihm. Er umgab sich mit den besten Geistern der Zeit wie Enea Silvio Piccolomini, Lorenzo Valla, Antonio Beccadelli. Diese Männer wären, wenn sie 100 Jahre später gelebt hätten, auf dem Scheiterhaufen verbrannt worden. 1458 jedoch wurde einer von ihnen, Piccolomini, sogar Papst.

Alfons' Hof bot auch gelehrten Griechen, die vor der türkischen Eroberung 1453 aus Konstantinopel geflohen waren, und Juden, die im Verlauf der ›Reconquista‹ Spanien verlassen mussten, Zuflucht. Der König verschwendete gewaltige Summen für den Ankauf antiker Handschriften. Er finanzierte Gräzisten, Hebraisten und eröffnete Sprachschulen. Abends schlief er nicht ein, bevor ihm ein humanistischer Gelehrter einige antike Zeilen vorgelesen hatte.

Eine Königsburg aus schwarzem Stein

Der aragonische Bau wurde auf dem trapezförmigen Grundriss der alten angiovinischen Burg errichtet. Er behielt auch die Aufteilung der Türme und ihre Benennung bei: ›Torre di San Gorgio‹, ›Torre di Mezzo‹ und ›Torre della Guardia‹. Es handelt sich hier um drei eng beieinander stehende, große, runde Türme, die an der westwärts gewandten Fassade liegen. Auch die beiden Türme der nordöstlichen und der südöstlichen Ecke behielten die Position und den Namen, den sie in der Anjou-Burg hatten. Es sind dies die ›Torre del Beverello‹, der mächtigste und höchste Turm, und die ›Torre dell' Oro‹, in dem der Staatsschatz aufbewahrt wurde. Sowohl die Türme als auch die Zwischenmauern ruhen auf einem mächtigen Fundament, das in Form eines Sockels aus einem tiefen und breiten Graben aufragt. Rund um den oberen Rand dieses Fundamentes verläuft ein breiter Absatz, den eine zinnenbekrönte Mauer schützt. Hier stellte man die so genannten Feldschlangen der Burg auf. Diese aragonischen Geschütze waren ebenso wie die Waffen Ferraras die modernsten Feuerwaffen der Epoche.

Das Fundament, der breite Absatz, die lange Zwischenwand der Nordflanke, die Türme an der Vorderseite, der ›Torre del Beverello‹ und die Fassade der ›Cappella Palatina‹ sind mit Peperin, einem sehr harten, schwärzlichen vulkanischen Stein verkleidet, der der Burg ihr strenges, düsteres Aussehen verleiht. Ende des Quattrocento legte man nach einem Entwurf von Antonio da Settignano, der die von seinem Lehrmeister Francesco di Giorgio Martini begonnenen Ausbau- und Befestigungsarbeiten weiterführte, einen äußeren Ring runder Schutzwälle um die Festung herum an. Diese erste Wallanlage wurde schon nach wenigen Jahren abgerissen um durch die so genannten »spanischen Wälle«, die einem sternförmigen Grundriss folgten, ersetzt zu werden.

In der zweiten Hälfte des 19. Jahrhunderts, als die Burg längst jeden militärischen Wert verloren hatte, wurden auch diese Bastionen abgerissen. Das Gelände sollte nunmehr ein öffentlicher Park werden. Noch später schüttete man alles, das Meeresufer eingeschlossen, mit Asphalt und Zement zu. Wie fast alle Monumente der Stadt hat die Burg heute die Funktion einer Verkehrsinsel.

Die »Gebeine« der Barone

Man erreicht den Burginnenhof über eine Zugbrücke. Auf der dem Eingang gegenüberliegenden Seite stehen die bedeutendsten Bauten. So befindet sich die ›Sala dei Baroni‹, der Saal der Barone, neben der ›Torre del Beverello‹. Es folgen die ›Cappella Palatina‹ und die Loggia aus dem 15. Jahrhundert, die zur königlichen Residenz führt. Die ›Sala dei Baroni‹, ein Werk Guillermo Sagreras, ist ein großer quadratischer Salon, der eine Länge von 26 Metern und eine Höhe von 28 Metern aufweist. Die Decke besteht aus einem achtstrahligen Sterngewölbe. In dessen Mitte öffnet sich statt des obligaten Schlusssteines ein rundes Auge, durch das das Licht einfällt. Vom Innenhof her gelangt man über eine prachtvolle Steintreppe in den Saal, den

Oben: Der Triumphbogen von Alfons V. von Aragon (Detail)

Eigentlich sollte sich der Triumphbogen über dem Domplatz erheben, vor der Basilika di San Gennaro. Die Schwierigkeiten bei der Realisation des Monumentes im Zentrum der Stadt veranlassten den aragonesischen Souverän dazu, den Bogen als Eingang zum Königsschloss zu bauen.

Unten: Der trapezförmige Grundriss des Castel Nuovo. Unten zwischen dem Wachturm rechts und dem Mittelturm liegt das Eingangsportal, in das der Triumphbogen Alfons V. von Aragon eingebaut wurde.

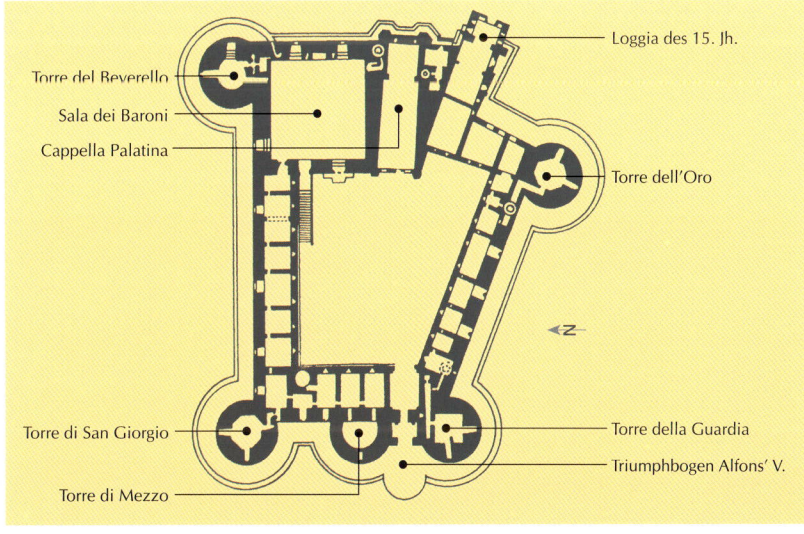

man am 15. April 1457 durch einen großen Empfang einweihte und der 1486 den schönen Rahmen für ein schändliches Täuschungsmanöver abgab. So hatte Ferdinand I. von Aragon, Alfons' Sohn, der gemeinhin unter dem Namen ›Ferrante‹ bekannt war, einige Barone des Königreiches, die die Anführer einer Rebellion gewesen waren, zu einem Versöhnungsbankett geladen, sie dann aber verhaften und dem Henker ausliefern lassen. Seither hieß der vormals ›Große Saal‹, die ›Sala Maggiore‹, ›Sala dei Baroni‹. In einer unter der Krypta gelegenen Kapelle befinden sich auch heute noch ihre »Gebeine«.

Neben der Fassade der ›Sala dei Baroni‹ zeigt sich diejenige der ›Cappella Palatina‹, die, anders als die vorige, mit schwarzem Peperin verkleidet ist und in ihrer gesamten Höhe von zwei schlanken Säulen flankiert wird. Das Renaissanceportal stammt von Andrea dell' Aquila, einem Schüler Donatellos. In einer Nische über dem Portal steht eine zarte Madonnenfigur Francesco Lauranas. Weiter oben zeigt sich die große Rosette des Katalanen Matteo Forcimanya aus Mallorca. Das hauchfeine Gewebe aus Stein ersetzte die durch das Erdbeben 1456 zerstörte ursprüngliche Rosette.

Die Zeitmaschine

Wie es zu dem Beschluss kam, den Triumphbogen Alfons' V. nicht mehr in der Stadt, sondern im Eingang der Burg zu errichten, bleibt ein Rätsel. Es heißt, dass die ursprünglich auserkorene Stelle vor dem Dom die Gefühle eines Barons verletzte, dessen nahe gelegener Palast zu einer bestimmten Tageszeit in den Schatten des künftigen Monu-

mentes geraten wäre. Überdies hätte dieser Baron bei der allabendlichen Rückkehr in seinen Palast mit der Kutsche um den Triumphbogen herum oder durch ihn hindurchfahren müssen. Niemals! Der Name des Barons lautete Nicola Maria Bozzuto. Warum sollte man ihm Unrecht geben?

Vermutlich wog jedoch der Widerstand der Kirche, die sich gegen einen Triumphbogen aussprach, der ausgerechnet im religiösen Mittelpunkt der Stadt, und zwar gegenüber von San Gennaro, errichtet werden sollte, schwerer. In all den Jahren, in denen der Bau der Burg voranschritt, fragte sich die Stadt, wo, wann und wie der Triumphbogen König Alfons', der inzwischen maliziös »der Großmütige« genannt wurde, denn nun eigentlich hingestellt werden sollte.

Man weiß nicht, wer auf den kühnen Gedanken verfiel, den aus Marmor gefertigten Triumphbogen zwischen den beiden Türmen des Burgeinganges zu errichten, wo für eine derartige Konstruktion, die »per definitionem« einen großen leeren Raum

um sich herum verlangt, überhaupt kein Platz war. Vielleicht war es der Herrscher selbst, der in einem Moment der Verbitterung auf diese Idee kam. Auf alle Fälle gebührt ihm das Verdienst, dieser Planung zugestimmt zu haben. So erscheint ein schmaler, weißer, fein gemeißelter Bogen, der den geringen Raum zwischen den beiden braunen und düsteren massiven Türmen, die ihn zwischen sich gefangen halten, möglichst gut ausnutzt. Nie zuvor hatte man etwas Vergleichbares versucht. Das Ergebnis war außergewöhnlich schön und hoch symbolisch. Ein Zeitsprung war entstanden: ein Juwel der Renaissance, zierlich und schlank, in einem schweren militärischen Massivbau eingezwängt.

In dem Jahrzehnt zwischen 1448 und 1458 hielten sich Dutzende italienischer Künstler, Architekten, Bildhauer und Ziseleure in Neapel auf. Unter ihnen befand sich im Jahre 1449 auch Pisanello, der der bedeutendste Medaillenschneider seiner Zeit war. Eine ihm zugeschriebene Zeichnung hat zu der Ansicht geführt, dass die ursprüngliche Idee

An der Spitze des aragonischen Triumphbogens wacht der Erzengel Michael, im Bogenfeld darunter liegen Baccharten mit überquellenden Füllhörnern und porträthaft ausgebildeten Gesichtszügen. Das Bildprogramm auf den Friesen und in den Nischen des Triumphbogens wird über dem unteren Bogen vom triumphalen Einzug in Neapel bestimmt. Im oberen Bogen folgen zuerst ein Fries mit Greifen, danach Nischen mit den Allegorien menschlicher Tugenden.

für den zwischen den beiden Türmen konzipierten Triumphbogen womöglich von ihm stammte. Nur ein Ziseleur, den seine Kunst zwang, die Welt auf dem knappen Raum einer Medaille zu zeigen, so dachte man, konnte eine derart kühne Zusammenstellung ersinnen.

Nachdem die beiden großen runden Eingangstürme Ende 1452 beendet worden waren, wurde 1453 mit dem Bau des Bogens begonnen. Aus Carrara trafen riesige Blöcke schneeweißen und nicht geäderten Marmors ein. Zur Leitung der Arbeiten rief man den Architekten Pietro Martino aus Mailand herbei, der einen bis dahin unbekannten Künstler, den Bildhauer und Ziseleur Francesco Laurana aus Dalmatien, mitbrachte. Zu ihnen gesellten sich Domenico Gaggini aus Mailand, Paolo Romano aus Rom, Isaia da Pisa, Mino da Fiesole sowie der Florentiner Andrea dell' Aquila und der Pisaner Antonio da Chellino, die beide Schüler Donatellos waren. 1458 starb Alfons V. Die Arbeiten wurden abgebrochen und die Künstler zogen davon. Zu diesem Zeitpunkt stand der untere Bogen bereits. Vielleicht war auch schon das große Basrelief angebracht, das eine Szene des triumphalen Einzuges des aragonischen Souveräns in Neapel darstellt und ein Werk mehrerer Künstler ist. Es bleibt anzunehmen, dass noch viele weitere Elemente bereits fertig gestellt worden waren und nur darauf warteten, an ihre Stelle gebracht zu werden. Militärische Einsätze und interne politische Ereignisse verhinderten während vieler Jahre, dass das Werk beendet wurde. Tatsächlich nahm man die Arbeiten erst 1465 unter der Leitung Pietro Martinos, der mit einer stark geschrumpften Künstlermannschaft aus Mailand zurückkehrte, wieder auf. In dieser zweiten Phase gelangte auch Luciano Laurana nach Neapel, der kurz zuvor die Arbeiten am Herzogspalast in Urbino beendet hatte und nicht mit dem bereits genannten Francesco Laurana zu verwechseln ist.

Die lange Zeit, die das Vorhaben in Anspruch nahm, und die große Zahl der daran beteiligten Künstler hatten zur Folge, dass die Rätselfrage, wem das Projekt in seiner Gesamtheit zuzuschreiben sei, ungelöst ist. Ebenso wenig können bis heute viele einzelne Elemente, aus denen sich der Bogen zusammensetzt, eindeutig zugeordnet werden.

Die Reise der Bronzetüren

Das aragonische Königreich beider Sizilien währte etwas länger als 50 Jahre. Mit dem Italienfeldzug des 20-jährigen Franzosenkönigs Karl VIII. (1495), der das angiovinische Erbe Neapels für sich einforderte, brach das Königreich buchstäblich auseinander. König Ferrante, der seinem Vater Alfons V. 1458 auf den Thron nachgefolgt war, hielt der Spannung nicht stand und starb, noch bevor das französische Heer die Alpen überschritten hatte. Auf dem Sterbebett verfasste der alte Ferrante einen prophetischen Brief an Lodovico Sforza, den Herrn von Mailand, der Karl VIII. zu dem Feldzug ermutigt hatte. Als das französische Heer in Rom eintraf, dankte Ferrantes Nachfolger, Alfons II., zugunsten seines Sohnes ab und flüchtete nach Sizilien. Dort

Gegenüber:
Der 1453 von Alfons V. von Aragon begonnene Triumphbogen am Eingang des Castel Nuovo.

Unten: Triumphbogen der Sergier, 1. Jahrhundert n. Chr. Pola

Auffallend ist die Ähnlichkeit des Untergeschosses des Triumphbogens von Castel Nuovo mit dem Bogen der Sergier in Pola. Man kann bei dem Renaissancebau von der ersten ›Antikenkopie‹ sprechen. Der Hauptarchitekt Pietro da Milano wie auch Francesco Laurana könnten genaue Zeichnungen des Bogens nach Neapel gebracht haben.

starb er wenige Monate später. Ferrante II., den man ›Ferrandino‹, den kleinen Ferrante, nannte und der nun das schwere Erbe in einer verzweifelten Lage antreten sollte, verließ seinerseits die Stadt und floh zunächst nach Ischia, dann nach Messina. Währenddessen zog Karl VIII. ohne auf Widerstand zu stoßen in Neapel ein. Der Humanist Giovanni Pontano, einst ein Schützling des alten Ferrante, übergab ihm die Schlüssel der Stadt. Karl VIII. blieb nur wenige Wochen in Neapel. Er hatte kampflos gewonnen und wusste nicht, was zu tun war. Er verteilte einige Garnisonen auf die verschiedenen Burgen des Königreiches, hütete sich sehr wohl, die Meeresenge von Messina zu überqueren, und plünderte Neapel gewissenhaft. Danach wandte er sich wieder nach Norden. Neben der Ausstattung und den Kostbarkeiten, die das ›Castel Nuovo‹ schmückten, ließ Karl VIII. auch die antiken Schriften einpacken, die Alfons der Großmütige in seiner Bibliothek zusammengetragen hatte. Zudem montierte man die Bronzetüren des Burgeinganges ab und brachte sie auf ein Schiff, das auf seiner Fahrt nach Marseille von den Genuesern gekapert wurde. Später gelangten die Türen wieder nach Neapel zurück.

Kaum war der Franzose weg, kehrte ›Ferrandino‹ in die gedemütigte und verwüstete Stadt zurück. Die Katastrophe, die seine Familie getroffen hatte und durch die innerhalb von drei Jahren zwei Generationen seines Geschlechts ausgelöscht worden waren, überlebte er nicht lange. Er fand gerade noch die Zeit, eine alte Tante, die Schwester des spanischen Herrschers Ferdinand ›il Cattolico‹, zu heiraten. 1496 starb er. Kraft der Eheschließung erlangte Spanien die direkte Herrschaft über das bisherige Königreich beider Sizilien. Sie wurden nunmehr von zwei spanischen Vizekönigen, von denen der eine seinen Sitz in Palermo, der andere seinen in Neapel hatte, regiert.

Brot und Gerechtigkeit

Mit dem Ende der aragonischen Herrschaft beginnt der unwiderrufliche Abstieg des ›Castel Nuovo‹ und ganz Neapels. Karl VIII. hatte die Wohnräume der aragonischen Residenz, die über der aus dem Quattrocento stammenden Loggia gelegen waren und die auf das Meer hinausblickten, ihres Schmuckes beraubt. Eine Zeit lang beherbergten die Wohnräume noch die spanischen Vizekönige. Dann gab man sie zugunsten des neuen, in der

Nähe der Burg errichteten Königsschlosses auf. Die beiden Jahrhunderte spanischer Herrschaft prägte eine ununterbrochene Kette von Erdbeben, Pestilenzen und Volksaufständen. Das Erdbeben zog die Pest nach sich und die Pest den Aufstand. Trotzdem nahm die Zahl der Einwohner kontinuierlich zu. Neapel wandelte sich zur bevölkerungsreichsten Stadt Italiens und wurde nach Paris die zweitgrößte Metropole Europas. Mitte des 16. Jahrhunderts zählte Neapel 210 000 Einwohner, wobei man die etwa 20 000 Priester, Mönche und Nonnen nicht mitrechnete. Ein Jahrhundert später lebten bereits 360 000 Einwohner in der Stadt. Die furchtbare Pest im Jahre 1656 reduzierte die Bevölkerung um mehr als die Hälfte.

Jedes Mal, wenn ein spanischer Infant zur Welt kam oder ein spanischer König Neapel aufsuchte, gekrönt wurde, heiratete oder starb, hatten die Neapolitaner eine »freiwillige« Abgabe von 300 000 Dukaten an die spanische Krone zu entrichten. In einigen Fällen kam es bei den Volkserhebungen sogar dazu, dass die Aufständischen das ›Castel Nuovo‹ und die anderen Burgen in ihre Gewalt brachten. Dies geschah im Verlauf der zwei wichtigsten Erhebungen des 16. Jahrhunderts, die in den Jahren 1510 und 1547 stattfanden. Beiden Aufständen war ein besonderer Charakter zu Eigen. Denn neben der Forderung, den Preis, die Qualität und die Stückgröße des Brotes unverändert beizubehalten, richtete sich die Rebellion auch gegen

die Einführung der spanischen Inquisition. Die Inquisition »nach spanischer Art«, wie man sie damals nannte, stellte eine entscheidende Neuerung im Vergleich zu der traditionellen Rechtssprechung dar: Sie bediente sich geheimer Zeugen der Anklage. Nur die Inquisitoren kannten die eventuelle Identität dieser Zeugen. Auf der Grundlage der geheimen Zeugenaussagen konnte man jeden so lange der Tortur unterwerfen, bis er das Verbrechen gestand, dessen man ihn bezichtigte. Sobald ein Verfahren eröffnet war, wurde überdies das Vermögen des Angeklagten beschlagnahmt. Aus diesem Grund schlossen sich auch die Adligen dem Protest des Volkes an und übernahmen es teilweise vielleicht sogar, die Fäden zu ziehen. Denn immerhin war es das Vermögen der Barone, das der heiligen Inquisition Appetit machte. Der Philosoph Benedetto Croce unterstreicht ein »wenig ehrenvolles« Argument, das die neapolitanischen Aufständischen gegen das nach spanischer Art zu vollziehende Inquisitionsverfahren vorbrachten. So hieß es, dass die Methode vielleicht ja in Spanien, wo die Leute die Wahrheit sagen, gut sei. In Neapel, wo es sehr viel mehr falsche Zeugen als anderswo gibt, wäre sie jedoch nicht angebracht.

Auf alle Fälle waren diese beiden ersten Aufstände siegreich. Später setzte sich das Verfahren »nach spanischer Art« nicht nur in Neapel, sondern in ganz Italien durch.

Gegenüber und unten: Die Bronzetüren schmückten das Eingangsportal zur Burg. Sie schildern Szenen aus der Schlacht von Accadia bei Foggia. Als Karl VIII. 1485 in Neapel einzog, ließ er die Burgen besetzen und plündern. Neben anderen kostbaren Gegenständen montierte man die Bronzetüren ab, die später jedoch wieder nach Neapel zurückkehrten.

Das Konklave

Karl, Cölestin, Bonifaz

Drei Begebenheiten ereigneten sich in der gesamten
Geschichte des Papsttums nur ein einziges Mal: ers-
tens, dass ein Papst seinen Sitz in der Residenz eines
weltlichen Souveräns aufschlug, zweitens, dass ein
Papst seinen Rücktritt erklärte, und drittens, dass ein
Konklave zur Wahl eines neuen Papstes in der Burg
eines weltlichen Souveräns tagte. Zwischen Juli und
Dezember 1294 haben sich diese drei Fälle im ›Castel
Nuovo‹ Neapels nacheinander zugetragen. Wie hatte
etwas derartig Einmaliges geschehen können?

Die Vorgeschichte

Beim Tod seines Gründers Karl d'Anjou, der sich im
Januar 1285 ereignete, befand sich das Königreich
Sizilien in einer verzweifelten Lage. Denn mit der
»Sizilianischen Vesper« hatte sich Sizilien, das dem
Königreich den Namen gab, von dem Letzteren los-
gesagt und war zusammen mit Teilen Kalabriens und
Apuliens an die Aragonier gefallen. Karl II., Sohn und
Erbe des Gründers des Königreiches, wurde Gefange-
ner der Aragonier, die ihn im Laufe einer Seeschlacht
im Golf von Neapel ergriffen hatten und nun als Geisel
festhielten. In Neapel selbst, der Hauptstadt des
Königreiches, hatte man soeben eine Revolte gegen
die Anjou blutig erstickt. Durch das Testament Karls I.
d'Anjou war sein zwölfjähriger Enkel Karl Martell
stellvertretend für dessen Vater, des Gefangenen der
Aragonier, als vorläufiger Erbe bestimmt worden.
Kurzum, niemand hätte auf das Überleben des Anjou-
Reiches noch einen Pfennig gegeben, hätte hinter
dem Kind nicht der Papst gestanden.

Papst Martin IV., der Franzose Simon de Brion, verstand es, sich geschickt als Vermittler zwischen den
Anjou und den Aragoniern zu bewegen. Dadurch füll-
te er das Machtvakuum des Königreiches, über das er
›de facto‹ das Kommando übernahm. Nach dem Tode
Martins IV. führte der Franziskaner Niccolò IV., der
neue Papst, die gleiche Politik fort. 1288 erreichte er die
Freilassung Karls II., indem er die Unstimmigkeiten
zwischen den Erben Pedros III. von Aragon ausnutzte.
Allerdings musste Karl für seine Freilassung drei seiner Söhne und 60 adlige Franzosen seines Hofes als
Geisel stellen und überdies ein hohes Lösegeld ent-

richten. Die Aragonier zielten mit diesem Tausch auf ihre faktische Anerkennung als Herren Siziliens und wünschten sich nichts anderes, als ihren Feind zu demütigen. Die Anjou hingegen wollten wenigstens einen Teil des Königreiches behalten. Mit 41 Jahren setzte man Karl II. d'Anjou wieder auf freien Fuß. Am 29. Mai 1289 wurde er von Papst Niccolò IV. in Rieti zum König von Neapel gekrönt, woraus sich klar ergibt, dass das Reich dieses Königs, den man ›lo Zoppo‹, das Hinkebein, nannte, ohne die aktive Unterstützung des Papstes nicht hätte überleben können. Als der alte Niccolò IV. 1292 starb, tat der König d'Anjou alles um die Ernennung eines neuen Papstes, der ihm gewogen war, durchzusetzen.

Kardinäle in der Sackgasse

Das Konklave, das zur Wahl des Nachfolgers von Niccolò IV. zusammentrat, war eine der längsten und mühseligsten der Geschichte. Die profranzösischen Kardinäle stellten sich gegen die antifranzösischen. Beide Parteien waren von den zwei mächtigsten Familien Roms, den Orsini und den Colonna, abhängig. Dreimal wurde das in Rom tagende Konklave aus Furcht, eine der bewaffneten Parteien der beiden Clans könnte sich des heiligen Kollegiums bemächtigen und ihm den Kandidaten aufzwingen, von einem Ort zum anderen verlegt. Die Stadt stand am Rande eines Bürgerkrieges. Nach einem Jahr ergebnisloser Zusammenkünfte beschloss das Konklave, nach Perugia umzuziehen. Hier glaubte man den Pressionen der römischen Parteien zu entkommen. Aber auch in Perugia gelang es nicht, die blockierte Situation zu lösen.

Ein schlauer König

In dieser Situation wurde eines Tages Karl II. d'Anjou, ›lo Zoppo‹, in Begleitung seines jungen Sohnes in Perugia vorstellig und bat die Kardinäle, vor dem Konklave eine Rede halten zu dürfen. Obschon dies bereits eine schwer wiegende Ungebührlichkeit darstellte, wurde er angehört, und der König von Neapel durfte vor dem Konklave auftreten. Er befürwortete die Wahl des Kardinals Matteo Rosso Orsini zum Papst. Sein unerhörtes Erscheinen bewirkte jedoch die entrüstete Reaktion Kardinals Benedetto Caetani, der sich keiner der beiden Parteien zurechnete und dem Herrscher erklärte, dass bei einem Konklave einzig der Heilige Geist als Gast zugelassen sei. Er forderte Karl II. dazu auf, nicht länger zu stören.

Liegefigur des Grabmals von Karl II. d'Anjou, Ende 14. Jahrhundert Abteikirche, St. Denis Frankreich

Karl II. d'Anjou war im Jahr 1289 nach dem Auseinanderfallen des Königreiches Sizilien durch die Unterstützung des französischen Papstes Martin IV. und dessen Nachfolger, Niccolò IV., gekrönt worden und konnte damit das Fortbestehen des Reiches der Könige von Neapel sichern.

Ein argloser Mönch

Auf seiner Rückfahrt nach Neapel wählte Karl ›lo Zoppo‹ einen anderen Weg und begab sich auf den in den Abruzzen gelegenen ›Monte Morrone‹. Dort lebte ein alter Mönch namens Pietro, den alle wie einen Heiligen verehrten, in einer kleinen Gemeinde von Eremiten. Der König bat den Mönch, er möge für den guten Ausgang des Konklaves beten. Zudem solle er den Mitgliedern des Konklaves schreiben um die Erleuchtung des Heiligen Geistes auf sie herabzuflehen. Der alte Eremit betete und schrieb und sein Brief bewirkte einen völlig unerwarteten Ausgang: Pietro da Morrone wurde zum Papst gewählt. Bei der Nachricht seiner Wahl erfüllte die Christenheit ein Gefühl jubelnder Freude: endlich ein Heiliger als Papst! Auch Karl ›lo Zoppo‹ war glücklich.

Der Einzige, der die Nachricht mit ungläubiger Bestürzung aufnahm, war derjenige, der direkt davon betroffen war. Nicht nur, dass sich Pietro da Morrone der Aufgabe nicht gewachsen fühlte, vielmehr war er von der Vorstellung, zu all diesen Kardinälen nach Rom gehen zu müssen, buchstäblich entsetzt. Folglich bat er darum, dass man ihm die Tiara in der schönen Basilika Santa Maria di Collemaggio in L'Aquila aufs Haupt setzen möge. Der Wunsch wurde ihm erfüllt und die Zeremonie fand am 5. Juli 1294 statt. Gerne folgte der alte Pietro, der nun Cölestin V. hieß, der anschließenden Einladung Karls II. d'Anjou, eine Zeit lang in Neapel zu verweilen um sich auf die Reise nach Rom vorzubereiten. Auf einem Muli, das so weiß wie der Esel war, auf dem der Messias nach Jerusalem geritten war, hielt Cölestin V. Einzug ins ›Castel Nuovo‹. Er lehnte die Wohnräume ab, die für ihn vorbereitet worden waren, und zog es vor, in einer kahlen Kammer über der ›Cappella Palatina‹ zu nächtigen.

Ein gewiefter Kardinal

Dem armen Cölestin wurde nur allzu schnell bewusst, dass er in eine infernalische Falle getappt war. Immer anmaßenderen Pressionen ausgesetzt, veranlasste man ihn an einem einzigen Tag zwölf neue Kardinäle zu ernennen. Unter diesen befanden sich sieben Franzosen und zwei Neapolitaner. Römer waren nicht dabei. Auch überantwortete der neue Papst auf Karls ›lo Zoppo‹ beharrliches Drängen hin Karls 20-jährigem Sohn Ludovico das Erzbischoftum Lyon. Zum Glück traf zu diesem Zeitpunkt Kardinal Benedetto Caetani in Neapel ein. Dieser in weltlichen Dingen erfahrene

Mann und einer der Befürworter der Wahl Cölestins riet dem Papst zu einer Handlung, die zuvor keiner jemals gewagt hatte: Cölestin sollte seinen Rücktritt erklären. Am 13. Dezember 1294 rief Cölestin das Konsistorium in der Burg der Anjou zusammen und erklärte seinen Verzicht. Der Rücktritt wurde angenommen. Da das kanonische Recht eine solche Tat nicht vorsah, wurde es auf der Stelle geändert. Im Anschluss wurde das Konklave erneut einberufen. Am Abend vor Weihnachten wurde ein neuer Papst gewählt. Er hieß Benedetto Caetani, der sich fortan Bonifaz VIII. nannte.

S. PETRVS DE MORONO

Eserniensis Eremita, deinde Papa Cælestinus V. a se dictos Cælestinos sub Regula S. Benedicti instituit, probante Gregorio X. anno 1274. Obijt anno Domini 1296. post abdicatum Pontificatum 2°.

C. Galle sculp.   T. Galle excud.
Cum priuilegio.

Cornelius Galle d. Ä. (1576–1650)
Porträt Cölestin V.
Kupferstich
Archiv für Kunst und Geschichte, Berlin

Der ehemalige Eremit war gegen seinen Willen 1294 zum Papst gewählt worden. Nach seinem Rücktritt und seiner späteren Ermordung wurde er zum Märtyrer erhoben.

Gegenüber: Die drei Türme an der Außenseite des Castel Nuovo in Neapel.

Palermo

Der Normannenpalast

Das alte ziz, die Blume von Sizilien

Der Normannenpalast in Palermo geht aus der Begegnung dreier Kulturen hervor: der islamischen,
der griechisch-byzantinischen und der normannischen. Nur wenige architektonische Zeugen dieser
einzigartigen Verbindung haben die Zeit überdauert.
Außer dem Normannenpalast sind es der Dom in
Cefalù, einige palermitanische Kirchen und die
›Palazzetti delle delizie‹, wie sich die rund um die
Altstadt verstreuten kleinen Vergnügungspaläste
nennen. Das heutige Aussehen des ›Palazzo dei
Normanni‹ ist stark durch die Veränderungen geprägt, die man Mitte des 16. Jahrhunderts vornahm.
So riss man zu diesem Zeitpunkt den Mittelteil des
alten Königssitzes ein um stattdessen die neue Residenz der spanischen Vizekönige, die damals über
Sizilien regierten zu errichten. Andere normannische Gebäudeteile wiederum blieben unversehrt
und wurden in den neuen Bau eingegliedert.

Der Palast steht im Herzen des ältesten Teiles von
Palermo und erhebt sich auf einer zwischen dem
alten Hafen und dem Berg Monreale gelegenen
Anhöhe. Dieses an der höchsten Stelle erbaute
Stadtviertel, von zwei heute zugeschütteten Flüs-
sen begrenzt, wurde im 4. Jahrhundert v. Chr. befestigt. Von diesen Mauern aus punischer Zeit sind
noch Spuren vorhanden. Die befestigte Oberstadt
hieß auf griechisch ›Paleàpolis‹ während man den
tiefer gelegenen Teil, der auf den Hafen blickte,
›Neàpolis‹ nannte. Obschon Palermo nicht von Griechen, sondern von Phöniziern gegründet wurde,
überwog in der Stadt stets der kulturelle und kommerzielle Einfluss der Griechen. Selbst der Name
Palermo ist vom griechischen ›panormos‹, »ganz
Hafen«, abgeleitet. Dagegen hieß die phönizische
Stadt ›ziz‹, ein Wort, das ›fiore‹, Blume, bedeutet:
Ein sizilianisches Florenz, das bereits viele Jahrhunderte vor der toskanischen Stadt blühte.

Als die obere Stadt nach den Punischen Kriegen im
Jahre 254 v. Chr. an Rom fiel, wurde sie weiter befes-

Egnazio Danti
Karte von Sizilien
Fresko
Galleria delle Carte Geografiche, Musei Vaticani, Rom
Die Karte zeigt die Insel von Nord nach Süd gesehen. Integrierter Bestandteil sind die in detaillierter Vergrößerung hinzugefügten drei großen Hafenstädte Messina, Syracus und Palermo.

tigt. Dieses römische Mauerwerk überdauerte noch die byzantinische Zeit, als Sizilien unter dem Einflussbereich Konstantinopels stand (535–831 n. Chr.).

Ein Blick auf die Karte des Mittelmeeres lässt die Schlüsselposition Siziliens unmittelbar erkennen. Die Insel liegt zwischen dem westlichen und dem östlichen Meeresbecken sowie zwischen den beiden Kontinenten Europa und Afrika, die vom Norden und vom Süden her auf die Insel blicken. In der Antike wie auch im Mittelalter zogen sämtliche Kulturen des Mittelmeerraumes über diesen »Zwischenkontinent« hinweg. All diese Spuren sind heute noch genauso sichtbar und gegenwärtig wie zu Zeiten Goethes, der schrieb: »Italien ohne Sizilien macht gar kein Bild in der Seele: hier ist der Schlüssel zu allem.«

Die muslimische Stadt

827 n. Chr. begann die islamische Invasion der Insel, die 70 Jahre lang andauerte. Palermo war die erste bedeutende Stadt, die 831 n. Chr. unter arabische Herrschaft geriet. Es wurde die Hauptstadt des muslimischen Emirats Sizilien. Anfangs ließen sich der Emir und die islamische Administration nicht in der antiken befestigten Stadt nieder. Vielmehr rissen die Araber die alten Mauern ab und errichteten in dem tiefer gelegenen ›Neàpolis‹ eine neue befestigte Stadt. In der Nähe des Hafens liegt das Viertel ›Kalsa‹, das seine arabische Prägung bis heute bewahrt hat. Erst später, als die Araber die Kontrolle über die ganze Insel erlangt hatten, wurde das antike ›Paleàpolis‹ wieder mit einer Mauer umgeben. Hier errichteten die Emire zwischen

Seen und Gärten eine Residenz. Diese war durch eine überdachte Straße mit der zu einer Moschee umgewandelten alten Kathedrale verbunden. Die Oberstadt hieß nun ›Halqa‹.

In den beiden Jahrhunderten islamischer Herrschaft wuchs Palermo zu einer blühenden und dicht besiedelten Stadt heran. Ihr Glanz war mit demjenigen Cordobas und Kairos vergleichbar. Die Bevölkerung Palermos, die sich zur Zeit der Römer auf ungefähr 30 000 Einwohner belief, erfuhr einen sehr starken Zuwachs. Mittelalterliche Quellen sprechen sogar von 300 000 Bewohnern. Doch ist diese Zahl sicherlich übertrieben. Vorsichtigeren Schätzungen zufolge waren es aber in der Tat mehr als 100 000, die in Palermo lebten. Die Araber führten in Sizilien den Anbau von Zuckerrohr, Dattelpalmen, Baumwolle, Hanf und Bananen ein.

Die normannische Stadt

Zwischen 1061 und 1091 eroberten die Normannen ganz Sizilien und gründeten dort ihr Reich. Die ursprünglich in Skandinavien beheimateten Krieger waren aus dem Norden Frankreichs nach Süditalien gezogen. Ihr Ortswechsel wurde durch die lokalen Potentaten Italiens, die untereinander Krieg führten und deshalb die Normannen als Söldner herbeiriefen, verursacht. Binnen weniger Jahrzehnte hatten die kampfeslustigen Nordmänner Apulien, Kalabrien und Teile Kampaniens unter ihre Kontrolle gebracht. Anschließend schickten sie sich an, die Meeresenge von Messina zu überqueren um das arabische Emirat Sizilien zu erobern. Innerhalb von zehn Jahren gelang es ihnen, sich des nördlichen Inselteiles zu bemächtigen. 1072 nahmen sie Palermo ein.

Die Araber hatten sich nach der militärischen Eroberung Siziliens zügig angesiedelt und sich zu der bereits ansässigen griechischen und römischen Bevölkerung hinzugesellt. Die Normannen hingegen waren nur ein Haufen von Kriegern. Dass es ihnen dennoch gelang, einen beständigen Staat zu gründen, erklärt sich durch ihre außerordentliche Fähigkeit, das administrative, politische und kulturelle Erbe des arabischen Emirats und der vorherigen Kulturen zu begreifen und miteinander zu verschmelzen. Im normannischen Reich Rogers d' Hauteville und dem seiner Nachfolger blieben Palermo und Sizilien das, was sie gewesen waren:

ein ethnisch, sprachlich, kulturell und religiös bunt gemischtes, soziales Gebilde. Im normannischen Palermo lebten Griechen, Araber, alte jüdische Gemeinden, Genueser und Pisaner wie bisher zusammen. Nach der Eroberung der gesamten Insel kamen im Gefolge der normannischen Sieger zahlreiche Siedler aus Norditalien, die sich an verschiedenen Stellen der Insel niederließen. Pauschal wurden sie als »Lombarden« eingestuft, obwohl sie nicht alle aus der Lombardei kamen.

König Roger

Gleich nach der Eroberung Palermos hatten die Normannen die Mauern der oberen Stadt und der am Meer gelegenen Burg verstärkt. Später, nachdem Roger II. 1130 die Krone Siziliens erhalten hatte, begann er in der ›Halqa‹ den Bau eines eigenen Königssitzes. Dabei behielt er den vorherigen Grundriss bei und nahm arabische und byzantinische Handwerker und Künstler in seine Dienste. Zugleich bewahrte der ›Palazzo dei Normanni‹, der als ein gegliederter Komplex von Gebäuden, Türmen, Höfen, großen Gärten und künstlichen Seen errichtet wurde, seine Doppelfunktion als Residenz und Burg bei. In der Mitte der Anlage wuchs als zentraler Bau die ›Cappella Palatina‹ empor. Obschon man die Kirche bereits 1132 einweihte, wurde sie oder zumindest ihre großen Verzierungen und Mosaiken erst 1143 fertig gestellt.

Marius Cartanus
Topografische Karte von Palermo, um 1581
Kupferstich
Società Siciliana per la storia della patria, Palermo

Die antike Stadt beschränkte sich auf das Gebiet zu beiden Seiten der Hauptstraßenachse zwischen Normannenpalast und Hafen, der sich wesentlich weiter ins Stadtgebiet ausdehnte.

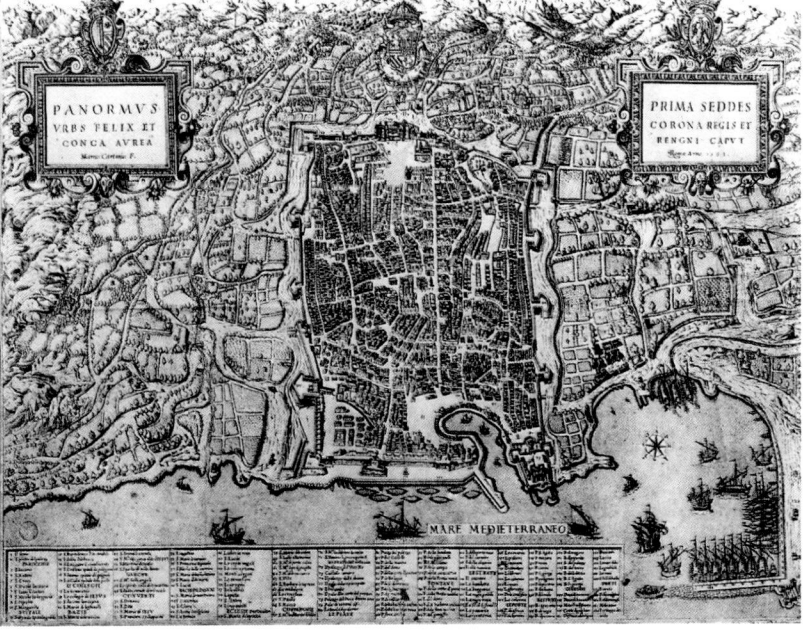

ΡΟΓΕΡΙΟC ΡΗΞ   ΙC   Χ

Dies bezeugt eine griechische Inschrift, die sich auf der Basis der halb kugeligen Kuppel zeigt. Die Architektur der Kapelle und die Decke des Mittelschiffes sind arabisch. Von byzantinischen Künstlern sind die Mosaiken, die die Fußböden, Wände und die Kuppel überziehen. Am Eingang des Mittelschiffes steht der große steinerne Königsthron, den ebenfalls Mosaiken bedecken.

Außerdem blieben von den normannischen Bauten zwei Turmhäuser mit quadratischem Grundriss erhalten; die ›Torre Gioaria‹ und die ›Torre Pisana‹, die im Nordwesten die Kapelle flankieren. Verschwunden sind dagegen die beiden Türme der gegenüber liegenden Südseite, die ›Torre Kirimbi‹ und die ›Torre Greca‹. Vom griechischen Turm, der älter als der Normannenpalast war, sind die Fundamente erhalten. Ein starkes und kompaktes Bauwerk bildet die ›Torre Pisana‹. Den unteren Teil umfassen auf allen vier Seiten doppelte Mauern, zwischen denen ein Gang verläuft. Der solchermaßen geschützte Raum diente als Tresor, in dem man den Staatsschatz aufbewahrte. Noch immer stehen hier vier riesige, in den Fußboden eingemauerte Krüge, die Millionen von Münzen fassen können.

Im oberen Stock liegt die ›Sala nobile‹, ein 15 Meter hoher Saal mit einem schönen Kreuzgewölbe. Er fungierte als Repräsentationsraum. Bedauer-

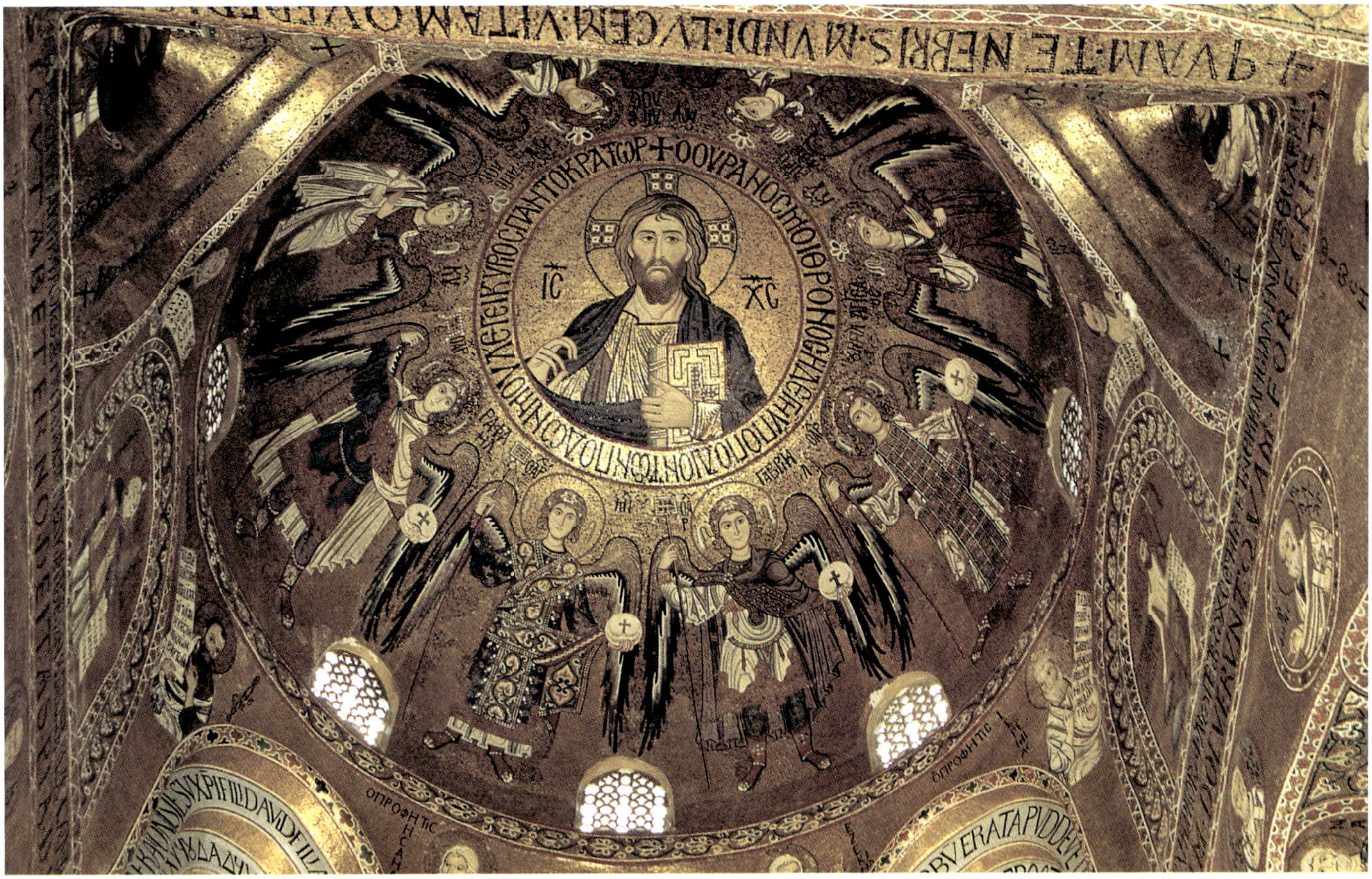
IC
XC

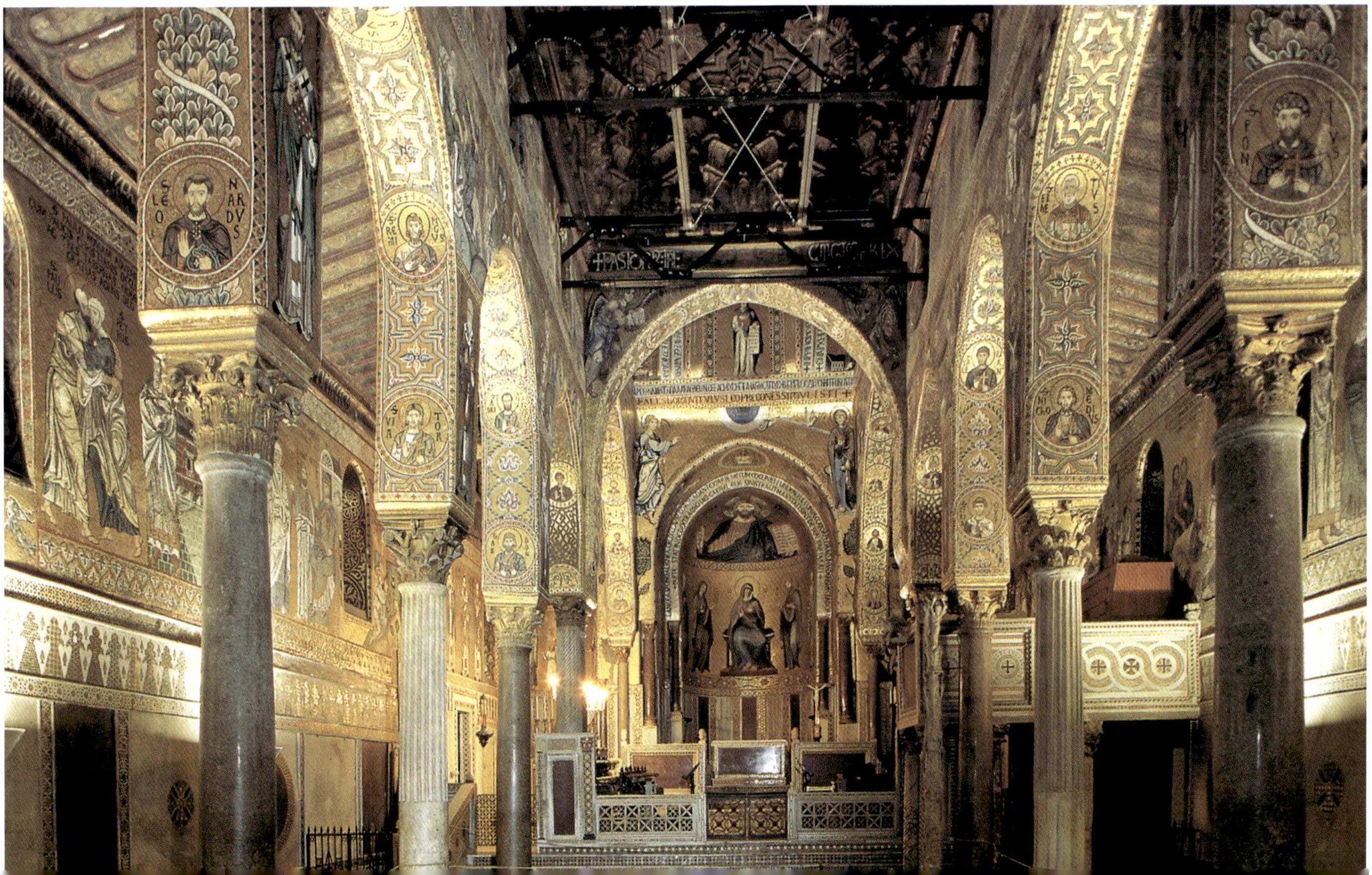

gesehen war. Es ist die ›Sala degli Armigeri‹. Der im oberen Stock gelegene Hof, der von großen Steinarkaden, die auf vier Säulen ruhen, gesäumt wird, nennt sich ›Sala dei Venti‹. Von diesem Saal aus erreicht man die wunderschöne ›Sala di Ruggiero‹, die innerhalb des Normannenpalastes die Funktion eines Belvedere übernahm und den Blick auf die Stadt und den Hafen gewährte. Zusammen mit der ›Cappella Palatina‹ ist Rogers Saal das Schmuckstück des gesamten Palastes. Die Wände sind mit einem hohen Marmorsockel verkleidet, auf dem die Bogen und die gewölbte Decke ruhen. Letztere sind über und über mit Mosaiken bedeckt, die einander spiegelsymmetrisch gegenüber stehende Tiere wie Leoparden, Pfaue, Hirsche, dazu Palmen und Bananenstauden in funkelnden Farben zeigen.

Der Paradiesgarten

Der Reichtum und die Vielfalt an Pflanzen und Tieren, die auf den Mosaiken in Rogers Saal zu bewundern sind, spiegeln in geometrischer und stilisierter Form das Schauspiel wider, das man von den Fenstern und Terrassen des Normannenpalastes aus genießen konnte. Die Gebäude lagen im Grünen eines riesigen Paradiesgartens, der voller Blumen und Früchte, Tiere und Vögel, Bäche, Seen und Fontänen war. Die Kultur der Paradiesgärten, die von den Arabern nach Sizilien gebracht wurde, kam ursprünglich aus dem fernen Persien, Mesopotamien und Ägypten. Durch die Ausbreitung des Islam an den Küsten des Mittelmeeres war sie überall dort eingeführt worden, wo die Araber landeten. In Palermo hatte man nicht nur die Paläste der Normannenresidenz von Grünanlagen und Wasserspielen umgeben; Roger II. ließ vielmehr die rund um die Stadt angelegten arabischen Paradiesgärten wieder instand setzen und ergänzte sie durch neue. Auf diese Weise entstanden die ›Favara‹, die ›Cuba‹, die ›Zisa‹ und der große Park ›Altofonte‹. Gebäude oder Ruinen aus diesen von Mauern eingefassten Paradiesgärten gibt es noch heute. Hingegen sind die Gärten ebenso verschwunden wie das Wasser, das den Leben spendenden Saft dieser idealen Mikrokosmen bildete. Den zahlreichen, durch die damaligen Schriftsteller verfassten Beschreibungen der Stadt Glauben zu schenken fällt heute schwer. Dies trifft zum Beispiel auf

Oben: Palazzo dei Normanni, Frontseite

Die Torre Pisana stammt aus der normannischen Bauphase. Im Erdgeschoss befand sich die Schatzkammer.

Gegenüber: Sala dei Venti, Torre Gioaria, Palazzo dei Normanni

Unten: Sala di Ruggero, Palazzo Normanni

Das Tiermosaik spiegelt deutlich die arabischen Einflüsse in Palermo.

licherweise sind von den Mosaiken, die ihn ursprünglich zierten, nur noch blasse Spuren erhalten. Die ›Torre Gioaria‹, deren Name aus dem Arabischen stammt, ist der niedrigste und wuchtigste Turm. In ihm hat zurzeit die sizilianische Regionalversammlung ihren Tagungsraum. Zwischen den Türmen ›Gioaria‹ und ›Pisana‹ befand sich eine schmale Steintreppe, die in jüngster Zeit abgerissen wurde um Raum für einen Fahrstuhl zu schaffen.

Im unteren Teil des Turmes befindet sich ein Zimmer, das ursprünglich für die Wachposten vor-

Ibn Giubar, einen Muselman aus Valenzia, zu, der die Gärten um Palermo mit den »Halsketten junger, mit geschwelltem Busen versehener Frauen« vergleicht. Auch der Sizilianer Abd Ar-Rahmàn beschreibt die Wonnen ›Favaras‹ als Ort, wo sich »die Zweige der Gärten über klare Wellen neigen, um das Spiel der Fische zu bewundern, und die Vögel die Bäume mit ihrem Gezwitscher erfüllen. Auf der mitten im See gelegenen kleinen Insel gemahnen die an smaragdgrünen Zweigen hängenden Orangen an glühendes Feuer. Die Zitronen sind bleich wie ein Geliebter, der wartend eine Nacht zugebracht hat. Die beiden Palmen sind Liebende, die, um dem Neid zu entkommen, auf den Turm der Burg gestiegen sind. Oh Palmen, die ihr um den doppelten See Palermos steht, stillt euren Durst mit üppigem Regen! Genießt euer glückliches Los, löscht den Durst eures Begehrens! Auf dass euch feindliche Geschehnisse fern bleiben und Liebende in eurem sicheren Schatten Schutz finden mögen und die Liebe unversehrt lebe!« Selbst der toskanische Schriftsteller Boccaccio beschreibt die sizilianischen Gärten in der Vorrede zum dritten Tag des »Decameron«. Eine seiner delikatesten Novellen (V. Tag, VI. Novelle) spielt in der ›Cuba‹. Über Sizilien gelangte die Kultur der Paradiesgärten auch nach Neapel. Von dort aus verbreitete sie sich zur Zeit der Renaissance über die gesamte Halbinsel.

Friedrich II.

Mit Constanze d'Hautville, die Barbarossas Sohn Heinrich VI. von Hohenstaufen heiratete, erlosch das normannische Herrschergeschlecht des Königreiches Sizilien. Die Krone ging an Friedrich II. von Hohenstaufen und somit an den Sohn, den Constanze Ende 1194 geboren hatte. Friedrich verlor im Alter von drei Jahren seinen Vater und ein Jahr später die Mutter. Der kleine König wurde am normannischen Hof zu Palermo erzogen. Er wuchs in dem Palast heran, den sein Großvater Roger II. erbaut hatte, und erlernte alle Sprachen, die in der Stadt gesprochen wurden. Deutsch kam als Fremdsprache hinzu. Auch als er später als Herrscher Siziliens und als Kaiser des Heiligen Römischen Reiches Deutscher Nation in den Besitz unbegrenzter Machtfülle gelangte, schlug sein Herz für Palermo.

Außenansicht des ›Palazetto delle Delizie‹ in Zisa. Die Araber hinterließen rund um die Stadt Paradiesgärten, überquellende Anlagen mit Bäumen und Gewächsen aller Art, Vögeln und Wasserspielen. Roger II. ließ die Anlagen, darunter Zisa, wieder instand setzen. Von der ehemaligen üppigen Pracht, wie sie in vielen Schriftquellen geschildert wurde, ist heute leider nichts mehr zu sehen.

Al Idrisis Silberscheibe

Im arabisch-normannischen Königspalast zu Palermo lebte zwischen 1138 und 1161 über 20 Jahre lang der größte Geograf des Mittelalters, Abu 'Abd Allah Muhammad ibn Idris al-Hammudi al-Hasani. In Sizilien wurde er schlicht Idrisi genannt. Idrisi war in Palermo Gast am Hofe des Normannen Roger II., der 1130 das von seinem Vater vergeblich angestrebte Ziel endlich erreicht hatte: Er wurde von einem Papst zum König von Sizilien gekrönt. Roger II. bewies, dass er des Titels würdig war. Sein Hof nahm europäische, ägyptische, griechische und arabische Wissenschaftler und Künstler auf und wurde sehr schnell der glänzendste Palast Italiens. Dem Vergleich mit Kairo, Konstantinopel und Cordoba hielt er durchaus stand.

Al Idrisi entstammte einem großen arabischen Herrschergeschlecht, das in Marokko die Stadt Fès gegründet hatte, später aber verarmt und zu einem unbedeutenden Fürstenhof geschrumpft war. Bevor er zu ausgedehnten Reisen durch die damals bekannte Welt aufbrach, hatte Idrisi in Cordoba Botanik studiert. Als ein bereits gereifter Mann landete er in Palermo, das er mit etwas übertriebenen Worten als größte und vortrefflichste Stadt der Welt beschrieb. Seit 40 Jahren war Palermo Hauptstadt des Königreiches der Hauteville. Doch war es in den der normannischen Eroberung vorangegangenen zweieinhalb Jahrhunderten von Arabern erbaut worden. In Palermo betraute Roger II. d'Hauteville Idrisi mit der außergewöhnlichen Aufgabe, die Form der Meere und Kontinente zu zeichnen. Dies sollte nicht auf Papier, sondern mit Hilfe der besten Graveure auf einer großen gewölbten Silberscheibe geschehen, die einen Durchmesser von zwei Metern und ein Gewicht von 150 Kilogramm aufwies. Das Ergebnis kam einer sehr flach gepressten Weltkugel gleich. Idrisi konnte hierzu aus den Erfahrungen seiner Reisen und seiner Studien schöpfen. Überdies verwendete er die vielen Informationen, die in Palermo bei Händlern, Reisenden und Seeleuten verfügbar waren. Er selbst bezeichnete Palermo als die einzige Stadt, in die Waren aus der ganzen Welt strömten. Auch organisierte Idrisi Expeditionen in die entlegendsten Gebiete. Er selbst brach zu Reisen kreuz und quer durch Sizilien auf und vermaß seine neue Heimat Meter für Meter.

Während die Graveure seine Zeichnungen auf die silberne Scheibe übertrugen, versammelte Al Idrisi die im Laufe seines Lebens angefertigten Notizen in einem mit großen Landkarten versehenen Buch, das den Titel »Nuzhat al-musthaq fi ikhtiraq al-afaq« trug. Übersetzt heißt es »Die Wonne dessen, der gerne um die Welt reist«.

Nach 15-jähriger Arbeit waren im Januar 1154 die Scheibe sowie das Buch beendet. Roger II., der im selben Jahr starb, bekam das Werk gerade noch zu Gesicht. Das Buch enthielt neben den Karten Beobachtungen über die Städte und Monumente sowie über die Sitten und Gebräuche fremder Völker. Auch beinhaltete es wertvolle Informationen über damals noch vollständig unerforschte Gebiete, wie zum Beispiel über das heutige Finnland. Auf welchem Weg Idrisi in den Besitz dieses Wissens gelangte, ist unbekannt. Nach dem Tode Rogers II. weilte er noch einige Jahre lang am Hofe und schrieb eine zweite Fassung seines Werkes. Als alter Mann verließ er Palermo und kehrte nach Marokko zurück.

Im Verlauf eines Aufstandes, der sich gegen den Nachfolger Rogers II., Wilhelm I, richtete, den man auch ›Il Malo‹, den Schlechten, nannte, wurde einige Zeit später der Normannenpalast geplündert. Al Idrisis Silberscheibe verschwand für immer. Die beiden Ausgaben seines Buches und die Landkarten wurden hingegen gerettet. Eine dritte kürzere Ausgabe fand man später in Konstantinopel. So geschah es, dass der erste Reiseführer der Welt bis zu uns gelangte.

Der Mittelmeerraum und Europa, Landkarte nach dem arabischen Geografen Al Idrisi (1100–1165/66) Archiv für Kunst und Geschichte, Berlin

Der Araber Al Idrisi hatte lange in Cordoba studiert. Bei der Erstellung seiner Karte des Mittelmeerraumes und Europa konnte er auf seine vielen Reisen und Erfahrungen zurückblicken. Die Karte wurde im Auftrag von Roger II. mit Hilfe der besten Graveure auf einer großen gewölbten Silberscheibe mit einem Durchmesser von zwei Metern angefertigt und war im Jahr 1154 vollendet. An der Karte und einem mit Reiseberichten und Landkarten versehenen Buch arbeitete Al Idrisi 15 Jahre.

Sperlinga

Die Burg unter der Burg

Rechts: Der Felskoloss aus grauem Tuffstein überragt die Stadt mit ihren wenigen, aus dem gleichen Stein gebauten Häusern wie ein Riese. Er besteht aus einem niedrigeren, abgerundeten und einem höheren, steilwandigen Teil. Die Ureinwohner Siziliens, die Sikaner, hatten ihn schon zu Urzeiten mit einem Höhlensystem durchlöchert. Der vermutlich in der zweiten Hälfte des 12. Jahrhunderts errichtete Feudalpalast nutzte die gut gelüfteten, trockenen Räume und Lagerräume weiter.

Ein Mammut aus Stein

Sperlinga liegt in der Mitte Siziliens und befindet sich auf 750 Meter Höhe. Die Ortschaft wird von hohen Bergen umgeben: von der Madoniekette im Westen, den Nebroden im Norden und dem Ätnamassiv im Osten. Zum Süden hin öffnet sich ein schier unendliches Tal. Inmitten einer wasser- und waldreichen Region in einer der schönsten Insellagen gelegen zählt Sperlinga heute kaum mehr als 1 000 Einwohner. Tatsächlich leben sehr viele Nachkommen der früheren Bewohner in den Vereinigten Staaten, Kanada, Lateinamerika, Australien, Belgien, Frankreich, Deutschland und in der Schweiz. Es handelt sich hierbei um Auswirkungen vieler aufeinander folgender Auswanderungswellen, von denen sämtliche Generationen der ›Sperlinghesi‹ im Verlauf des 20. Jahrhunderts erfasst wurden.

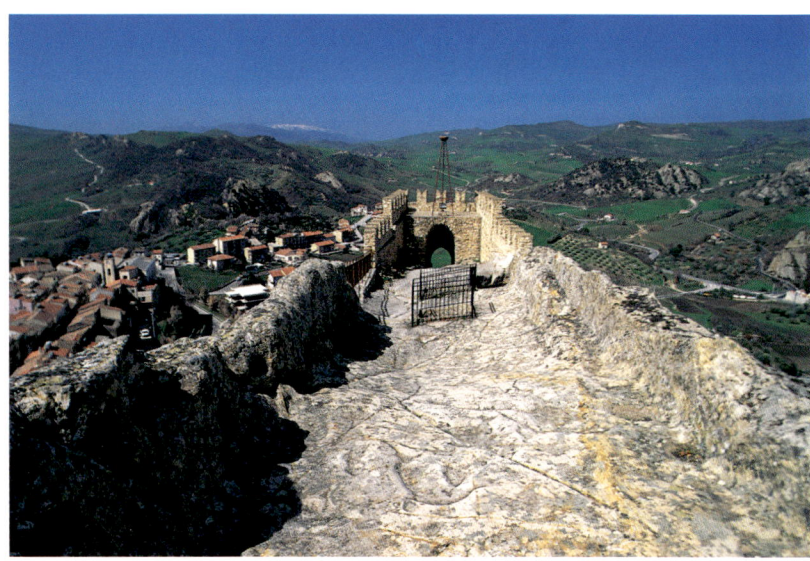

Der Laufgraben der Festung folgt dem Felsgrat.

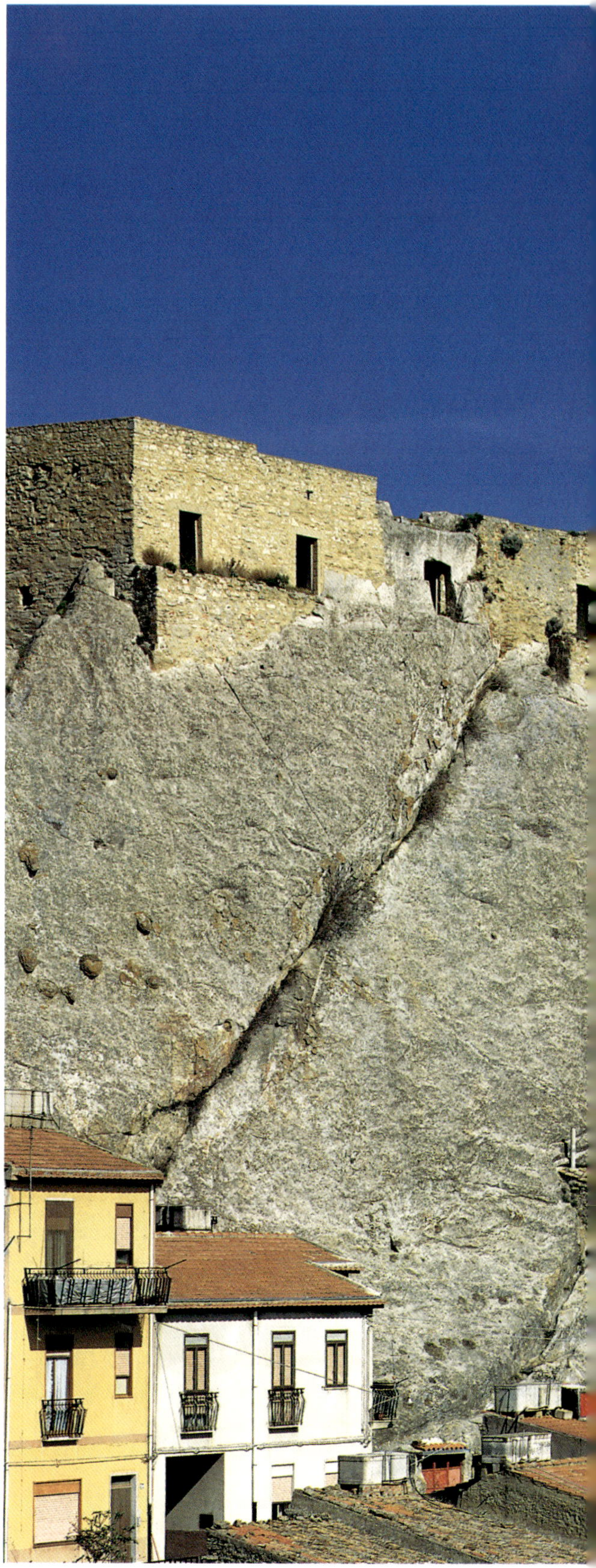

Sperlingas Häuser, die man fast alle aus einem einheimischen Stein erbaute, häufen sich in buntem Durcheinander am Fuße eines riesigen, aus grauem Tuffstein gebildeten Felsens, der den Ort wie ein Mammut überragt und fast erdrückt. Der gigantische

Block besteht aus zwei Teilen. Der erste ist niedriger und abgerundet, der zweite höher und steilwandig. In diesem Riesen aus Tuffstein vereint sich die gesamte Geschichte und Vorgeschichte Sperlingas.

Ein möglichst hoher und steiler Fels galt im Mittelalter als idealer Ort, um eine Festung oder Burg darauf zu errichten. Dies geschah auch in Sperlinga, das damals inmitten von elf großen Lehen und in strategisch günstiger Position zwischen West- und Ostsizilien gelegen war. Einzigartig an der Burg von Sperlinga ist jedoch, dass sie sich nicht nur auf dem Felsen, sondern auch in demselben befindet. Als sich die mittelalterlichen Baumeister an die Arbeit machten, fanden sie dieses zyklopische Vorhaben bereits getan und konnten sich damit begnügen, ein existierendes Bauwerk in ihrem Sinne umzugestalten. Denn der riesige Fels aus Tuffstein, ein weicher und leicht zu modellierender Stein, war schon zu Urzeiten vermutlich durch die Sikaner, die Ureinwohner Siziliens, in allen Richtungen ausgehöhlt und durchlöchert worden. Diese frühesten Bewohner Sperlingas lebten im Leib dieses steinernen Mammuts. Dort lagen ihre trockenen und von der Sonne erwärmten Behausungen, die Leitungen und Zisternen zur Sammlung von Wasser, gut gelüftete Werkstätten für die Bearbeitung von Metallen, Fellen und Holz wie auch ihre Lager und Speicher für Korn, Öl und Käse.

Idrisis Bericht

In den 40er-Jahren des 12. Jahrhunderts bereiste der arabische Geograf Al Idrisi, der am Hofe des Normannenkönigs Roger II. lebte und an seinem Kartenwerk arbeitete, die Küsten Siziliens und beschrieb das Gelände aufs Genaueste. Von Sperlinga spricht Al Idrisi wie von einem reichen Gehöft. Er rühmt die Qualität des Wassers und die Lage. Aber eine Burg erwähnt er mit keinem Wort. Vermutlich begann man mit ihrer Erbauung erst in der zweiten Hälfte jenes Jahrhunderts.

Von all dem, was im Laufe der Zeit auf dem Rücken des Berggrates errichtet wurde, stehen heute nur noch Ruinen. Die unterirdischen Anlagen sind hingegen gut erhalten.

Zur Burg gelangt man über eine lange Reihe in Stein gehauener Stufen. Danach durchschreitet man drei Tore, die von einer Zugbrücke gesichert wer-

den. In den Bogen des zweiten Tores ist eine lateinische Inschrift gemeißelt, die sich auf die Ereignisse des Jahres 1282 bezieht: QUOD SICULIS PLACUIT SOLA SPERLINGA NEGAVIT – Was den Sizilianern gefiel, verweigerte allein Sperlinga.

Die befestigte Anlage verteilt sich auf zwei Ebenen, wobei sie der Form des Felsens folgt. Auf dem unteren, länglichen und abgerundeten Teil des Felsens befinden sich ein Wachgebäude, eine einschiffige Kirche und die Überreste eines feudalen Palastes, der an der höchsten Stelle des westöstlich verlaufenden Felsens steht. All diese Bauten liegen innerhalb eines Mauerringes, der direkt auf den Fels gesetzt wurde. Die Gebäude sind heute zerfallen und nur ihre Außenmauern noch erkennbar. Einzig die Kirche besitzt einen letzten, unversehrt gebliebenen Bogen.

Die Ruinen verteilen sich weiträumig. Es gibt Innenhöfe und kleine Plätze, in die die runden Öffnungen der darunter liegenden, allesamt miteinander verbundenen Gänge und Räume münden. Dort unten findet man auch die Arbeitsräume und Werkstätten, die alle eine eigene Belüftung haben. Ein in den Felsen getriebener Gang tritt auf der Nordseite außerhalb des Mauerringes auf einer baumbestandenen kleinen Terrasse namens ›Giardino del duca‹ wieder zutage. Dieser Herzogsgarten ist die einzige Stelle auf dem großen Felsen,

Die in den rohen Stein des Bauches des riesigen Felsens gehauenen Räume wurden als Werkstätten für Arbeiten mit Metall, Holz, Fell oder als Lebensmittellager genutzt. Das Höhlensystem glich dem einer überirdischen, städtischen Gemeinde.

Gegenüber:
Die Öffnungen zu den unterhalb der eigentlichen Burg gelegenen Höhlen mündeten in die Außenwand des Felsens. Durch diese Bullaugen waren die Lagerräume gut durchlüftet und temperaturreguliert. Der gesamte Burgkomplex konnte so über einen langen Zeitraum einer Belagerung standhalten.

Oben: Auf der unteren Ebene der Burg befand sich eine Kirche, von der nur ein letzter Bogen erhalten ist.

in der sich wie in einer Muschel, die in der Luft schwebt, ein wenig Erde hält.

Der andere Teil der Festung hat eine rein militärische Funktion. Die Burg, die so lang und schmal wie eine Klinge ist, erhebt sich mit ihren glatten und steilen Wänden auf dem Grat des Gesteinblockes. Über eine tief in den Stein gehauene Treppe, deren Stufen im Verlauf der Zeit halb abgeschliffen wurden, gelangt man hinauf. Oben gewährt ein Steinbogen Zugang zu einem Gang, der auf beiden Seiten von zinnengekrönten Mauern flankiert wird und einige 100 Meter auf dem Grat verläuft. Von diesem Gang aus schweift der Blick wie von einer Brücke frei über die Landschaft. 30 Meter tiefer und auf der Ebene der darunter liegenden Ruinen ist der Fels über seine gesamte Länge von großen Höhlen durchlöchert, deren aneinander gereihte Öffnungen wie die Bullaugen eines Schiffes in die Luft starren. In diesen weitläufigen und gut belüfteten Lagerräumen konnten Tonnen von Lebensmittelbeständen verstaut werden, sodass viele 100 Menschen innerhalb des gesamten Festungskomplexes für lange Zeit überleben konnten, wenn sie von der Welt vollständig abgeschnitten wurden. 1282 sollte dieser Fall nach der Sizilianischen Vesper tatsächlich eintreten.

Rechts: Die Höhlen und Bauten von Sperlinga liegen auf einem schmalen Grad und folgen in ihren Ausdehnungen genau den vorgegebenen Formen.

Gegenüber: Die beiden Ebenen der Burg sind über zwei in den Stein gehauene Treppen erreichbar. Die massiven Steilwände machten die Burg uneinnehmbar, zumal der Durchgang von einem Plateau zum nächsten nur über winzig schmale Treppenpassagen möglich war.

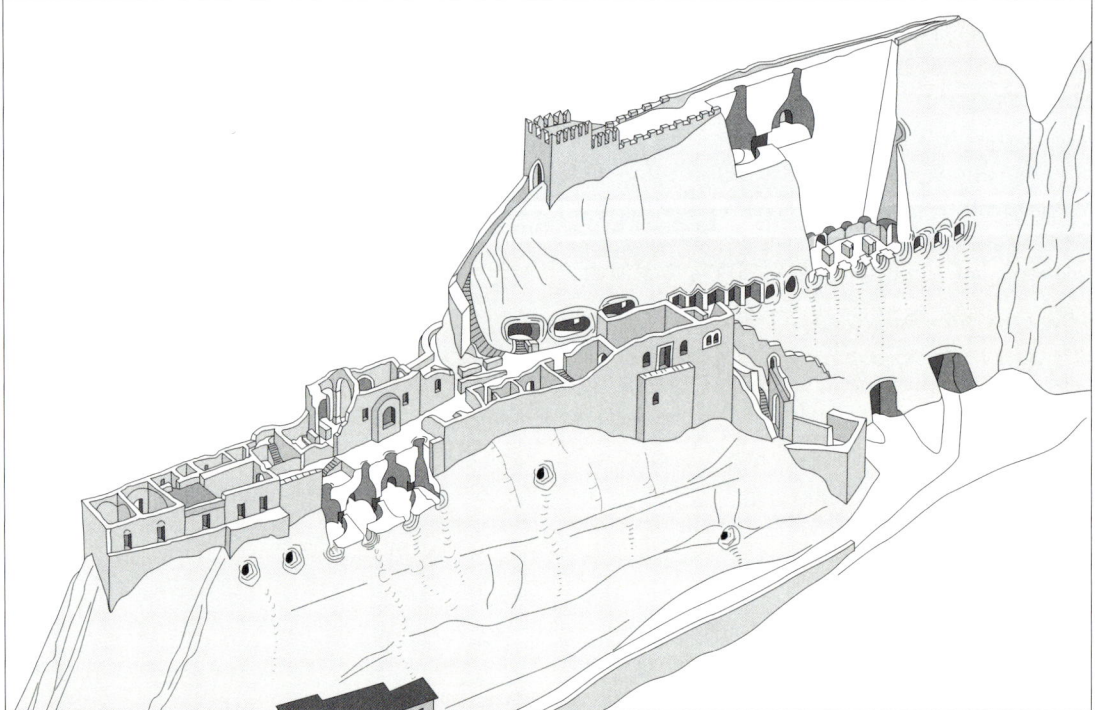

»Sperlinga sola negavit« – Die Sizilianische Vesper

Arnolfo di Cambio
(1245–1302)
Statue Karls I. d'Anjou,
1281–1284
Marmor
Musei Capitolini, Rom

Karl d'Anjou hatte als
König von Sizilien die
Hauptstadt von Palermo
nach Neapel verlegt.

ILLE EGO PRECLARI TVLERAM QVI SCEPTRA SENATVS
REX SICVLIS CAROLVS IVRA DEDI POPVLIS

Im Jahr 1282 grassierte in Sizilien ein Phänomen, das später Revolution genannt wurde. Damals trug es noch nicht diesen Namen, sondern hieß ›il Vespro‹. Die Vesper begann am Nachmittag des 30. März, einem Ostermontag, und fand auf dem Vorplatz der außerhalb der Stadtmauern von Palermo gelegenen Kirche Santo Spirito statt. Jedes Jahr traf sich ganz Palermo bei jener Kirche um der Vesperandacht, die eine eher weltliche als religiöse Zusammenkunft war, beizuwohnen. Die Palermitaner unterschiedlichsten Alters und verschiedenster Rasse, Sprache und Religion fanden sich am Ostermontag mit ihren Frauen und Kindern dort ein. Niemand fehlte.

Sizilien in der Hand der Anjou

Damals umfasste das Königreich Sizilien außer der Insel etwa die südliche Hälfte des italienischen Stiefels. Der Grund, warum das gesamte Gebiet ›Sizilien‹ genannt wurde, ist sowohl mit dem Geschick des normannischen Herrschergeschlechts Hauteville, die jenes Reich begründeten, als auch mit dem des schwäbischen Herrscherhauses Hohenstaufen, die es von den Normannen erbten, verbunden. Unter der Herrschaft dieser beiden Geschlechter hatte man im eigentlichen Sizilien stets Palermo als die Hauptstadt und den Mittelpunkt des Reiches angesehen.

Karl I. d'Anjou, Bruder Ludwigs des Heiligen, des Königs von Frankreich, war nach dem Tode Friedrichs II. von Hohenstaufen vom Papst zum neuen König Siziliens gekrönt worden. Zudem hatte er die Erben des Staufers in zwei aufeinander folgenden Schlachten besiegt (1266–1268) und anschließend die Hauptstadt von Palermo nach Neapel verlegt. Der französische Souverän kam niemals auf den Gedanken, diese Entscheidung vor den Sizilianern, den eigentlichen Inselbewohnern, zu begründen. Auch verspürte er nicht einmal den Wunsch, die Insel zu besuchen, die seinem Reich den Namen gab. Die Sizilianer, ein ›melting pot‹ von Griechen, Römern, Juden, Arabern und »Lombarden«, beleidigte dieses unentschuldbare Benehmen des Monarchen zutiefst.

Vor allem aber verkam Sizilien, das einstige Herz des Königreiches und zuvor ›Marktplatz‹ des gesamten Mittelmeeres, unter Karl I. d'Anjou zu einer besetzten Provinz. So untersagte es der König den sizilianischen Frauen aus edlem Geschlecht sich ohne seine »vorbeugende Erlaubnis« zu verehelichen. Hierdurch wollte er die Sizilianerinnen dazu zwingen, Franzosen zu heiraten, um auf diese Weise in den Besitz ihrer Lehen zu gelangen. Den Männern verbot er Waffen zu tragen, was für einen Sizilianer mit dem Gebot, in Unterhosen aus dem Haus gehen zu müssen, gleichbedeutend war. Überdies monopolisierte der König den sizilianischen Handel. Er erließ Steuern und Ausfuhrzölle, hielt die Insel im Würgegriff und ließ sie auf diese Weise ausbluten.

Dieser Zustand verschlimmerte sich, als Karl I. d'Anjou sich in den Kopf setzte, das Ostreich zu erobern und, um Konstantinopel auf See schlagen zu können, mit der Aufrüstung der größten Flotte aller Zeiten begann. Um Karls Flotte zu bauen arbeiteten in jenen Jahren die Werften Siziliens ebenso wie diejenigen in Neapel,

Pisa, Genua und der Provence rund um die Uhr. Dabei behandelte der König die Sizilianer wie Sklaven und entlohnte sie nicht. An eben jenen Ostertagen 1282 war die mit Waffen bestückte Flotte in die Reede des Hafens von Messina gebracht worden, wo sie zur großen Fahrt nach Osten bereitlag.

Sicilianità

Am Ostermontag kursierte vor der Kirche Santo Spirito das Gerücht, der König habe ein Siegel prägen lassen, mit dem er alle Sizilianer, die keine Steuern zahlten, auf der Stirn brandmarken lassen wolle. An jenem Tag fehlten auch die Steuerhinterzieher bei der Vesperandacht nicht. Als eine Abteilung von 200 französischen Gendarmen aufkreuzte, fuhr allen ein Schauder durch den Leib. Die so genannte ›Sicilianità‹ erwachte, als ein französischer Gendarm begann, unter der Bluse einer jungen Palermitanerin »nach Waffen« zu suchen. Daraufhin zückte der Mann, der neben ihr stand, ein Messer und stieß es dem Schergen ins Herz. Über dem Platz stieg ein Schrei auf: »Moranu li francisi!« – Tod den Franzosen! Binnen weniger Minuten wurden die 200 französischen Polizisten auf der Stelle niedergemetzelt und im Verlauf der Nacht schlachtete man die etwa 2 000 Mann starke französische Garnison ab. Auch Frauen und Kinder wurden nicht verschont. Nach den Kasernen durchkämmte man die Privatwohnungen, in denen man nach französischen Offizieren, die mit palermitanischen Frauen verheiratet waren, suchte. In nicht zu klärenden Fällen wurden die Unglückseligen gezwungen, CICIRI zu sagen. Dieses Wort hatte keinen anderen Sinn, als einen Franzosen zu entlarven. »Moranu li tartagliuna!« – Tod den Stotterern!, lautete der Urteilsspruch. Nur wenige konnten sich retten. Zu ihnen gehörte Giovanni di Saint Rémy, Kommandant der angiovinischen Garnison von Palermo. Mit zwei Dienern entkam er durch ein Fenster des königlichen Palastes, sprang auf ein Pferd und ritt im Galopp zur außerhalb der Stadt gelegenen Burg Vicari.

Die Zwillingsstädte Palermo und Messina

In derselben Nacht trat die Stadtversammlung zusammen und wählte fünf Volkskapitäne. Eine Miliz bildete sich, die in drei Gruppen unterteilt und nach Süden, Osten und Westen ausgesandt wurde um von dem

Francesco Hayes
Die Sizilianische Vesper, 1846
Öl auf Leinwand
225 x 300 cm
Galleria Nazionale d'Arte Moderna, Rom

Die Sizilianische Vesper war der Beginn eines Aufstandes der Sizilianer um ihre Unabhängigkeit zu erlangen. Vier Wochen nach der Vesper war es ihnen gelungen. Nur Sperlinga verbündete sich mit den Franzosen, die sich auf die Burg zurückzogen.

Matthäus Merian d. Ä.
*Kupferstich aus: Johann
Ludwig Gottfried,
Historische Chronica,* S. 596
Frankfurt am Main, 1630
Archiv für Kunst
und Geschichte, Berlin

Einem Gerücht zufolge wollte der König alle Steuersünder brandmarken. In einer grausamen Aktion wurden binnen einer Nacht hunderte französische Soldaten, ihre Kinder und Frauen von den Sizilianern niedergemetzelt.

bewaffneten Aufstand zu berichten. Palermo erklärte sich zur freien Gemeinde und unterstellte sich dem Schutz der Kirche. Zudem wurden Botschafter nach Rom entsandt um dem Papst Bericht zu erstatten. Als ihm die Sizilianer gemeldet wurden, weigerte er sich sie zu empfangen und drohte ihnen stattdessen mit der Exkommunikation. Doch der Funken Palermos setzte binnen weniger Tage die gesamte Insel in Brand. Die Burg Vicari, in die sich der französische Kommandant geflüchtet hatte, wurde von den Bewohnern des nahen Ortes Caccamo gestürmt. Während des Angriffes durchbohrte ein Pfeil Giovanni di Saint Rémy.

Bereits am 3. April hatten sich Palermo und Corleone zu einer Liga zusammengeschlossen. Am 13. April, zwei Wochen nach den Ereignissen, die während der Vesper stattgefunden hatten, war ganz West- und Mittelsizilien in der Hand der Aufständischen. Überall wurden die Franzosen massakriert. Eine Ausnahme bildete das an der Westküste gelegene Calatafimi. Hier befehligte ein Mann die französische Garnison, der Vizerichter Guillaume Porcelet, der wegen seiner Aus-

geglichenheit und Mäßigung den Respekt der Sizilianer genoss. Entsprechend wurden die Franzosen, nachdem sie kapituliert hatten, verschont und nach Palermo, wo sie ein Schiff in Richtung Provence besteigen durften, eskortiert.

Nach dem ersten Aufflammen der antifranzösischen Revolte, die sich schnell über die Insel verbreitet hatte, wurde Messina Schauplatz der Entscheidung. Hier lag Karls große Flotte und wurde von einer starken Einheit, die unter dem Befehl des angiovinischen Gouverneurs Herberts d'Orléans stand, bewacht. Messina war die einzige Stadt Siziliens, in der es echte Parteigänger des Königs gab. Zuerst verharrte die Stadt in Erwartung der kommenden Ereignisse. Die Bewohner Messinas schickten sogar eigene Truppen aus um nah gelegene Städte, wie zum Beispiel Taormina, zu besetzen. Zudem beantworteten sie den leidenschaftlichen Brief der freien Gemeinde Palermos, die eine Liga zwischen den beiden Zwillingsstädten vorschlug, nicht. Aber bald darauf waren es die Franzosen selbst, die in ihrem Wahn, alles zu bestimmen, die Krise der profranzösischen Clans Messinas herbeiführten. So wollte der eben erwähnte französische Gouverneur Herbert d'Orléans die aus Messina stammenden Soldaten, die Taormina besetzt hatten, durch französische Truppen ersetzen. Um dies zu erreichen verursachte er zwischen den beiden Kontingenten einen bewaffneten Zusammenstoß, der jedoch für die Franzosen, die gefangen genommen wurden, schmachvoll endete. Zugleich sandte Messina in diesen Tagen sieben Galeeren aus um den Hafen Palermos zu blockieren. Daraufhin pflanzten die Palermitaner auf den Mauern Kalsas große Standarten auf, sodass die Embleme beider Städte, der Adler Palermos und das Kreuz Messinas, nebeneinander flatterten. Bei diesem Anblick begannen die Matrosen aus Messina eine Meuterei.

In Messina lösten diese Ereignisse einen schleichenden Bürgerkrieg aus. Die profranzösischen Familien, die die Stadt regierten, wurden entmachtet. Am 28. April brach schließlich auch hier der Aufstand los. Die französische Besatzung verbarrikadierte sich in der Festung Matagrifones und gab die Kontrolle über die im Hafen ankernde französische Flotte auf. In derselben Nacht wurden die schönen Schiffe, der Stolz König Karls, durch einen Brand vollständig zerstört. Tags darauf erklärte sich Messina zur freien Gemeinde und unterstellte sich dem Schutz der Kirche. Die einzige Antwort des französischen Papstes Martin IV. war das am 7. Mai über ganz Sizilien verhängte Interdikt.

Sicilia Felix

Mit dem Sieg in Messina war ganz Sizilien nur vier Wochen nach der Vesper frei und unabhängig geworden. Die Stadt schloss sich einer so genannten Bundesrepublik Sizilien an, die in der Geschichtsrhetorik der Insel zwangsläufig »glücklich« genannt wurde, sich aber im Laufe der Zeit in immer größere Schwierigkeiten verstrickte. Nach langer Lähmung, die aus dem überraschenden Aufstand und der Enttäuschung über das Scheitern seines orientalischen Traumes resultierte, schritt Karl I. d'Anjou zur Rückeroberung der Insel und belagerte als Erstes Messina. Dabei wusste er das Papsttum und Frankreich hinter sich. Zudem organisierte er die Partei der Welfen in Italien. Auf Dauer hätte er die Oberhand über die bunt zusammengewürfelten sizilianischen Milizen gewonnen. Doch am Ende griff Pedro III. d'Aragon ein. Da er eine Constanze von Hohenstaufen geheiratet hatte, konnte er Erbrechte auf das Reich geltend machen. Unter dem Vorwand eines in Tunesien abzuhaltenden Manövers

lag die aragonische Flotte bereits seit einiger Zeit an der afrikanischen Küste im Kanal Siziliens. Eines Tages geschah es, dass Pedros gesamtes Heer über den Kanal setzte und in Trapani vor Anker ging. Vor die Wahl gestellt, zwischen zwei Übeln zu entscheiden, zogen die Sizilianer das kleinere vor. So wurde der 30. August 1282 der Tag, an dem sich zu den vielen, auf der Insel geläufigen Sprachen auch noch das Katalanische hinzugesellte.

Sperlinga leugnet ab

Während des gesamten Vesperkrieges blieb Sperlinga in der Hand der Franzosen. Von Anbeginn des Aufstandes an sammelten sich die über ganz Sizilien verstreuten angiovinischen Garnisonen in der einzigen Burgfestung, die eine lang andauernde Verteidigung gestattete. Auch die Bewohner des Ortes zogen in den Bauch des Bergs, in dem schon ihre Ahnen gelebt hatten. Sperlingas Bevölkerung bestand aus einem Gemisch aus Nachkommen der Ureinwohner und so genannten »Lombarden«, ethnischen Gruppen, die aus dem im Piemont gelegenen Monferrato zugewandert waren und sich Ende des 11. Jahrhunderts, zur Zeit der normannischen Eroberung, mit dem einheimischen Stamm vermischt hatten. Die weitläufigen Untergeschosse der Burg wurden bis oben hin mit Weizen, Öl und Wein, Hafer für die Pferde und ganzen Schafherden gefüllt. Selbst als die Franzosen aus Messina verjagt worden waren, dauerte Sperlingas Widerstand an. Ihre Hoffnung, dass das angiovinische Heer noch einmal über die Meeresenge von Messina setzen und auf der Insel einmarschieren werde, erwies sich jedoch als vergeblich.

Die Belagerung führte zu Legendenbildungen, die den Besuchern Sperlingas noch heute erzählt werden. So ließ man angeblich, als nach langen Monaten der Belagerung das Gespenst des Hungers Gestalt anzunehmen begann, den aus der Milch der Frauen fabrizierten Käse den Abhang hinunterrollen. Das Ziel dabei war es, den Feind über die wahre Menge der Lebensmittelvorräte zu täuschen. Als schließlich die Übergabe ausgehandelt war und die französischen Soldaten zur Küste abziehen durften um sich dort einzuschiffen, wagte sich auch die Gemeinde Sperlingas, die jetzt mehr Mitglieder zählte als zu Beginn der Belagerung, wieder hinaus. Heute noch sprechen die weiblichen Angestellten des ›Ufficio Turistico‹ in Sperlinga ein ausgezeichnetes Französisch.

Castel del Monte

Uhr und Kalender

Rechts: Die Fassade des Castel del Monte.

Der gesamte, zwischen 1240 und 1250 unter Friedrich II. errichtete Bau, der nach der militärisch-stategischen Gesichtspunkten niemals als Verteidigungsanlage gedient haben kann, scheint einer geometrischen Formel unterworfen zu sein, über die sehr viel gerätselt wurde.

Keine Burg

Castel del Monte ist die berühmteste Burg der Welt. Bedauerlich ist nur, dass es sich nicht wirklich um eine Burg handelt. In der Tat wird der Name ›Castel del Monte‹ erst Ende des 15. Jahrhunderts gebräuchlich. Wie das Bauwerk ursprünglich hieß, wissen wir nicht. Unter militärischen Aspekten betrachtet mangelt es dem Kastell an den elementaren Eigenschaften, die es einer Burg ermöglichen, einem Angriff oder einer Belagerung zu trotzen. So gesehen ergibt das ›Castel del Monte‹ weder wegen seines Standortes noch wegen der

Oben: Egnazio Danti
Die salentinische Halbinsel
Fresko
Galleria delle Carte Geografiche, Musei Vaticani, Rom

Form, die es hat, einen Sinn. Vielmehr gleicht es einer Boje, die sich mitten im Meer befindet. Niemals wäre es einem feindlichen Heer, das vom Norden über die Grenzen des Königreiches gezogen war und in den Abruzzen und dem apulischen Tavoliere bereits 300 Kilometer zurückgelegt hatte, eingefallen, bei ›Castel del Monte‹ anzuhalten und es zu belagern. Das Kastell ist am Rande einer

weiten Ebene gelegen. Ihm fehlen Festungsgraben, Zugbrücke und Außenwerk. Stattdessen hat es ein kirchenähnliches Portal, hohe Fenster und ein raffiniertes Dekor. Gesimse, Falltüren oder Zinnen sind nicht vorhanden. Zudem fehlen die Lager für Lebensmittelvorräte, die Stallungen und Küchen sowie die Schlafsäle für die Unterbringung der Soldaten. Es ist also einfach zu sagen, was das ›Castel del Monte‹ nicht ist: nämlich eine Burg. Schwieriger ist es hingegen zu definieren, was es ist.

Ein Rätsel

Seit mehr als einem Jahrhundert stellt man sich die Frage nach dem Sinn und Zweck des stolzen Oktogons. Alle Hypothesen sind einleuchtend, jedoch überzeugt keine von ihnen. Gerade darin mag der Grund für die Berühmtheit des Bauwerkes liegen. Es ist ein Rätsel aus Stein, sichtbar und berührbar, das jedoch keine Antworten gibt, sondern lediglich Fragen aufwirft. Ist es eine Sonnenuhr? Ein Tempel für das Lieblingstier Friedrichs II.,

den Gerfalken, dessen Fluglinie man nachgebaut hat? Ist es ein mathematischer Beweis? Das ›Castel del Monte‹ wurde zwischen 1240 und 1250 erbaut. Man weiß nur von einem einzigen Dokument, das sich darauf bezieht. Es datiert aus dem Jahr 1240 und benennt die auf den Befehl des Kaisers erfolgte Aushebung der für den Bau bestimmten Materialien. Auch weiß man nicht, ob Friedrich II. das Kastell jemals nutzte. Die letzten zehn Lebensjahre des Kaisers waren rastlos. Vielleicht schaffte er es noch, das Bauwerk zu sehen, als er bereits todkrank in den letzten Monaten des Jahres 1250 nach Apulien zurückkehrte. Im Dezember desselben Jahres starb er.

Die äußere Gestalt

Das Bauwerk erhebt sich auf einem isolierten Hügel, der eine Höhe von 540 Metern erreicht und von dem aus man ein weites Rundpanorama genießt. Der Bau selbst folgt der Form eines vollkommen regelmäßigen Achtecks, dessen Seiten

Die zweibogigen Fenster im oberen Stock sind so angeordnet, dass die Sonne zweimal am Tag in jeden Raum fällt. Hier im Thronsaal ist das abgebildete Fenster frontal nach Osten ausgerichtet. Auf dieser Grunddisposition basiert die Theorie, dass es sich beim Castel del Monte um eine in Stein gebaute Sonnenuhr mit angeschlossenem Kalender gehandelt hat.

jeweils 16,5 Meter lang sind. Die Spitzen des Achtecks münden in ebenfalls achteckige Türme, die auf massive Fundamente von gleicher Form gesetzt sind. Um die Außenwand herum läuft auf halber Höhe ein Sims, das die beiden Stockwerke, in die das Kastell unterteilt ist, voneinander trennt. Ein zweites Sims etwas weiter unten markiert die Linie, wo die Türme in etwa zwei Meter Höhe über dem Erdboden auf dem Fundament sitzen. In dieser Höhe liegt auch das Hauptportal, zu dem zwei aufeinander zulaufende Treppen hinführen.

Die Vorderseite mit dem Hauptportal blickt nach Osten. Auf der entgegengesetzten Seite im Westen öffnet sich ein Nebentor. Das gesamte Gebäude besteht aus glatten, exakt behauenen Quadern aus sandfarbenem Kalkstein, der je nach Licht und Feuchtigkeitsgrad rosa schimmert. Einzig für die Verzierungen der Fenster, der Portale und Innenräume wurde von anderen Materialien, einem weißen Marmor und korallroten Brekzien, die sich aus rotem und hellem Gestein zusammensetzen, Gebrauch gemacht.

An jeder Außenwand des Oktogons öffnen sich zwei Fenster, ein einbogiges im unteren Stock und ein zweibogiges mit Dreipassbogen in dem Stockwerk darüber. Nur in der Zwischenwand auf der Nordseite prangt statt eines zweibogigen ein dreibogiges Fenster. Im Bogenfeld über den Fenstern zeigt sich eine Rosette. Das Außendekor der Fenster, das sich aus beidseitigen kleinen Säulen, Kapitellen und Bogenleisten zusammensetzt, besteht aus korallfarbenen Brekzien. Alle ursprünglich aus weißem Marmor geschnittenen Mittelsäulen der zwei- und dreibogigen Fenster fehlen. Sie wurden in der Mitte des 19. Jahrhunderts entfernt und nach Caserta gebracht um dort den Park des Königspalastes zu verschönern. Auch die Marmorverkleidung der Innenräume brach man im Laufe der Jahrhunderte, in denen das ›Castel del Monte‹ verkam, heraus. Gleiches geschah mit den aufwändigen Fußbodenintarsien aus weißem Marmor und Schiefer.

Das Innere

Im Innern des Kastells zeigt sich ein achteckiger Hof. Von dort aus gemessen beträgt die Höhe der Mauerwände 20,5 Meter. Die Türme überragen das flache Dach des Achtecks kaum.

Das Kastell besitzt 16 Säle, unten acht und oben acht. Alle sind gleich und alle haben die Form eines gleichmäßigen Trapezes, dessen Längsseite die Außenwand und dessen kürzeste Seite die Hofwand bilden. Zwischen jeweils zwei Sälen liegen die Turmräume. In diesen befinden sich die Ankleidezimmer, Toiletten und eine Wendeltreppe, über die man ins obere Stockwerk und vereinzelt sogar bis zu der auf dem flachen Dach

Einzig auf der Nordseite befand sich ein dreibogiges Fenster mit einem kleinen Doppelbogen darüber. In allen anderen Fenstern ist eine vierblättrige Rosette eingearbeitet.

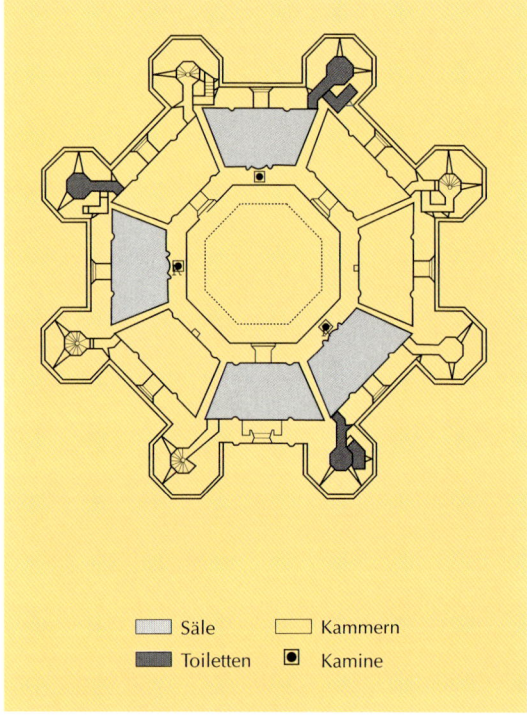

Säle	Kammern
Toiletten	Kamine

gelegenen Terrasse gelangt. Die Wendeltreppen drehen sich nach links und wiederholen damit die Spiralformen der Natur, wie sie sich zum Beispiel bei der Schnecke zeigen. In den mittelalterlichen Burgen sind »rechtsdrehende« Wendeltreppen jedoch die Norm. Sie gereichten dem von oben kommenden Verteidiger, der die Säbelhiebe mit seiner Rechten austeilen konnte, zum Vorteil. Im Gegensatz dazu waren sie für den hinaufstürmenden Angreifer, der sein Schwert mit der Linken schwingen musste, von Nachteil. Linkshändige Angreifer existieren für die mittelalterliche Militärarchitektur nicht. Zudem galt Linkshändigkeit als ein Werk des Teufels.

Drei Portale führen auf den Innenhof hinaus. Außerdem öffnen sich im oberen Stockwerk drei hohe Fenstertüren zum Hof hin. Man nimmt an, dass es einst einen hölzernen Rundbalkon gab, der diese Öffnungen miteinander verband. Überdies sind weitere, unterschiedlich gestaltete Fenster in die Wände des Hofes eingelassen, sodass jeder Saal sowohl von der äußeren Mauer als auch vom Innenhof her Licht erhält.

Verbindungswege

Obschon alle Räume, die acht Säle im Erdgeschoss wie die acht im ersten Stockwerk, in Form und Ausmaß gleich sind, unterscheiden sie sich dennoch in der Art, wie sie untereinander mit den Türmen, dem Innenhof und mit dem Außenraum verbunden sind. Zwei der acht Räume im Erdgeschoss öffnen sich durch das Haupt- und Nebenportal zur Außenwelt. Diese Räumlichkeiten haben zwar keinen direkten Zugang zum Innenhof, sind aber mit den anderen Räumen verbunden. Demnach gibt es Durchgangssäle, die zwei oder auch drei Türen aufweisen, und so genannte Endsäle, die nur eine einzige Tür haben. Letztere nehmen eine Sonderstellung ein. Denn nur sie verfügen über einen großen Kamin und den Zugang zu einem Turmraum, der durch die schmalen Einschnitte gut belüftet wird und eine Toilette hat, die mit dem von den Dachterrassen abgeleiteten Wasser gespült wird.

Licht

Zwei Endsäle gibt es im Erdgeschoss und zwei im ersten Stockwerk. Insgesamt sind also vier der 16 Räume mit dieser Funktion betraut. Einer von ihnen liegt im ersten Stockwerk und wird als »Thronsaal« bezeichnet. Sein über dem Eingangsportal eingefügtes zweibogiges Fenster blickt nach Osten, während sich eine Fenstertür nach Westen, auf den Innenhof hinaus, öffnet. Durch das Fenster und durch die Rosette der Ostseite fallen die

von dem Doppelbogen wunderschön gerahmten Strahlen der Morgensonne herein. Außen wird das Fenster von zwei großen Nischen flankiert, die als Laufschienen für das Gitter dienten, das man vor dem Portal hinunterließ.

Die Abendsonne hingegen fällt durch die gegenüber liegende Fenstertür, die sich zum Hof hin öffnet. Es ist offensichtlich, dass der Thronsaal der Repräsentation diente. So fehlt hier im Unterschied zu den anderen Endsälen der Kamin und die Toilette.

So wie in den Thronsaal dringt die Sonne zweimal am Tag, und zwar einmal von außen und einmal vom Hof her, in alle acht Säle des ersten Stockwerkes. Folglich erfüllt das Sonnenlicht zu jeder Tagesstunde einen der acht Säle. Doch genießen nur die Räume des ersten Stockwerkes das Privileg, das ganze Jahr über zweimal am Tag Sonne zu erhalten. Für die Räume des Erdgeschosses gilt

dies nur im Sommer. Der Schatten, den der Rand des achteckigen Kastells wirft, klettert im Winter die gegenüber liegende Wand zu hoch hinauf. Während die Sonnenstrahlen im ersten Stock die Stunden des Tages unterteilen, zeigt der über den Hof wandernde Schatten das Voranschreiten der Jahreszeiten an. Falls der obere Teil des Kastells tatsächlich als eine Uhr geplant worden war, ist der untere ein Kalender. Es gibt insgesamt zwei Tage, an denen die Verteilung des Lichtes sowohl räumlich als auch zeitlich im perfekten Einklang steht. Es handelt sich hierbei um den 22. Juni, die Sommersonnenwende, und um den 22. Dezember, die Wintersonnenwende. Da die Wahrscheinlichkeit, dass Wolken die Sonne verdunkeln, am 22. Dezember höher ist, ist ein Besuch im ›Castel del Monte‹ am 22. Juni ratsam. Die einzige Bedingung bleibt, dass auch an diesem Datum das Bauwerk nicht geschlossen ist.

Die Sonnenstrahlen im ersten Stock geben die Tageszeiten an, während der Schatten, der sich im achteckigen Innenhof bildet, durch den Stand der Sonne die Jahreszeiten vermittelt. Durch die geschlossene achteckige Form des Kastells auch im Innenhof dringt das Sonnenlicht im Erdgeschoss nur im Sommer zweimal am Tag ein, während dies im ersten Stock das ganze Jahr über zutrifft.

Im Erdgeschoss und im ersten Stock gibt es zwei Endsäle, die keinen Durchgang zu anderen Räumen zulassen. In diesen besonderen Räumen befindet sich jeweils ein Kamin und ein Zugang zum Turmraum, in dem man wiederum eine Toilette vorfindet.

Obdach für Schafe, Hirten und Banditen

1552 wurde das ›Castel del Monte‹ Eigentum einer adligen apulischen Familie, der Grafen Carafa. 1656, ein Jahrhundert später, belebten Dutzende adliger Familien aus Apulien die 16 Säle des Kastells. Männer, Frauen, alte Leute, Kinder, Dienerschaft – alle suchten durch eine freiwillige Quarantäne Rettung vor der Pest, die die Städte verheerte. Leider hat uns kein Boccaccio die Geschichten überliefert, mit denen man sich hier die langen Abende vertrieb.

Nachdem die Pest ausgestanden war, zog wieder Stille in das ›Castel del Monte‹ ein. Dies änderte sich 1799, als nach dem Scheitern der ›Repubblica Partenopea‹ eine Gruppe neapolitanischer Jakobiner auf der Flucht vor den bourbonischen Verfolgern in Friedrichs Oktogon Schutz suchte. Gewiss taten sie dies in dem Glauben, dass das Kastell eine Burg sei. Da dem nicht so war, fand ihre Flucht rasch ein schlechtes Ende.

Im 19. Jahrhundert verwahrloste das Kastell völlig und wurde eine Zufluchtsstätte für Schafe, Hirten und Banditen. Zudem riss man den Intarsienfußboden und die marmornen Wandverkleidungen systematisch heraus. Nur ein einziges grünes Steinchen blieb von den Mosaiken, die den ganzen Rahmen der zweibogigen Fenster zierten. Wer will, kann diesem Umstand symbolischen Wert beimessen. Wie wir wissen, wurden damals auch die kleinen Fenstersäulen nach Caserta gebracht.

Kaum war der italienische Staat entstanden, kaufte er 1876 dem Grafen Carafa das ›Castel del Monte‹ für die bescheidene Summe von 25 000 Lire ab. In der Kaufurkunde heißt es, dass sich das Bauwerk »aufgrund seiner jetzigen Beschaffenheit, aufgrund seiner baulichen Eigenarten und aufgrund des einsamen und unbewohnten Ortes, an dem es errichtet wurde, für einen jeglichen Zweck als vollkommen ungeeignet« erwiesen habe. Die 25 000 Lire wurden den Grafen Carafa »nicht als Kaufpreis, denn das Bauwerk ist nichts wert, sondern als schlichter Beweis der Anerkennung« gezahlt. Auf diese Weise erinnerte sich der italienische Staat an seine ersten Anfänge.

Immer wieder wurde zwischen der Jahrhundertwende und heute die Restaurierung des Kastells in Angriff genommen. Der Gesamtheit von Ursache und Wirkung verdanken wir den wundersamen Umstand, dass das mit seinen acht Türmen und den 16 Sälen versehene ›Castel del Monte‹ auch heute noch existiert.

Die Gefangenen der Uhr

Wie sich gezeigt hat, wurde das ›Castel del Monte‹ im Laufe der Jahre immer nur sporadisch und zufällig bewohnt. Nur drei Personen lebten über einen langen Zeitraum, und zwar 12 000 Tage am Stück, in diesem Bauwerk. 1266 kamen sie gemeinsam an und reisten 1299 wieder gemeinsam ab. Die

Herrschaften, von denen hier die Rede ist, hießen Federico, Enrico und Enzo von Hohenstaufen und waren als Söhne Manfreds von Hohenstaufen und Enkel Kaiser Friedrichs II. die legitimen Besitzer des Kastells. Manfreds Söhne hatte man nach ihrem Großvater und ihren Onkeln benannt. Wie alt sie waren, wissen wir nicht. Nur das Alter ihrer Mutter, die 23 Jahre zählte, ist uns bekannt.

Nach der Schlacht von Benevento, die sich am 26. Februar 1266 ereignete und die mit Manfreds Niederlage und Tod endete, hatten in dem in Apulien gelegenen Trani die französischen Soldaten Karls d'Anjou Friedrichs Enkel und deren Schwester, Mutter und Tante ergriffen. Die Kinder und die Frauen wurden zunächst in die nahe gelegene Festung Lagopesole und danach in die Burg von Nocera gebracht, wo man Elena Comnena, die Mutter, als Gefangene einkerkerte und wo sie sechs Jahre später verstarb. Den Rest der Gruppe verschleppte man nach Neapel. Dort kam die Tante frei und Beatrice, die kleine Schwester, gelangte als Gefangene ins ›Castel dell'Ovo‹, wo sie 18 Jahre blieb. Friedrichs Enkel hingegen schaffte man zurück nach Apulien und schloss sie 33 Jahre lang ins ›Castel del Monte‹ ein. 1299 verlegte man sie erneut ins neapolitanische ›Castel dell'Ovo‹, aus dem Beatrice inzwischen freigelassen worden war. Leider hinterließen uns die drei Insassen des ›Castel del Monte‹ keinerlei Angaben und Anmerkungen über den »Kalender«, in dem sie den größten Teil ihres Lebens verbrachten. Zudem ist uns nicht bekannt, wie sie jene 12 000 Hafttage überlebten. Allerdings wissen wir, dass sie wie alle Hohenstaufen morgens sangen und abends weinten.

1552 ging das Castel del Monte ins Eigentum einer adligen Familie über. 1656 suchten hier Dutzende weiterer Familien Schutz vor der Pest. Im 19. Jahrhundert verwahrloste der Bau und erst seit der Jahrhundertwende wurde er bis zum heutigen Tag immer wieder restauriert. Sein Rätsel hat das geheimnisvolle Gebäude über all die Jahrhunderte jedoch nicht preisgegeben.

*Friedrich II. auf dem Thron,
aus: Die Kunst,
mit Vögeln zu jagen
Miniatur
Ms. Pal. Lat. 1071,
Biblioteca Apostolica
Vaticana, Vatikan*

Seine Liebe und Achtung
vor Falken ging bei Friedrich II. so weit, dass er sie
wie Menschen vor einem
Gericht verurteilte, wenn sie
sich ungehorsam zeigten.

Friedrich II., der Adler und der Gerfalke

Friedrich II. war ein großer Ornithologe. Seine Beschreibungen und seine Beobachtungen zur Morpho-
logie der Vögel und den physischen Voraussetzungen,
die es den Vögeln ermöglichen zu fliegen, sind heute
noch von großem wissenschaftlichen Interesse. In

Friedrichs Denken ist es nicht der Mensch, sondern
der Vogel, der an der eigentlichen Welt teilhat. Tatsächlich erkannte er die Menschenwelt nur als eine
blasse Widerspiegelung der wirklichen Welt der Vögel
an. Demzufolge war Friedrich als Kaiser in der wider-
gespiegelten Welt das, was in der wirklichen Welt der
Adler ist. Seinem Ideal gemäß strebte er danach, sein
irdisches Reich dergestalt zu formen, dass es der
Himmelswelt der Vögel glich. Nicht ohne Grund nannte er die von ihm in den Abruzzen gegründete Stadt
L' Aquila, der Adler.

Ein Exempel wird statuiert

Während einer seiner Jagden geschah es eines Tages,
dass sein Lieblingsfalke, den er, nachdem er dessen
Augenrinde gelöst hatte, gegen einen just vorbeiflie-
genden Reiher warf, unversehens seinen Kurs änderte. Er stürzte sich auf einen jungen Adler, der ebenfalls
gerade vorbeiflog, packte ihn und legte ihn dem Kaiser zu Füßen. Dieses Ereignis, das ihm auf seiner Laufbahn als Ornithologe und Jäger noch niemals zuvor
begegnet war, verwirrte Friedrich zutiefst. Nach lan-
gem Überlegen rief er die Würdenträger seines Reiches und die großen Barone auf der ›Piazza del
Mercato‹ in Neapel zusammen, wo gewöhnlich die
Todesstrafe vollzogen wurde. In ihrem Beisein machte
man dem kaiserlichen Falken den Prozess. Er wurde
zu Tode verurteilt und geköpft. Ein schlichter Falke,
hieß die Urteilsbegründung, hatte es gewagt, einen
jungen Adler und damit den Repräsentanten kaiserlicher Macht anzugreifen. Diese Lektion über die Hierarchie der Vögel sollte den Baronen des Reiches zur
Warnung gereichen.

Friedrich war jedoch nicht nur Ornithologe, sondern
auch ein großer Freund der Sprachwissenschaft.
Wie das Florenz des 13. Jahrhunderts war sein Hof
in Palermo die Wiege der italienischen Hochspra-
che. In einer vielsprachigen Umgebung aufgewach-
sen gab sich Friedrich jedoch nicht mit der Gründung einer Schule für Rhetorik und Dichtkunst
zufrieden. Vielmehr betraf die Frage, die ihn quälte,
die Entwicklung und Vermittlung von Sprache bei
den einzelnen Angehörigen derselben Spezies überhaupt. Ist sie angeboren oder wird sie durch die
Beziehung zur Mutter und anderen artgleichen
Angehörigen erworben? Friedrich suchte die Antwort in der wirklichen Welt und zog Vögel auf, die in

dem Moment, in dem die Eischale riss, aus dem Nest geholt und vom akustischen Universum der anderen Angehörigen der Spezies sowie von allen anderen Klängen fern gehalten wurden. Er stellte fest, dass eine gefangene Amsel, die das Paarungsalter erreicht hat, genauso singt wie eine wilde Amsel, ein gefangener Stieglitz genauso wie ein freier Stieglitz. Friedrich wünschte das Experiment mit Menschen zu wiederholen. In Neapel ließ er »ausgesetzte« Kinder, wie man die Findelkinder nannte, die zumeist auf dem Vorplatz einer Kirche abgelegt wurden, im befestigten ›Castel dell' Ovo‹ von jedem Laut isoliert aufziehen. Doch begannen diese Kinder nicht, im sprachfähigen Alter zu sprechen. Sie verweigerten überdies die Nahrungsaufnahme und starben frühzeitig. Den Kaiser überzeugte der Ausgang dieses Experimentes endgültig von der Unterlegenheit der menschlichen Art im Vergleich zur Spezies der Vögel.

Ein Mosaik des Lieblingsvogels Friedrich II., dem Adler, aus dem Normannenpalast in Palermo.

Miniatur mit Vogelverzierungen, aus: Die Kunst, mit Vögeln zu jagen Cod. Pal. Lat. 1071, fol. 42 verso, 43 recto Biblioteca Apostolica Vaticano, Vatikan

Unten: Für Friedrich II. war die Welt der Menschen nur eine blasse Widerspiegelung der richtigen Welt der Vögel. Er selbst war in dieser Welt das, was in der anderen der Adler bedeutete. Das Buch ist sein Traktat über die vielfältigen Eigenarten der Vögel. Auf dieser Seite geht es um die »Kunst, mit Vögeln zu jagen«. Es wird vermutet, dass die Randzeichnungen von Friedrich II. eigenhändig ausgeführt waren.

Glossar

Boccaccio, Giovanni (1313–1375), Humanist und einer der bedeutendsten Dichter Italiens, geht 1327 zu Studienzwecken nach Neapel, wo er am Hof König Roberts d'Anjou (1309–1343) mit höfischer Dichtung in Berührung kommt. Er verfasst das Versepos »Filostrato«. In seinem Roman »Fiammetta« verarbeitet Boccaccio bereits antike Stoffe (Ovid). Unter dem Eindruck der Pest entsteht in Florenz das vermutlich 1351 vollendete »Decameron«, eine Sammlung von 100 Novellen und zugleich ein Werk, das in die Weltliteratur eingehen wird. Gemeinsam mit seinem Freund Francesco Petrarca (1304–1374) erwirbt Boccaccio hohe Verdienste um die Wiederbelebung der antiken Literatur.

Cinquecento (ital., »fünfhundert«), italienische Bezeichnung für das 16. Jh.

Communeros (auch: Comuneros), aufständische Stadträte und Adlige in Spanien, die sich im Jahr 1520 gegen den jungen Kaiser Karl V. (1500–1558) und dessen niederländische Ratgeber auflehnen. Mit zunehmender revolutionärer Ausrichtung der Bewegung ziehen sich die Adligen aus dem Aufstand zurück. 1521 unterliegen die Communeros den königlichen Truppen. Die Städtefreiheit ist damit beseitigt.

Condottiere (ital., »Führer«), Heer- beziehungsweise Söldnerführer im Italien des 14. und 15. Jh.s.

Dante Alighieri (1265–1321), bedeutendster Schriftsteller Italiens. Wegen seiner politischen Aktivitäten wird er 1302 aus seiner Heimatstadt Florenz verbannt. Sein berühmtestes Werk ist die »Divina Commedia« (Göttliche Komödie), deren drei Hauptteile »Inferno« (Hölle), »Purgatorio« (Fegefeuer) und »Paradiso« (Paradies) erst in den letzten Lebensjahren entstehen.

Decameron (siehe: Boccaccio)

Gegenüber: Verzeichnis der Burgen in Italien

1	Castel Sant'Angelo, Rom
2	San Leo
3	Castello dei Conti Guidi, Poppi
4	Monteriggioni
5	Montalcino
6	Lucca
7	Vicopisano
8	Castello Sforzesco, Mailand
9	Imola
10	Castello Estense, Ferrara
11	Fontanellato
12	Gavi Ligure
13	Bracciano
14	Castello del Buonconsiglio, Trient
15	Genua
16	Gradara
17	Castello Malaspina, Massa
18	Cagliari
19	Barumini
20	Castel Nuovo, Neapel
21	Palazzo dei Normanni, Palermo
22	Sperlinga
23	Castel del Monte

Domkapitel, in der katholischen Kirche bilden die geistlichen Mitglieder (Kanoniker, Chorherren oder Kapitulare) des Kollegiums einer Dom- oder Kathedralkirche, das Dom-, Kathedral- oder Metropolitankapitel. Sie beraten den Bischof bei der Verwaltung der Diözese und haben das Vorschlagsrecht bei der Wahl eines neuen Bischofs.

Exarchat (grch. exarchos, »Vorsteher«; zu grch. arche, »Herrschaft«), die Bezeichnung für einen Verwaltungsbezirk des Byzantinischen Reiches. Neben dem Exarchat Afrika mit dem Verwaltungssitz Karthago richtet Byzanz das Exarchat Italien mit Sitz der Verwaltung in Ravenna ein. Seit 584 n. Chr. werden die Exarchate von Statthaltern, den Exarchen, regiert. Das Exarchat Italien und damit die byzantinische Herrschaft über Mittelitalien besteht bis 751 n. Chr., dem Jahr der Eroberung Ravennas durch die Langobarden.

Freischärler, die Angehörigen einer Freischar, einer eigenmächtig gebildeten Freiwilligentruppe, die sich

Miniatur aus dem Lutrell-Psalter (Detail), England um 1325, Ms. Add. 42130, fol. 207 v, The British Library, London

im Kriegsfall oder bei anderen militärischen Auseinandersetzungen – ohne Ermächtigung eines Kriegsherrn und meist auf Veranlassung einzelner Persönlichkeiten oder politischer Gruppierungen – bilden.

Generalkongregation (siehe: Kongregation)

Ghibellinen, auch Gibellinen, von 1212 bis 1218 in Florenz nachweisbare Anhänger des Staufers Friedrich II. (1194–1250). Sie sind im Streit um die Vormachtstellung der päpstlichen oder kaiserlichen Autorität erbitterte Gegner der Guelfen, die auf der Seite Ottos IV. (1198–1218) und des Papstes stehen. Auch nach dem Ende der Stauferherrschaft dauert die Feindschaft bis ins 16. Jh. an.

Graf (althdt. gravo, grafio; zu lat. graphio, von grch. grapheús, »königl. Beamter«, aber auch »Schreiber«), in neuerer Zeit ein Adelstitel, im frühen Mittelalter ein königlicher Amtsträger und Stellvertreter des Königs in einem bestimmten Amtsbezirk (Grafschaft) oder in einem bestimmten Sachbereich (Burggraf, Pfalzgraf, Königsboten). Höchster Graf ist der Markgraf, der die Position eines militärischen Befehlshabers innerhalb einer Grenzmark (einem Grenzterritorium, das im Vorland des Fränkischen beziehungsweise des entstehenden Heiligen Römi-

schen Reiches der Sicherung des Reichsgebietes dient) übernimmt und als königlicher Beamter durch mehr Selbstständigkeit und Gewalt als andere ausgezeichnet ist. Im Allgemeinen sorgt der stets dem Adel entstammende und aus der königlichen Gefolgschaft hervorgegangene Graf in seinem Amtsbereich für die Durchsetzung der königlichen Wehr-, Rechts-, Verwaltungs- und Finanzhoheit. Die letztendlich im merowingisch-frühkarolingischen Reich erarbeitete Grafschaftsverfassung erhält Vorbildfunktion für das gesamte Abendland. Noch heute existieren vergleichbare Grafschaften in Großbritannien (siehe: Markgrafschaft).

Guelfen (ital., »Welfen«), von 1212 bis 1218 Florentiner Anhänger des Welfen Otto IV. (1198–1218) und des Papstes. Sie sind unversöhnliche Gegner der Ghibellinen im Streit um die Vormachtstellung kaiserlicher oder päpstlicher Autorität. Die Feindschaft hält bis ins 16. Jh. an.

Handel, im weiteren Sinne die durch Verkauf, aber auch durch Miete, Pacht oder Besitzübergabe erfolgte Übertragung von Wirtschaftsgütern. In der Praxis bezieht sich der Begriff zumeist auf den Austausch von Sachgütern.
Der Tausch von Gütern ist in allen Gesellschaftsformen und zu allen Zeiten anzutreffen. So kennt bereits das Altertum Läden, Einkaufsstraßen und den Fernhandel. In der Nachfolge von Ägypten, Babylonien, Kreta und Phönizien entwickelt sich Ende des 8. Jhs. vor allem Griechenland zu einem führenden Gewerbe- und Handelsstaat. Die größte Bedeutung fällt jedoch dem Imperium Romanum zu. Durch das so genannte römische Recht und die Einführung einheitlicher Münzen, Maße und Gewichte sorgt es für einen geregelten Warenaustausch innerhalb des Mittelmeerraumes.
Die Invasionen der Araber und Wikinger bedingen erhebliche Einschnitte in der Entwicklung der etablierten Handelsverflechtungen. Die größten Veränderungen ergeben sich im 12. Jh., als sich die umherziehenden Wanderkaufleute niederlassen und neue Städte gründen. Zeitgleich gewinnt die Hanse und hier vor allem die Deutsche Hanse durch die anstehenden Kreuzzüge an Gewicht. England und die Niederlande entwickeln sich im Laufe des 16. Jh.s zu den größten Seemacht-Nationen Europas. Das 17. und 18. Jh. sind durch den Merkantilismus (eine sich im Zeitalter des Absolutismus entwickelte Wirtschaftspolitik, die der Vergrößerung des nationalen Reichtums und der Macht des Staates dient) und durch den zunehmenden Freihandel geprägt.
Im 19. Jh. erwirkt die Industrielle Revolution durch die deutliche Steigerung der gewerblichen Produktion, durch die Umwälzungen im Verkehrs- und Nachrichtenwesen, durch die Neuerungen im Geld- und Kreditwesen wie auch durch den Abbau der Zollschranken eine Basis, auf der sich der Welthandel verflechten und ausweiten kann. Der Erste Weltkrieg zerstört dieses Gefüge. Ein weiterer schwerer Rückschlag erfolgt durch die Weltwirtschaftskrise (1929–1932). Erst nach dem Zweiten Weltkrieg nimmt der Handel erneut einen raschen Aufschwung, wobei seit den 50er-Jahren vor allem Großbetriebsformen jeglicher Art expandieren.

Herzog (althdt. herizoho, herizogo, »Heerführer«), ursprünglich der für die Dauer eines Kriegszuges erwählte oberste militärische Heerführer, in neuerer Zeit die Bezeichnung des zwischen dem Großherzog und dem Fürsten einzuordnenden Ranges. Im spätmittelalterlichen und frühneuzeitlichen Italien werden auch mächtige Stadtherren in den Stand eines Herzogs erhoben (Mailand, Florenz).

Inquisition (von lat. inquisitio, »Untersuchung, Erforschung«), Institution der mittelalterlichen Kirche zur Verfolgung von Ketzern, Häretikern und Straftaten; seit 1231 Ernennung päpstlicher Inquisitoren (bevorzugt Dominikaner und Franziskaner). Durch Papst Gregor IX. (1227–1241) und die 1234 veröffentlichte Dekretalensammlung wird die Inquisition zu einer päpstlichen Institution (»Sanctum Officium«) ausgebaut; später Ausweitung auf andere Delikte wie Zauberei, Hexerei oder Wahrsagen (siehe: Reconquista).

Ketzer (grch., »die Reinen«), im Spätmittelalter entstandene Bezeichnung für Menschen, die in ihrer religiösen Überzeugung von der kirchlichen Lehre abweichen. Seit dem 2. Jh. n. Chr. werden sie zunächst als Häretiker bezeichnet. Erst im Mittelalter setzt sich der mit »Häresie« gleichbedeutende Begriff »Ketzerei« durch. Schon seit der 2. Hälfte des 3. Jh.s werden Häretiker verhört und abgeurteilt. Zu einer breiten Ketzerbewegung kommt es im Mittelalter. Auslöser hierfür sind religiöse Bewegungen, die von Laien – und damit von nicht dem Klerus zugehörigen Gläubigen – angeführt werden. Eine dieser Gruppen, die sich um die Mitte des 12. Jh.s in den deutschen Rheingebieten vereint, trägt den Namen Katharer. Von ihnen leitet sich seit dem 13. Jh. der für die Anhänger häretischer Sekten genutzte Sammelbegriff »Ketzer« ab. Leitidee dieser Gruppierung ist das radikal durchgeführte Armutsgebot, die asketische Lebensführung und die Verbreitung der Lehren durch Wanderprediger.
Auf diese religiösen Tendenzen reagiert die römische Kirche zunächst mit gütlichen Bekehrungsversuchen, später mit Kirchenstrafen. Seit dem späten 12. Jh. erkennt das weltliche Gericht grundsätzlich die Verpflichtung an, mit Strafen gegen denjenigen vorzugehen, der die universale Kirchenordnung in Frage stellt.
Um die Ketzerei vollends auszumerzen, führt die Kirche die so genannten Inquisitionsprozesse ein. Sie umfassen eine methodische Untersuchung, die Befragung von Zeugen und die Herbeiführung von Geständnissen (Folter). Seit dem 13. Jh. verschärft sich die Verfolgung der Ketzer zunehmend, wobei das Vorgehen auch auf die Verfolgung der Hexen übertragen wird.

Kirchenstaat, der seit dem 4. Jh. von der Römischen Kirche in Mittel- und Süditalien unter der Oberhoheit des Papstes stehende Grundbesitz, seit dem 6. Jh. »Patrimonium Petri« genannt. In den politischen Auseinandersetzungen der folgenden Jahrhunderte immer wieder in Frage gestellt, vereinnahmt und beschnitten, wird er erst von Julius II. (1443–1513) in größerem Umfang wieder eingesetzt. Nach der Französischen Revolution von Napoleon 1809 eingezogen, wird er durch den Wiener Kongress 1815 wieder

hergestellt und 1870 dem Königreich Italien einverleibt. Erst durch die Lateranverträge von 1929 zwischen dem Heiligen Stuhl und dem Königreich Italien entsteht ein neuer souveräner Staat als Stato della Città del Vaticano (Staat der Vatikanstadt) innerhalb des Stadtgebietes von Rom (unter dem Einschluss einiger exterritorialer Kirchen und Paläste in Rom), in dem der Papst Inhaber aller Staatsgewalt ist. Der Vatikan verfügt über eine eigene Päpstliche Kommission mit gesetzgebender und überwachender Funktion, eigene Presseorgane und eine Rundfunkanstalt.

Koadjutor (lat. coadiutor, »Mitgehilfe«), Gehilfe eines katholischen Geistlichen, zum Beispiel der einem regierenden Bischof zur Seite gestellte Beistand mit dem Recht der Nachfolge.

Kongregation (lat. congregatio, »Versammlung«; zu lat. grex, gregis, »Herde«), eine Versammlung, Vereinigung (mit oder ohne Gelübde) oder eine Klostergenossenschaft. Als Kongregation bezeichnet man auch den Verband mehrerer Klöster eines Ordens.

Schlacht zwischen Pyrrhos and Penthesilea, Königin der Amazonen (Detail), um 1286, Ms. 17, Add. 15268, fol. 128r, The British Library, London

Generalkongregationen sind übergeordnete Versammlungen, so auch die regelmäßig – oder, wie im Fall der Jesuiten, auf besondere Veranlassung – zusammengerufenen weltweiten »Parlamente« eines Ordens. Die Versammlungen, die nur einen Teil der zu erörternden Fragen betreffen, werden auch als Partikularkongregationen bezeichnet. Sie können auch auf eine bestimmte Personengruppe eingeschränkt sein, wie zum Beispiel eine Theologenkongregation. Grundsätzliche, die katholische Kirche betreffende (Verwaltungs-)Fragen bearbeitet als dauerhafte Einrichtung die Kurienkongregation in Rom. Sie setzt sich aus Kurienkardinälen, auswärtigen Kardinälen und Bischöfen zusammen und bildet ihre Geschäftsbereiche nach inhaltlichen Schwerpunkten, wie etwa die Kongregation für die Disziplin der Sakramente und des Gottesdienstes, die Kongregation für die Selig- und Heiligsprechung oder die Kongregation für das katholische Unterrichtswesen.

Konklave (lat. conclave, »verschließbarer Raum«), der räumlich streng abgeriegelte Versammlungsort, in dem die Wahl eines Papstes vollzogen wird; die Versammlung der Kardinäle zur Papstwahl.

Konsistorium (lat. consistorium, »Versammlungsort«; zu lat. consistere, »sich hinstellen, sich aufstellen«), die Vollversammlung der Kardinäle unter dem Vorsitz des Papstes. Ein Gremium, das zum Teil unter Ausschluss der Öffentlichkeit kirchenpolitische Entscheidungen fällt (Kardinals- und Bischofsernennungen, Pfründenvergabe).

Konzil (lat., »Zusammenkunft«, »Versammlung«), in der christlichen Kirche die Versammlung von kirchlichen Repräsentanten zur Beratung und Entscheidung kirchlicher Angelegenheiten.
Die in altkirchlicher Zeit abgehaltenen Versammlungen werden als Synoden bezeichnet. Von ihnen kommt den ersten sieben eine besondere Bedeutung innerhalb der Kirchengeschichte zu. Denn ökumenisch, das heißt gesamtkirchlich einberufen, bilden die auf diesen Synoden gefassten Beschlüsse auch heute noch die Grundlage für alle großen christlichen Kirchen. Im fränkischen Reich der Karolinger treten Reichs- und Landessynoden zur Klärung verschiedener kirchlicher Fragen unter weltlicher Leitung zusammen. Diese Tradition setzen die Reichssynoden der ottonischen und salischen Könige fort.
Demgegenüber wird es seit dem 11. Jh. immer üblicher, unter päpstlicher Aufforderung auch Bischöfe der weiteren Umgebung und von außeritalienischen Kirchenprovinzen zu Konzilen einzuladen. Plenarversammlungen entstehen, die sich zu den großen Konzilen des Hochmittelalters entwickeln. Die in diesem Zeitalter wichtigsten vier Konzile werden (nach ihrem Tagungsort, dem Lateran in Rom) als Laterankonzile bezeichnet und befassen sich vorrangig mit Fragen zur päpstlichen Kirchenpolitik (wie etwa der Durchführung von Kreuzzügen). Die Meinung, dass Konzile der Berufung und der Leitung durch den Papst bedürfen, setzt sich dabei immer mehr durch. Doch führt gerade dieser Aspekt zu neuen Konflikten. Schon im 14. Jh. bahnt sich die Anschauung an, dass Konzile die höchste Repräsentation der Kirche verkörpern. Im Konzil von Konstanz (1414–1418) bestätigt sich diese Konzilsuperiorität und wird im Konzil von Basel (1431–1437/1449) erneut bezeugt.
Nach dem 1983 verfassten katholischen Kirchenrecht bedürfen die Beschlüsse eines Konzils päpstlicher Billigung. Von den ökumenischen (gesamtkirchlichen) Konzilen werden als gesetzgebende Organe der Teilkirche folgende Konzile unterschieden: das Provinzialkonzil der Bischöfe einer Kirchenprovinz und das Plenarkonzil von Bischöfen mehrerer Kirchenprovinzen.

Kreuzzug, im Allgemeinen ein von der Kirche im Mittelalter geförderter Kriegszug gegen »Ungläubige« und Ketzer mit dem Ziel der Bewahrung oder Verbreitung des katholischen Glaubens. Im Besonderen bezeichnet der Kreuzzug die kriegerischen Unternehmungen der abendländischen Christenheit zur Rückeroberung des Heiligen Landes.
Noch bis ungefähr 1000 n. Chr. vertritt die Kirche den Grundsatz, dass ein offensiv geführter Krieg mit dem christlichen Gebot der Gewaltlosigkeit nicht in Einklang zu bringen sei. Demgegenüber setzt sich im 11. Jh. die allgemeine Überzeugung durch, dass der Glaubenskampf eine berechtigte Kriegshandlung miteinschließe. Dieser Ansicht stimmen die Päpste

nicht nur zu, vielmehr startet Papst Urban II. am 27.11.1095 den ersten großen Aufruf zum Auszug. Die Kampfbereiten heften sich ein rotes Kreuz auf die Schulter, leisten den Kreuzfahrereid und erhalten Nachlass ihrer Bußstrafen. Eine allgemeine Kreuzzugsbewegung entsteht, die mit der Gründung neuer geistlicher Orden (Deutscher Orden, Kreuzherrenorden etc.) und einer allgemeinen Aufwertung der Kreuzfrömmigkeit einhergeht.

Die bekanntesten Kreuzzüge erfolgen zwischen 1096 und 1270 und richten sich gegen Palästina. Ziel dieser Unternehmungen ist es, die von den Seldschuken besetzten heiligen Stätten der Christenheit zurückzuerobern oder wenigstens den Zugang zu ihnen zu sichern. Dabei bleibt die Grundidee des Kreuzzuges niemals frei von dem Wunsch, herrschaftliche wie auch wirtschaftliche Eigeninteressen durchzusetzen. Jedoch erzielen die mit großen menschlichen Verlusten durchgeführten Kreuzzüge keine anhaltenden politischen Erfolge. Stattdessen sichern sie die Handelswege Venedigs und anderer italienischer Stadtstaaten im östlichen Mittelmeerraum für lange Zeit. Auch werden Berührungspunkte mit Byzanz und der islamischen Welt und damit die Voraussetzungen, griechisch-orientalisches Geistesgut ins Abendland zu überführen, geschaffen.

Kurienkardinal (siehe: Kongregation)

Landsknecht (mittelhochdt. lantkneht, »Gerichtsdiener, Häscher für ein Gebiet«), seit dem 15. Jh. Bezeichnung für einen im Lande zu Kriegsdiensten angeworbenen Fußsöldner. Bewehrt mit langen Spießen, Lanzen oder Hellebarden (Lanzenwaffen mit Reißhaken, beilartigen Eisenspitzen), vereinzelt auch mit Feuerwaffen ausgerüstet, werden die Landsknechte unter wechselnder Heerführerschaft eingesetzt und kämpfen gegen Geld (Sold) in 500 Mann starken Abteilungen, die von einem Hauptmann geführt werden. Die Reiterheere werden zunehmend von diesen Fußkämpfern verdrängt oder mit ihnen kombiniert. Als »Vater der Landsknechte« gilt Maximilian I., der in seinen zahlreichen Kriegszügen erstmals Landsknechte einsetzt.

Lanzichenecchi (siehe: Landsknechte)

Logothet (grch. logothetes, »der die Rechnung Abfordernde und Prüfende«), der Kanzler im Byzantinischen Reich; bis zum 13. Jh. Titel eines höheren byzantinischen Beamten, der mit unterschiedlichen Funktionen und Aufgaben betraut ist. Der Logothet ist zum Beispiel verantwortlich für die kaiserliche Kanzlei und das Ausstellen der Urkunden, außerdem der Halter des königlichen Siegels. Auch der Lehrer Konstantins des Großen (um 280–337 n. Chr.) wird als Logothet bezeichnet.

Markgrafschaft, der Verwaltungsbezirk eines Markgrafen und das ursprünglich aus einer Mark bestehende Territorium (engl. mark, »Grenze«; zu althochdt. marca, marha), einem umgrenzten Gebiet, das seit Karl dem Großen von einem Markgrafen befehligt wurde. Aus den Markgrafschaften der Karolingerzeit entwickeln sich im Verlauf der Geschichte die so genannten Stammesherzogtümer (siehe: Graf).

Markt (zu lat. mercatus, »Handel«, »(Jahr)markt«), im Allgemeinen der Ort einer Siedlung, an dem sich das öffentliche Leben abspielt, im Besonderen der für den Tausch und Verkauf von Waren vorgesehene Platz.

In frühester Zeit konzentriert sich der Handel an Schnittpunkten wichtiger Verkehrswege, an Flussübergängen oder in der Nähe von religiösen und politischen Zentren. In der Antike (Forum) und im Mittelalter spielt der Marktplatz eine wesentliche Rolle bei der Entwicklung des Städtewesens. Dabei liegen die Marktplätze meist in der Mitte der Stadt, Seite an Seite mit den wichtigsten städtischen Verwaltungs- und Wirtschaftsgebäuden sowie den Patrizierhäusern und der Kirche. Größere Städte verfügen häufig über mehrere Marktplätze oder Marktstraßen für die verschiedensten Erzeugnisse (Vieh-, Gemüse-, Fischmarkt etc.).

Als Treffpunkt größerer Menschenmengen und als Sammelpunkt zahlreicher Waren bedarf der Markt zu jeder Zeit eines besonderen Rechtsschutzes und einer besonderen Friedensgarantie. Für beides sorgt der so genannte Marktfrieden. Ihn garantieren seit der Mitte des 10. Jh.s zahlreiche geistliche und weltliche Herren, denen das Recht zufällt, Märkte abzuhalten. Die Marktrechte beinhalten die Möglichkeit, Abgaben (Marktzölle) von den Besuchern zu erheben, Anordnungen über Anbietepflicht (Stapel- und Niederlagsrecht) oder über die Einhaltung bestimmter Straßen und Wege (Wegezwang) zu treffen. Das Marktrechtsprivileg des Marktherrn verbindet sich zumeist mit dem so genannten Münzrecht.

Mäzenatentum, die Förderung von Künstlern durch einen oder mehrere großzügige Gönner. Die Bezeichnung leitet sich ab von dem aus etruskischer Familie stammenden Römer Gaius Maecenas (um 70–8 v. Chr.), der als Vertrauter des Kaisers Augustus (63 v. Chr.–14 n. Chr.) in seinem Palast auf dem Esquilin – einem der sieben Hügel Roms, auf dem in der Kaiserzeit viele monumentale Bauten errichtet werden – berühmte Dichter seiner Zeit empfängt, wie zum Beispiel Vergil (70–19 v. Chr.) und Horaz (65–8 v. Chr.).

Münze (althdt. Munizza, zu lat. moneta, »Münzstätte«, »Münze«), eine weltweit verbreitete Form des Metallgeldes, dessen beständiger Wert durch das eingeprägte Münzbild garantiert wird. Die ersten gegossenen Münzen aus Bronze sind wahrscheinlich schon im 12. Jh. v. Chr. in China hergestellt worden. Sie bleiben jedoch ohne Auswirkungen auf den kleinasiatisch-griechischen Kulturkreis, wo im 7. Jh. v. Chr. die ersten Münzen aus Elektrum, einer natürlich vorkommenden Legierung aus Gold und Silber, geprägt werden. Wichtigste Handelsmünze der griechischen Antike wird die silberne Tetradrachme, die mit dem Bild einer Eule (daher das Sprichwort

Tiara der Constanze von Aragon, Kathedrale, Palermo

»Eulen nach Athen tragen« versehen ist. Nach dem silbernen Denar des antiken Römischen Reiches, dem Solidus zu Zeiten Konstantins des Großen und dem Triens im Fränkischen Reich entsteht 1266 mit dem französischen Denarius Grossus Turonensis der Grundtypus des Groschens. Der Ursprung der spätmittelalterlichen Goldmünze liegt in Italien (z. B. Ducato, Zecchino, Fiorino). Um 1500 beginnt schließlich die Massenproduktion des Talers. Diese große Silbermünze wird von allen europäischen Staaten übernommen und als Peso oder Dollar zur wichtigsten Münze der Neuen Welt. Tatsächlich wird in Deutschland der Taler erst nach der Gründung des deutschen Kaiserreichs 1871 durch die Mark verdrängt. Der zunächst in Italien geprägte Taler erhält den Namen Scudo. Diese für Großsilbermünzen und Goldmünzen gewählte Bezeichnung leitet sich von dem ursprünglichen Wappenschild (lat. scutum, »längliches Schild«) ab.

Das Recht, Münzen zu prägen, steht grundsätzlich dem Münzherrn als dem Inhaber der Münzhoheit (Münzregal) zu. Ursprünglich ist dieses Recht ausschließlich dem König vorbehalten, wird seit dem 10. Jh. aber auch Bischöfen und seit dem 12. Jh. Herzögen oder Grafen verliehen. Damit setzt eine territoriale Ausbreitung der Münzstätten ein, die zu höchst vielfältigen Geprägen unterschiedlichen Wertes und regional beschränkter Verwendungsmöglichkeiten der jeweiligen Münze führt. Später üben in Deutschland die Kurfürsten und die übrigen Reichsstände das Münzrecht aus. Heutzutage obliegt das Münzrecht dem Staat.

Orden (lat. ordo, »Reihe«, »Ordnung«, »Stand«, »Rang«), der Zusammenschluss von Personen, die sich bestimmten Regeln unterworfen und gewisse Verpflichtungen übernommen haben. In der katholischen Kirche spricht man von religiösen Ordensgemeinschaften, wenn die Mitglieder die Gelübde der Keuschheit, des Gehorsams und der Armut abgelegt und sich zu einem gemeinschaftlichen Leben unter einem Oberen wie auch zu einem Leben nach einer bestimmten Ordnung (Regel, Konstitution) verpflichten. Eine Wurzel der Ordensgemeinschaften besteht im frühchristlichen Mönchtum, eine zweite Wurzel bilden die im Mittelalter nicht nach Mönchsregeln, sondern nach den Richtlinien für Kleriker lebenden Chorherrengemeinschaften, die ihre Hauptaufgaben im gemeinsamen Chordienst und Unterricht sowie in der Seelsorge und Wissenschaft sehen. Die früheste und wesentlichste Grundlage für diese oftmals in Klöstern zusammengefassten Gemeinschaften bildet das von Benedikt von Nursia (um 480–547 n. Chr.) formulierte Gesetzbuch, die »Regula Sancti Benedicti«. Sie wird in der von Abt Benedikt von Aniane (um 750–821 n. Chr.) ergänzten Form für alle Klostergemeinschaften im Reich Karls des Großen und Ludwig des Frommen verbindlich. Die Klöster, die sich dieser Ordnung unterwerfen, bilden den Benediktinerorden. Ihm gegenüber wird der zu Beginn des 12. Jh.s gegründete Zisterzienserorden zum wichtigsten Reformorden.

Im 13. Jh. entstehen die Bettelorden. Zu ihnen zählt vor allem der den Regeln des Franz von Assisi (1181/82–1226) folgende Franziskanerorden, der streng auf die einzuhaltende Besitzlosigkeit der Klöster achtet, die Durchsetzung einer zentralistischen Verfassung sowie die verstärkte Ausrichtung auf die Seelsorge und die Mission anstrebt. Weitere Bettelorden sind die Karmeliter und die Dominikaner, die der Augustinerregel folgen.

Im Zuge der Gegenreformation des 16. Jh. werden mehrere neue Orden (wie etwa die Barnabiten oder Jesuiten) gegründet, die sich die Verbreitung der Reformidee zur Aufgabe machen. Mit ihnen kristallisiert sich die Unterscheidung zwischen den eigentlichen Orden mit lebenslang bindenden Gelübden und den so genannten Kongregationen (kirchlichen Vereinigungen) heraus, deren Mitglieder nur einfache Gelübde ablegen. Die vor allem im 19. Jh. entstehenden kirchlichen Vereinigungen widmen sich zumeist der Krankenpflege und dem Erziehungswesen.

Päpstlicher Dispens (lat. dispensatio, »Verteilung, Verwaltung«; zu lat. dispensare, »verwalten, haushalten, einteilen«), die Befreiung von kirchenrechtlichen Gesetzen und Verpflichtungen, zum Beispiel von einer bestehenden Ehe, was für kinderlos gebliebene und um ihre Nachfolge besorgte Herrscher von besonderer Wichtigkeit ist. Der päpstliche Dispens erlaubt die Scheidung beziehungsweise Annullierung einer Ehe und befreit von den damit verbundenen Kirchenstrafen.

Päpstlicher Legat (lat. legatus, »Gesandter«; zu lat. legare, »von Amts wegen absenden«), ein Repräsentant und Bevollmächtigter des Papstes, steht als sein unmittelbarer Abgesandter in der kirchlichen Hierarchie (Rangordnung) über den Bischöfen. Der Päpstliche Legat erledigt im Auftrag des Papstes kirchliche Verwaltungsaufgaben.

Papsttum, Amt und Institution des Oberhauptes der römisch-katholischen Kirche. Das Pontifikat (lat. pontificatus, »Amt und Würde eines Oberpriesters«) bezeichnet die Amts- oder Regierungszeit des eingesetzten Papstes.

Unter Berufung auf das Neue Testament (Matthäus 16, 16–19) entsteht seit Ende des 2. Jh.s die Überzeugung, dass der Papst als Bischof von Rom immer auch der Nachfolger des Apostels Petrus sei. Diese Auffassung sowie die politische und kulturelle Bedeutung Roms als Hauptstadt des Römischen Reiches verhelfen der römischen Kirche zu Ansehen und verschaffen ihr eine bedeutende Vorrangstellung, die sich im 4. Jh. noch festigt, als die kaiserliche Residenz von Rom nach Byzanz (Konstantinopel) verlegt wird und der Bischof nunmehr auch weltliche Aufgaben übernimmt.

Im Mittelalter kann die Machtstellung des Papsttums noch ausgebaut werden. Auch das Bündnis mit dem Fränkischen Reich – durch Taufe des Frankenkönigs Chlodwig I. (498 n. Chr.) – ist ein geschickter Schachzug des päpstlichen Machtstrebens und für die Entwicklung des Reichskirchensystems beziehungsweise des Kirchenstaates von großer Bedeutung.

Eine Einschränkung der päpstlichen Machtposition, die mit der weitreichenden Abhängigkeit des Papsttums von weltlichen Regenten einhergeht, vollzieht sich im Laufe des 10. Jh.s. Der zwischen dem römischen Königtum und dem Papst erfolgte Investitur-

streit und die Bannung König Heinrichs IV. durch Papst Gregor VII. (1076) belegt hingegen, was für eine privilegierte Stellung das Papsttum im 11. Jh. hat.

Im 12. und 13. Jh. sieht das Papsttum seine Hauptaufgaben in der Bekämpfung der Häretiker (Ketzer), sowie der Durchführung von Kreuzzügen und steht in ständigem Konflikt mit den Stauferkönigen. Der Streit um den Vorrang geistlicher oder weltlicher Gewalten führt im Jahre 1309 unter Papst Clemens V. dazu, dass die päpstliche Residenz von Rom nach Avignon verlegt wird. Erst 1376 findet diese Zeit im französischen Exil mit dem erneuten Umzug der Päpste nach Rom ein Ende.

Zahlreiche innerkirchliche Reformbestrebungen prägen das Papsttum des 14., 15. und 16. Jh.s. Dabei zeichnen sich vor allem die Renaissancepäpste als Förderer der Künste aus. Das Konzil von Trient (1545–1563) führt zu einer innerkirchlichen Erneuerung, die auch für das heutige Papsttum bestimmend ist (siehe: Pontifikat).

Partikularkongregation (siehe: Kongregation)

Pontifikat (lat. pontificatus, »die Würde des Oberpriesters«), Amtszeit eines Bischofs oder Papstes (siehe: Papsttum).

Präfekt (lat. praefectus, »Vorgesetzter«; zu lat. praeficere, »an die Spitze stellen, Aufsicht, Führung übertragen«), hoher Zivil- oder Heeresbeamter in der römischen Kaiserzeit. Der Präfekt hat seinen Amtssitz in der Präfektur.

Prälat (mittellat. praelatus, »höherer geistlicher Würdenträger«; zu lat. praefere, »vorantragen, vorziehen, vorauseilen«), in der katholischen Kirche ein Vorsteher und hoher Amtsträger (zum Beispiel ein Bischof oder ein Abt) sowie ein hoher Beamter der Römischen Kurie (zentrale Verwaltungsbehörde des Papstes).

Frühstück im Garten von Massimiliano Sforza, Castello Sforzesco, Mailand

Quattrocento (ital., »vierhundert«), italienische Bezeichnung für das 15. Jh.

Reconquista (span., »Wiedereroberung«), Rückeroberung der von den Mauren 711 besetzten Gebiete Spaniens durch die Christen vom 8. bis zum ausgehenden 15. Jh. (siehe: Inquisition).

Religionskriege, die durch religiöse Glaubensgegensätze hervorgerufenen Kriege. Zum Teil als »Heiliger Krieg« (im Islam »Djihad«) ausgerufen, werden diese kriegerischen Auseinandersetzungen aufgrund religiöser Überzeugungen in vermeintlich göttlichem Auftrag geführt, so die Kreuzzüge vom Ende des 11. bis zum Ende des 13. Jh.s, aber auch die Feldzüge gegen die »Ungläubigen« und Ketzer (Albigenser, Katharer). Besonders die Feldzüge Kaiser Karls V. (1500–1558) gegen die Anhänger der Reformation im Schmalkaldischen Krieg (1546) und die Hugenottenkriege, eine Reihe von acht, zeitlich dicht aufeinanderfolgenden Bürgerkriegen im Frankreich des 16. Jh.s, zählen zu den Religionskriegen.

Römische Kurie (lat. curia, »Senatsversammlungen [in Rom], Senatshaus, Rathaus«), alle kirchlichen Behörden, die zur Leitung der katholischen Kirche gehören und den päpstlichen Hofstaat bilden.

Schisma (grch., »Spaltung«), die nicht dogmatisch begründete Kirchenspaltung. Das »große abendländische Schisma« innerhalb der katholischen Kirche, bei dem sich zwei Päpste in Avignon und Rom gegenüberstanden, dauerte von 1378 bis 1417.

Schweizergarde, Leib- und Schutzgarde des Papstes; Wachgarde des Vatikans. Ursprünglich waren es die im späten Mittelalter aufkommenden Schweizer Söldnertruppen, die vor allem in Frankreich besonders wegen ihrer Tapferkeit als Leibwachen eingesetzt wurden.

Scudo (ital., »Schild, Fünflirestück, Schutz«; Pl. scudi; zu lat. scutum, »viereckiger, hölzerner Langschild, mit Leder bezogen«), alte italienische Münze, ein Silbertaler, heute landläufig ein Fünflirestück (siehe: Münze).

Signoria (ital., »Herrschaft«), seit dem späten Mittelalter leitender Rat beziehungsweise Regierung italienischer Städte. Meist hat den Vorsitz eine einzelne Familie.

Stand, eine rechtlich und sozial abgeschlossene Gruppe in einem hierarchisch, d. h. pyramidal angeordneten Gesellschaftssystem. Generell unterscheidet man zwischen dem durch Abstammung begründeten Geburtsstand und dem aufgrund der gesellschaftlichen Funktion bestimmten Berufsstand. Jeder dieser Stände unterliegt eigenen Verhaltensnormen (zum Beispiel der Standesehre) und entwickelt häufig eine eigene Stände- kultur. In der so genannten Ständegesellschaft ist jeder Stand durch bestimmte Ordnungsvorstellungen und darauf aufbauende Rechtsvorschriften abgesichert. Dabei wird im Allgemeinen davon ausgegangen, dass alle Stände die jeweils gegebene Ordnung anerkennen. In germanischer Zeit lassen sich drei Geburtsstände voneinander unterscheiden: der Adel, die Freien und die Minderfreien. Im Mittelalter kommt der Berufsstand (und hier vor allem der Ritterstand) hinzu. In den Territorialstaaten bilden beispielsweise Beamte oder Offiziere neue Berufsgruppen.

Der Ständestaat als Staatswesen kennzeichnet den Übergang von der feudalen Ordnung des Mittelalters zum modernen Verfassungsstaat. Dabei ist es das früheste Anliegen der Ständeversammlungen, sich mit Hilfe politischer und finanzieller Unterstützung des Landesherrn bestimmte Vorrechte zu garantieren. Aus diesen Herrschaftsverträgen leitet sich im Mittelalter und in der Neuzeit eine zunehmende Mit- und Selbstregierung ab.

Tercieros (siehe: Landsknechte)

Territorium (lat., »zu einer Stadt gehörendes Ackerland«, »Stadtgebiet«), im Allgemeinen ein Gebiet oder Land. Begrifflich verbindet man mit dem Territorium seit dem Mittelalter die Herrschaft über ein bestimmtes Gebiet. Somit wandelt sich die Bezeichnung zu einem Fachausdruck für ein umgrenztes Land, in dem herrschaftliche Rechte ausgeübt werden.

Im Heiligen Römischen Reich – und hier vom Spätmittelalter bis zum Jahre 1806 – bezeichnet das Territorium das Gerichtsgebiet, in dem das Administrations- und das Justizrecht ausgeübt werden. Beide gehören zum Aufgabenbereich des Landesherrn, der dem Territorialgebiet vorsteht. Träger dieser neuen Herrschaftsform werden zunächst die Herzöge, schließlich auch die herzogsgleichen Mark- und Burggrafen. Später weitet sich ihre Befugnis auf die so genannte Landeshoheit aus, wodurch sich das Territorium zum Territorialstaat wandelt.

Die Landesherrschaft kann nur der über große Besitztümer verfügende Hochadel erwerben, der zumeist auch die so genannten Vogteirechte über Klöster und Kirchen innehat. Die aus diesen Besitzungen stammenden Einkünfte dienen Kauf-, Tausch-, Pfandschafts- und Erbgelegenheiten, was eine aktive Territorialpolitik mit sich zieht.

Neben ihrer Gerichtsbarkeit besitzen die Landesherrn seit dem Spätmittelalter die Befugnis, allgemein gültige Gebote und Verbote zu erlassen, die für die Regelung vieler Fragen des täglichen Lebens von Bedeutung sind. Ebenfalls zu den Vorrechten der Landesherrn gehört, ihre Untertanen zu Steuerleistungen heranzuziehen und bei Bedrohung des Landes zu Kriegsdienstleistungen zu zwingen, was im 15. Jh. zu besonders starken Repressionen führt.

In der Neuzeit gestalten sich die Beziehungen zwischen den adeligen Herren und den ihnen Untergebenen in neuer Weise und bedingen die Bildung des Obrigkeitsstaates. Indem sich diese Veränderung in den Territorien vollzieht, gewinnen die Länder in der Geschichte des Reichsgebietes an Bedeutung.

Theokratischer Staat/Theokratie (grch. theos, »Gott« und kratos, »Stärke, Macht, Gewalt«), eine Herrschaftsform, in der die staatliche und religiöse Ordnung eine Einheit bilden und die Regierungsgewalt in der Regel von der Priesterschaft ausgeübt wird; auch eine Monarchie, in der der Monarch als Gott oder Stellvertreter Gottes gilt.

Theologenkongregation (siehe: Kongregation)

Trecento (ital., »dreihundert«), italienische Bezeichnung für das 14. Jh.

Vasall (frz. vassal, mittellat. vasallus, »Ritter, Junker«), der im Mittelalter in einem persönlichen Treueverhältnis zu einem Schutzherrn stehende (freie) Gefolgsmann oder Lehensmann. Die Verpflichtung zu Treue, Dienst und Gehorsam wird als Kommendation (lat. commendatio) bezeichnet – der Vasall legt seine Hände in die des Lehensherrn – und ist ein feierlicher Akt mit verbindlicher Rechtsgültigkeit. Im Gegenzug bietet der Lehensherr dem Vasallen Schutz und Unterhalt, unter anderem in Form von Leihgütern (Benefizium). Die Vasallen sind waffenfähig und bilden im Kriegsfall das Heeresaufgebot.

Vatikan (siehe: Kirchenstaat)

Cassioli Amos (1832–1891), *Lorenzo de'Medici*, Coll. Chigi Saracini, Siena

Via Emilia, eine der bedeutenden antiken Straßen, deren Bau 187 v. Chr. unter dem römischen Konsul Emilius Lepidus begann, und nach der die heutige Region Emilia-Romagna benannt ist. Die Via Emilia verläuft bei einer Gesamtlänge von etwa 262 km von Rimini über Bologna, Modena und Parma bis Piacenza in der Ebene des Po. Über viele Jahrhunderte hat sie sich bis heute als bedeutende Verkehrsstraße gehalten.

Wappen, ursprünglich das Abzeichen für Krieger und ihre Familien, später das Symbol für Adels- und Bürgerfamilien, für Abteien, Bistümer, Städte und Staaten.

Der Ausdruck Wappen leitet sich von der niederdeutschen Form für Waffen ab. Damit ist die wichtigste Verteidigungsform des Ritters, der Schild, gemeint. Auf dem Schild werden bereits seit dem späten 11. Jh. farbige Kennzeichen angebracht, die dazu dienen, den durch die volle Rüstung verdeckten Reiter zu identifizieren. Der Wandel der Kriegstechnik, der den berittenen Kämpfer zum wichtigsten Bestandteil des Kampfaufgebotes macht, gibt den wesentlichen Impuls zur Entstehung des Wappenwesens. So wird das Wappen auch auf dem Helm, dem Waffenrock, der Pferdedecke und auf der Fahne des Ritters aufgetragen. Als älteste Wappenmotive sind Adler und Löwe weit verbreitet. Später werden diese Wappenfiguren durch geometrische Teilungen der Schildfläche (Heroldstücke) ergänzt. Als Beispiele seien die Vierung des

Zollernschildes und die Rautenteilung des Bayernwappens genannt. Ursprünglich werden Wappen nur von Rittern geführt, weshalb sich das Wappenrecht zum Adelsprivileg wandelt. Mit der Möglichkeit einer Erhebung in den Adelsstand erweitert sich die Wappenfähigkeit (Wappenbriefe). Mit dem Wappenrecht ist oftmals das Recht, ein Wappensiegel zu führen und damit Urkunden zu beglaubigen (Siegelmäßigkeit), verbunden.

Mit dem Niedergang des Rittertums verliert auch das Wappen seine militärische Bedeutung. Lediglich im Turnierwesen des späten Mittelalters wird es weiterhin verwendet. Somit haben ab dem 16. Jh. dekorative Wappen ihre Blütezeit. Die bereits im 17. Jh. beginnende wissenschaftliche Erfassung des Wappens setzt sich bis heute fort, wobei Ende des 19. Jh. entscheidende Maßstäbe für den Forschungsbereich der Heraldik (Wappenkunde) gelegt werden.

Zunft (althdt. zumft, »was sich fügt«, »Ordnung«; zu zeman, »sich ziemen«, »sich fügen«, »passen«), im Hochmittelalter die in allen europäischen Städten entstandene Organisationsform von Handwerkern und anderen Berufsgruppen zur Ausübung des gemeinsamen Gewerbes und zur Regelung der wirtschaftlichen Verhältnisse. Die Zünfte gehen teils aus freiwilligen genossenschaftlichen Zusammenschlüssen, teils aus den Anordnungen der Stadtherrn hervor. Von der Obrigkeit (Stadt, Landesherr, Kaiser) werden sie mit dem Monopolrecht, dem alleinigen Vorrecht, bestimmte Produkte herzustellen und zu verkaufen, ausgestattet.

Stehen die Zünfte anfangs allen Gewerbetreibenden offen, entwickeln sie sich später zu kleinen Kreisen von Handwerkerfamilien, die den Markt im Sinne der Gruppe beherrschen. Um in diese privilegierten Organisationen aufgenommen zu werden, ist die Einhaltung der Zunftordnung unabdingbar. Hier werden neben den Bestimmungen über wirtschaftliche und organisatorische Fragen auch die Aufnahmebedingungen festgelegt, zu denen unter anderem die freie und eheliche Geburt, der Nachweis eines Mindestvermögens und eine abgeschlossene Ausbildung gehören. Das Durchsetzungsvermögen der Zünfte gewährt der so genannte Zunftzwang. So ist es nur Mitgliedern der Zünfte gestattet, innerhalb eines räumlichen Geltungsbereiches (der Stadt und ihres Umfeldes) ein bestimmtes Handwerk und Gewerbe auszuüben und die Ware zu verkaufen. Menge, Qualität und Preis unterliegen der Kontrolle der Zünfte. Im Gegenzug garantiert die Zunft ihren Mitgliedern ein standesgemäßes Einkommen.

Die frühesten Urkunden, in denen Zünfte erwähnt werden, stammen aus dem 11. und 12. Jh. Tatsächlich ermöglicht erst die Entstehung von rechts- und friedenssicheren Freiräumen innerhalb der mittelalterlichen Stadt die Bildung von Zünften. Mit dem ausgehenden Mittelalter erstarrt das Zunftwesen bereits wieder, was unter anderem an der mangelnden Flexibilität der Organisation liegt. Ende des 18. Jh.s werden mit der Einführung der Gewerbefreiheit die Zünfte gänzlich aufgehoben. Als neue Formen des beruflichen Zusammenschlusses entstehen die Innungen.

Wichtige Päpste
Eine chronologische Auswahl

Leo I. der Große (440–461)

Ursprünglich aus der Toskana stammend, war sein Name verbunden mit der durch Paulus Diakonus überlieferten Legende seiner Mission zum Hunnenkönig Attila, den er im Jahre 452 zur Aufgabe der Herrschaft über das Po-Gebiet bewegen wollte. Als Folge der Begegnung mit Leo verzichtete Attila auf eine Invasion in Italien und auf die Eroberung Roms. In einer Zeit der Anarchie und des Zusammenbruchs des Römischen Reiches stärkte das Pontifikat dieses Papstes die Vormachtstellung der Kirche über die transalpinen, kriegerischen Völker wie die Hunnen oder Geiserichs Vandalen, aber auch über die zahlreichen christlichen Häretiker des Orients. Leo gehörte 451 zu den Initiatoren des Konzils von Chalkedon, das die Statuten des Konzils von Nikaia bestätigen sollte.

Pelagius II. (579–590)

Während der Jahre seines Pontifikats wurde Rom von den Langobarden belagert. Zwar gelang es Pelagius, einen Waffenstillstand mit dem Langobarden-Anführer Authari (585–589) zu erreichen, die Zerstörung des Klosters von Montecassino durch die Benevent-Langobarden vermochte er jedoch nicht zu verhindern. Pelagius II. wurde ein Opfer der Pestepidemie, die Rom 589 heimsuchte.

Gregor I. der Große (590–604)

Er entstammte einer berühmten römischen Patrizierfamilie, der gens Anicia, die schon einige Generationen zuvor zum Christentum konvertiert war. Erstmals trat Gregor als Präfekt von Rom auf. Später tat er sich als Gründer des Klosters San Andrea und zahlreicher Klöster auf Sizilien hervor, wo seine Familie ausgedehnte Latifundien besaß. Von 579–585 bekleidete er das Amt eines päpstlichen Vertreters am Kaiserhof in Konstantinopel. Seine Wahl zum Papst ist verbunden mit dem wundersamen Ende der Pest, die in der Stadt wütete, und seiner Vision des Erzengels Michael auf dem Hadrian-Mausoleum. Er zeichnete sich aus als vorbildlicher Verwalter des Kirchenbesitzes und als bemerkenswerter Organisator kirchlicher Strukturen. Es gelang ihm, die Beziehungen mit dem fränkischen Geschlecht der Merowinger zu stabilisieren. Die Juden genossen unter seinem Schutz Religionsfreiheit. Er förderte die Gründung karitativer Einrichtungen und begründete auch die berühmte, nach ihm benannte Choralschule.

Stephanus II. (752–757)

Sein Pontifikat leitete die endgültige Abspaltung der Römischen Kirche von Konstantinopel sowie die Allianz des Papsttums mit den karolingischen Herrschern ein. Hierfür begab sich Stephanus persönlich an den Hof Pippins, um diesen zum König der Franken zu krönen. Während seiner Amtszeit hatte die päpstliche Kanzlei das unter dem Namen »Konstantinische Schenkung« bekannt gewordene, falsche Dokument verfasst, das die historische Legitimation für das Papsttum und das Fränkische Reich bilden sollte, diejenigen italienischen Territorien unter sich aufzuteilen, die den Langobarden oder Konstantinopel unterstellt waren. So konnte die Römische Kirche zeitweise auch formal an Macht gewinnen.

Leo III. (795–816)

Der aus armen Verhältnissen stammende Leo III. war der erste Papst nach dem Zusammenbruch des Langobardenreiches. Er versprach Karl dem Großen Treue und Gehorsam, der seinerseits der Kirche seinen Schutz zusicherte. 799 wurde dieser Papst in Folge einer Verschwörung des römischen Adels verwundet und gefangen genommen. Nach seiner Befreiung durch den Herzog von Spoleto flüchtete er zum Frankenkönig, der ihn zurück nach Rom eskortieren ließ. Dort krönte Leo im Jahre 800 Karl zum Kaiser des Heiligen Römischen Reiches. Er war es auch, der die Pläne für die Mauern der Leoninischen Stadt entwarf, die dann erst unter Leo IV. ausgeführt wurden.

Leo IV. (847–855)

Seine Amtszeit fiel in die Epoche der Eroberungszüge der Sarazenen, die eine ernsthafte Bedrohung Roms darstellten. Leo IV. kümmerte sich um die Verteidigung des Territoriums und ließ den Vatikan und die Engelsburg mit einer Wehrmauer umgeben, welche die so genannte Leoninische Stadt umfasste. Gegen die Sarazenen rief er auch eine Allianz der Seestädte Amalfi, Gaeta und Neapel ins Leben, die im Lateran einen Treueschwur ablegten und die Piraten 849 in Ostia schlugen. Darüber hinaus verschrieb sich dieser Papst der Verbreitung des gregorianischen Gesangs.

Gregor VII. (1073–1085)

Schon bevor der Hl. Hildebrand von Sovana zum Papst gewählt wurde, hatte er eine wichtige Rolle bei der Reform der Kirche von Rom gespielt. Als Hauptanliegen seiner Kirchenpolitik propagierte er die Überlegenheit der Kirche über jede andere Macht, die strenge Hierarchisierung des Klerus' und dessen strikte Trennung vom Laientum sowie die scharfe Überwachung des priesterlichen und bischöflichen Zölibats. Mit seinem Programm geriet Papst Gregor in den berühmten Konflikt mit dem Sachsenkaiser Heinrich IV., der als so genannter Investiturstreit in die Geschichte eingehen sollte. Heinrich IV. erklärte sich 1084 zum Herrn über Rom und setzte den Papst in der Engelsburg gefangen. Dieser wurde durch den Normannen Robert Guiscard d'Hauteville befreit, in dessen Obhut er gezwungen war, ihm nach Salerno zu folgen, wo er kurze Zeit später starb.

Anaklet II. (1130–1138)

Als ein Vertreter der mächtigen römischen Familie der Corleoni wurde er trotz seiner regulären Ernennung von der Kurie wegen seiner jüdischen Herkunft heftigst angefeindet. Noch heute wird er in die Reihe der Gegenpäpste gestellt. Er genoss jedoch das Wohlwollen der Normannen im südlichen Italien und krönte kurz nach Antritt seines Amtes Roger II. zum König von Sizilien.

Innozenz III. (1198–1216)

Als Spross der großen Familie der Grafen von Segni studierte der junge Lotario Theologie in Paris und Jurisprudenz in Bologna, bevor er mit nur 38 Jahren Papst wurde. Sein Programm nahm die theokratischen Ideen Gregors VII. wieder auf und bestätigte nochmals das Recht der Kirche zur Intervention nicht nur in allen religiösen, sondern auch in allen politischen Fragen. Nach dem Tode von Kaiser Heinrich VI. von Hohenstaufen 1197 und seiner Gemahlin Constanza d'Altavilla, Königin von Sizilien, im Jahr 1198 wurde Papst Innozenz zum Tutor und Vertreter des jungen Friedrich II. und bestärkte ihn in seinem Recht auf die Kaiserkrone. In der Folge aber entwickelte sich ein Konflikt ungeahnten Ausmaßes zwischen dem jungen Stauferkaiser und dem Papst, dessen Nachfolger die Auseinandersetzungen bis zum Tode des Kaisers 1250 fortführten.

Martin IV. (1281–1285)

Simon de Brion oder de Brie wurde durch die Intervention von Karl d'Anjou zum Pontifex Maximus gewählt. Im Gegenzug sollte er dem weltlichen Herrscher seine bedingungslose Unterstützung gewähren. Da Karl zudem das Amt eines Senators von Rom bekleidete, hatte er den Papst auch 1282 zu Beginn des blutigen Aufstandes gegen die Anjou in Sizilien, der so genannten Sizilianischen Vesper, auf seiner Seite. Aufgrund seiner die Anjou favorisierenden Politik musste Martin IV. stets außerhalb Roms in Orvieto oder Montefiascone residieren. Dante verbreitete in seinem »Fegefeuer« die Legende, dass dieser gefräßige Papst nach dem Verzehr von Aalen an Verdauungsstörungen gestorben sein soll.

Cölestin V. (1294)

Nur fünf Monate dauerte die Amtszeit dieses Papstes, der bürgerlich Pietro da Morrone hieß. Damals lebte er zurückgezogen in der Einsiedelei und gründete auf der Maiella in der Nähe des abruzzischen Sulmona die klösterliche Vereinigung der Eremiten des Hl. Damian, die nach ihm »Coelestini« genannt wurden. Nach zweijährigem Konklave wurde er zum Papst gewählt, bald jedoch ein Opfer politischer Intrigen und Verschwörungen. Schon fünf Monate nach seiner Ernennung verzichtete er auf das Pontifikat und wurde damit zum ersten und einzigen Papst in der Kirchengeschichte, der sein Amt niederlegte. Dafür bezeichnete ihn Dante als »einen, der sich aus Feigheit verweigerte«, während Francesco Petrarca ihn als einen wahren Heiligen rühmte.

Bonifaz VIII. (1294–1303)

Benedetto Caetani entstammte einer römischen Adelsfamilie. Er bestieg den Heiligen Stuhl gegen den Widerstand der Familie Colonna am Heiligen Abend des Jahres 1294. Als großer Kenner des Kanonischen Rechts beschäftigte er sich vor allem mit den Beziehungen des Papsttums zu den entstehenden nationalen Monarchien in Europa. Seine Gegenspieler waren dabei Jakob II. von Aragon und der deutsche, englische und ungarische König sowie vor allem der König von Frankreich, Philipp IV., der Schöne. Gegen ihn erließ Bonifaz zwei Bullen, die dem Papst wieder die geistliche wie auch die weltliche Macht zusprachen. Über seinen juristischen Berater Guillaume von Nogaret versuchte Philipp zunächst, den Papst zur Einberufung eines Konzils zu bewegen. Dann aber verbündete er sich mit den Colonna und ließ den Papst in seiner Residenz in Anagni gefangennehmen. Die Legende erzählt, dass Bonifaz dort während der Tage seiner Gefangenschaft allerhand Schläge und Demütigungen zu erleiden hatte. Nach Rom zurückgekehrt, starb er, ohne zu weiteren politischen Handlungen fähig gewesen zu sein. Papst Bonifaz VIII. ließ 1300 erstmals das Heilige Jahr ausrufen.

Clemens V. (1305–1314)

Bertrand de Got war zuvor Bischof von Bordeaux gewesen. Er begründete die lange Reihe französischer Päpste, die der französischen Monarchie die entscheidende Macht über die Geschicke der Kirche einräumten. Um das Papsttum unter Kontrolle halten zu können, bewegte Philipp der Schöne Papst Clemens V. dazu, den Sitz der Kirche nach Avignon zu verlegen. Die 1308 verkündete Entscheidung wurde ein Jahr später in die Tat umgesetzt.

Gregor XI. (1370–1378)

Unter diesem französischen Papst, der Pierre-Roger de Beaufort hieß und ein Neffe von Clemens VI. war, wurde der Heilige Stuhl wieder ganz von Avignon nach Rom zurück verlegt. Er schlug den Aufstand in den päpstlichen Territorien mit militärischer Gewalt nieder und belegte Florenz gegen die vergeblichen Vermittlungsversuche der Hl. Katharina mit einem Interdikt. Gegen Ende des Jahres 1377 kam er nach Rom zurück und starb dort, noch bevor die rebellierenden päpstlichen Territorien befriedet werden konnten.

Urban VI. (1378-1389)

Der Neapolitaner Bartolomeo Prignano wurde ein Jahr nach der Rückkehr des Heiligen Stuhls nach Rom zum Papst gewählt, und zwar unter dem Druck des römischen Volkes, das nach einem römischen oder zumindest italienischen Papst verlangte. Sein Amtsantritt markierte den Beginn einer schweren und lang andauernden Krise, in deren Verlauf ein illegales Konklave einberufen und ein Gegenpapst eingesetzt wurde. Dies führte zum so genannten Schisma, d. h. der Spaltung der Westkirche, das mit kriegerischen Auseinandersetzungen auf dem Territorium der Kirche und in Rom selbst einher ging.

Sixtus IV. (1471–1484)

Der Minoritenbruder Francesco della Rovere verfolgte als Papst hartnäckig den Ausbau der weltlichen Macht des Papsttums. Damit verbunden strebte er auch einen Machtzuwachs seiner eigenen Familie an, indem er neue Fürstentümer und Stadtherrschaften schuf, an deren Spitze er seine Familienmitglieder stellte. Zur Erreichung dieser Ziele setzte er alle Mittel ein, derer sich die politischen Mächte der Renaissance bedienen konnten. Schlüsselpositionen wie etwa die eines Kardinals besetzte er mit seinem Neffen Giuliano della Rovere, dem späteren Papst Julius II., und seinem Sohn Pietro Riario. Seinen anderen Sohn Girolamo Riario ernannte er zum obersten Befehlshaber über die päpstlichen Truppen. Gemeinsam mit Girolamo zettelte dieser Papst die Verschwörung zur Ermordung von Lorenzo und Giuliano de' Medici an.

Alexander VI. (1492–1503)

Auf der schon von Sixtus IV. vorgegebenen Linie erreichte das Papsttum mit dem Spanier Rodrigo de Borja den Höhepunkt seiner schändlichen Machtgier, denn nur durch Korruption konnte dieser Papst den Stuhl Petri besteigen. Als das politische Gleichgewicht Italiens und Europas in eine schwere Krise geriet, nutzte er die Macht der Kirche aus, um eine unabhängige Herrschaft zu begründen, die er seinem Sohn Cesare Borgia übertrug. Anders noch als die schlimmsten seiner Vorgänger und Nachfolger in der Reihe der Renaissance-Päpste zeigte er keinerlei Spur von Religiosität oder Interesse für die wahren spirituellen Belange der Kirche.

Julius II. (1503–1513)

Die kirchliche Karriere von Giuliano della Rovere begann im Schatten seines Onkels Papst Sixtus IV. Nach einem kurzen Konklave wurde er einstimmig gewählt. Sein Ziel war es, die insbesondere unter dem Borgia-Papst Alexander VI. zerrüttete Kirche wieder zu festigen. Er galt als sehr energischer Papst, der politische Entwicklungen aufmerksam verfolgte und eine Einheit aller Territorien des Kirchenstaates anstrebte, den er zur Hegemonialmacht auf der italienischen Halbinsel aufbauen wollte. Im Zuge dieses Vorhabens gewann er zwischen 1506 und 1511 die Marken und die Romagna wieder zurück, unterwarf Perugia und Bologna und besetzte Modena und Mirandola. Dabei kämpfte dieser Pontifex Maximus auch persönlich an der Spitze der päpstlichen Truppen. Er widmete sich zudem einer Reorganisation des Finanzwesens sowie einer Ausweitung des Handels, der den jüdischen Kaufleuten den größtmöglichen Handlungsspielraum bot. Papst Julius II. war es auch, der den Neubau der Peterskirche veranlasste sowie Michelangelo mit den Fresken für die Sixtinische Kapelle und Raffael mit der Ausmalung der Stanzen des Vatikan beauftragte. Während der Jahre seines Pontifikats arbeiteten auch Künstler wie Bramante, Pinturicchio und Sansovino für ihn in Rom.

Leo X. (1513–1521)

Schon als Kind war Giovanni de' Medici als zweitem Sohn von Lorenzo il Magnifico die kirchliche Laufbahn vorbestimmt. Für die mächtige Florentiner Familie stellte die Eroberung des Heiligen Stuhls die einzige Möglichkeit dar, die schon lange bestehenden Konflikte mit der Kirche beizulegen. Lehrmeister dieses Papstes waren die berühmtesten Florentiner Vertreter neuplatonischen Geisteslebens. Erst viel später widmete er sich seinen theologischen und kirchenrechtlichen Studien. Nach den turbulenten Jahren der Vertreibung der Medici aus Florenz und der florentinischen Republik konnte seine Ernennung zum Papst wesentlich zur Konsolidierung der Medici-Herrschaft über die Stadt beitragen.

Auswahlbibliografie

Rom, das Papsttum und der Kirchenstaat

H. Fuhrmann: Von Petrus zu Johannes Paul II, München 1980
F. Gregorovius: Geschichte der Stadt Rom im Mittelalter, Darmstadt 1957
C. Hoeffler: Don Rodrigo Borja, Wien 1889
G. Di Meglio: Carlo V e Clemente VII, Mailand 1970
R. Morghen: Gregorio VII e la riforma della Chiesa nel secolo XI, Rom 1974
G. Müller: Die römische Kurie und die Reformation 1523–1534, Gütersloh 1969
P. Partner: The Lands of St. Peter, London 1972
B. Schimmelpfennig: Das Papsttum, Darmstadt 1984

Genua, Pisa, Sardinien und das Mittelmeer

E. Ashtor: The Levant Trade in the later Middle Ages, Princeton 1983
R. Borchardt: Pisa. Ein Versuch, Stuttgart 1960
E. H. Byrne: Genoese shipping, New York 1930
C. Casula: Castelli e fortezze, in: Atlante della Sardegna, Rom 1980
G. Francesco: Storici arabi delle Crociate, Turin 1987
A. Frugoni: Le Repubbliche marinare, Turin 1963
D. Gioffre: Il mercato degli schiavi a Genova nel secolo XV, Genua 1971
D. Herlihy: Pisa in the early Renaissance, Yale 1958
J. La Roncière: La découverte de l'Afrique au Moyen-Age, Le Caire 1925
B. Lewis: The Assassins, London 1967
R. S. Lopez: Storia delle colonie genovesi nel Mediterraneo, Genua 1998
R. S. Lopez: Benedetto Zaccaria, ammiraglio e mercante nella Genova del Duecento, Florenz 1996
A. Arribas Palau: La conquista de Cerdeña por Jaime II. de Aragón, Barcelona 1952
S. Petrucci: Re in Sardegna, a Pisa cittadini, Bologna 1988
S. Runciman: A History of the Crusades, Cambridge 1951–1954
M. Schwob: La croisade des enfants, Paris 1895
P. Tafur: Andanças e viajes por diversas partes del mundo avidos, Madrid 1934
M. Tangheroni: Politica, commercio, agricoltura a Pisa nel Trecento, Pisa 1973

Prähistorische Bauten auf Sardinien

G. Lilliu: Il nuraghe di Barumini e la stratigrafia nuragica, Cagliari 1955
H. Müller-Karpe: Handbuch der Vorgeschichte, München 1968

Die »Toscana interna«: Lucca, Siena und Florenz

R. von Albertini: Das florentinische Staatsbewusstsein im Übergang von der Republik zum Prinzipat, Bern 1955
C. Barbagallo: Dante Alighieri, i Bianco-Ghibellini esuli e i Romena, Rom 1899
P. Cammarosano: Monteriggioni, Mailand 1983
R. Cantagalli: La guerra di Siena, Siena 1962
J. Cleugh: The Medici, New York 1975

R. Davidsohn: Geschichte von Florenz, 4 Bde., Berlin 1896–1927
L. Douglas: Storia politica e sociale della Repubblica di Siena, Rom 1969
M. Ferrari: La Congiura dei Pazzi, Rom 1945
A. Mancini: Storia di Lucca, Lucca 1981
Y. Milo: Political opportunism in Guidi Tuscan policy, Pisa 1981
P. Miquel: Les guerres de religion, Paris 1980
B. de Monluc: Commentaires 1521–1576, Bd. III, Paris 1981
R. Pauli: Das Regnum Italiae in ottonischer Zeit, Tübingen 1982
E. Pellegrini: La caduta della Repubblica di Siena, Siena 1991
C. De Seta und J. Le Goff: La città e le mura, Bari 1989
M. Viroli: Il sorriso di Niccolò, Rom 1998
E. E. Whipple: A famous corner of Italy, London 1928

Das bischöfliche Fürstentum von Trient und die Gegenreformation

H. Decker-Hauff: Gärten und Schicksale, historische Stätten und Gestalten in Italien, Stuttgart 1992
A. Gorfer: Guida dei castelli del Trentino, Trient 1967
J. Guenther: Bernhard von Cles, in: Contemporaries of Erasmus, Toronto, Buffalo und London 1985
H. Jedin: Geschichte des Konzils von Trient, 5 Bde., Freiburg, Basel und Wien 1982
G. von Pölnitz: Anton Jacob Fugger, Tübingen 1958–1963
A. Prosperi: Tribunali della coscienza, Turin 1996

Ferrara und die Estenser

R. Bacchelli: La congiura di don Giulio d'Este, Mailand 1943
G. Bertoni und E. P. Vicini: Il castello di Ferrara ai tempi di Niccolò III, Bologna 1907
T. Dean: Land and power in late medieval Ferrara, Cambridge 1988
W. L. Gundersheimer: Ferrara. The style of a Renaissance despotism, Princeton 1973
G. Medri: Il volto di Ferrara nella cerchia antica, Rovigo 1963
F. Pezza: Il maestro Bartolino da Novara, Mortara 1934

Mailand und die Sforza

B. Belotti: Il dramma di Gerolamo Olgiati, Mailand 1929
P. Blastenbrei: Die Sforza und ihr Heer, Heidelberg 1987
A. Colombo: L'ingresso di Francesco Sforza in Milano e l'inizio di un nuovo principato, in: Archivio storico lombardo, Bd. XXXII, 1905
Ph. de Commynes: Mémoires, Paris 1924
H. Kühner: Caterina Sforza, Zürich und Stuttgart 1957
F. Malaguzzi Valeri: La corte di Ludovico il Moro, Mailand 1913–1923
L. G. Pélissier: Louis XII et Ludovico Sforza, Paris 1896

Neapel, Palermo und das Königreich Sizilien

D. Abulafia: The end of Muslim Sicily, in: Muslims under Latin rule, 1100–1300, Princeton 1990

D. Abulafia: The two Italies. Economic relations between the Norman Kingdom of Sicily and the northern Communes, Cambridge 1977
D. Abulafia: Frederick the second. A medieval emperor, London 1988
D. Abulafia: The French descent into Renaissance Italy, 1494–1495. Antecedents and effects, Aldershot 1995
G. Agnello: L'architettura aragonese-catalana in Italia, Palermo 1969
M. Amari: La Guerra del Vespro Siciliano, Bd. III, Florenz 1872
G. Bellafiore: Architettura in Sicilia nelle età islamica e normanna (827–1194), Palermo 1990
K. J. Beloch: Campanien, Berlin 1879
K. J. Beloch: Bevölkerungsgeschichte Italiens, 3 Bde., Berlin und Leipzig 1937–1961
T. N. Bisson: The medieval crown of Aragon. A short history, Oxford 1986
L. Bruhns: Hohenstaufenschlösser, Königstein im Taunus 1959
B. Croce: Storia del Regno di Napoli, Bari 1931
L. Dufour und A. La Gumina: Imago Siciliae. Cartografia storica della Sicilia: 1420–1860, Catania 1999
N. F. Faraglia: Storia della regina Giovanna II d'Angiò, Lanciano 1904; Friderici Romanorum Imperatori Secundi (Friedrich II. deutscher Kaiser): De arte venandi cum avibus, Graz 1969
V. Gleijeses: La Storia di Napoli, Neapel 1990
H. Götze: Castel del Monte. Gestalt und Symbol der Architektur Friedrichs II., München 1984
F. Gregorovius: Castel del Monte, Leipzig 1880
P. Herde: Karl I. von Anjou, Stuttgart 1979
H. Houben: Roger II. von Sizilien. Herrscher zwischen Orient und Okzident, Darmstadt 1997
E. Kantorowicz: Kaiser Friedrich der Zweite, Berlin 1927
Y. Labande-Maillfert: Charles VIII. La jeunesse au pouvoir (1470–1495), Paris 1975
E. G. Léonard: Les Angevins de Naples, Paris 1954
F. Maurici: Castelli medievali in Sicilia. Dai bizantini ai normanni, Palermo 1992
J. C. Rovira: Humanistas y poetas en la corte napolitana de Alfonso el Magnánimo, Alicante 1990
S. Runciman: The Sicilian Vespers. Cambridge 1958
A. Ryder: The Kingdom of Naples under Alfonso the Magnanimous, Oxford 1975
F. W. Schirrmacher: Die letzten Hohenstaufen, Göttingen 1871
L. Sciascia: Le donne e i cavalieri, gli affanni e gli agi. Famiglia e potere in Sicilia tra XII. e XIV. secolo, Messina 1993

Die Condottieri in der Renaissance

W. Block: Die Condottieri. Studien über die sogenannten unblutigen Schlachten, Berlin 1913
J. J. Deiss: Captains of Fortune: Profiles of six Italian Condottieri, Gollancz 1966
E. Ricotti: Storia delle compagnie di ventura, Turin 1844
A. Semerau: Die Condottieri, Jena 1909

Festungsarchitektur

A. Cassi Ramelli: Dalle caverne ai rifugi blindati. Trenta secoli di architettura militare, Mailand 1964
B. Ebhardt: Die Burgen in Italien, 6 Bde., Berlin 1917–1927

Register

Seite 332: linke Spalte, oben
Solimena Francesco (1657–1747) *Die Begegnung zwischen Papst Leo und Attila* (Detail) Leo I., Öl auf Leinwand, Pinacoteca di Brera, Mailand
Seite 332: linke Spalte, unten
Antonello da Messina (um 1430–1479) *Polyptychon* (Detail) Gregor I. der Große, Öl auf Leinwand, Museo Nazionale, Messina
Seite 332: mittlere Spalte, oben
Schule von Raffael *Krönung von Karl dem Großen* (Detail) Leo III., Fresko, Stanze di Raffaello, Vatikan, Rom
Seite 332: mittlere Spalte, unten
Anonym *Gregor VII.* (Detail), Holzstich, um 1880, nach Zeichnung von Otto Knille
Seite 332: rechte Spalte, Mitte
Anonym *Papst Innozenz III. weist dem Kloster die Stiftungsbulle vor* (Detail), Fresko, Sacro Speco, Subiaco
Seite 333: linke Spalte, oben
Anonym *Papst Bonifaz VIII. proklamiert das heilige Jahr* (Detail), nach 1300, Fresko, San Giovanni in Laterano, Rom
Seite 333: linke Spalte, unten
Anonym *Triumph des Hl. Thomas von Aquin* (Detail) Clemens V., Fresko, Santa Maria Novella, Florenz
Seite 333: mittlere Spalte, Mitte
Melozzo da Forlì (1438–1494) *Sixtus IV. ernennt Bartolomeo Platina zum Präfekten der Biblioteca Vaticana* (Detail) Sixtus IV., Fresko, Musei Vaticani, Pinakothek, Rom
Seite 333: mittlere Spalte, unten
Bernardino di Betto, genannt il Pinturicchio *Auferstehung* (Detail) Alexander VI., Fresko, Appartamento Borgia, Vatikan, Rom
Seite 333: rechte Spalte, oben
Raffael (1483–1520) *Messe von Bolsena* (Detail) Julius II., Fresko, Stanze di Raffaello, Vatikan, Rom
Seite 333: rechte Spalte, unten
Bronzino (1503–1572) *Leo X.* (Detail), Museo Mediceo, Palazzo Medici Riccardi, Florenz

Bild- und Kartennachweis

Der Verlag dankt den Museen, Sammlern, Archiven und Fotografen für die erteilten Reproduktionsgenehmigungen und die freundliche Unterstützung bei der Realisierung dieses Buches. Herausgeber und Verlag haben sich bis Produktionsschluss intensiv bemüht, alle weiteren Inhaber von Abbildungsrechten ausfindig zu machen. Personen und Institutionen, die möglicherweise nicht erreicht wurden und Rechte an verwendeten Abbildungen beanspruchen, werden gebeten, sich nachträglich mit dem Verlag in Verbindung zu setzten.

A.P.T., Lucca (97); Architetta Elena Buonfrate, Turin (179); Archiv für Kunst und Geschichte, Berlin (33, 45 oben, 219 oben, 220, 221, 224, 225, 295, 305, 314, 334 Mitte unten); Archivi Alinari, Florenz (14, 73, 121, 124 links, 289); Archivio Arnoldo Mondadori Editore, Mailand (141); Archivio fotografico della Soprintendenza per i Beni artistici e storici di Modena e Reggio Emilia (156); Archivio fotografico della Soprintendenza ai Beni culturali della Regione Autonoma Valle d'Aosta, Aoste (105); Archivio di Stato, Lucca, Fondo Stampe (91 oben, 93); Archivio di Stato, Parma (161); Archivio di Stato di Siena (72, 88); Archivio Storico Odescalchi, Bracciano (185 oben); Archivio Vasari, Rom – Foto: E. Ghilardi, Lucca (96); Artothek, Peissenberg – Foto: Hans Hinz (57); Nicolò Orsi Battaglini, Florenz (41, 82, 137 oben); Bayerische Staatsbibliothek, München (76, 92); Biblioteca Ambrosiana, Mailand (127); Biblioteca Apostolica Vaticana, Vatikan-Stadt (324, 325 unten) – Foto: E. Noack, Köln (172 oben, 173); Biblioteca Estense, Modena (261); Biblioteca Nazionale Vittorio Emanuele III, Neapel – Foto: Massimo Velo (191 oben); Biblioteca Trivulziana, Mailand (118 oben); Bibliothèque Nationale de France, Paris (62, 99, 104, 191 unten); Bildarchiv Foto Marburg (246 oben rechts, 293); Bildarchiv Preußischer Kulturbesitz, Berlin (81) – Foto: Jörg P. Anders (170); The Bridgeman Art Library, London (113 unten); The British Library, London (78 oben, 80 rechts, 139, 234, 245, 246 oben links, 276 unten, 280, 283, 327, 328); The British Museum, London (218 oben); Castello Odescalchi, Bracciano (188, 189 oben); Civica Raccolta delle Stampe Achille Bertarelli, Castello Sforzesco, Mailand (120 links); Martin Claßen (216 unten, 226, 227); Collection Viollet, Paris (87); Comune di Foligno (108); Carlo Delfino Editore, Sassari (266, 272 oben, 273); Editions Mengès, Paris – Foto: Robert Polidori (130); Elemond, Mailand (151, 154, 155); Fotogramma, Bari (319, 320 unten, 322, 323); Galleria d'Arte Antica e Moderna, Florenz (190); Galleria Nazionale, Parma (164 oben); © Giraudon, Paris (80 links, 276 oben); Ernesto Greci, Parma (164 unten); Claus Hansmann, München (8/9); Istituto Terziarie Francescane »Beata Angelina«, Foligno (101); Andrea Jemolo, Rom (6/7); © Könemann Verlagsgesellschaft mbH, Köln/Karte, Grafik: Peter Frese, München (77 oben und Mitte, 268, 269 oben, 285 unten)/© Andromeda Oxford Limited, 1983 (12)/nach Herbert de Caboga-Stuber, Kleine Burgenkunde, Bonn: Schroeder, 1961 (78 unten)/nach Giovanni Lilliu, Raimondo Zucca, Su Nuraxi di Barumini, Sassari: Carlo Delfino Editore, o.J. (269 unten)/Foto: Andrea Jemolo (8, 10, 11, 15, 22, 24-31, 34)/Karte, Grafik: Rolli Arts, Essen (66, 118 unten, 176, 201 unten, 310 unten, 320 oben)/Studio für Landkartentechnik, Norderstedt (326); Musée Condé, Chantilly (276); Kunsthistorisches Museum, Wien (157); Lensini – Archivio di opere d'arte, Siena (84 unten); The Metropolitan Museum of Art, The Elisha Whittelsey Collection, The Elisha Whittelsey Fund, 1949 [49.95.1022] (74 rechts); Ministero dei Beni e le Attività Culturali, Firenze – Foto: E. Noack, Köln (67); Museo Civico Medievale, Bologna – Foto: C.N.B. & C. (100); Museu de Arte de São Paulo – Foto: Luiz Hosaka (217); Museum Allerheiligen, Schaffhausen, Peyersche Tobias Stimmer Stiftung-Stiftung (248); Eduard Noack, Köln (32, 36, 56 Mitte, 74 links); Oronoz, Madrid (114 oben); Österreichische Nationalbibliothek, Wien (103, 193); Parrochia di San Sigismondo re et Martire Cremona – Foto: Paolo Quiresi (123); Luciano Pedicini/Archivio dell'Arte, Neapel (47 oben, 288, 304); Lothar M. Peter, Berlin (38/39, 48); The Pierpont Morgan Library, New York – Foto: Art Resource, New York (109); Jens Rademacher, Hamburg (77 unten); Ragazzini, Rom (309, 310 oben); Rheinisches Bildarchiv, Köln (244); RMN, Paris – Foto: Gérard Blot (292 links); The Royal Collection Picture Library © HM Queen Elizabeth I (115); SCALA group S.p.A., Antella/Firenze (13, 16, 17, 18, 20, 23, 35, 37, 46, 53, 66, 68, 69, 79, 86, 89, 98, 102, 107, 120 rechts, 122, 124 rechts, 125, 126, 128, 129, 131, 135, 136, 140, 142, 143, 144, 145, 146 unten, 147, 150, 153 unten, 160 oben, 163, 165, 166/167, 168 unten, 169, 172 unten, 186/187, 192, 194, 195, 216 oben, 218 unten, 222, 232, 233 unten, 241, 243, 246 unten, 255 unten, 263, 264, 274, 275, 281, 292 rechts, 298, 300, 312, 313, 316, 329, 330, 331, 334 außer Mitte unten, 335); Servizio Beni Culturali Ufficio Castello del Buonconsiglio Monumenti e Collezioni Provinciali, Trento (198, 208); Società Siciliana per la Storia Patria, Palermo – Foto: Publifoto (299); Staatliche Museen zu Berlin – Bildarchiv Preußischer Kulturbesitz, Berlin – Foto: Dietmar Katz (19); Suermondt-Ludwig-Museum, Aachen – Foto: Anne Gold (247); Prof. Domenico Taddei e Associati, Firenze (50); Heribert Tenschert, Bibermühle (59, 61, 63 oben, 277) – Foto: E. Noack, Köln (60); Universitätsbibliothek Heidelberg (146 oben, 171); Victoria & Albert Museum, London, Picture Library (249); Württembergische Landesbibliothek, Stuttgart (199 oben).

Quellenangaben

Dante Alighieri, Die Göttliche Komödie, Ital. und deutsch. Übers. von Hermann Gmelin. Teil 1: Inferno – Die Hölle, Klett-Cotta, Stuttgart 1949, 4. Auflage 1994 (22)/Teil 2: Der Läuterungsberg, Klett-Cotta, Stuttgart 1950 (243)
Philippe de Commynes, Memoiren, Europa in der Krise zwischen Mittelalter und Neuzeit, Alfred Kröner Verlag, Stuttgart 1972, Seite 404 ff. (131)
Francesco Guicciardini, Gründliche und warhaffte beschreibung aller fürnemen historienn, die in viertzig jahren, nemlich von dem 1493 bis auff 1533 allenhalben, sonderlich aber in Italia, geschehen sind. Übers. aus d. Ital. von Georg Forberger, Basel 1574, VI. Buch, Kapitel 4 (37), VI. Buch, Kapitel 16 (156)
Karl Friedrich Ludwig Kannegiesser, Dante Alighieri's prosaische Schriften, Leipzig 1845, Band II, Seite 167f. (57)
Schwäbische Landsknechte. Lebensbeschreibung des Schärtlin von Burtenbach und Burkhard Stickels Tagebuch, bearb. von Helmut Breimesser, Heidenheim a. d. Brenz 1972 (36)

© 2000 Könemann Verlagsgesellschaft mbH
Bonner Straße 126, D-50968 Köln

Verlags- und Art Direktion: Peter Feierabend
Projektmanagement: Ute Edda Hammer
Projektkoordination: Jutta Buness
Jeannette Fentroß, Petra Stammen, Ulla Wöhrle
Übersetzung a. d. Italienischen: Michaela Wunderle, Frankfurt a. M.
Lektorat: Pauline Liesen, Bonn
Layout: Birgit Hoffmann
Satz: argus Korrekturservice, Köln
Bildredaktion: Mitra Nadjafi, Achim Heinze
Produktion: Petra Grimm
Lithographie: CDN Pressing, Caselle di Sommacampagna (VR)
Druck und Bindung: Mladinska Knjiga, Ljubljana
Printed in Slovenija

ISBN 3-8290-1577-1

10 9 8 7 6 5 4 3 2 1